“十二五”高等院校财经系列精品

财经系列教材

财务管理

FINANCIAL MANAGEMENT

赖斌慧　谢雅璐　林晓伟/编著

经济管理出版社
ECONOMY & MANAGEMENT PUBLISHING HOUSE

图书在版编目（CIP）数据

财务管理/赖斌慧等主编. —北京：经济管理出版社，2015.2
ISBN 978-7-5096-3538-4

Ⅰ. ①财… Ⅱ. ①赖… Ⅲ. ①财务管理 Ⅳ. ①F275

中国版本图书馆 CIP 数据核字（2014）第 288796 号

组稿编辑：申桂萍
责任编辑：申桂萍 胡 月 孟 鑫
责任印制：司东翔
责任校对：陈 颖

出版发行：经济管理出版社
（北京市海淀区北蜂窝 8 号中雅大厦 A 座 11 层 100038）
网 址：www. E-mp. com. cn
电 话：（010）51915602
印 刷：三河市延风印装厂
经 销：新华书店
开 本：720mm×1000mm/16
印 张：25.25
字 数：510 千字
版 次：2015 年 2 月第 1 版 2015 年 2 月第 1 次印刷
书 号：ISBN 978-7-5096-3538-4
定 价：58.00 元

“十二五”高等院校工商管理专业精品课程系列编委会名单

前 言

随着我国社会主义市场经济体制的逐步完善以及我国经济融入全球经济进程加快，企业面临着复杂多变的竞争环境，迫切要求企业提高经营管理水平。财务管理是企业管理的重要内容，贯穿企业经营的全过程。做好财务管理工作，对于提高企业经济效益、可持续发展和增强竞争力有着重要的意义。

财务管理是企业管理、财务管理、会计、审计学等专业教育课程设置方案的一门基础专业课程，也是其他经济和管理类专业必修或选修的重要课程之一。本课程内容多、计算量大，学习难度较大。为适应应用型人才培养的要求和满足财务管理课程的教学需要，我们组建了《财务管理》教材编写组，在多年教学和对财务管理实践研究的基础上，涉猎了大量国内外有关财务管理的专著、教材、期刊等资料，引用了我国最新的《企业会计准则》、《企业会计准则应用指南》等相关的法律法规，在阐述现代企业财务管理基本理论的基础上，以企业资金运动为主线，重点介绍了企业筹资、投资、营运资本管理、利润分配等企业财务运作理论和方法。

在结构安排上，遵循初学者认识问题的规律，由浅入深、循序渐进，在语言表达上力争做到通俗易懂、言简意赅，同时尽量运用实例。本教材的特色主要体现在以下几个方面：

(1) 系统性。本书严格按照财务管理的内在联系与实践要求，以财务管理基本理论为平台，将财务管理分为筹资、投资、营运资本管理、利润分配来展开。内容覆盖了目前国内财务管理的主要知识，系统性强。

(2) 应用性。为适应培养应用型人才的要求，教材在介绍财务管理基本理论的同时，注重财务管理的可操作性和应用性，强调对财务基本理论的应用，将案例教学引入教材与教学实践中，在内容上安排了大量的例题，同时设计配套的复习思考题、练习题和案例分析，科学、合理地将财务管理理论与管理实践结合起来，对学生课前课后阅读、自学提供了极大方便，培养学生发现问题、分析问题、解决问题和自我学习的能力，也方便老师教学。

(3) 前沿性。教材结合经济管理类应用型本科学生的培养要求编写，吸收了国内外财务管理理论和实务的最新进展，力求反映财务管理理论和实务发展的最新成果，内容具有一定的前沿性。

(4) 启发性。教材每章学习要点明确，知识总结精练，每章都有开章案例，案例多数来自企业实践，大量地使用图示、图表和案例，注意结合实践，做到内容全面、深入浅出、易于理解，用案例导读与案例讨论引导学生轻松并牢固地掌握财务管理的基本知识。

本教材是集体讨论、协同作战的结果，由闽南师范大学管理学院教师合作编写。赖斌慧博士担任主编，负责拟定大纲、组织编写和修改定稿；谢雅璐博士、林晓伟博士担任副主编。第一章、第二章、第三章、第四章、第十四章由赖斌慧编写；第五章由林晓伟编写；第六章、第七章、第八章、第九章、第十章、第十一章、第十三章由谢雅璐负责初稿编写，赖斌慧进行增补修改；第十二章由赖斌慧、谢雅璐共同编写。

本教材主要适用于会计学、财务管理、审计学及其他经济管理类专业应用型本科的教学，也可作为在职人员培训和经济管理领域工作者学习财务管理知识的参考用书。

本教材在编写过程中得到了闽南师范大学管理学院院长江历明教授、副院长张琳教授及江西师范大学商学院余来文教授等的指导和帮助，经济管理出版社的工作人员在本书编辑的过程中，付出了艰辛的劳动，在此表示衷心的感谢！

在本教材的编写过程中，我们学习、借鉴、吸收和参考了国内外许多专家、学者的有关著作，并引用了一些书籍、报刊、网站的部分数据和资料。在此，谨向这些成果的作者以及出版者致以诚挚的谢意！

限于编者的学识水平有限，编写时间仓促，教材中难免出现纰漏、错误和不当之处，敬请广大读者批评指正，为本书将来的再版锦上添花！如您希望与编者进行沟通、交流，扬长补短，发表您的意见，请与我们联系。

目 录

第一篇 财务管理导论

第二篇　财务估价

第三篇　长期投资决策

第四篇　长期筹资

第五篇 营运资本管理

第六篇 趋势

第一篇

财务管理导论

第一章　总论

【学习目标】

1. 理解财务管理的概念；
2. 掌握财务管理目标的主要观点；
3. 了解财务管理的主要环节；
4. 掌握财务管理的环境。

【关键概念】

财务原理　财务管理目标　财务管理原则　财务管理环境

【引例】

哈药集团制药总厂排污事件风波

哈药股份集医药制造、贸易、科研于一体，主营业务涵盖抗生素、化学药物制剂、非处方药品及保健食品、中药、生物工程药品等七大产业领域。共生产抗生素原料药及粉针、中成药、中药粉针、综合制剂等七大系列、20多种剂型，1000多个品种，年销售额近50亿元。2009年第四届亚洲品牌500强权威榜单揭晓，哈药品牌名列其中，成功跻身于亚洲品牌500强行列。

2011年6月5日，哈药集团制药总厂被曝明目张胆偷排乱放：工厂周边废气排放严重超标，恶臭难闻；部分污水处理设施因检修没有完全启动，污水直排入河，导致河水变色；大量废渣要么不分地点简单焚烧，要么直接倾倒在河沟边上。而且，这种水陆空立体排污，已非一日。黑龙江政协委员对药厂相邻区域空气质量检测结果显示，硫化氢气体超标1150倍，氨气超标20倍。事实上，这已不是这家年销售额近50亿元、年广告费用达5亿多元的制药巨头第一次遭遇环保指责。哈药污染事件披露后哈药股价也因此巨跌。

思考：

1. 哈药集团的做法违背了哪些财务管理目标？
2. 哈药集团的做法有没有实现相关者利益最大化？为什么？

第一节　财务管理概述

任何企业的生产经营活动，都是运用人力、资金、物资与信息等各项生产经营要素来进行的，其中包含了生产经营活动和财务活动两个方面。与之相对应，在企业中必然存在两种基本管理活动，即生产经营管理和财务管理。

财务管理学主要讨论组织的筹资、投资决策等相关内容。任何组织都需要财务管理，但是营利组织和非营利组织的财务管理有很大的区别，本教材讨论的是营利组织即企业的财务管理。财务管理是对财务活动进行管理、处理财务关系的一项经济管理工作。

一、财务管理的内容

（一）企业的资金运动

在市场经济条件下，资金只有通过不断地运动才能实现增值的目的。企业的资金运动是企业资金在企业经营过程的不同阶段的循环和周转。例如，制造业企业的资金在运动中要经历三个过程：

（1）供应过程：企业将货币资金形态转化为储备资金形态。

（2）生产过程：劳动者和生产资料相结合，制造出符合社会需要的产品，储备资金形态转化为生产资金形态和成品资金。

（3）销售过程：企业将生产出来的产品销售出去，从流通中收回货币，资金又恢复货币资金形态。

企业经营资金从货币资金出发，经过不同阶段，顺序改变形态，实现不同职能，最后又回到原有形态的过程，称为资金循环。周而复始的资金循环称为资金周转。制造企业资金运动如图 1–1 所示。

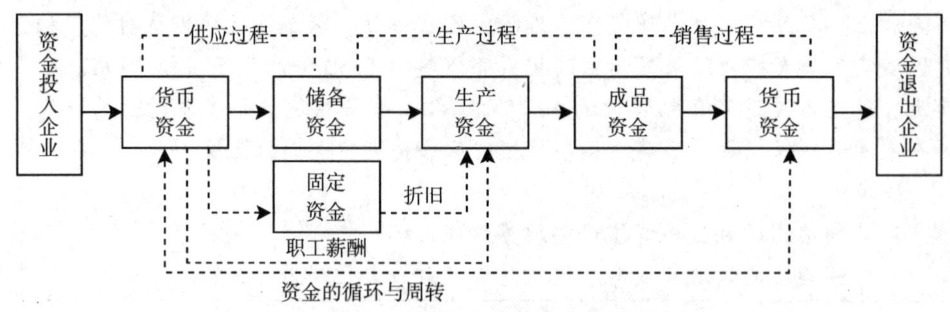

图 1–1　制造业企业的资金运动

（二）财务管理的内容

企业财务管理是对企业价值的管理，即如何实现企业价值最大化。财务管理的内容就是企业资金运动过程中形成的各种财务活动。

【相关链接】

财务管理与会计核算比较

财务管理与会计核算都是为同一经济主体服务的，都是对相同经济活动进行管理，但其所管理的具体内容不同，其目标也是不同的。财务管理的重心是管理，财务会计的重心是核算。

企业财务活动是指以现金收支为主的企业资金收支活动的总称，包括筹集资本、运用资本、回收资本和分配资本而产生的资本管理活动，即筹资、投资、营运资本管理和利润分配。

1. 筹资

筹资是指企业为满足生产经营资金的需要，向企业外部单位或个人以及从其企业内部筹措资金的一种财务活动。其目的一是满足经营运转的资金需要；二是满足投资发展的资金需要。

筹资可以按不同的标准进行分类。

首先，按资金使用的期限长短，可以分为短期筹资和长期筹资。长期筹资是指筹集可供企业长期（1年以上）使用的资本。长期筹资的资本主要用于企业新产品、新项目的开发与推广、生产规模的扩大、设备的更新与改造等。这类资本的回收期较长，成本较高，对企业的生产经营有较大的影响。长期筹资的方式有长期借款、吸收直接投资、发行普通股票、发行债券、融资租赁和留存收益等。短期筹资是指期限在一年以下的筹资，是为满足企业临时性流动资金需要而进行的筹资活动。主要用于企业日常周转资金的需要。短期筹资的方法有短期银行借款、商业信用和应计项目。

其次，按资金的权益特征，可以分为所有者权益筹资和负债筹资。所有者权益筹资是指企业股东提供的资金。它不需要归还，筹资风险小，但资金所有者期望的报酬率较高。所有者筹资的方式有其他企业投入资本、发行股票等。负债筹资是指企业以已有的自有资金作为基础，为了维系企业的正常营运、扩大经营规模、开创新事业等，产生财务需求，发生现金流量不足，通过银行借款、商业信用和发行债券等形式吸收资金，并运用这笔资金从事生产经营活动，使企业资产不断得到补偿、增值和更新的一种现代企业筹资的经营方式。负债筹资的方式有银行借款、发行债券、融资租赁、商业信用等。

2. 投资

投资指的是将某种有价值的资产，包括资金、人力、知识产权等投入到某个企业、项目或经济活动，以获取经济回报的商业行为或过程。

投资可以按不同的划分标准进行分类，如图 1-2 所示。

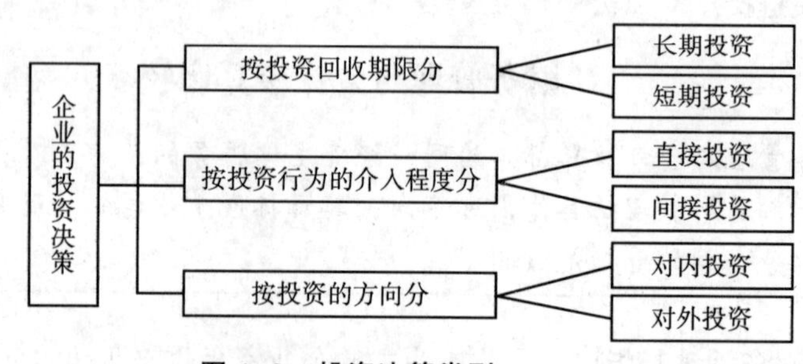

图 1-2　投资决策类型

按投资回收期限的长短，投资可分为短期投资和长期投资。短期投资是指回收期在一年以内的投资，主要包括现金、应收款项、存货、短期有价证券等投资；长期投资是指回收期在一年以上的投资，主要包括固定资产、无形资产、对外长期投资等。

按投资行为的介入程度，分为直接投资和间接投资。直接投资包括企业内部直接投资和对外直接投资，前者形成企业内部直接用于生产经营的各项资产，后者形成企业持有的各种股权性资产，如持有子公司或联营公司股份等。间接投资是指通过购买被投资对象发行的金融工具而将资金间接转移交付给被投资对象使用的投资，如企业购买特定投资对象发行的股票、债券、基金等。

按投资的方向不同，分为对内投资和对外投资。从企业的角度看，对内投资就是项目投资，是指企业将资金投放于为取得供本企业生产经营使用的固定资产、无形资产、其他资产和垫支流动资金而形成的一种投资。对外投资是指企业为购买国家及其他企业发行的有价证券或其他金融产品（包括期货与期权、信托、保险），或以货币资金、实物资产、无形资产向其他企业（如联营企业、子公司等）注入资金而发生的投资。

3. 营运资本管理

企业在正常的经营过程中，会发生一系列的资金收支。营运资本是指投入日常经营活动（营运活动）的资金。营运资本管理是越来越受到重视。由于市场竞争加剧和经营环境的不确定性，营运资本管理对于企业盈利和可持续发展影响越来越大。营运资本管理主要涉及流动资产和流运负债的管理问题，关键问题是加速资金的周转。

【小故事】

富翁与乞丐的故事

某富翁遇到一个乞丐，看到其衣衫单薄，动了恻隐之心，掏钱时发现身上只有100元，想到把钱给了乞丐自己的午饭无法解决，就把价值1000元的大衣脱下来送给乞丐，乞丐接过来后又马上还给他说："你还是给我现金吧，衣服不能拿去买饭吃！"这回富翁饿了一中午……

这好比一家公司虽然它的总资产很多，但是它的流动资产不足还是会面临着倒闭的危险。

4. 利润分配

利润分配，是将企业实现的净利润，按照国家财务制度规定的分配形式和分配顺序，在企业和投资者之间进行的分配。利润分配的过程与结果，是关系到所有者的合法权益能否得到保护，企业能否长期、稳定发展的重要问题，为此，企业必须加强利润分配的管理和核算。企业利润分配的主体是投资者和企业，利润分配的对象是企业实现的净利润；利润分配的时间即确认利润分配义务发生的时间和企业作出决定向内向外分配利润的时间。

上述四个方面构成了完整的企业财务活动，这四个方面也正是财务管理的基本内容：企业筹资管理、企业投资管理、营运资本管理、利润分配的管理。

【相关链接】

财务管理六大要素

《企业财务通则》第三条规定："企业财务管理应当按照制度的财务战略，合理筹资，有效运营资产，控制成本费用，规范收益分配及重组清算财务行为，加强财务监督和财务信息管理。"

因此，资金筹集、资产营运、成本控制、收益分配、信息管理、财务监督便构成了财务管理的六大要素。

二、财务关系

企业进行资本筹集、资本投资和资本分配等财务活动，必然与企业各利益相关者有着广泛的联系。企业在组织资本运动过程中与各利益相关者发生的经济关系，称为财务关系。企业的这种财务关系取决于由企业资本运动所联系的企业与各利益相关者之间的契约关系。

具体来说，企业的财务关系主要有以下几方面的内容：

（一）企业与投资者、受资者之间——权益至上，利益共享

企业从投资者那里筹集资本，进行生产经营活动，并将所实现的利润按各投资者的出资额进行分配。企业还可将自身的财产向其他单位投资，这些被投资单位即为受资者，受资者应向企业分配投资收益。企业与投资者、受资者之间的关系，是投资与分享投资收益的关系，在性质上属于所有权关系。处理这种财务关系必须维护投资、受资各方的合法权益。

（二）企业与债权人、债务人、购销客户之间——诚信为本，及时还贷

企业由于购买材料、销售产品要与购销客户发生货款收支结算关系，在购销活动中由于延期收付款项要与有关单位发生商业信用——应收账款和应付账款。当企业资本不足或资本闲置时，则要向银行借款、发行债券或购买其他单位债券。无论由于何种原因，一旦形成债权债务关系，则债务人不仅要还本，而且要付息。企业与债权人、债务人、购销客户之间的关系，在性质上属于债权债务关系、合同义务关系。处理这种财务关系，也必须按有关各方的权利和义务，保障有关各方的权益。

（三）企业与政府行政部门之间——遵纪循规，依法纳税

企业按照国家税法和相关规定缴纳各种税款，包括所得税、增值税和营业税。国家以社会管理者的身份向一切企业征收有关税费，这些税费是国家财政收入的主要来源。企业及时定额地纳税，是作为生产经营者对国家应尽的义务，必须认真履行此项义务。

（四）企业内部各单位之间——责利分明，团结协作

一般来说，企业内部各部门、各单位与企业财务部门之间都要发生领款、报销、代收、代付的收支结算关系。在实行内部经济核算制条件下，企业内部各单位都有相对独立的资本定额或独立支配的费用限额，各部门、各单位之间提供产品和劳务要进行计价结算。这样，在企业财务部门与各部门、各单位之间，各部门、各单位相互之间，就会发生资本结算关系。处理这种财务关系，要求严格分清有关各方面的经济责任，以便有效地发挥激励机制和约束机制的作用。

（五）企业与员工之间——按劳分配，培养提高

企业的资本运行要完成并持续，始终都要依托于全体员工的辛勤劳动与齐心奉献，企业必须用其资本及其收益，向员工支付工资、津贴、奖金等。这种企业与员工之间的结算关系，体现着员工和企业在劳动成果上的分配关系。合理处理这种财务关系，必须正确执行国家有关的法规和政策，使员工既能得到利益保障，又能有进步发展的机会和空间。

【小故事】

论语与算盘

被誉为“日本企业之父”的涩泽荣一在七十高龄之际，开始撰写著作《论语与算盘》。

涩泽荣一认为孔子不反对经商，反对的只是不仁不义的富贵；如果是仁义的富贵，扎手自己都会去追求。孔子看到富民的重要性，要富民就要发展经济。据此，涩泽荣一指出，要想民富国强就必须走工商兴邦之路，这就为合理追求财富做出了神圣的解释。

在《论语与算盘》一书中，涩泽荣一还描绘了日本公司经营者的理想境界，即“士魂商才”：一个人既要有“士”的操守、道德和理想，又要有“商”的才干与务实精神。他说：算盘要靠《论语》来拨动，《论语》与算盘的关系是远在天边，近在咫尺。

第二节　财务管理的目标

财务管理目标也称理财目标，是指企业组织财务活动、处理财务关系所要达到的根本目的。它决定着企业财务管理的基本方向，是评价企业理财活动是否合理的基本标准。

一、财务管理的总体目标

财务管理的总体目标是指企业财务管理所要达到的目标。总体目标决定着具体目标，是财务活动的出发点和归宿。根据现代企业财务管理的理论和实践，具有代表性的财务管理目标主要有以下几种：

（一）利润最大化

利润最大化就是假定企业财务管理以实现利润最大化为目标。

以利润最大化作为财务管理目标，其主要原因有以下几点：一是人类从事生产经营活动的目的是创造更多的剩余产品，在市场经济条件下，剩余产品的多少可以用利润这个指标来衡量；二是在自由竞争的资本市场中，资本的使用权最终属于获利最多的企业；三是只有每个企业都最大限度地创造利润，整个社会的财富才可能实现最大化，从而带来社会的进步和发展。

利润最大化目标的主要优点是，企业追求利润最大化，就必须讲求经济核算，加强管理，改进技术，提高劳动生产率，降低产品成本。这些措施都有利于企业资源的合理配置，有利于企业整体经济效益的提高。

但是，以利润最大化作为财务管理目标亦存在以下缺陷：

(1) 没有考虑利润实现时间和资金时间价值。比如，今年 100 万元的利润和 5 年以后同等数量的利润其实际价值是不一样的，5 年间还会有时间价值的增加，而且这一数值会随着贴现率的不同而有所不同。

(2) 没有考虑风险问题。不同行业具有不同的风险，同等利润值在不同行业中的意义也不相同，比如，风险比较高的高科技企业和风险相对较低的制造业企业无法简单比较。

(3) 没有反映创造的利润与投入的资本之间的关系。例如，甲、乙企业在同一年里都获得了 1000 万元利润。但是甲企业所用资本是 1 亿元，乙企业所用资本是 1.5 亿元，显然，甲企业经营效益较好，而利润指标反映不出这样的问题。

(4) 可能导致企业短期财务决策倾向，影响企业长远发展。由于利润指标通常按年计算，因此，企业决策也往往会服务于年度指标的完成或实现。

（二）股东财富最大化

股东财富最大化是指企业财务管理以实现股东财富最大化为目标。在上市公司，股东财富是由其所拥有的股票数量和股票市场价格两方面决定的。在股票数量一定时，股票价格达到最高，股东财富也就达到最大。

与利润最大化相比，股东财富最大化的主要优点是：

(1) 考虑了风险因素，因为股价通常会对风险做出较敏感的反应。

(2) 在一定程度上能避免企业短期行为，因为不仅目前的利润会影响股票价格，预期未来的利润同样会对股价产生重要影响。

(3) 对上市公司而言，股东财富最大化目标比较容易量化，便于考核和奖惩。

以股东财富最大化作为财务管理目标也存在以下缺点：

(1) 通常只适用于上市公司，非上市公司难以应用，因为非上市公司无法像上市公司那样随时准确获得公司股价。

(2) 股价受众多因素影响，特别是企业外部的因素，有些还可能是非正常因素。股价不能完全准确反映企业财务管理状况，如有的上市公司处于破产的边缘，但由于可能存在某些机会，其股票市价可能还在走高。

(3) 它强调的更多的是股东利益，而对其他相关者的利益重视不够。

（三）企业价值最大化

企业价值最大化是指企业财务管理行为以实现企业的价值最大化为目标。企业价值可以理解为企业所有者权益的市场价值，或者是企业所能创造的预计未来现金流量的现值。未来现金流量这一概念，包含了资金的时间价值和风险价值两个方面的因素。因为未来现金流量的预测包含了不确定性和风险因素，而现金流量的现值是以资金的时间价值为基础对现金流量进行折现计算得出的。

以企业价值最大化作为财务管理目标，具有以下优点：

(1) 考虑了取得报酬的时间，并用时间价值的原理进行了计量。

(2) 考虑了风险与报酬的关系。

(3) 将企业长期、稳定的发展和持续的获利能力放在首位，能克服企业在追求利润上的短期行为，因为不仅目前利润会影响企业的价值，预期未来的利润对企业价值增加也会产生重大影响。

(4) 用价值代替价格，克服了过多受外界市场因素的干扰，有效地规避了企业的短期行为。

但是，以企业价值最大化作为财务管理目标也存在以下问题：

(1) 企业的价值过于理论化，不易操作。尽管对于上市公司，股票价格的变动在一定程度上揭示了企业价值的变化，但是，股价是多种因素共同作用的结果，特别是在资本市场效率低下的情况下，股票价格很难反映企业的价值。

(2) 对于非上市公司，只有对企业进行专门的评估才能确定其价值，而在评估企业的资产时，由于受评估标准和评估方式的影响，很难做到客观和准确。

近年来，随着上市公司数量的增加，以及上市公司在国民经济中地位、作用的增强，企业价值最大化目标逐渐得到了广泛认可。

（四）相关者利益最大化

在现代企业是多边契约关系的总和的前提下，要确立科学的财务管理目标，首先就要考虑哪些利益关系会对企业发展产生影响。在市场经济中，企业的理财主体更加细化和多元化。股东作为企业所有者，在企业中承担着最大的权利、义务、风险和报酬，但是债权人、员工、企业经营者、客户、供应商和政府也为企业承担着风险。比如：

(1) 随着举债经营的企业越来越多，举债比例和规模也不断扩大，使得债权人的风险大大增加。

(2) 在社会分工细化的今天，由于简单劳动越来越少，复杂劳动越来越多，使得职工的再就业风险不断增加。

(3) 在现代企业制度下，企业经理人受所有者委托，作为代理人管理和经营企业，在激烈的市场竞争和复杂多变的形势下，代理人所承担的责任越来越大，风险也随之加大。

(4) 受市场竞争和经济全球化的影响，企业与客户以及企业与供应商之间不再是简单的买卖关系，更多的情况下是长期的伙伴关系，处于一条供应链上，并共同参与同其他供应链的竞争，因而也与企业共同承担一部分风险。

(5) 政府不管是作为出资人，还是作为监管机构，都与企业各方的利益密切相关。

综上所述，企业的利益相关者不仅包括股东，还包括债权人、企业经营者、客户、供应商、员工、政府等。因此，在确定企业财务管理目标时，不能忽视这些相关利益群体的利益。

以相关者利益最大化作为财务管理目标，具有以下优点：

(1) 有利于企业长期稳定发展。这一目标注重企业在发展过程中考虑并满足各利益相关者的利益关系。在追求长期稳定发展的过程中，站在企业的立场进行投资研究，避免站在股东的立场进行投资可能导致的一系列问题。

(2) 体现了合作共赢的价值理念，有利于实现企业经济效益和社会效益的统一。由于兼顾了企业、股东、政府、客户等的利益，企业就不仅仅是一个单纯营利的组织，还承担了一定的社会责任，企业在寻求其自身的发展和利益最大化过程中，出于客户及其他利益相关者的利益考虑，就会依法经营，依法管理，正确处理各种财务关系，自觉维护和切实保障国家、集体和社会公众的合法权益。

(3) 这一目标本身是一个多元化、多层次的目标体系，较好地兼顾了各利益主体的利益。这一目标可使企业各利益主体相互作用、相互协调，并在使企业利益、股东利益达到最大化的同时，也使其他利益相关者利益达到最大化，也就是在将企业财富这块"蛋糕"做到最大化的同时，保证每个利益主体所得的"蛋糕"更多。

(4) 体现了前瞻性和现实性的统一。比如，企业作为利益相关者之一，有其一套评价指标，如未来企业报酬贴现值，股东的评价指标可以使用股票市价，债权人可以寻求风险最小、利息最大，工人可以确保工资福利，政府可考虑社会效益等。不同的利益相关者有各自的指标，只要合理合法、互利互惠、相互协调，就可以实现所有相关者利益最大化。

因此，相关者利益最大化是企业财务管理最理想的目标。但是该目标过于理想化，且无法操作。

【小故事】

天桥商场的改革

天桥商场是一家老字号商业企业，成立于1953年，1993年5月，天桥商场股票在上海证券交易所上市。1998年12月30日，北大青鸟有限责任公司和北京天桥百货股份有限公司发布公告，宣布北大青鸟通过协议受让方式受让北京天桥部分法人股股权。北大青鸟出资6000多万元，拥有了天桥商场16.76%的股份，北京天桥百货商场更名为"北京天桥北大青鸟科技股份有限公司"(简称青鸟公司)。此后天桥商场的经营滑落到盈亏临界点，面对严峻的形势，公司决定裁员，以谋求长远发展。于是就有了下面一幕。

1999年11月18日下午，北京天桥商场里面闹哄哄的，商场大门也挂上了“停止营业”的牌子。11月19日，很多顾客惊讶地发现，天桥商场在大周末居然没开门。据一位售货员模样的人说：“商场管理层年底要和我们终止合同，我们就不给他们干活了。”员工们不仅不让商场开门营业，还把货场变成了群情激愤的论坛。1999年11月18日至12月2日，对北京天桥北大青鸟科技股份有限公司管理层和广大员工来说，是黑色的15天！在这15天里，天桥商场经历了46年来第一次大规模裁员；天桥商场被迫停业8天之久，公司管理层经受了职业道德与人道主义的考验，作出了在改革的道路上是前进还是后退的抉择。

经过有关部门的努力，对面临失业职工的安抚有了最为实际的举措，公司董事会开会决定，同意给予终止合同职工适当的经济补助，同意参照解除劳动合同的相关规定，对283名终止劳动合同的职工给予人均1万元、共计300万元左右的一次性经济补助。这场风波才总算平息。

二、财务管理的具体目标

财务管理的总体目标给出了财务管理活动的总体指导思想，要实现总体目标，则必须在实际的理财活动中树立具体目标。

（一）企业筹资管理目标

任何企业为了保证生产的正常进行和扩大再生产的需要，必须具有一定数量的资金。企业的资金可以从多种渠道、采用多种方式来筹集。不同来源的资金，其可使用时间的长短、附加条款的限制、资金成本的大小及筹资的风险都不相同。因此，企业筹资的具体目标就是：在满足生产经营需要的情况下，以较低的筹资成本和较小的筹资风险，获取同样多的资金。

（二）企业投资管理目标

企业无论对内投资还是对外投资都是为了获取利润，取得投资收益。但企业在进行投资的同时也必然会遇到投资项目可能成功或失败，投资既可能收回也可能收不回，投资可能赚较多的钱也可能只赚较少的钱的情况。所有这些都表明投资会产生投资风险。

因此，企业投资的具体目标就是：以较大的资金投放，在控制投资风险的情况下获取较多的投资收益。

（三）企业营运资金管理目标

企业营运资金是指为满足企业日常营业活动的要求而垫支的资金，营运资金的周转与生产经营周期具有一致性。在一定时期内，资金周转越快，就越是可以利用相同数量的资金，生产出更多的产品，取得更多的收入，获得更多的报酬。因此，企业营运资金管理的目标就是：合理使用资金，加速资金周转，不断提高营运资金利用效果。

（四）企业利润分配管理目标

分配就是将企业取得的收入和利润在企业与相关利益集团之间进行分割。这种分割不仅涉及各利益主体的经济利益，而且涉及企业的现金流出量，从而影响企业财务的稳定和安全；同时，由于这种分割涉及各利益主体经济利益的多少，因此不同的分配方案也会影响企业的价值。具体而言，企业当期分配给投资者的利润较高，会提高企业即期的市场评价，但由于利润大部分被分配了，企业或者即期现金不够或者缺乏发展或积累资金，从而影响企业未来的市场价值。因此，企业利润分配管理的具体目标就是：合理确定利润的留成比例和分配形式，提高企业的潜在收益能力，从而提高企业的总价值。

三、不同利益主体在财务管理目标上的矛盾与协调

所有者和债权人都为企业提供了财务资源，但是他们处在企业之外，只有经营者即管理部门在企业里直接从事管理工作。所有者、经营者和债权人之间构成了企业最重要的财务关系。企业是所有者的企业，财务管理的目标也就是所有者的目标。所有者委托经营者代表他们管理企业，为实现他们的目标而努力，但经营者与所有者的目标并不完全一致。债权人把资金借给企业，与所有者的目标也不一致。公司必须协调这三方面的利益冲突，才能实现“企业价值最大化”的目标。

（一）所有者与经营者的矛盾与协调

1. 经营者的目标

在所有者和经营者分离以后，所有者的目标是使企业价值最大化，千方百计要求经营者以最大的努力去完成这个目标。经营者也是最大合理效用的追求者，其具体行为目标与委托人不一致。他们的目标是：

(1) 增加报酬，包括物质和非物质的报酬，如增加工资、奖金，提高荣誉和社会地位等。

(2) 增加闲暇时间，包括较少的工作时间、工作时间里较多的空闲和有效工作时间中较小的劳动强度等。

(3) 避免风险。经营者努力工作可能得不到应有的报酬，他们的行为和结果之间有不确定性，经营者总是力图避免这种风险，希望付出一份劳动便得到一份报酬。

2. 经营者对所有者目标的背离

经营者的目标和股东不完全一致，经营者有可能为了自身的目标而背离股东

的利益。这种背离表现在两个方面：

（1）道德风险。经营者为了自己的目标，就会尽最大努力去实现企业财务管理的目标。他们没有必要为提高股价而冒险，股价上涨的好处将归于股东，如若失败，他们的“身价”将下跌。他们不做什么错事，只是不十分卖力，以增加自己的闲暇时间。这样做，不构成法律和行政责任问题，只是道德问题，股东很难追究他们的责任。

（2）逆向选择。经营者为了自己的目标而背离股东的目标。例如，装修豪华的办公室，购置高档汽车等；借口工作需要乱花股东的钱；蓄意压低股票价格，以自己的名义借款买回，导致股东财富受损。

3. 防止经营者背离所有者目标的方法

为了防止经营者背离所有者的目标，一般有两种方式：

（1）监督。经营者背离所有者的目标，其条件是双方的信息不对称，主要是经营者了解的信息比股东多。避免“道德风险”和“逆向选择”的出路是股东获取更多的信息，对经营者进行监督，在经营者背离股东目标时，减少其各种形式的报酬，甚至解雇他们。

（2）激励。防止经营者背离股东利益的另一种方式是采用激励计划，使经营者分享企业增加的财富，鼓励他们采取符合股东最大利益的行动。支付报酬的方式和数量的大小，有多种选择。报酬过低，不足以激励经营者，股东不能获得最大利益；报酬过高，股东付出的激励成本过大，也不能实现自己的最大利益。因此，激励可以减少经营者违背股东意愿的行为，但也不能解决全部问题。

通常，股东同时采取监督和激励两种方式来协调自己和经营者的目标。监督成本、激励成本和偏离股东目标的损失之间此消彼长，相互制约。股东要权衡轻重，力求找出能使三项之和最小的解决办法，即最佳的解决办法。

（二）所有者与债权人的矛盾与协调

当公司向债权人借入资金后，两者也形成一种委托代理关系。债权人把资金借给企业，其目标是到期时收回本金，并获得约定的利息收入；公司借款的目的是用它扩大经营，投入有风险的生产经营项目，两者的目标并不一致。

债权人事先知道借出资金是有风险的，并把这种风险的相应报酬纳入利率。通常要考虑的因素包括公司现有资产的风险、预计公司新增资产的风险、公司现有的负债比率、公司未来的资本结构等。

但是，借款合同一旦成为事实，资金划到企业，债权人就失去了控制权，股东可以通过经营者为了自身利益而伤害债权人的利益，其常用方式是：

（1）股东不经债权人的同意，投资于比债权人预期风险更高的新项目。如果高风险的计划侥幸成功，超额的利润归股东独享；如果计划不幸失败，公司无力偿债，债权人与股东将共同承担由此造成的损失。尽管《中华人民共和国企业破产法》(以下简称《破产法》) 规定，债权人先于股东分配破产财产，但多数情况下，破产后的财产不足以偿债。所以，对债权人来说，超额利润肯定拿不到，发生损失却有可能要分担。

(2) 股东为了提高公司的利润，不征得债权人的同意而指使管理部门发行新债，致使旧债券的价值下降，使旧债权人蒙受损失。旧债券价值下降的原因是发新债后公司负债比率加大，公司破产的可能性增加，如果企业破产，旧债权人和新债权人要共同分配破产后的财产，使旧债券的风险增加、价值下降，尤其是不能转让的债券或其他借款，债权人没有出售债权来摆脱困境的出路，处境更加不利。

债权人为了防止其利益被伤害，除了寻求立法保护，如破产时优先接管、优先于股东分配剩余财产等外，通常采取以下措施：

(1) 在借款合同中加入限制性条款，如规定资金的用途、规定不得发行新债或限制发行新债的数额等。

(2) 发现公司有损害其债权意图时，拒绝进一步合作，不再提供新的借款或提前收回借款。

【小知识】

个人理财目标——财务自由

人生的目标具有多样性，而个人理财目标主要是解决在个人财务资源约束的情况下，在财务方面实现个人生活目标的问题。总体而言，个人理财目标是获得财务自由。

所谓财务自由，是指个人或家庭的收入主要来源于主动投资而不是被动工作。当投资收入可以完全覆盖个人或家庭发生的各项支出时，就达到了财务自由的目的。由此出发，可以进而去努力实现各种更具意义的人生目标，如追随者满足和社会满足等。

第三节　财务管理的原则

财务管理原则也称理财原则，是指组织企业财务活动和协调处理财务关系的基本准则，是体现理财活动规律性的行为规范，是对财务管理的基本要求。财务管理原则是从财务管理实践中总结归纳出来的行为规范，它既反映了企业财务管理活动规范化的本质要求，又体现了理财的基本理念。

（一）系统原则

财务管理从资金筹集开始，到资金收回为止，经历了资金筹集、资金投放、资金收回与资金分配等几个阶段，这几个阶段互相联系、互相作用，组成一个整体，具有系统的性质。为此，做好财务管理工作，必须从财务管理系统的内部和外部联系出发，从各组成部分的协调和统一出发，这就是财务管理的系统原则。在财务管理实践中，分级分口管理、目标利润管理、投资项目的可行性分析都是根据这一原则来进行的。

（二）风险与收益均衡原则

风险与收益均衡原则体现了财务管理的风险报酬观念。在市场经济的激烈竞争中，进行财务活动不可避免地要遇到风险。财务活动中的风险是指获得预期财务成果的不确定性。企业要想获得收益，就不能回避风险。风险与收益均衡原则要求企业在财务活动中不能只顾追求收益，不考虑发生损失的可能，应全面分析收益性和安全性，按照风险和收益适当均衡的要求来决定采取何种行动方案，同时在实践中趋利避害，争取获得较多的收益。例如，在资产运作方面，持有较多的现金，可以提高企业偿债能力，减少偿债风险，但是银行存款的利息很低，而库存现金则完全没有收益。在筹资方面，发行债券与发行股票相比，由于利息率固定且利息可在成本费用中列支，所以对企业留用利润影响很少，可以提高净资产收益率，但是企业要按期还本付息，需承担较大的财务风险。无论是对投资者还是对受资者来说，都要求收益与风险相匹配，风险越大，要求的收益也越高。因此，进行财务管理，应对风险和收益作出全面的分析和权衡，以便选择最有利的方案。特别是要注意把风险大、收益高的项目同风险小、收益低的项目适当地搭配起来，分散风险，使风险与收益平衡，做到既降低风险，又能得到较高的收益。

（三）现金收支平衡原则

在财务管理中，贯彻的是收付实现制，而非权责发生制，客观上要求在理财过程中做到现金收入（流入）与现金支出（流出）在数量上、时间上达到动态平衡，即现金流转平衡。企业的现金流入和流出的发生，是因营业收入与营业支出产生的，同时又受企业筹资与投资活动的影响。获取收入以发生支出为前提，投资以融资为前提，负债本息的偿还支付及红利分配要求企业经营获利或获得新的资金来源。企业就是要在这一系列的复杂业务关系中保持现金的收支平衡，而保持现金收支平衡的基本方法是现金预算控制。现金预算可以说是筹资计划、投资计划、分配计划的综合平衡，因而现金预算是进行现金流转控制的有效工具。

（四）变现能力与盈利能力平衡原则

变现能力是指企业支付到期债务的能力，而盈利能力是指企业获取利润的能力。提高变现能力和盈利能力是企业财务管理的两个子目标，这两个子目标作用的方向有时一致，有时相互矛盾。例如，增加资金资产有利于提高企业的变现能力，但现金是非盈利资产，现金增加又必须导致盈利能力某种程度的降低，所以在财务管理活动中，必须合理安排各种资金的比例以实现变现能力与盈利能力的平衡，达到既能提高盈利能力，又能确保偿还各种到期债务的目的。

（五）合理配比原则

合理配比原则是指企业资产的配置要与资金的来源相一致，用于购置流动资产的资金可通过举借短期债务来获得，用于购置长期资产的资金应该通过长期资金渠道获得。这样一方面能够有效地降低企业总的资金成本，另一方面能够有效地防止不能按期偿还债务的风险。

【小知识】

财务管理的基础理论及其重要人物

有效市场理论奠基人：尤金·法玛

投资组合理论奠基人：美国经济学家马克维茨

资产资本定价理论提出人：美国财务学家威廉·夏普

期权估价理论奠基人：费雪·布莱尔和迈伦·斯科尔斯

资本结构理论奠基人：美国财务学家莫迪格里安尼和米勒

第四节　财务管理的环节

在财务管理工作中，为了实现财务管理的目标，还必须掌握财务管理的环节。财务管理的环节是指财务管理的工作步骤与各个阶段。财务管理一般包括财务预测、财务决策、财务预算、财务控制、财务分析五个相互联系、相互配合的环节。

一、财务预测

财务预测是根据财务活动的历史资料，考虑现实的要求和条件，对企业未来的财务活动和财务成果做出科学的预计和测算。财务预测环节的主要任务在于：测算各项生产经营方案的经济效益，为决策提供可靠的依据；预计财务收支的发展变化情况，以确定经营目标；测定各项定额和标准，为编制预算服务。财务预测环节的主要步骤包括以下几点：

（1）明确预测对象和目的。预测的对象和目的不同，则预测资料的搜集、预测模型的建立、预测方法的选择、预测结果的表现方式等也有不同的要求。为了实现预期的效果，必须根据管理决策的需要，明确预测的具体对象和目的，如目标利润、资本需要量、现金流量等，从而确定预测的范围。

（2）搜集和整理资料。根据预测对象和目的，广泛搜集与预测目标相关的各种资料信息，包括内部和外部资料、财务和生产技术资料、计划和统计资料等，对所搜集的资料除进行可靠性、完整性和典型性检查外，还必须进行归类、汇总、调整等加工处理，使资料符合预测的需要。

（3）建立预测模型。根据影响预测对象的各个因素之间的相互联系，选择相应的财务预测模型。常见的财务预测模型有因果关系预测模型、回归分析预测模型、时间序列预测模型等。

（4）实施财务预测。将经过加工整理的资料利用财务预测模型，选取适当的预测方法，进行定性、定量分析，确定预测结果。

二、财务决策

财务决策是指有关资金筹集和使用的决策，根据企业经营战略的要求，在理财目标的总体要求下，通过专门的方法从各种备选方案中选择最佳方案的过程。在市场经济条件下，财务管理的核心是财务决策，它是编制财务预算、进行财务控制的基础。决策关系到企业的兴衰成败。财务决策的基本程序如下：

（1）确定决策目标。以预测数据为基础，结合企业总体经营战略，从企业实际出发，确定决策期内企业需要实现的具体理财目标。

（2）提出备选方案。根据决策目标，运用一定的预测方法，对所搜集的资料进行进一步的加工、整理，提出实现目标的各种可供选择的方案。

（3）评价选择最优方案。通过对各种可实施方案的分析论证和对比研究，评定出各方案的优劣，运用一定的决策方法，做出最优方案的选择。

三、财务预算

预算是用数字编制未来某一时期的计划，即用财务数字或非财务数字来计量预期的结果。财务预算是企业在计划期内反映有关预计现金收支、经营成果和财务状况的预算。它是企业全面预算（包括经营预算、投资预算和财务预算）的重要组成部分。财务预算一般包括现金预算、利润表预算、资产负债表预算、现金流量表预算和成本费用预算等内容。它是财务预测和决策结果的具体表现，也是日常财务控制、财务分析的重要依据。有效的财务预算在财务管理中具有规划、控制、协调、评价和激励功能。

预算管理模式应与企业基本管理模式一致。预算管理的一般模式是以目标利润为导向，以销售预算为起点，以现金流量预算为中心。预算编制的基本步骤如下：

（1）根据公司总体战略目标确定年度预算目标，并确定年度目标利润。

（2）根据市场调研和分析结果编制年度销售预算。

（3）根据年度销售预算编制生产预算和成本费用预算，包括直接材料预算、直接人工预算、制造费用预算、期间费用预算。

（4）根据以上预算编制现金预算、利润表预算、资产负债表预算和现金流量表预算。

四、财务控制

财务控制是指在经营活动过程中，以计划和各项指标为依据，对资金的收入、支出、占用、耗费进行日常的计算和审核，以实现计划指标，提高经济效益。在财务管理过程中，利用有关信息和特定手段，对企业财务活动施加影响，以实现财务预算目标。企业财务控制的常用方式有两种：一种是制度控制，它是以公司章程、财务制度为依据，从合法性、合规性和合理性的角度对企业财务行为和财务活动实施的控制；另一种是预算控制，它是以财务预算的分解指标为标准，对企业财务预算指标及其主要措施的实施情况进行的控制。实行财务控制是落实预算任务、保证预算实现的有效措施。财务控制的方法有事前控制、事中控制和事后控制，具体包括以下几项工作：

（1）确定控制目标。财务控制目标可按财务预算指标确定，对于一些综合性的财务控制目标应当按照责任单位或个人进行分解，使之成为能够具体掌握的可控指标。

（2）建立控制系统。按照责任制度的要求，落实财务控制目标的责任单位和个人，形成从上到下、从左到右的纵横交错的控制组织体系。

（3）信息传递与反馈。这是一个双向流动的信息系统，它不仅能够自下而上地反馈财务预算执行情况，也能够自上而下地传递调整财务预算执行偏差的信息。

（4）纠正实际偏差。根据信息反馈，及时发现实际执行情况与预算目标的差异，分析原因，采取措施加以纠正，以保证财务预算目标的实现。

五、财务分析

财务分析是以企业财务报表为主要依据，运用专门的分析方法，对企业财务状况和经营成果进行解释和评价，以便于投资者、债权人、管理者，以及其他信息使用者做出正确的决策。通过财务分析，可以掌握各项财务预算指标的完成情况，有利于改善财务预测和决策工作；通过财务分析，便于总结经验，研究和掌握企业财务活动的规律性，不断改进财务管理。

第五节 企业组织形式

企业组织形式是指企业财产及其社会化大生产的组织状态，它表明一个企业的财产构成、内部分工协作与外部社会经济联系的方式。企业组织形式有很多，根据不同标准可以有不同的分类。这里介绍按照国际惯例划分的三种企业组织形式。

一、独资企业

独资企业，是一个自然人投资并兴办的企业，其业主享有全部的经营所得，同时对债务负有完全责任。这种企业的规模都较小，其优点是：经营者和所有者合一，经营方式灵活；建立和停业程序简单；建立成本非常低；交个人所得税，不纳公司所得税等。这些优点使这种组织形式的企业占有相当大的比重（主要是中小型企业）。独资企业的缺点：自身财力所限，抵御风险的能力较弱，难以大规模地经营与发展；业主对企业债务承担无限责任，风险大；存续时间有限。我国的个体户和私营企业很多属于此类企业。

二、合伙企业

合伙企业是指由两人或两人以上共同出资，共同经营，共同按约定比例享受利润或承担风险的一种契约行为，这种企业不具有法人地位。它通常是依合同或协议凑合组织起来的，结构较不稳定。合伙人对整个合伙企业所欠的债务负有无限的责任。

合伙企业的优点：①凡是有两人或两人以上彼此同意合作，就可以订立契约，投资经营业务，所以手续较为简便；②与独资企业相比，资本与人力均较充足，因此，可以较大规模地经营；③由于合伙人负有无限责任，信用较强，所以比较容易筹集资金及开展业务。

合伙企业的缺点：①合伙人的意见难免存在分歧，容易延误决策；②合伙人承担无限责任，所负责任较大，使合伙人彼此常存戒心；③财力仍然有限，而且每一合伙人退出或死亡而接纳新的合伙人时，必须重新建立合伙协议，从而限制企业的发展。

三、公司制企业

公司制企业是指以盈利为目的，依照国家相关法律，由许多投资者共同出资组建，股东以其投资额为限对公司负责，公司以其全部财产对外承担民事责任，具有法人资本的独立经济组织。我国公司制企业包括有限责任公司和股份有限公司。有限责任公司，股东以其出资额为限对公司承担责任，公司以其全部资产对公司的债务承担责任。股份有限公司，其全部资本分为等额股份，股东以其所持股份为限对公司承担责任，公司以其全部资产对公司的债务承担责任。有限责任公司和股份有限公司的不同点主要在于：股东数量不同；成立条件和募集资金的方式不同；股份转让的条件限制不同。

公司制企业有如下特点：①独立的法人实体；②股东承担有限责任；③股份可转让，流动性好；④具有无限的存续期；⑤所有权和经营权分离，管理较科学，效率较高；⑥创办手续复杂，费用高；⑦财务状况比较透明。

公司制企业的缺点主要有：

（1）双重课税。公司作为独立的法人，其利润需交纳企业所得税，企业利润分配给股东后，股东还需交纳个人所得税。

（2）组建公司的成本高。公司法对于建立公司的要求比建立独资或合伙企业高，并且需要提交各种报告。

（3）存在代理问题。经营者和所有者分开以后，经营者称为代理人，所有者称为委托人，代理人可能为了自身利益而伤害委托人利益。

本书是以规范化的现代企业组织的基本形式——公司为背景来讲述财务管理的基本原理的。当然，作为理财的基本原理，它不仅适用于公司，同样也适用于独资和合伙企业，甚至个人理财。

第六节　财务管理的环境

财务管理环境是指对企业财务活动和财务管理产生影响作用的各种内部和外部条件，亦称理财环境。理财环境是企业财务管理赖以生存的土壤，企业只有在理财环境各种因素的作用下才可以实现财务活动的协调平衡，才能生存和发展。

财务管理的环境涉及的范围很广，有宏观和微观之分。宏观理财环境包括政治、经济、法律、金融等方面。微观理财环境包括企业管理体制、组织形式、经营规模、内部管理水平等诸多方面。本书主要讨论企业难以控制且影响较大的几种外部环境。

一、经济环境

财务管理的经济环境是指影响企业进行财务活动的宏观经济状况，主要包括经济周期、经济发展水平和经济政策等。

（一）经济周期

在市场经济条件下，经济的发展与运行带有一定的波动性，大体上要经历复苏、繁荣、衰退和萧条几个阶段的循环，这种循环就叫作经济周期。企业的筹资、投资和资产运营等理财活动都要受到这种经济波动的影响。在不同的经济周期，企业应相应采取不同的财务管理策略。

【小知识】

西方财务界提出的企业在经济周期各阶段的一般财务对策：

表 1-1 经济周期各阶段的企业财务战略

复苏	繁荣	衰退	萧条
增加产房设备	扩充产房设备	停止扩张	建立投资标准
建立存货	继续建立存货	出售多余设备	保持市场份额
引入新产品	开展营销规划	停产不利产品	缩减费用开支
增加雇员	继续增加雇员	停止雇员	裁减雇员

（二）经济发展水平

近年来，我国的国民经济保持持续高速的增长，各项建设方兴未艾。这不仅给企业扩大规模、调整方向、打开市场以及拓宽财务活动的领域带来了机遇，同时，由于高速发展中的资金短缺将长期存在，又给企业财务管理带来严峻的挑战。因此，企业财务管理工作者必须积极探索与经济发展水平相适应的财务管理模式。

（三）经济政策

我国经济体制改革的目标是建立社会主义市场经济体制，以进一步解放和发展生产力。在这个总目标的指导下，我国已经并正在进行财税体制、金融体制、外汇体制、外贸体制、计划体制、价格体制、投资体制、社会保障制度、企业会计准则体系等各项改革。所有这些改革措施，深刻地影响着我国的经济生活，也深刻地影响着我国企业的发展和财务活动的开展。如金融政策中货币的发行量、信贷规模都能影响企业投资的资金来源和投资的预期收益；税收政策会影响企业的资金结构和投资项目的选择等；价格政策能影响资金的投向、投资的回收期及预期收益等。

（四）具体的经济因素

除以上几项因素外，一些具体的经济因素发生变化，也会对企业财务管理产生重要影响。这些因素主要包括：①通货膨胀率；②利息率；③外汇汇率；④金融市场、金融机构的完善程度；⑤金融政策；⑥财税政策；⑦产业政策；⑧对外经贸政策；⑨其他相关因素。

二、法律环境

财务管理的法律环境指影响企业财务活动的各种法律、法规和规章，主要包括企业组织法规、财务会计法规和税收法规等。

国家相关法律法规按照对财务管理内容的影响情况可以分为以下几类：

（1）影响企业筹资的各种法规主要有公司法、证券法、金融法、证券交易法、合同法等。这些法规可以从不同方面规范或制约企业的筹资活动。

（2）影响企业投资的各种法规主要有证券交易法、公司法、企业财务通则等。这些法规从不同角度规范企业的投资活动。

（3）影响企业收益分配的各种法规主要有税法、公司法、企业财务通则等。这些法规从不同方面对企业收益分配进行了规范。

法律环境对企业的影响是多方面的，影响范围包括企业组织形式、公司治理结构、投融资活动、日常经营、收益分配等。

这些法规是影响财务主体财务机制运行的重要约束条件，法律环境对财务管理的影响和制约主要表现在：①规定不同企业的融资渠道、方式和规模、结构和基本程序；②规定投资的基本前提、程序和应履行的手续；③规定企业分配的种类、方式、程序等。

【小知识】

公司注册登记基本流程

（1）核名：备3~5个公司名称去工商局内网查选（防重名），认定后领取“企业（字号）名称预先核准通知书”。

（2）投入资本：根据国务院2014年2月7日发布的《国务院关于印发注册资本等级制度改革方案的通知》，我国改革注册资本登记制度，除部分行业暂不实行外，实行注册资本认缴登记制。

（3）企业注册登记：先进行自助网上登记，待审核通过后将资料打印出来再送到工商局柜台办理，领取营业执照。

（4）刻制印章：公章、财务章、发票专用章要到公安局专门窗口申请刻制。

（5）组织机构代码证书：凭营业执照到质量技术监督局办理，先领取一个“预先受理代码文件”才能完成后续程序。

（6）税务登记：到国税局、地税局办理并同时申领发票购用簿和开设纳税专户。

（7）开立银行基本账户，带齐前面办理的所有证件，开户并划转资金。

（8）购买发票、建账、开张营业。

三、金融市场环境

金融市场是资金融通场所，是企业财务管理环境的一个重要部分。

金融市场对财务活动的影响主要体现在：

首先，金融市场是企业筹资和投资的场所。金融市场上有许多资金筹集的方式，并且比较灵活。企业需要资金时，可以到金融市场选择适合自己需要的方式筹资。企业有了剩余资金，也可以灵活地选择投资方式，为其资金寻找出路。并且在金融市场上，企业可以实现长短期资金的转化。

其次，金融市场为企业理财提供有效的信息。金融市场的利率变动，反映资金的供求状况；有价证券市场的行市反映投资人对企业经营状况和盈利水平的评价。

财务管理的金融环境主要包括金融市场、金融机构、金融工具和利率 4 个方面。

（一）金融市场

1. 金融市场的含义与要素

金融市场，是指资金供应者和资金需求者双方通过金融工具进行交易的场所，是办理各种票据、有价证券、外汇和金融衍生品买卖，以及同业之间进行货币借贷的场所。金融市场的主要要素有：市场主体、市场客体、交易中介、价格。

（1）市场主体。参与金融市场交易的当事人是金融市场的主体，也是资金供应者和资金需求者，包括政府、金融机构、企业事业单位、居民、外商等，他们既能向金融市场提供资金，也能从金融市场筹措资金。这是金融市场得以形成和发展的一项基本因素。

（2）市场客体。金融市场的客体即金融工具，是金融市场的交易对象。如各种债券、股票、票据、可转让存单、借款合同、抵押契约、货币头寸、外汇和金融衍生品等，是金融市场上实现投资、融资活动必须依赖的标的。

（3）交易中介。在资金融通过程中，中介在资金供应者与资金需求者之间起媒介或桥梁作用。金融中介分为交易中介和服务中介。交易中介通过市场为买卖双方成交撮合，并从中收取佣金，包括银行、有价证券承销人、证券交易经纪人、证券交易所和证券结算公司等。服务中介本身不是金融机构，但却是金融市场上不可或缺的，如会计师事务所、律师事务所、投资顾问咨询公司和证券评级机构等。

（4）价格。金融市场的价格指所代表的价值，即规定的货币资金及其所代表的利率或收益率的总和。

【小知识】

金融市场功能

（1）资金融通。融通资金是金融市场的基本功能。它是提供一个场所，将资金提供者手中的富余资金转移到资金需求者手中。

（2）风险分配。在转移资金的过程中，同时将实际资产预期现金流的风险重新分配给资金提供者和资金需求者。这是金融市场的另一项基本功能。

（3）价格发现。金融市场被称为国民经济的"晴雨表"，金融市场的活跃程度可以反映经济的繁荣和衰退，证券价格高低可以反映发行人的经济状况和发展前景。

（4）调节经济。政府在金融市场上通过实施货币政策调解经济。

（5）节约信息成本。如果没有金融市场，每一个资金提供者寻找适宜的资金需要者，每一个资金需求者寻找适宜的资金供应者，其信息成本是非常高的。

2. 金融市场的分类

金融市场按照不同的标准可以有不同的分类，金融市场的类别如表 1–2 所示。

表 1–2　金融市场的类别

分类标准	分类结果
按照交易的期限分类	短期资金市场。短期资金市场是指期限不超过一年的资金交易市场，也叫货币市场。 长期资金市场。长期资金市场是指期限在一年以上的股票和债券交易市场，也叫资本市场
按照交易的性质分类	发行市场。发行市场是指从事新证券和票据等金融工具买卖的转让市场，也叫初级市场或一级市场。 流通市场。流通市场是指从事已上市的旧证券或票据等金融工具买卖的转让市场，也叫次级市场或二级市场
按照交易的直接对象分类	同业拆借市场、国债市场、企业债券市场、股票市场和金融期货市场等
按照交割的时间分类	现货市场。现货市场是指买卖双方成交后，当场或几天之内买方付款、卖方交出证券的交易市场。 期货市场。期货市场是指买卖双方成交后，在双方约定的未来某一特定的时日才交割的交易市场

（二）金融机构

金融机构是指从事金融服务业有关的金融中介机构，为金融体系的一部分，包括银行、证券公司、保险公司、信托投资公司和基金管理公司等。我国的金融机构，根据地位和功能可分为三大类：第一类，中央银行，即中国人民银行。第二类，银行。包括政策性银行、商业银行、村镇银行。第三类，非银行金融机构。主要包括国有及股份制的保险公司、金融资产管理公司、证券公司（投资银行）、财务公司和金融租赁公司等。以上各种金融机构相互补充，构成了一个完整的金融机构体系。

【小知识】

我国主要金融机构

中国人民银行：是我国的中央银行，它代表政府管理全国的金融机构和金融活动，管理国库。

政策银行：是指由政府设立，以贯彻国家产业政策、区域发展政策为目的，不以盈利为目的的金融机构。我国目前有三家政策银行：国家开发银行、中国进出口银行、中国农业发展银行。

商业银行是以经营存款、放款、办理转账结算为主要业务，以盈利为主要经营目标的金融企业。

我国主要的非银行金融机构有保险公司、信托投资公司、证券公司、财务公司、金融资产管理公司、金融租赁公司等。

（三）金融工具

金融工具是指在金融市场中可交易的金融资产。金融工具能够证明融资双方债权债务关系或所有权关系，并据以进行货币资金交易，它对于交易双方所应承担的义务与享有的权利均具有法律效力。金融工具一般具有期限性、流动性、风险性和收益性 4 个基本特征。金融工具按其期限不同可分为货币市场工具和资本市场工具。

货币市场工具，是指期限小于或等于 1 年的债务工具，它们具有很高的流动性，属固定收入证券的一部分。主要包括短期国债、大额可转让存单、商业票据、银行承兑汇票、回购协议等。

资本市场工具是指 1 年期以上的中长期金融工具，主要是股票、债券和投资基金等有价证券，这些有价证券是在资本市场上发行和流通转让的，故称资本市场工具。

(四) 利率

在金融市场的运作过程中，引导资本流动的重要机制是其价格，而价格又与利率有一定的联系。利率是衡量资金增值量的基本单位，即资金的增值同投入资金的价值之比。它是进行财务决策的基本依据，离开了利率因素，就无法正确作出筹资决策和投资决策。

利率也称利息率，是利息占本金的百分比。从资金的借贷关系看，利率是一定时期运用资金资源的交易价格。

1. 利率的分类

利率按照不同的标准可分为不同的种类。

(1) 按计算利息的期限单位，分类年利率、月利率和日利率。年利率是指按年计息的利率，一般按本金的百分之几表示。例如：年息 5 厘 4 毫即表明本金为 100 元的年利息额为 5.4 元（1 厘=0.001 元，1 毫=0.0001 元）。

月利率是按月计算的，一般按本金的千分之几表示。例如：月息 6 厘即表明本金为 1000 元的每月利息为 6 元。

日利率，也称日息或日息率，一是指按天计算的利率，一般按本金的万分之几表示，通常称日息为几厘几毫。如日息 1 厘，即本金 1 元，每日利息是 1 厘钱。

(2) 根据计算方法不同，分为单利和复利。单利是指在借贷期限内，只在原来的本金上计算利息，对本金所产生的利息不再另外计算利息。复利是指在借贷期限内，除了在原来本金上计算利息外，还要把本金所产生的利息重新计入本金、重复计算利息，俗称“利滚利”。

(3) 根据银行业务要求不同，分为存款利率、贷款利率。存款利率是指在金融机构存款所获得的利息与本金的比率。贷款利率是指从金融机构贷款所支付的利息与本金的比率。

(4) 按借贷期间内利率是否浮动，分为固定利率和浮动利率。固定利率是指在整个贷款期内固定不变的利率。浮动利率是指在贷款期内随市场借贷资金供求关系而在一定范围内调整的利率。

(5) 根据与通货膨胀的关系，分为名义利率和实际利率。名义利率是指没有剔除通货膨胀因素的利率，也就是借款合同或单据上标明的利率。实际利率是指已经剔除通货膨胀因素后的利率。

(6) 根据国家政策意向不同，分为一般利率和优惠利率。一般利率是指在不享受任何优惠条件下的利率。优惠利率是指对某些部门、行业、个人所制定的利率优惠政策。

2. 利率的构成

利率是经济学中一个重要的金融变量，几乎所有的金融现象、金融资产均与利率有着或多或少的联系。当前，世界各国频繁运用利率杠杆实施宏观调控，利率政策已成为各国中央银行调控货币供求，进而调控经济的主要手段，利率政策在中央银行货币政策中的地位越来越重要。利率在企业财务决策和资金分配方面非常重要。那么，如何测定特定条件下的利率水平呢？这就必须分析利率的构成。一般而言，在金融市场中资金的利率由五个方面构成。

（1）纯利率。它是指在不考虑通货膨胀和零风险条件下的供求均衡点利率，一般将国库券利率视为纯利率。在理论上，纯利率是在产业平均利润率、资金供求关系和国家政策调节下形成的利率水平。纯利率的高低，受产业平均利润率高低、资金供求关系及国家政策调节的影响，其中，产业平均利润是决定利率的主要因素。在实际工作中，通常以无通货膨胀情况下的无风险证券的利率来代表纯利率。

（2）通货膨胀贴补率。通货膨胀贴补率又称通货膨胀贴水，是指当货币发行量超过市场流通量时，货币让渡者要求补偿实际购买力下降所造成的损失而应提高的利率。

（3）违约风险贴补率。债务人未能按时支付利息和偿还本金称为违约。而违约风险贴补率就是指债权人为了弥补债务到期，债务人无法支付本息风险所要求提高的利率。违约风险贴补大小主要取决于债务人的信誉程度。通常情况下，政府发行的债券是无违约风险的。

（4）变现风险贴补率。变现风险贴补率是指债权人为了弥补所持有的金融资产变现能力不足所要求提高的利率。债务金融资产的变现能力取决于债务人的资产流动性、营运能力、信誉和金融市场环境的变化。

（5）到期风险贴补率。到期风险贴补是指债权人在让渡资金使用权期间，面临利率变动的风险所要求的补偿利率。持有不同期限的金融资产其利率水平也存在差异，其原因就在于，长期金融资产的风险高于短期金融资产的风险，要求补偿的到期风险贴补就高，反之要求补偿的到期风险贴补就低。

综上所述，利率构成可用以下模式概括，即

利率 = 纯利率 + 通货膨胀贴补率 + 违约风险贴补率 + 变现风险贴补率 + 到期风险贴补率

其中，纯利率加上通货膨胀贴补率又称为基础利率，违约风险贴补率、变现风险贴补率和到期风险贴补率之和称为风险补偿率。即

利率 = 基础利率 + 风险补偿率

四、社会文化环境

社会文化环境是指企业所处的社会结构、社会风俗和习惯、信仰和价值观念、行为规范、生活方式、文化传统、人口规模与地理分布等因素的形成和变

动。社会文化环境包括教育、科学、文学、艺术、新闻出版、广播电视、卫生体育、世界观、理想、信念、道德、风俗，以及同社会制度相适应的权利义务观念、道德观念、组织纪律观念、价值观念、劳动态度等。

社会文化环境是影响企业营销诸多变量中最复杂、最深刻、最重要的变量。社会文化是某一特定人类社会在其长期发展历史过程中形成的，它影响和制约着人们的消费观念、需求欲望及特点、购买行为和生活方式，对企业营销行为产生直接影响。

【本章小结】

本章主要阐述财务管理的概念、内容、关系、环节、目标和环境等财务管理的基本理论问题。

财务管理是对财务活动进行管理、处理财务关系的一项经济管理工作。财务管理的基本内容：企业筹资管理、企业投资管理、营运资本管理、利润分配的管理。企业在财务活动中必然要与有关方面发生广泛的经济联系，从而产生与有关各方的经济利益关系，这种经济利益关系，就是财务关系。

财务管理目标也称理财目标，是指企业组织财务活动、处理财务关系所要达到的根本目的。它决定着企业财务管理的基本方向，是评价企业理财活动是否合理的基本标准。包括总体目标和具体目标。财务管理的总体目标是指企业财务管理所要达到的目标。根据现代企业财务管理的理论和实践，具有代表性的财务管理目标主要有利润最大化、股东财富最大化、企业价值最大化和相关者利益最大化。具体目标是企业在筹资、投资、营运资本管理、利润分配中确定的目标。

财务管理原则也称理财原则，是指组织企业财务活动和协调处理财务关系的基本准则，是体现理财活动规律性的行为规范，是对财务管理的基本要求。财务管理原则包括系统原则、风险与收益均衡原则、现金收支平衡原则、变现能力与盈利能力平衡原则、合理配比原则。

财务管理的环节是指财务管理的工作步骤和一般程序，包括财务预测、财务决策、财务预算、财务控制、财务分析五个基本环节。

企业组织形式是指企业财产及其社会化大生产的组织状态，它表明一个企业的财产构成、内部分工协作与外部社会经济联系的方式。按照国际惯例，企业组织形式划分为独资企业、合伙企业和公司制企业。

财务管理环境是指对企业财务活动和财务管理产生影响作用的各种内部和外部条件，亦称理财环境。财务管理的环境涉及的范围很广，有宏观和微观之分。宏观理财环境包括政治、经济、法律、金融等方面。微观理财环境包括企业管理体制、组织形式、经营规模、内部管理水平等诸多方面。

【练习题】

一、单项选择题

1. 下列（　　）属于企业购买商品或接受劳务形成的财务关系。

A. 企业与供应商之间的财务关系　　B. 企业与债务人之间的财务关系

C. 企业与客户之间的财务关系　　D. 企业与受资者之间的财务关系

2. 在下列各种观点中，既能够考虑资金的时间价值和投资风险，又有利于克服管理上的片面性和短期行为的财务管理目标的是（　　）。

A. 企业价值最大化　　B. 利润最大化

C. 每股收益最大化　　D. 资本利润率最大化

3. 债权人为了防止其利益被伤害，通常采取的措施不包括（　　）。

A. 激励　　B. 规定资金的用途

C. 提前收回借款　　D. 限制发行新债数额

4. 企业价值是指全部资产的（　　）。

A. 评估价值　　B. 账面价值

C. 潜在价值　　D. 市场价值

5. 作为财务管理的目标，每股收益最大化目标与利润最大化相比，其优点是（　　）。

A. 能够避免企业的短期行为

B. 考虑了资金时间价值因素

C. 反映了创造利润与投入资本之间的关系

D. 考虑了风险价值因素

6. 沉没成本应用的财务管理原则是（　　）。

A. 双方交易原则　　B. 自利行为原则

C. 比较优势原则　　D. 净增效益原则

7. 根据财务报表等有关资料、运用特定的方法，对企业财务活动过程及其结果进行分析和评价的工作是指（　　）。

A. 财务控制　　B. 财务决策

C. 财务预算　　D. 财务分析

8. 一般而言，下列证券风险程度由大到小的顺序是（　　）。

A. 金融证券、政府证券、公司证券

B. 政府证券、金融证券、公司证券

C. 企业证券、金融证券、政府证券

D. 企业证券、政府证券、金融证券

9. 各种银行、证券交易所、保险公司等均可称为（　　）。

A. 金融市场　　B. 金融机构

C. 金融工具　D. 金融对象

10. 反映企业价值最大化目标实现程度的指标是（　　）。

A. 销售收入　B. 市盈率

C. 每股市价　D. 权益净利率

11. 一般而言，长期利率会高于短期利率，但有时也会出现相反的情况投资，原因是短期投资有（　　）。

A. 变现力风险　B. 再投资风险

C. 违约风险　D. 到期风险

12. 没有风险和通货膨胀情况下的利率是指（　　）。

A. 固定利率　B. 浮动利率

C. 纯利率　D. 名义利率

13. 在无风险报酬的情况下，某证券的利率为 3.2%，纯利率为 4%，则通货膨胀率为（　　）。

A. 0.8%　B. –0.8%

C. –0.08%　D. 8%

二、多项选择题

1. 企业的财务活动包括（　　）。

A. 筹资活动　B. 投资活动

C. 股利分配活动　D. 清产核资活动

2. 以下各项活动属于筹资活动的有（　　）。

A. 确定资金需求规模　B. 合理使用筹集到的资金

C. 选择资金取得方式　D. 发行公司股票

3. 企业可以从两方面筹资并形成两种性质的资金来源，这两种性质的资金分别是（　　）。

A. 发行债券取得的资金　B. 发行股票取得的资金

C. 企业的自有资金　D. 企业的债务资金

E. 取得银行借款　F. 财务清查活动

4. 假定甲公司向乙公司赊销产品，并持有丙公司债券和丁公司的股票，且向戊公司支付公司债利息。假定不考虑其他条件，从甲公司的角度看，下列各项中属于本企业与债务人之间财务关系的是（　　）。

A. 甲公司与乙公司之间的关系

B. 甲公司与丁公司之间的关系

C. 甲公司与丙公司之间的关系

D. 甲公司与戊公司之间的关系

5. 集权与分权相结合型财务管理体制将企业内重大决策权集中于企业总部，而赋予各所属单位自主经营权。下列关于该体制特点的说法正确的有（　　）。

A. 在管理上，利用企业的各项优势，对全部权限集中管理

B. 在管理上，利用企业的各项优势，对部分权限集中管理

C. 在经营上，不能调动各所属单位的生产经营积极性

D. 在经营上，充分调动各所属单位的生产经营积极性

6. 利润最大化作为财务管理目标的缺点是（　　）。

A. 片面追求利润最大化，可能导致短期行为

B. 没有反映投入与产出的关系

C. 没有考虑风险因素

D. 没有反映剩余产品价值量的多少

E. 没有考虑货币的时间价值

7. 以利润最大化作为财务管理的目标，其缺陷是（　　）。

A. 没有考虑资金时间价值

B. 没有考虑风险因素

C. 只考虑自身收益而没有考虑社会效益

D. 没有考虑投入资本和获利之间的关系

E. 确定最佳资本结构

8. 企业的财务关系包括（　　）。

A. 企业与政府之间的财务关系

B. 企业与投资者、受资者之间的财务关系

C. 企业与债权人、债务人之间的财务关系

D. 企业内部各单位之间的财务关系

E. 企业与职工之间的财务关系

9. 在不存在通货膨胀的情况下，利率的组成因素包括（　　）。

A. 纯利率　　B. 违约风险收益率

C. 流动性风险收益率　　D. 期限风险收益率

三、判断题

1. 财务控制是利用有关信息和特定手段，对企业的财务活动施加影响或调节，以便实现计划所规定的财务目标的过程，其方法通常有前馈控制和反馈控制。（　　）

2. 在一定时期内，营运资金周转额越大，资金的利用效率就越高，企业就可以生产出越多的产品，取得越多的收入，获取越多的利润。（　　）

3. 企业与投资者之间的财务关系，主要指企业以购买股票或直接投资的形式向其他企业投资所形成的经济关系。（　　）

4. 经营者和所有者的主要利益冲突，是经营者希望在创造财富的同时，能够获取更多的报酬、更多的享受；而所有者希望以较小的代价实现更多的财富。协调这一利益冲突的方式是解聘、股票期权利和绩效股。（ ）

5. 企业价值最大化体现了合作共赢的价值理念，有利于实现企业经济效益和社会效益的统一。（ ）

四、简答题

1. 什么是财务管理？简述财务管理的主要内容。

2. 财务管理有哪些主要职能？

3. 利润最大化目标有哪些局限性？

4. 股东和经营者有哪些冲突？如何有效解决？

5. 股东和债权人有哪些冲突？如何有效解决？

6. 企业的社会责任及商业道德与企业的财务管理目标有何关系？

7. 金融市场有哪些功能？

8. 金融资产有哪些特点？

【案例分析】

ABC 公司财务管理目标的矛盾与处理

ABC 公司是一家从事电子产品开发的企业。该公司是由张颖、王红和李田三人各出资 100 万元共同创立的股份制公司，并按股权比例分配利润。公司成立初期，三位创始股东注重加大产品的研发，不断开发新产品，并以企业的长远发展为目标。公司在激烈的市场竞争过程中，不断求发展，营业收入日趋增长，市场前景也看好。

随着利润的不断增长，三位创始股东开始在收益分配上产生了分歧：张颖和王红倾向于分红，而李田则认为应将企业取得的利润用于扩大再生产，以提高企业的持续发展能力，实现长远利益的最大化。收益分配方面产生的矛盾不断升级，最终导致李田被迫出让持有的 1/3 股份而离开该公司。

不久，此消息传到与公司有密切往来的多家供应商和分销商那里。因为他们许多人的业务发展都与 ABC 公司密切相关，公司长远的发展将为他们带来更多的商机。于是，大家共同努力将李田请回公司。面对这一情况，其他两位股东提出他们可以离开，但条件是李田必须收购他们的股份。然而，李田的长期发展战略需要较多投资，这样他将导致企业陷入没有资金维持生产的境地。这时，众多供应商和分销商伸出了援助之手，他们或者主动延长应收账款的期限，或者预付货款，最终使李田重新回到了公司，成为公司的掌门人。经历了股权变更的风波后，公司在李田的领导下，不断加大产品的研发力度，在同行业中处于领先地位，企业的竞争力和价值不断提升。

思考：

1. 李田坚持企业长远发展，而其他股东要求更多分红，你认为李田的目标是否与股东财富最大化的目标相矛盾?

2. 拥有控制权的大股东与供应商和客户等利益相关者之间的利益是否矛盾，应该如何协调?

3. 重要利益相关者能否对企业的控制权产生影响?

第二章　财务报表分析

【学习目标】

1. 了解财务报表分析的概念，掌握财务分析的方法；
2. 掌握财务比率分析的指标；
3. 掌握杜邦财务分析体系，了解沃尔比重分析法。

【关键概念】

财务报表分析　财务比率分析　财务综合分析

【引例】

企业并购，不分析财务报表行不行？

某海外上市公司的董事长兼CEO在2008年上半年完成了一项重要并购。该并购的初衷是通过并购来实现企业业绩的增长。处于华北某地的目标企业的基本情况是：截至2007年底，公司总资产为3亿元，负债为2.5亿元，净资产（所有者权益）为0.5亿元。该公司注册资本为0.6亿元。公司2007年亏损，但未来的业务有较强的发展前景。企业净资产采用重置成本法评估，估价为0.5亿元（与账面净资产基本相同）。该上市公司的董事长兼CEO只身一人完成了全部谈判活动。谈判结果：上市公司以目标企业账面资产总额3亿元的价格并购该目标企业。

该上市公司董事长兼CEO接受谈判收购价格的理由是：购买企业，是对企业整体资产的购买。在整个谈判过程中，该上市公司董事长兼CEO并没有对目标企业的报表进行仔细研究，原因之一是他根本读不懂财务报表。

思考：

1. 如果让你参与购买谈判，你应该关注企业财务报表的哪些项目？
2. 财务分析这么重要，要如何进行财务分析呢？

第一节　财务报表分析概述

一、财务报表分析的概念

财务报表分析又称财务分析，是以企业的财务报表等会计资料为基础，通过汇总、计算、对比，对企业的财务状况、经营成本和现金流量等进行综合分析和评价的一种方法。

【小知识】

财务报表分析与财务分析

在实务中人们总是将狭义的财务报表分析与财务分析混为一谈，其实二者还是有一定差异的。第一，狭义的财务报表分析与财务分析在分析对象上存在差异。财务分析的对象是企业资金筹集、投资、营运、消耗、收回和分配等财务活动，以及由此形成的财务关系。而财务报表分析的具体对象是企业对外报送的资产负债表、利润表、现金流量表和所有者权益变动表及附注所反映的企业特定时点的财务状况和特定时期的经营成果。第二，狭义的财务报表分析与财务分析在分析目的上存在差异。财务分析的目的随分析主体的不同而不同，但所有分析主体都需要利用财务报表数据进行分析，来评判企业的经营状况，并预测企业的发展趋势和发展前景。而财务报表分析目的是发现问题并做出某种判断，从而了解企业过去、评价现在以及预测企业未来。第三，狭义的财务报表分析与财务分析在分析内容上存在差异。财务分析是对企业财务活动和财务关系的分析，其分析资料来源不仅包括财务报表，还有企业生存环境和市场状况的因素，为做出的决策提供预警效应。而财务报表分析是对企业特定时点的财务状况和特定时期的经营成果进行的分析。第四，狭义的财务报表分析与财务分析在分析时间上存在差异。财务分析贯穿企业自身运动的始终。而财务报表分析是对一定时期会计核算结果进行的分析，是一种事后的评判。第五，狭义的财务报表分析与财务分析在分析依据上存在差异。财务分析除了需要使用企业对外报送的财务报表外，还需要依据日常的业务核算资料、统计资料，以及根据政府的政策、资本市场利率水平等资料进行分析评价。而财务报表分析依据的只有对外报送的报表和附注以及行业标准。

> 财务报表分析从广义上说，包括经营战略分析、会计分析、财务分析和前景分析四个组成部分。经营战略分析的目的是确定主要的利润动因和经营风险以及定性评估公司的盈利能力，包括行业分析和公司竞争战略分析等；会计分析的目的是评价公司会计反映基本经营现实的程度，包括评估公司会计的灵活性和会计政策及估计的恰当性以及会计数据的修正等内容；财务分析的目的是运用财务数据评价公司当前和过去的业绩并评估其可持续性；前景分析的目的则是预测公司的未来。
>
> 财务报表分析狭义的概念是指以会计核算和报表资料等相关资料为依据，利用一系列的分析技术和方法，通过对企业过去和现在的筹资、投资、经营和分配活动中偿债能力、营运能力、盈利能力和发展能力等进行分析与评价，为利益相关者投资决策和经营管理提供重要的财务信息的一种活动。

通过财务报表分析，可以判断企业的财务实力；可以评价和考核企业的经营业绩，揭示财务活动存在的问题；可以挖掘企业潜力，寻求提高企业经营管理水平和经济效益的途径；可以评价企业的发展趋势。

财务分析的目的取决于人们使用会计信息的目的。会计信息的使用者包括股权投资者、债权人、企业管理层、审计人员、政府部门等。

股权投资者进行财务分析的最根本目的是看企业的盈利能力状况，以供投资决策之用。

债权人进行财务分析的主要目的：一是看其对企业的借款或其他债权是否能及时、足额收回，即研究企业偿债能力的大小；二是看债务者的收益状况与风险程度是否相适应，即将偿债能力分析与盈利能力分析相结合，以供放贷决策之用。

企业经营者进行财务分析的目的是综合的、多方面的。总体来说，其目的是及时发现生产经营中存在的问题与不足，并采取有效措施解决这些问题，使企业不仅用现有资源盈利更多，而且使企业盈利能力保持继续增长，以供经营决策之用。

其他财务分析的目的。对于与企业经营有关的企业单位，它们进行财务分析的主要目的在于搞清企业的信用状况；对于国家行政管理与监督部门，它们进行财务分析的目的一是为了监督，二是为宏观决策提供可靠信息。

【技能指引】

财务分析的模式

财务分析者在明确分析的对象和目的，取得相关资料的前提下，可按照下列模式展开具体的分析工作。

(1) 列表进行有关比较计算（并列两期实际数值或有关比率进行比较）。

(2) 找出发生显著变化的项目（一般三至五项便具有代表性和针对性）。

(3) 分析上述项目的变化原因或需进一步查明的事项（相关的调研活动）。

(4) 得出结论、提出建议（体现在分析报告中）。

二、财务报表分析的方法

财务报表分析的方法有很多种，主要包括比率分析法、比较分析法、因素分析法。

（一）比率分析法

比率分析法是指利用财务报表中两项相关数值的比率揭示企业财务状况的一种分析方法。根据分析的目的和要求的不同，财务比率主要有以下三种：

(1) 构成比率，又称结构比率，是某个经济指标的各个组成部分与总体的比率，其计算公式为：构成比率 = 某个组成部分数额/总体数额。比如流动资产与总资产的比率、流动负债与负债总额的比率。利用构成比率，可以了解总体中某个部分的形成和安排是否合理，以便协调各项财务活动。

(2) 效率比率，是某项经济活动投入与产出的比率，如总资产报酬率、销售净利率等。利用效率比率指标，可以进行得失比较，评价经济效益。

(3) 相关比率，是根据经济活动客观存在的某两个或两个以上相关因素加以对比所得的比率，如流动比率、资产负债率等。利用相关比率可以考察项目间的相互关系，揭示企业的财务状况。

（二）比较分析法

比较分析法是对两个或几个有关的可比数据进行对比，揭示差异和矛盾的一种分析方法。根据比较的对象，比较分析法可分为纵向比较分析法和横向比较分析法。

纵向比较分析法又称趋势分析法、水平分析法，是将同一企业连续若干期的相同指标或比率进行定基对比和环比对比，确定它们的增减变动方向、数额和幅度，以此来提示企业财务状况、经营结果和现金流量等变化趋势的一种分析方法，如比较财务报表法、比较财务比率法。

横向比较分析法，是将本企业的财务状况与其他企业的同期财务状况进行比较，确定其存在的差异及其程度，以此来揭示企业管理中所存在问题的一种分析方法。

（三）因素分析法

因素分析法也称因素替换法，它是依据财务指标与其驱动因素之间的关系，从数量上确定各因素影响程度的一种方法。该方法将分析指标分解为各个可以计量的因素，并根据各个因素之间的依存关系，假定其他各个因素都无变化，顺次用各因素的比较值（通常为实际值）替代基准值（通常用标准值或计划值），从数量上确定各因素对比分析指标影响方向和影响程度。

因素分析法一般分为五个步骤：①确定该指标的驱动因素，即根据财务指标的形成过程，依据所要分析的对象、经济事物之间的相互联系以及反映经济事物水平的量化指标，建立财务指标与各驱动因素之间的函数关系模型。②确定分析对象，即确定需要分析的财务指标，比较其报告期数据与基期数据，并计算两者的差额。③确定驱动因素的替代顺序，即根据因素替换原理的因素替换规则，确定各因素的替换顺序。④按顺序计算各驱动因素变动对总括指标的影响程度。⑤对计算结果进行分析并得出分析结论，分析思路包括有利影响因素和不利影响因素的区分、企业内部影响因素和企业外部影响因素的区分、主观影响因素和客观影响因素的区分，以及当有利因素或不利因素表现为两个以上时，主要影响因素和次要影响因素的区分，最后进行综合分析并得出分析结论。

因素分析法又有连环替代法和差额分析法两种具体方法。

1. 连环替代法

连环替代法是用来确定几个相互联系的因素对分析对象——综合财务指标或经济指标影响程度的一种分析方法。其计算程序如下：

设某一分析指标 R 是由相互联系的 A、B、C 三个因素相乘得到，则

报告期（实际）指标和基期（计划）指标为：

报告期（实际）指标 $R_1 = A_1 \times B_1 \times C_1$

基期（计划）指标 $R_0 = A_0 \times B_0 \times C_0$

在测定各因素变动指标 R 的影响程度时可按顺序进行：

基期（计划）指标 $R_0 = A_0 \times B_0 \times C_0$ （1）

第一次替代 $A_1 \times B_0 \times C_0$ （2）

第二次替代 $A_1 \times B_1 \times C_0$ （3）

第三次替代 $R_1 = A_1 \times B_1 \times C_1$ （4）

（2）-（1）→A 变动对 R 的影响。

（3）-（2）→B 变动对 R 的影响。

（4）-（3）→C 变动对 R 的影响。

把各因素变动综合起来，总影响：$\Delta R = R_1 - R_0$

2. 差额分析法

用下面公式直接计算各因素变动对 R 的影响。

$(A_1 - A_0) \times B_0 \times C_0$　A 变动对 R 的影响。

$A_1 \times (B_1 - B_0) \times C_0$　B 变动对 R 的影响。

$A_1 \times B_1 \times (C_1 - C_0) A_1 \times B_1 \times (C_1 - C_0) \rightarrow C$　C 变动对 R 的影响。

差额分析法是连环替代法的一种简化形式，连环替代法和差额分析法得出的结论是一致的。

【例 2–1】 某企业 2009 年 3 月某原材料费用的实际数是 6720 元，而其计划数是 5400 元。实际比计划增加 1320 元。由于原材料费用是由产品产量、单位产品材料消耗量和材料单价三个因素的乘积组成，因此就可以把材料费用这一指标分解为三个因素，然后逐个来分析它们对材料费用总额的影响程度。现假设这三个因素的数值如表 2–1 所示。

表 2–1　材料费用三因素

项目	单位	计划数	实际数	差异
产品产量	件	120	140	20
单位产品材料消耗量	千克/件	9	8	–1
材料单价	千克/件	5	6	1
材料费用总额	元	5400	6720	1320

根据表中资料，材料费用总额实际数计划数增加 1320 元，运用连环替代法，可以计算各因素变动对材料费用总额的影响程度。

计划指标：　$120 \times 9 \times 5 = 5400$（元）　①

第一次替代：$140 \times 9 \times 5 = 6300$（元）　②

第二次替代：$140 \times 8 \times 5 = 5600$（元）　③

第三次替代：$140 \times 8 \times 6 = 6720$（元）　④

实际指标：

② – ① = 6300 – 5400 = 900（元）　产量增加的影响

③ – ② = 5600 – 6300 = –700（元）　材料节约的影响

④ – ③ = 6720 – 5600 = 1120（元）　价格提高的影响

900 – 700 + 1120 = 1320（元）　全部因素的影响

仍用【例 2–1】中的资料。可采用差额分析法计算确定各因素变动对材料费用的影响。

（1）由于产量增加对财务费用的影响为：$(140 - 120) \times 9 \times 5 = 900$（元）

(2) 由于材料消耗节约对材料费用的影响为：140 × (8 − 9) × 5 = −700（元）

(3) 由于价格提高对材料费用的影响为：140 × 8 × (6 − 5) = 1120（元）

因素分析法既可以全面分析各因素对某一经济指标的影响，又可以单独分析某个因素对某一经济指标的影响，在财务分析中颇为广泛，但应用因素分析法须注意以下几个问题：

(1) 因素分解的关联性。即构成经济指标的各因素确实是形成该项指标差异的内在构成原因，它们之间存在着客观的因果关系。

(2) 因素替代的顺序性。替代因素时，必须按照各因素的依存关系，排列成一定顺序依次替代，不可随意颠倒，否则各个因素的影响值就会得出不同的计算结果。在实际工作中，往往是先替代数量因素，后替代质量因素；先替代实物量、劳动量因素，后替代价值量因素；先替代原始的、主要的因素，后替代派生的、次要的因素；在有除号的关系式中，先替代分子，后替代分母。

(3) 顺序替代的连环性。计算每个因素变动的影响数值时，都是在前一次计算的基础上进行的，并采用连环比较的方法确定因素变化影响结果。只有保持这种连环性，才能使各因素影响之和等于分析指标变动的总差异。

(4) 计算结果的假定性。由于因素分析法计算各个因素变动的影响值会因替代计算顺序的不同而有差别，因而，计算结果具有一定顺序上的假定性和近似性。

【小知识】

财务报表分析技术的发展

1. 比率分析体系

美国银行家亚历山大·沃尔在1919年首先开创了财务报表分析先河，创立了比率分析体系。刚开始沃尔的比率分析体系仅限于确定企业偿债能力的信用分析，到了20世纪20年代，他批判了银行家们只依靠流动比率进行贷款的决策，提出要考虑财务报表间的各种关系，并多次修正该分析体系，大大增加所使用的财务比率。1928年，亚历山大·沃尔在出版的《信用晴雨表研究》和《财务报表比率分析》著作中提出了综合比率评价体系，把若干个财务比率用线性关系结合起来，以此来评价企业的财务状况。

2. 标准财务比率

亚历山大·沃尔在提出比率分析法后，比率分析法在许多领域得以应用。但人们逐渐发现，要判断企业财务比率的高低优劣还得有一个标准比率来参照比较。行业标准是按行业制定的，它反映行业财务状况和经营状况的基本水平。1923 年 James H.Bliss 提出，在每一个行业，都有以行业活动为基础并反映行业特点的财务与经营比率，这些比率可以通过行业平均比率来确定。从此，标准比率观点开始流行，并且也使比率分析进一步发展。

3. 趋势百分比分析

随着人们对财务报表分析认识的深入，比率分析遭到了严厉的批评。比率分析法虽然能够定量分析企业财务状况，但是不能反映各个财务比率之间的关系，无法全面系统地分析企业经营状况和财务状况。因此，人们提出了趋势百分比分析方法，选择一年为基年，得到一系列与基年相关的百分比，从而得到企业进步程度的综合印象。

4. 现代财务分析技术

现代财务分析技术进一步发展完善表现为传统分析技术与现代分析技术的完美结合。目前我国仍然采用比率分析法、趋势分析法等传统方法，但其分析体系、分析内容已经发生了重大变化。并且规范分析技术与实证分析技术相结合，已广泛应用于各个领域。事后评价分析与事前预测分析技术相结合，不但可以为企业总结教训，也可以有效预防危机。

三、财务报表分析的局限性

（一）报表本身的局限性

财务报表是公司会计系统的产物。每个公司的会计系统，受到会计环境和会计战略的影响，虚假的财务报表会扭曲企业的实际情况。

（二）报表的可靠性问题

只有符合规范的、可靠的财务报表，才能得出正确的分析结论。外部人员很难认定是否存在虚假陈诉。常见危险信号包括：

（1）报告的形式不规范；

（2）要注意分析数据的反常现象；

（3）要注意大额的关联交易；

（4）要注意大额资本利得；

（5）要注意异常的审计报告。

（三）比较基础问题

（1）横向比较时需要使用同业标准；

（2）趋势分析以公司历史数据作比较基础；

（3）实际与计划的差异分析，以计划预算做比较基础。

【小故事】

巴菲特认为投资最重要的是读财务报表

“财务报表就像内衣，炒股不看财务报表，就如同一个人去裸奔。”巴菲特认为投资最重要的是读财务报表。

巴菲特每天有一半时间在阅读财务报表。普通股民如果想炒好股票，最好保证每天2~3小时花在研读公司报表、公告及宏观经济、经济指标和政策走向等信息上。

公司的财务报表在不做假的前提下，可反映基本面的内在情况，客观真实，有理有据。如果想做某一行业或某一个股的长期投资，最好把该行业的历史现在、国家相关政策、财务报表各种细节都研究透，如果条件允许，可以去工厂实地考察甚至打听员工收入情况等。

“财报不是万能的，但没有财报是万万不能的”，在把握大趋势的前提下，买股票时要通过研究相关行业或公司的财务报表，可更好地分析想买入的股票。

“看懂财务报表并非一日之功，但如果是想短时间内领悟到最核心的内容该怎么做？”资产负债表、损益表、现金流量表三张表一张都不能少。

“看净资产收益率”。这是因为净资产收益率是决定股票投资收益率最直观和最核心的指标。比如说万科的前十大股东之一刘元生——巴菲特价值投资在中国资本市场中的实践者，到2010年，他持有万科的股份18年，400万元变成27.69亿元，投资增长500倍，增幅超过巴菲特。

第二节 财务比率分析

总结和评价财务状况与经营成果的分析指标包括偿债能力指标、营运能力指标、盈利能力指标和发展能力指标。

财务报表分析是以企业的会计信息为基础，这些会计信息包括日常核算资料和财务会计报告，但财务报表分析是以财务会计报告为基础，日常核算资料只作为一种补充资料。《企业会计准则——基本准则》指出，财务会计报告是指企业对外提供的反映企业某一特定日期的财务状况和某一会计期间的经营成果、现金流量等会计信息的文件。财务会计报告包括会计报表及其附注和其他应当在财务会计报告中披露的相关信息和资料。《企业会计准则第 30 号——财务报表列报》指出，财务报表是对企业财务状况、经营成果和现金流量的结构性表述。财务报表至少应当包括：资产负债表、利润表、现金流量表、所有者权益（或股东权益，下同）变动表、附注。

现将后面举例时需要用到的 ABC 公司的资产负债表（见表 2-2）、利润表（见表 2-3）、现金流量表（见表 2-4）和股东权益变动表（见表 2-5）部分内容列出。

表 2-2 资产负债表

编制单位：ABC 公司　　201×年 12 月 31 日　　单位：万元

资产	年末余额	年初余额	负债和股东权益	年末余额	年初余额
流动资产：			流动负债：		
货币资金	44	25	短期借款	60	45
交易性金融资产	6	12	交易性金融负债	28	10
应收票据	14	11	应付票据	5	4
应收账款	398	199	应付账款	100	109
预付账款	22	4	预收账款	10	4
应收利息	0	0	应付职工薪酬	2	1
应收股利	0	0	应交税费	5	4
其他应收款	12	22	应付利息	12	16
存货	119	326	应付股利	0	0
一年内到期的非流动资产	77	11	其他应付款	25	22
其他流动资产	8	0	一年内到期的非流动负债	0	0
流动资产合计	700	610	其他流动负债	53	5
			流动负债合计	300	220
非流动资产：			非流动负债：		
可供出售金融资产	0	45	长期借款	450	245
持有至到期投资	0	0	应付债券	240	260
长期应收款	0	0	长期应付款	50	60
长期股权投资	30	0	预计负债	0	0
固定资产	1238	955			
在建工程	18	35	递延所得税负债	0	0
固定资产清理	0	12	其他非流动负债	0	15
无形资产	6	8	非流动负债合计	740	580
开发支出	0	0	负债合计	1040	800
商誉	0	0	股东权益：		
长期待摊费用	5	15	股本	100	100

续表

资产	年末余额	年初余额	负债和股东权益	年末余额	年初余额
递延所得税资产	0	0	资本公积	10	10
其他非流动资产	3	0	减：库存股	0	0
非流动资产合计	1300	1070	盈余公积	60	40
			未分配利润	790	730
			股东权益合计	960	880
资产合计	2000	1680	负债和股东权益合计	2000	1680

表 2-3　利润表

编制单位：ABC 公司　　201×年度　　单位：万元

项目	本年金额	上年金额
一、营业收入	3000	2850
减：营业成本	2644	2503
营业税金及附加	28	28
销售费用	22	20
管理费用	46	40
财务费用	110	96
资产减值损失	0	0
加：公允价值变动收益	0	0
投资收益	6	0
二、营业利润	156	163
加：营业外收入	45	72
减：营业外支出	1	0
三、利润总额	200	235
减：所得税（税率为 40%）	64	75
四、净利润	136	160

表 2-4　现金流量表

编制单位：ABC 公司　　201×年度　　单位：万元

项目	本年金额	上年金额（略）
一、经营活动产生的现金流量		
销售商品、提供劳务收到的现金	2810	
收到税费返还	0	
收到其他与经营活动有关的现金	10	
经营活动现金流入小计	2820	
购买商品、接受劳务支付的现金	2363	
支付给职工以及为职工支付的现金	29	

续表

项目	本年金额	上年金额（略）
支付的各项税费	91	
支付其他与经营活动有关的现金支出	14	
经营活动现金流量小计	2497	
经营活动产生的现金流量净额	323	
二、投资活动产生的现金流量		
收回投资收到的现金	4	
取得投资收益收到的现金	6	
处置固定资产、无形资产和其他长期资产收回的现金净额	12	
处置子公司及其他营业单位收到的现金流量金额	0	
收到其他与投资活动有关的现金	0	
投资活动现金流入小计	22	
购置固定资产、无形资产和其他长期资产支付的现金	369	
投资支付的现金	30	
支付其他与投资活动有关的现金	0	
投资活动现金流出小计	399	
投资活动产生的现金流量净额	–377	
三、筹资活动产生的现金流量		
取得借款收到的现金	270	
收到其他与筹资活动有关的现金	0	
筹资活动现金流入小计	270	
偿还债务支付的现金	20	
分配股利、利润或偿付利息支付的现金	152	
支付其他与筹资活动有关的现金	25	
筹资活动现金流出小计	197	
筹资活动产生的现金流量净额	73	
四、汇率变动对现金及现金等价物的影响	0	
五、现金及现金等价物净增加额	19	
加：期初现金及现金等价物余额	25	
六、期末现金及现金等价物余额	44	
补充资料		
1. 将净利润调节为经营活动现金流量：		
净利润	136	
加：资产减值准备	0	
固定资产折旧	100	
无形资产摊销	2	
长期待摊费用摊销	10	

续表

项目	本年金额	上年金额（略）
处置固定资产、无形资产和其他长期资产的损失（收益“–”号填列）	–15	
固定资产报废损失（收益“–”号填列）	0	
公允价值变动损失（收益“–”号填列）	0	
财务费用（收益“–”号填列）	110	
投资损失（收益“–”号填列）	–6	
递延所得税资产减少（增加“–”号填列）	0	
递延所得税负债增加（减少“–”号填列）	0	
存货的减少（增加“–”号填列）	207	
经营性应收项目的减少（增加“–”号填列）	–210	
经营性应收项目的增加（减少“–”号填列）	–1	
其他	0	
经营活动产生的现金流量净额	323	
2. 不涉及现金收支的重大投资和筹资活动：		
债务转为资本	0	
一年内到期的可转换公司债券	0	
融资租入固定资产	0	
3. 现金及现金等价物变动情况：		
现金的期末余额	44	
减：现金的期初余额	25	
加：现金等价物的期末余额	0	
减：现金等价物的期初余额	0	
现金及现金等价物净增加额	19	

表 2–5　股东权益变动表

编制单位：ABC 公司　　　　20×1 年度　　　　单位：万元

项目	本年余额						上年余额（略）
	股本	资本公积	减：库存股	盈余公积	未分配利润	股东权益合计	
一、上年年末余额	100	10		40	730	880	
加：会计政策更变							
前期差错更正							
二、本年年初余额	100	10		40	730	880	
三、本年增减变动金额							
（一）净利润					136	136	
（二）其他综合收益							
（一）和（二）合计					136	1136	
（三）股东投入和减少资本							

续表

项目	本年余额						上年余额(略)
	股本	资本公积	减：库存股	盈余公积	未分配利润	股东权益合计	
1. 股东投入资本							
2. 股份支付计入股东权益的余额							
3. 其他							
(四) 利润分配							
1. 提取盈余公积				20	–20	0	
2. 对股东的分配					–56	–56	
3. 其他							
(五) 股东权益内部结转							
1. 资本公积转增股本							
2. 盈余公积转增股本							
3. 盈余公积弥补亏损							
4. 其他							
四、本年年末余额	100	10		60	790	960	

一、偿债能力分析

偿债能力是指企业偿还到期债务（包括本息）的能力。偿债能力分析可以揭示企业的财务风险。企业管理层、债权人、投资者都十分重视偿债能力分析。偿债能力分析包括短期偿债能力分析和长期偿债能力分析两类。

（一）短期偿债能力比率

短期偿债能力是指企业偿还短期债务的能力。它是衡量企业当前财务能力，特别是流动资产变现能力的重要指标。通常评价短期偿债能力的财务比率有营运资本、流动比率、速动比率、现金比率等。

【特别提醒】

短期偿债能力中的“债”是指“流动负债”，企业偿还流动负债，一般是使用流动资产来偿还，因此，该类指标通常涉及的是“流动负债”和“流动资产”或者“流动资产的组成项目”。

1. 营运资本

营运资本是指流动资产超过流动负债的部分，其计算公式如下：

营运资本 = 流动资产 – 流动负债

=（总资产－非流动资产）+（总资产－股东权益－非流动负债）
=（股东权益＋非流动负债）－非流动资产
=长期资本－长期资产

当流动资产大于流动负债时，营运资本为正数，表明长期资本的数额大于长期资产，超出部分被用于流动资产。营运资本的数额越大，财务状况越稳定。营运资本是绝对数，不便于不同企业之间的比较。

【例 2–2】 根据 ABC 公司的财务报表数据：

本年营运资本＝700－300＝（960＋740）－1300＝1700－1300＝400（万元）

上年营运资本＝（880＋580）－1070＝1460－1070＝610－220＝390（万元）

2. 流动比率

流动比率是企业流动资产与流动负债的比值，它表明企业每一元流动负债有多少流动资产作为偿还保证，反映企业可用在短期内转变为现金的流动资产偿还到期流动负债的能力。其计算公式如下：

流动比率＝流动资产÷流动负债

一般而言，该指标越大，短期偿债能力越强，债权人的权益越有保证。西方财务管理中，多数认为生产型企业合理的最低流动比率是 2，它表明企业的财务状况稳定可靠。但最近几十年发生了新的变化，许多成功的企业该指标小于 2。不同行业的流动比率，通常有明显的差异，营业周期越短的企业，合理的流动比率越低。

【特别提醒】

运用流动比率时应注意的几个问题

（1）虽然流动比率越高，企业偿还短期债务的流动资产保证程度越强，但这并不等于企业已有足够的现金或存款用来偿还短期债务。流动比率高也可能是存货积压、应收账款增多且收账期延长，以及预付款项增加所致，而真正可用来偿债的现金和存款却严重短缺。所以，企业应在分析流动比率的基础上，进一步对现金流量加以考察。

（2）从短期债权人的角度看，自然希望流动比率越高越好，但从企业经营角度看，过高的流动比率通常意味着企业闲置现金的持有量过多，必然造成企业机会成本的增加和获利能力的降低。因此，企业应尽可能将流动比率维持在不使货币资金闲置的水平。

（3）考察流动资产的变现能力，还要分析其周转率。

（4）在分析流动比率时应当剔除一些虚假因素的影响。

流动比率指标假设全部流动资产都可以变为现金并用于偿债，全部流动负债都需要偿还。该假设还存在三个问题：

①有些流动资产的账面金额与变现金额有较大的差异，如产成品等；

②经营性流动资产是企业持续经营所必需的，不能全部用于偿债；

③经营性应付项目可以滚动存续，无须动用现金全部结清。因此，流动比率是对短期偿债能力的粗略估计。

【例 2–3】 根据 ABC 公司财务报表数据：

本年流动比率 = 700 ÷ 300 = 1 ÷（1 – 57%）= 2.33

上年流动比率 = 610 ÷ 220 = 1 ÷（1 – 64%）≈ 2.77

分析知：ABC 公司的流动比率降低了 0.44（2.77–2.33），即为每 1 元流动负债提供的流动资产保障减少了 0.44 元。

3. 速动比率

速动比率是企业速动资产与流动负债比值，也称酸性测试比率。速动资产是指流动资产减变现能力较差且价值不稳定的存货、预付账款、一年内到期的非流动资产和其他流动资产等之后的余额。由于剔除了存货等变现能力较弱且价值不稳定的资产，速动比率比流动比率更加准确、可靠地评价企业资产的流动性及偿还短期债务的能力。速动比率的计算公式如下：

速动比率 = 速动资产 ÷ 流动负债

【小知识】

速动资产

速动资产的计算方法有两种：

（1）速动资产 = 货币资金 + 交易性金融资产 + 各项应收款

（2）速动资产 = 流动资产 – 存货、预付账款、一年内到期的非流动资产及其他资产等

一般情况下，速动比率越高，表明企业短期偿债能力越强。不同行业的速动比率有很大的差别。采用大量现金销售的商店，几乎没有应收账款，速动比率大大低于 1 是很正常的。相反，一些应收账款较多的企业，速动比率可能要大于 1。影响速动比率可信性的重要因素是应收账款的变现能力。一个原因：应收账款不一定都能变成现金（实际坏账可能比计提的准备多）；另一个原因：报表中的应收账款不能反映平均水平。

【例 2–4】 根据 ABC 公司财务报表数据：

本年速动比率 =（44 + 6 + 14 + 398 + 12）÷ 300 = 1.58

上年速动比率 =（25 + 12 + 11 + 199 + 22）÷ 220 = 1.22

分析知：ABC 公司的速动比率比上年提高了 0.36，说明为每 1 元流动负债提供的速动资产保障增加了 0.36 元。

4. 现金比率

现金比率是企业现金类资产与流动负债的比值。现金类资产包括企业所拥有的货币资金和持有的短期有价证券，即货币资金加上交易性金融资产。实际上，现金类资产等于速动资产扣除应收账款后的余额。其计算公式如下：

现金比率 = 现金资产 ÷ 流动负债

【例 2–5】 根据 ABC 公司的财务报表数据：

本年现金比率 =（44 + 6）÷ 300 = 0.167

上年现金比率 =（25 + 12）÷ 220 = 0.168

分析知：ABC 公司的现金比率比上半年略微下降 0.001，说明企业为每 1 元流动负债提供的现金资产保障降低了 0. 001 元。

5. 现金流量比率

现金流量比率是企业现金流量净额与流动负债的比值，其计算公式如下：

现金流量比率 = 经营活动现金流量净额 ÷ 流动负债

公式中的“经营活动现金流量净额”，通常使用现金流量表中的“经营活动产生的现金流量净额”。一般来讲，该比率中的流动负债采用期末数而非平均数，因为实际需要偿还的是期末金额，而非平均金额。该指标比用偿还资产计算的比率更具有说服力，因为真正用来偿还债务的是现金，而不是其他可偿债资产。

【例 2–6】 根据 ABC 公司的财务报表数据：

现金流量比率 = 323 ÷ 300 = 1.08

【特别提醒】

表外因素对短期偿债能力比率

1. 增强短期偿债能力的因素

（1）可动用的银行贷款指标。银行已同意、企业未办理贷款手续的银行贷款限额，可以随时增加企业的现金，提高支付能力。这一数据不反映在财务报表中，但会在董事会决议中披露。

（2）准备很快变现非动资产。企业可能有一些长期资产可以随时出售变现，而不出现在“一年内到期的非流动资产”项目中。如储备的土地、目前出租的房产等，在企业发生周转困难时，将其出售并不影响企业的持续经营。

(3) 偿债能力的声誉。如果企业的信用很好，在短期偿债方面出现暂时困难比较容易筹集到短缺的现金。

2. 减弱短期偿债能力的因素

(1) 与担保有关的或有负债，如果它的数额较大并且可能发生，就应在评价偿债能力时给予关注。

(2) 经营租赁合同中承诺的付款，很可能是需要偿付的义务。

(3) 建造合同、长期资产购置合同中的分阶段付款，也是一种承诺，应视同需要偿还的债务。

(二) 长期偿债能力比率

长期偿债能力是指企业偿还长期债务的能力。作为一家正常经营的企业，长期负债的偿还主要靠企业获得的利润，但从企业债权人借贷的最终安全性看，企业资产规模与负债规模的关系是至关重要的，因此，企业长期偿债能力可从盈利能力和资产规模两方面与长期债务的关系进行研究。

1. 资产负债率

资产负债率是企业负债总额占总资产的百分比。它表明企业资产总额中债权人提供资金所占的比重，以及企业资产对债权人权益的保障程度。其计算公式如下：

资产负债率 =（负债总额 ÷ 资产总额）× 100%

【特别提醒】

这里的负债总额不仅包括长期负债，还包括短期负债。因为短期负债作为一个整体，企业总是长期占用着，资产变现后首先要用来偿还短期负债，总资产在保障了短期负债后才能保证长期负债的偿还，所以，出于稳健原则的考虑，将短期负债也包含在内一起计算。

资产负债率越低，企业资产能力越强，但资产负债率也不宜过低。资产负债率越低，企业借债能力越强，该指标越高，表明借债越困难。各类资产变现能力有明显区别，房地产变现的价值损失小，专用设备则难以变现。不同企业的资产负债率不同，与其持有的资产类别有关。保守的观点认为资产负债率不应高于50%，而国际上通常认为资产负债率等于60%时较为适当。

【例 2–7】 根据 ABC 公司的财务报表数据：

本年资产负债率 =（1040 ÷ 2000）× 100% = 52%

上年资产负债率 =（800 ÷ 1680）× 100% = 48%

该公司本年年初和本年年末的资产负债率均不高，说明公司长期偿债能力较强，这样有助于增强债权人对公司借贷的信心。

2. 产权比率

产权比率又称资本负债率，是负债总额与股东权益比值，是企业财务结构稳健与否的重要标志，表明每 1 元股东权益借入的债务数额。它反映企业所有者权益对债权人权益的保障程度。其计算公式如下：

产权比率 = 负债总额 ÷ 股东权益 × 100%

一般情况下，产权比率越低，表明企业的长期偿债能力越强，债权人权益的保障程度越高，承担的风险越小，但企业不能充分地发挥负债的财务杠杆效应。所以，企业在评价产权比率适度与否时，应从提高盈利能力与增强偿债能力两个方面综合进行考虑，即在保障债务偿还安全的前提下，应尽可能提高产权比率。

3. 权益乘数

权益乘数是总资产与股东权益比值，其计算公式如下：

权益乘数 = 总资产 ÷ 股东权益 × 100% = 1 ÷ 产权比率 = 1 ÷（1 – 资产负债率）

权益乘数表明每 1 元股东权益拥有的总资产。

4. 长期资本负债率

长期资本负债率是非流动负债占长期资本的百分比。其计算公式如下：

长期资本负债率 = [非流动负债 ÷（非流动负债 + 股东权益）] × 100%

企业的长期资金来源包括非流动负债和股东权益，因此，本指标的含义就是长期资本中非流动负债所占的比例。资本结构管理中，经常使用该指标。流动负债经常变化，因此本指标剔除了流动负债。如果企业不存在流动负债，该指标与资产负债率是一样的。

【例 2–8】 根据 ABC 公司的财务报表数据：

本年长期资本负债率 = [740 ÷（740 + 960）] × 100% = 44%

上年长期资本负债率 = [580 ÷（580 + 880）] × 100% = 40%

5. 利息保障倍数

利息保障倍数是指企业息税前利润对利息费用倍数，其计算公式如下：

利息保障倍数 = 息税前利润 ÷ 利息费用 =（净利润 + 利息费用 + 所得税费用）÷ 利息费用

利息保障倍数越大，利息支付越有保障。如果利息支付尚且缺乏保障，归还本金就很难指望。因此，利息保障倍数可以反映长期偿债能力。如果利息保障倍数小于 1，表明企业的经营收益不能支持债务规模。但不能认为利息保障倍数小于 1 则短期内不能偿债。公式分母中的利息费用不仅包括计入财务费用中的利息费用，还包括资本化利息。公式分子中的利息费用是指本期的全部费用化利息，不仅包括计入财务费用中的利息费用，还包括资本化利息的本期费用化部分。

【例 2-9】 根据 ABC 公司的财务报表数据：

本年利息保障倍数 =（130 + 110 + 64）÷ 110 = 2.82

上年利息保障倍数 =（160 + 96 + 75）÷ 96 = 3.45

6. 现金流量保障利息倍数

现金流量保障利息倍数是指经营现金流量与利息费用之比。其计算公式为：

现金流量保障利息倍数 = 经营现金流量 ÷ 利息费用

该比率表明 1 元的利息费用由多少倍的现金流量作保障。该比率比以收益为基础的利息保障倍数更可靠。因为实际可以支付利息的是现金，而不是收益。

【例 2-10】 根据 ABC 公司的财务报表数据：

本年现金流量利息保障倍数 = 323 ÷ 110 = 2.94

7. 现金流量债务比

现金流量债务比是指经营现金流量净额与债务总额比率，其计算公式如下：

现金流量债务比 =（现金流量净额 ÷ 债务总额）× 100%

该比率表明企业用经营现金流量偿还全部负债的能力。该比率越高，承担债务总额的能力越强。

【例 2-11】 根据 ABC 公司的财务报表数据：

本年经营活动现金流量净额债务比 =（323 ÷ 1040）× 100% = 31%

【特别提醒】

表外因素对长期偿债能力的影响

1. 长期租赁

当企业急需某种设备或厂房而又缺乏足够的资金时，可以通过租赁的方式解决。租赁的形式包括融资租赁和经营租赁。融资租赁形成的负债大多会反映于资产负债表中，而经营租赁则没有反映在资产负债表中。当企业的经营租赁量比较大、期限比较长或具有经常性时，就形成了一种长期性筹资，这种长期性筹资，到期时必须支付租金，会对企业的偿债能力产生影响。因此，如果企业经常发生经营租赁业务，应考虑租赁费用对偿债能力的影响。

2. 债务担保

担保项目的时间长短不一，有的涉及企业的长期负债，有的涉及企业的流动负债。在分析企业长期偿债能力时，应根据有关资料判断担保责任带来的潜在长期负债问题。

3. 未决诉讼

未决诉讼一旦判决败诉，便会影响企业的偿债能力，因此在评价企业长期偿债能力时要考虑其潜在影响。

二、营运能力比率

营运能力比率也称为资产管理比率，是衡量企业资产管理效率的财务比率。营运能力反映了企业资金周转状况，对此进行分析，可以了解企业的营业状况及经营管理水平。

（一）应收账款周转率

应收账款周转率是销售收入与应收账款的比率，其计算公式如下：

应收账款周转次数 = 销售收入 ÷ 应收账款

应收账款周转天数 = 365 ÷ 应收账款周转次数 =（365 × 应收账款）÷ 销售收入

应收账款与收入比 = 应收账款 ÷ 销售收入

销售收入的赊销比例问题。从理论上说应收账款是由赊销引起的，应使用赊销额代替销售收入。但是，外部分析人无法取得赊销的数据，只好直接使用销售收入计算。

应收账款年末余额的可靠性问题。应收账款是特定时点的存量，容易受季节性、偶然性和人为因素影响。在应收账款周转率用于业绩评价时，最好使用多个时点的平均数，以减少这些因素的影响。

坏账准备的减值准备问题。财务报表上列示的应收账款是已经提取减值准备后的净额，而销售收入并没有相应的减少。其结果是，提取减值准备越多，应收账款周转天数越少。这种周转天数的减少不是好的业绩，反而说明应收账款管理欠佳。如果减值准备的数额较大，就应调整，使用未提取坏账准备的应收账款计算周转天数。

【例 2–12】 根据 ABC 公司的财务报表数据：

本年应收账款周转次数 = 3000 ÷ 398 = 7.5（次/年）

本年应收账款周转天数 = 365 ÷（3000 ÷ 398）= 48.4（天/次）

本年应收账款与收入比 = 398 ÷ 3000 = 13.3%

（二）存货周转率

存货周转率是销售收入与存货的比率，计算公式如下：

存货周转次数 = 销售收入 ÷ 存货

存货周转天数 = 365 ÷ 存货周转次数 =（365 × 存货）÷ 销售收入

计算存货周转率时，使用“销售收入”还是“销售成本”作为周转额，要看分析的目的。周转天数不是越少越好。

【小知识】

其他营运能力的指标计算公式

1. 流动资产周转率

流动资产周转次数 = 销售收入 ÷ 流动资产

流动资产周转天数 = 365 ÷ 流动资产周转次数

流动资产与收入比 = 流动资产 ÷ 销售收入

2. 营运资本周转率

营运资本周转次数 = 销售收入 ÷ 营运资本

营运资本周转天数 = 365 ÷ 营运资本周转次数

营运资本与收入比 = 营运资本 ÷ 销售收入

3. 非流动资产周转率

非流动资产周转次数 = 销售收入 ÷ 非流动资产

非流动资产周转天数 = 365 ÷ 非流动资产周转次数

非流动资产与收入比 = 非流动资产 ÷ 销售收入

4. 总资产周转率

总资产周转次数 = 销售收入 ÷ 总资产

总资产周转天数 = 365 ÷ 总资产周转次数

总资产与收入比 = 总资产 ÷ 销售收入

三、盈利能力分析

盈利能力是指企业在一定时期获取利润的能力。盈利能力的大小是一个相对的概念，即利润相对于一定的资源投入、一定的收入而言。利润率越高，盈利能力越强；利润率越低，盈利能力越差。企业经营业绩的好坏最终可通过企业的盈利能力来反映。利润是企业内外有关各方都关心的中心问题，是投资者取得投资收益、债权人收取本息的资金来源、经营者经营业绩和管理效能的集中表现，也是职工集体福利设施不断完善的重要保障。因此，无论是企业的经理人员、债权人，还是股东（投资人）都非常关心企业的盈利能力，并重视对利润率及其变动趋势的分析与预测。

一般来说，公司的盈利能力是指正常的营业状况。非正常的营业状况也会给公司带来收益或损失，但这只是特殊情况下的个别情况，不能说明公司的能力。因此，在分析公司盈利能力时，应当排除以下因素：证券买卖等非正常项目、已经或将要停止的营业项目、重大事故或法律更改等特别项目、会计准则和财务制度变更带来的累计影响等。

（一）销售净利率

销售净利率是指净利润与销售收入的比率，其计算公式如下：

销售净利率 =（销售净利润 ÷ 销售收入）× 100%

销售收入是利润表的第一行数字，净利润是利润表的最后一行数字，两者相除可以概括企业的全部经营成果。它表明每 1 元销售收入与其成本费用之间可以“挤”出来的净利润。该比率越大，企业的盈利能力越强。销售净利率的驱动因素是利润表的各个项目。

【例 2-13】 根据 ABC 公司的财务报表数据：

本年销售净利率 =（136 ÷ 3000）× 100% = 4.53%

上年销售净利率 =（160 ÷ 2850）× 100% = 5.61%

（二）总资产净利率

总资产净利率是指净利润与总资产的比率，它反映每 1 元总资产创造的净利润，其计算公式如下：

总资产净利率 =（净利润 ÷ 总资产）× 100%

总资产净利率是企业盈利能力的关键。虽然股东的报酬由总资产净利率和财务杠杆共同决定，但是提高财务杠杆会同时增加企业风险，往往并不会增加企业价值。总资产净利率的驱动因素是销售净利率和资产周转率。总资产净利率 = 销售净利率 × 总资产周转率，可用因素分析法定量分析销售净利率、资产周转率对资产净利率的影响程度。

【例 2-14】 根据 ABC 公司的财务报表数据：

本年总资产净利率 =（136 ÷ 2000）× 100% = 6.8%

上年总资产净利率 =（160 ÷ 1680）× 100% = 9.52%

（三）权益净利率

权益净利率是净利润与股东权益的比率，它反映每 1 元股东权益赚取的净利润，可以衡量企业的总体盈利能力，其计算公式如下：

权益净利率 =（净利润 ÷ 股东权益）× 100%

权益净利率的分母是股东的投入，分子是股东的利得。对于股权投资人来说，具有非常好的综合性，概括了企业的全部经营业绩和财务业绩。

【例 2-15】 根据 ABC 公司的财务报表数据：

本年权益净利率 =（136 ÷ 960）× 100% = 14.17%

上年权益净利率 =（160 ÷ 880）× 100% = 18.18%

（四）市盈率

市盈率是指普通股每股市价与每股收益的比率，其计算公式如下：

市盈率 = 每股市价 ÷ 每股收益

市盈率反映普通股股东愿意为每 1 元净利润支付的价格，反映了投资者对公司未来前景的预期。

对只有普通股的公司而言，每股收益的计算如下：

每股收益 = 净利润 ÷ 流通在外普通股加权平均股数

如果公司还有优先股，则其计算公式为：

每股收益 =（净利润 – 优先股股利）÷ 流通在外普通股加权平均股数

【例 2–16】　假设 ABC 公司无优先股，20 × 1 年 12 月 31 日普通股每股市价 36 元，20 × 1 年流通在外普通股加权平均股数 100 万股。根据 ABC 公司的财务报表数据：

本年市盈率 = 36 ÷ 1.36 = 26.47

本年每股收益 = 136 ÷ 100 = 1.36（元/股）

【特别提醒】

影响企业股票市盈率的因素

影响企业股票市盈率的因素有：第一，上市公司盈利能力的成长性。如果上市公司预期盈利能力不断提高，说明企业具有较好的成长性，虽然目前市盈率较高，也值得投资者进行投资。第二，投资者所获取报酬率的稳定性。如果上市公司经营效益良好且相对稳定，则投资者获取的收益也较高且稳定，投资者就愿意持有该企业的股票，则该企业的股票市盈率会出于众多投资者的普遍看好而相应提高。第三，市盈率也受到利率水平变动的影响。当市场利率水平变化时，市盈率也应做相应的调整。

（五）市净率

市净率是指普通股每股市价与每股净资产的比率，市净率反映普通股股东愿意为每 1 元净资产所支付的价格，其计算公式如下：

市净率 = 每股市价 ÷ 每股净资产

在计算市净率和每股净资产时，应注意所使用的是资产负债表日流通在外普通股股数，而不是当期流通在外普通股加权平均股数，因为每股净资产的分子为时点数。分母应与口径一致，因此应选取同一时点数。

【例 2–17】　假设 ABC 公司有优先股 10 万股，清算价值为每股 15 元，拖欠股利为每股 5 元；20 × 1 年 12 月 31 日普通股每股市价 36 元，流通在外普通股股数 100 万股。根据 ABC 公司的财务报表数据：

本年市净率 = 36 ÷ 7.6 = 4.74

本年每股净资产 = [960 − (15 + 5) × 10] ÷ 100 = 7.6（元/股）

（六）市销率

市销率是指普通股每股市价与每股销售收入的比率，市销率反映普通股股东愿意为每 1 元销售收入所支付的价格，其计算公式如下：

市销率 = 每股市价 ÷ 每股销售收入

每股销售收入 = 销售收入 ÷ 流通在外普通股加权平均数

【例 2–18】 假设 20×1 年 12 月 31 日普通股每股市价 36 元，20×0 年流通在外普通股加权平均股数 100 万股。根据 ABC 公司的财务报表数据：

本年市销率 = 36 ÷ 30 = 1.2

本年每股销售收入 = 3000 ÷ 100 = 30（元/股）

【小知识】

世界 500 强：《财富》全球最大五百家公司排名发布

2014 年 7 月 7 日，美国《财富》杂志发布了 2014 年度世界 500 强排行榜，名列榜首的是美国零售巨头沃尔玛（WAL–MART STORES），营收达 4763 亿美元。中国（包括内地、香港和台湾地区）上榜公司总数达到 100 家，中国石油化工集团公司高居第 3 位，是第一家进入榜单三甲的中国公司。天津市物资集团总公司的排名从去年的第 343 位上升到了今年的第 185 位，排名上升了 158 位，是今年榜单上排名上升最多的公司。今年进入世界 500 强榜单的门槛为营收 237 亿美元。

按营收排名的榜单前十名公司如下：

1. 沃尔玛（WAL–MART STORES）4762.94 亿美元（美国）
2. 荷兰皇家壳牌石油公司（ROYAL DUTCH SHELL）4595.99 亿美元（荷兰）
3. 中国石油化工集团公司（SINOPEC GROUP）4572.01 亿美元（中国）
4. 中国石油天然气集团公司（CHINA NATIONAL PETROLEUM）4320.07 亿美元（中国）
5. 埃克森美孚（EXXON MOBIL）4076.66 亿美元（美国）
6. 英国石油公司（BP）3962.17 亿美元（英国）
7. 国家电网公司（STATE GRID）3333.86 亿美元（中国）
8. 大众公司（VOLKSWAGEN）2615.39 亿美元（德国）
9. 丰田汽车公司（TOYOTA MOTOR）2564.54 亿美元（日本）
10. 嘉能可（GLENCORE）2326.94 亿美元（瑞士）

四、发展能力分析

企业的发展能力，也称企业的成长能力或成长性，它是企业通过自身的生产经营活动，不断扩大积累而形成的未来生产经营活动的发展趋势和发展潜能。发展能力主要表现为不断增长的销售收入、不断增加的资金投入和不断创造的利润等。企业能否健康发展取决于多种因素，包括外部经营环境、企业内在素质及资源条件等。要全面衡量一个企业的价值，就不应该仅从静态的角度分析其经营能力，而更应该着眼于从动态的角度出发分析和预测企业的经营发展性水平，即发展能力。

（一）销售（营业）增长率

销售（营业）增长率是企业本年主营业务收入增长额与上年主营业务收入总额的比率，其计算公式如下：

$$销售（营业）增长率=\frac{本年主营业务收入增长额}{上年主营业务收入总额}\times 100\%$$

它反映企业主营业务收入的增减变动情况，是评价企业成长状况和发展能力的重要指标。

销售（营业）增长率是衡量企业经营状况和市场占有能力、预测企业经营业务扩展趋势的重要指标。不断增加的主营业务收入是企业生存的基础和发展条件。该指标若大于0，则表示企业本年的主营业务收入有所增长，指标越高，表明增长速度越快，企业市场前景越好；若该指标小于0，则说明产品或服务不适销对路、质次价高，或是在售后服务等方面存在问题，市场份额萎缩。该指标在实际操作时应结合企业历年的主营业务收入水平、企业市场占有情况、行业未来发展及其他影响企业发展的潜在因素进行前瞻性预测，或者结合企业前三年的销售（营业）增长率作出趋势性分析判断。

（二）净利润增长率

净利润增长率是本年净利润增长额与上年净利润的比值，其计算公式如下：

$$净利润增长率=\frac{本年净利润增长额}{上年净利润}$$

其中，本年净利润增长额 = 本年净利润 − 上年净利润

净利润是企业经营业绩的结果，因此，净利润的增长是企业成长性的基本表现。一般情况下，就净利润增长率本身而言，净利润增长率越大，企业收益增长就越多；相反，企业净利润增长率越小，企业收益增长就越少。具体分析时，应将净利润增长率和销售（营业）增长率结合起来分析，如果它们能同时增长，则可表明主营业务盈利能力强，企业发展潜力大。

（三）资本积累率

资本积累率是企业本年所有者权益增长额与年初所有者权益的比值，其计算公式如下：

$$资本积累率 = \frac{本年所有者权益增长额}{年初所有者权益} \times 100\%$$

其中，本年所有者权益增长额 = 所有者权益年末数 - 所有者权益年初数

它反映企业当年资本的积累能力，是评价发展潜力的重要指标。资本积累率是企业当年所有者权益总的增长速度，反映企业所有者权益在当年的变动水平，体现企业资本的积累情况，是企业发展强盛的标志，也是企业扩大再生产的源泉，展示企业的发展潜力。资本积累率还反映投资者投入企业资本的保全性和增长性。该指标若大于 0，则指标越高表明企业的资本积累越多，应付风险、持续发展的能力越大；该指标若为负值，则表明企业资本受到侵蚀，所有者利益受到损害，应予以充分重视。

（四）总资产增长率

总资产增长率是企业本年总资产增长额与年初资产总额的比值，其计算公式如下：

$$总资产增长率 = \frac{本年总资产增长额}{年初资产总额} \times 100\%$$

其中，本年总资产增长额 = 资产总额年末数 - 资产总额年初数

总资产增长率是从企业资产总量扩张方面衡量企业的发展能力的指标，表明企业规模增长水平对企业发展后劲的影响程度。该指标越高，表明企业一定时期资产经营规模扩张的速度越快。但在实际分析时，应注意考虑资产规模扩张的质和量的关系，以及企业的后续发展能力，避免资产盲目扩张。

（五）三年销售平均增长率

三年销售平均增长率表明企业主营业务连续三年的增长情况，体现企业的持续发展态势和市场扩张能力。其计算公式如下：

$$三年销售平均增长率 = \left(\sqrt[3]{\frac{当年主营业务收入总额}{三年前主营业务收入总额}} - 1\right) \times 100\%$$

其中，三年前主营业务收入总额是指企业三年前的主营业务收入总额数，例如，在评价企业 2012 年的绩效状况时，三年前的主营业务收入总额是指 2009 年的主营业务收入总额。

主营业务收入是企业积累和发展的基础，该指标越高，表明企业积累的基础越牢，可持续发展的能力越强，发展的潜力越大。三年销售水平增长率指标能够反映企业的主营业务增长趋势和稳定程度，体现企业的连续发展状况和发展能

力，避免因少数年份业务波动而对企业发展潜力的错误判断。一般认为，该指标越高，表明企业主营业务持续增长势头越好，市场扩张能力越强。

（六）三年资本平均增长率

三年资本平均增长率表示企业连续三年的积累情况，在一定程度上体现了企业的持续发展水平和发展趋势。其计算公式如下：

$$三年资本平均增长率=\left(\sqrt[3]{\frac{当年年末所有者权益总额}{三年前年末所有者权益总额}}-1\right)\times 100\%$$

其中，三年前年末所有者权益总额是指企业三年前的所有者权益年末数，例如，在评价 2012 年企业绩效状况时，三年前所有者权益年末数是指 2009 年年末所有者权益总额。

一般增长率指标具有“滞后”性，仅反映当期情况，而该指标则能够反映企业资本积累或资本扩张的历史发展状况，以及企业稳步发展的趋势。一般认为，该指标越高，表明企业所有者权益得到保障的程度越大，企业可以长期使用的资金越充足，抗风险和持续发展的能力越强。

第三节 财务综合分析

所谓财务综合分析就是将营运能力、偿债能力、盈利能力和发展能力等诸多方面的分析纳入一个有机的整体之中，全面地对企业经营状况、财务状况进行揭示与解释，从而对企业经济效益的优劣做出准确的评价与判断。

财务综合分析的方法主要有两种：杜邦财务分析体系法和沃尔比重评分法。

一、杜邦财务分析体系法

杜邦分析法，又称杜邦财务分析体系，简称杜邦体系，是利用各主要财务比率指标间的内在联系，对企业财务状况及经济效益进行综合系统分析评价的方法。该体系是以净资产收益率（股东权益报酬率）为起点，以总资产净利率和权益乘数为核心，重点揭示企业获利能力及权益乘数对净资产收益率的影响，以及各相关指标间的相互影响。因其最初由美国杜邦企业成功应用，故得名。

杜邦分析法主要反映了以下几种财务比率关系：

（1）净资产收益率与资产净利率及权益乘数之间的关系。

净资产收益率 = 资产净利率 × 平均权益乘数

（2）资产净利率与营业净利率及资产周转率之间的关系。

资产净利率 = 营业净利率 × 总资产周转率

(3) 营业净利率与净利润及营业收入之间的关系。

营业净利率 = 净利润 ÷ 营业收入

(4) 总资产周转率与营业收入及资产总额之间的关系。

总资产周转率 = 营业收入 ÷ 资产平均总额

“资产净利率 = 营业净利率 × 总资产周转率” 被称为杜邦等式。

通过上述对净资产收益率的分解，净资产收益率与各项指标的关系如图 2–1 所示。

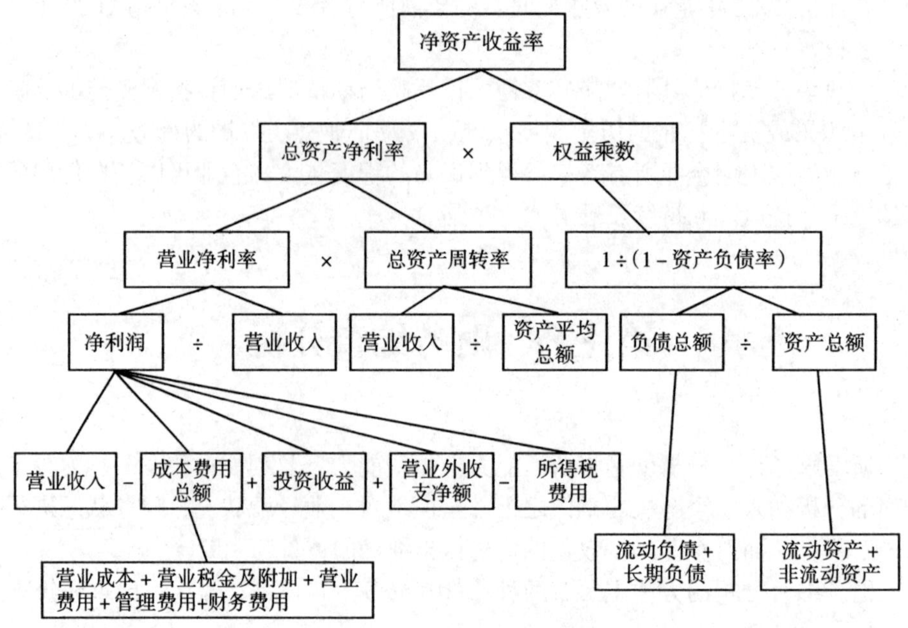

图 2–1 杜邦财务分析体系

【相关链接】

杜邦分析体系的局限性

1. 计算总资产净利率的“总资产”与“净利率”不匹配。总资产是全部资产提供者的权利，而净利润是专属于股东的，两者不匹配。因此，需要重新调整其分子和分母。为公司提供资产的包括股东、有息负债的债权人和无息负债的债权人，后者不要求分享收益的是股东、有息负债的债权人。因此，需要计量股东和有息负债人投入的资本，并且计量这些资本产生的收益，两者相除才是合乎逻辑的资产报酬率。

2. 没有区分经营活动损益和金融活动损益。对于多数企业来说，金融活动是净筹资，它们在金融市场上主要是筹资而不是投资。筹资活动没有产生净利率，而是支出净费用。从财务管理的基本理念看，企业的金融资产是投资活动的剩余，是尚未投入实际经营活动的资产，应该将其从经营资产中剔除。与此相适应，金融费用也应从经营收益中剔除，才能使经营资产和经营收益匹配。因此，正确计量基础盈利能力的前提是区分经营收益与金融收益（费用）。

3. 没有区分有息负债和无息负债。既然要把金融（筹资）活动分离出来单独考察，就会涉及单独计量筹资活动的成本。负债的成本（支付利息）仅仅是有息负债的成本。因此，必须区分有息负债和无息负债，利息与有息负债相除，才是实际的平均利息率。此外，区分有息负债和无息负债后，有息负债与股东权益相除，可以得到更符合实际的财务杠杆。无息负债没有固定成本，本来就没有杠杆作用。将其计入财务杠杆，会扭曲杠杆的实际作用。

针对上述问题，人们对传统的财务分析体系做了一系列的改进，逐步形成了新的分析体系。

图 2-2 是 ABC 公司杜邦财务分析图（金额单位：万元）。

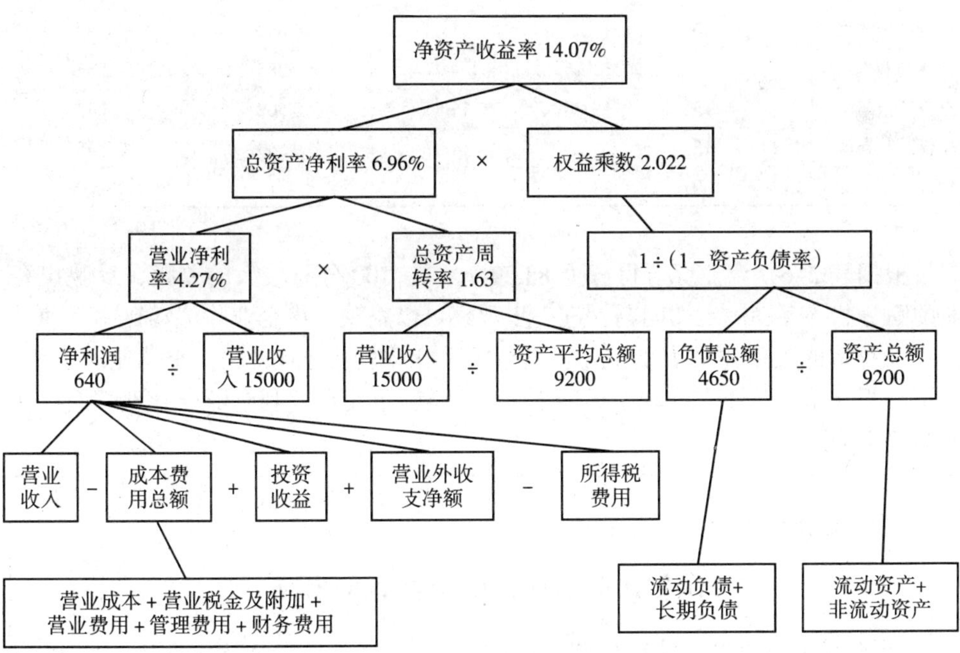

图 2-2 ABC 公司杜邦财务分析图

二、沃尔比重评分法

亚历山大·沃尔在20世纪初出版的《信用晴雨表研究》和《财务报表比率分析》中提出了信用能力指数的概念，他选择了7个财务比率即流动比率、产权比率、固定资产比率、存货周转率、应收账款周转率、固定资产周转率和自有资金周转率，分别给定各指标的比重，然后确定标准比率（以行业平均数为基础），将实际比率与标准比率相比，得出相对比率，将此相对比率与各指标比重相乘，得出总评分。

【例2-19】 对M企业2009年综合财务状况的评价如表2-6所示。

表2-6 M公司财务比率综合评价表

指标 (1)	标准评分值 (2)	标准值 (3)	实际值 (4)	关系比率 (5)=(4)÷(3)	实际得分 (6)=(2)×(5)
流动比率	10	2.0	2.33	1.165	11.65
速动比率	10	1.2	1.65	1.375	13.75
资产/负债	12	2.1	1.89	0.900	10.80
存货周转率	10	8.0	11.88	1.485	14.85
应收账款周转率	8	13.0	9.74	0.749	5.99
总资产周转率	10	2.5	1.63	0.652	6.52
营业净利率	10	15	4.27	0.285	2.85
总资产报酬率	15	30	16.85	0.562	8.43
净资产收益率	15	25	14.07	0.563	8.45
合计	100				83.29

根据表2-6，企业综合得分为83.29分，与100分有较大的差距，反映出企业的财务状况存在一定的问题。进一步观察可以发现，该企业除流动比率、速动比率及存货的关系比率大于1外，其余关系比率均小于1，尤其是营业净利率、总资产报酬率及总资产周转率远远小于1，说明企业在盈利和资产管理方面存在较为严重的问题。

【相关链接】

沃尔评分法应用时应注意的事项

现代社会与沃尔的时代相比，已有很大的变化，沃尔评分法已发展到如今的财务比率综合评分法，在应用时应注意以下事项：

(1) 在选择财务比率时已经不再局限于沃尔所用的7个指标，而应按照一定的目的选择自己所需的指标。

(2) 指标选定时要注意全面性。全面性要求指标包括偿债能力、营运能力和盈利能力三大类。

(3) 指标选定时要注意代表性。代表性要求选择的指标是能够说明问题的财务比率。

(4) 指标选定时要注意变化方向的一致性。变化方向的一致性要求选择的指标如果是正指标则应是正向指标（越大越好），如果是负指标就都是负指标（越小越好），否则会因为指标选择的问题而不能得出有效的结论。

(5) 计算出评价结果后，注意根据标准值的特征得出相应的结论。如果选定的标准是合格标准，并且选定的都是正指标，则评分在100分以上才是可以接受的；如果选定的是正指标，而标准是优秀标准，综合评分虽然越大越好，但能达到80~90分已经是可以接受的了。如果是负指标，则要注意指标评分值是越小越好。所以，综合评分法在应用时不仅仅根据算出的综合评分就可以得出财务状况优劣的结论，还需要结合标准比率及指标的正负状况才能得出结论。

【本章小结】

1. 财务分析就是以财务报表和其他资料为依据和起点，采用专门方法，系统分析和评价企业的财务状况、经营成果和现金流量状况的过程。财务分析是评价财务状况及经营业绩的重要依据，是实现理财目标的重要手段，也是实施正确投资决策的重要步骤。

2. 财务分析方法多种多样，但常用的有以下三种：比率分析法、因素分析法和趋势分析法。

3. 财务分析的内容主要包括以下四个方面：偿债能力分析、营运能力分析、盈利能力分析和现金流量分析。企业偿债能力分析包括短期偿债能力分析和长期偿债能力分析。企业短期偿债能力的衡量指标主要有流动比率、速动比率和现金比率。长期偿债能力是指企业偿还长期负债的能力，其分析指标主要有三项：资产负债率、产权比率和利息保障倍数。企业营运能力分析主要包括流动资产周转情况分析、固定资产周转率和总资产周转率三个方面。企业盈利能力的一般分析指标主要有销售利润率、成本利润率、资产利润率、净资产收益率和资本保值增值率。

4. 财务综合分析就是将企业营运能力、偿债能力和盈利能力等方面的分析纳入到一个有机的分析系统之中，全面地对企业财务状况、经营状况进行解剖和分析，从而对企业经济效益做出较为准确的评价与判断。财务综合分析的方法主要有两种：杜邦财务分析体系法和沃尔比重评分法。

【练习题】

一、单项选择题

1. 下列分析法中，属于财务综合分析方法的是（　　）。

A. 因素分析法　　B. 比率分析法

C. 趋势分析法　　D. 沃尔比重分析法

2. 权益乘数是（　　）。

A. 1 ÷（1–产权比率）　　B. 1 ÷（1 – 资产负债率）

C. 1 – 资产负债率　　D. 1 – 净资产收益率

3. 如果营运资金大于 0，则以下结论正确的有（　　）。

A. 速动比率大于 1　　B. 现金比率大于 1

C. 流动比率大于 1　　D. 短期偿债能力绝对有保障

4.（　　）指标不是评价企业短期偿债能力的指标。

A. 流动比率　　B. 速动比率

C. 现金比率　　D. 产权比率

5. 某企业 2002 年初与年末所有者权益分别为 250 万元和 400 万元，则资本积累率为（　　）。

A. 62.5%　　B. 160%

C. 60%　　D. 40%

6.（　　）是企业财务结构稳健与否的重要标志。

A. 资产负债率　　B. 产权比率

C. 现金比率　　D. 流动比率

7. 当企业流动比率大于 1 时，增加流动资金借款会使当期流动比率（　　）。

A. 降低　　B. 不变

C. 提高　　D. 不确定

8. 有形净值债务率中的“有形净值”是指（　　）。

A. 所有者权益　　B. 有形资产总额减负债总额

C. 有形资产总额　　D. 固定资产净值

9.（　　）不是获取现金能力分析指标。

A. 销售现金比率　　B. 每股营业现金净流量

C. 全部资产现金回收率　　D. 现金负债率

10.（　　）指标是一个综合性最强的财务比率，也是杜邦财务分析体系的核心。

A. 销售利润率　　B. 资产周转率

C. 权益乘数　　D. 净资产收益率

二、多项选择题

1. 财务综合分析的方法有（　　）。

A. 因素分析法　　B. 比率分析法

C. 杜邦财务分析体系法　　D. 沃尔比重评分法

2. 下列说法中，关于现金营运指数正确的有（　　）。

A. 它不含有非付现费用

B. 该指数越大，说明收益质量越不好

C. 该指数小于 1，说明有部分收益仍停留在债权形态

D. 该指数小于 1，说明没有增加收益而多占用了营运资金

3. 获取现金能力分析指标有（　　）。

A. 销售现金比率　　B. 每股营业现金净流量

C. 全部资产现金回收率　　D. 现金营运指数

4. 衡量企业短期偿债能力的指标有（　　）。

A. 资产负债率　　B. 流动比率

C. 速动比率　　D. 现金比率

5. 反映企业长期偿债能力的指标有（　　）。

A. 产权比率　　B. 资产负债率

C. 总资产周转率　　D. 利息保障倍数

6. 财务分析的基本内容包括（　　）。

A. 现金流量分析　　B. 营运能力分析

C. 盈利能力分析　　D. 偿债能力分析

7. 属于营运能力分析的指标有（　　）。

A. 存货周转率　　B. 应收账款周转率

C. 固定资产周转率　　D. 流动资产周转率

8. 影响存货周转率的因素有（　　）。

A. 销售收入　　B. 销货成本

C. 存货计价方法　　D. 存货余额

9. 应收账款周转率提高，意味着企业（　　）。

A. 短期偿债能力增强　　B. 盈利能力提高

C. 坏账成本下降　　D. 流动比率提高

10. 企业盈利能力分析可以运用的指标有（　　）。

A. 资本保值增值率　　B. 成本利润率

C. 权益乘数　　D. 总资产周转率

三、判断题

1. 相关比率反映部分与总体的关系。（　）

2. 在采用因素分析法时，可任意颠倒顺序，其计算结果是相同的。（　）

3. 获取现金能力可通过经营现金净流量与投入资源之比来反映。（　）

4. 存货周转率是销售收入与存货平均余额之比。（　）

5. 现金营运指数是经营净收益与净利润之比。（　）

6. 盈利能力分析主要分析企业各项资产的使用效果。（　）

7. 在杜邦分析体系中计算权益乘数时，资产负债率是用期末负债总额与期末资产总额来计算的。（　）

8. 采用因素分析法，可以分析引起变化的主要原因、变动性质，并可预测企业未来的发展前景。（　）

9. 在总资产净利率不变的情况下，资产负债率越低，净资产收益率越高。（　）

10. 产权比率高是低风险、低报酬的财务结构，表明债权人的利益因股东提供的资本所占比重较大而具有充分保障。（　）

四、计算题

1. 凯旋公司总资产期初数 800 万元，期末数 1000 万元，其中：存货期初数为 180 万元，期末数为 240 万元；期初流动负债为 150 万元，期末流动负债为 225 万元，期初速动比率为 0.75，期末流动比率为 1.6，本期总资产周转次数为 1.2 次（假定该公司流动资产等于速动资产加存货）。

要求：

（1）计算该公司流动资产的期初数与期末数；

（2）计算该公司本期销售收入；

（3）计算该公司本期流动资产平均余额和流动资产周转次数。

2. 某公司年初存货为 15 万元，应收账款为 12 万元。年末流动比率为 2，速动比率为 1.5，存货周转率为 4 次，流动资产为 42 万元，其中现金类资产 10 万元，本期销售成本率为 80%（假设该公司流动资产包括存货、应收账款和现金类资产，其他忽略不计）。

要求：计算该公司的本年销售额和应收账款的平均收账期。

3. 某公司 20×2 年末有关资料如下：

（1）货币资产为 750 万元，固定资产净值为 6100 万元，资产总额为 16200 万元；

（2）应交税金为 50 万元，实收资本为 7500 万元；

（3）存货周转率为 6 次，期初存货为 1500 万元，本期销售成本 14700 万元；

（4）流动比率为 2，产权比率为 0.7。

要求：计算下表中未知项目，将该简要资产负债表填列完整。

××公司资产负债表

20×2 年 12 月 31 日

项目	金额	项目	金额
货币资产（1）		应交税款（7）	
应收账款（2）		长期负债（8）	
存货（3）		实收资本（9）	
固定资产净值（4）		未分配利润（10）	
资产合计（5）		负债和所有者权益合计（11）	
应付账款（6）			

4. 某公司上年利润总额为 1250 万元，销售收入为 3750 万元，资产平均占用额为 4687.5 万元，所有者权益为 2812.5 万元，企业所得税税率为 33%。

要求：根据以上资料计算：

（1）销售净利率；

（2）总资产周转率；

（3）总资产净利率；

（4）自有资金净利率。

5. 某公司 2002 年末资产负债表（简表）如下：

某公司资产负债表

单位：万元

资产		负债及所有者权益	
现金（年初 1528）	620	应付账款	1032
应收账款（年初 2312）	2688	应付票据	672
存货（年初 1400）	1932	其他流动负债	936
固定资产净额（年初 2340）	2340	长期负债	2052
		实收资本	2888
资产总计（年初 7580）	7580	负债及所有者权益总计	7580

2002 年损益表有关资料如下：销售收入 12860 万元，销售成本 11140 万元，毛利 1720 万元，管理费用 1160 万元，利息费用 196 万元，利润总额 364 万元，所得税 144 万元，净利润 220 万元。

要求：

（1）计算并填列该公司财务比率表：

比率名称	本公司	行业平均数
流动比率（1）		1.98
资产负债率（2）		62%
利息保障倍数（3）		3.8
存货周转率（4）		6次
应收账款周转天数（5）		35天
固定资产周转率（6）		13次
总资产周转率（7）		3次
销售净利率（8）		1.3%
总资产净利率（9）		3.4%
净资产收益率（10）		8.3%

（2）与行业平均财务比率比较，说明该公司经营管理可能存在的问题。

6. 已知若雪公司资产负债表如下：

若雪公司资产负债表

20×2年12月31日　　单位：万元

资产	年初	年末	负债及所有者权益	年初	年末
流动资产			流动负债合计	210	300
货币资金	100	90	长期负债合计	490	400
应收账款净额	120	180	负债合计	700	700
存货	184	288			
待摊费用	46	72			
流动资产合计	450	630	所有者权益合计	700	700
固定资产净值	950	770			
总计	1400	1400	总计	1400	1400

该公司20×1年度销售利润率16%，总资产周转率0.5次，权益乘数为2.5，净资产收益率为20%，2002年度销售收入为700万元，净利润为126万元。

要求：

（1）计算20×2年流动比率、速动比率、资产负债率；

（2）计算20×2年总资产周转率、销售净利率和净资产收益率；

（3）分析销售净利率、总资产周转率和权益乘数变动对净资产收益率的影响。

第三章　财务计划和财务预测

【学习目标】

1. 了解财务计划、财务预测的概念；
2. 掌握财务计划中三个关键环节，重点掌握销售预测的方法；
3. 掌握资金需要量预测的销售百分比法；
4. 掌握销售增长与外部融资的关系；
5. 熟悉内含增长率和可持续增长率的含义和计算。

【关键概念】

财务计划　销售预测　时间序列分析法　回归分析法　预测资金需要量的销售百分比法　销售增长与外部融资的关系　内含增长率　可持续增长率

【引例】

新华集团的预算管理

新华集团的全面预算管理同传统的企业预算管理不同，它以目标利润为导向，首先分析企业所处的市场环境，结合企业的销售、成本、费用及资本状况、管理水平等战略能力来确定目标利润，然后以此为基础详细编制企业的销售预算，并根据企业的财力状况编制资本预算等分预算。目标利润是预算编制的起点，编制销售预算是根据目标利润编制预算的首要步骤，然后根据以销定产原则编制生产预算，同时编制所需要的销售费用和管理费用预算；在编制生产预算时，除了考虑计划销售外还应当考虑现有的存货和年末的存货。生产预算编制后，还要根据生产预算来编制直接材料预算、直接人工预算、制造费用预算、产品成本预算、现金预算，现金预算是有关预算的汇总。预计损益表、预计资产负债表是全部预算的综合。同时预算指标的细化分解又形成了不同层面的分预算，构成了企业完整的预算体系。

思考：

1. 新华集团为什么要进行预算？
2. 在实际中，公司又是怎样进行预算的呢？

第一节 财务计划

一、财务计划

财务计划是以销售预测为先导，以预计财务报表为基础，以资金需求、筹措、调整计划为核心，全面反映企业财务状况和经营成果的一组计划。各项计划前后衔接，互相勾稽，形成了一个完整的体系。它们之间的关系如图 3-1 所示。

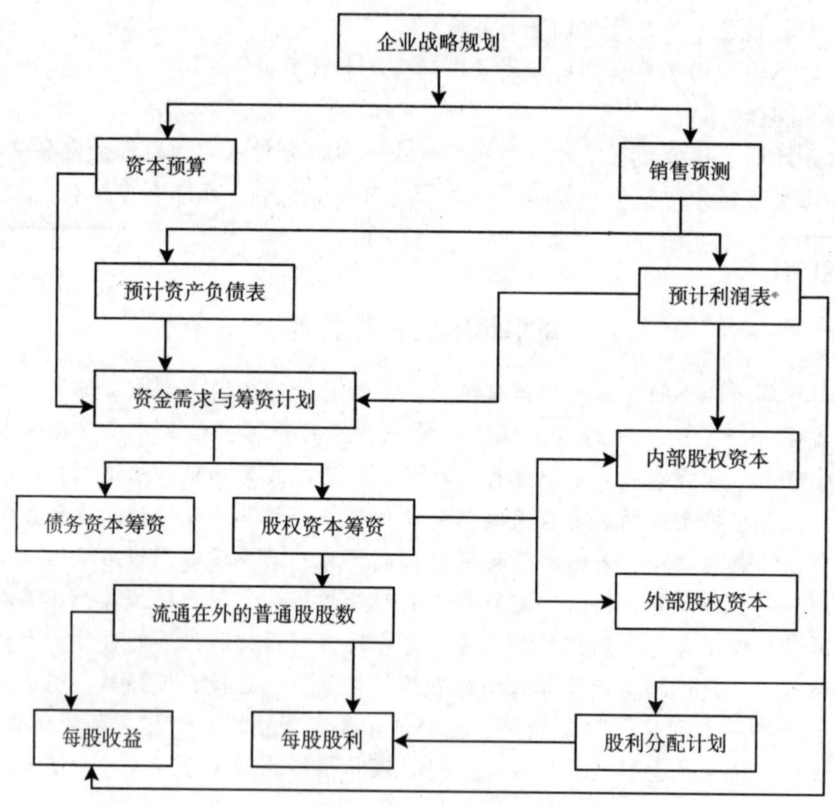

图 3-1 企业战略规划

【相关链接】

财务计划的步骤

财务计划的过程可以分为六个步骤：

(1) 确定计划并编制预计财务报表，运用这些预测结果分析经营计划对预计利润和各种财务比率的影响。这些预测结果还能用于监督实施阶段的经营情况。实施情况一旦偏离计划，管理者能否很快得知，是控制系统好坏的重要标准，也是公司能否在一个变化迅速的世界取得成功的必要因素。

(2) 确认支持长期计划所需要的资金。包括购买设备等固定资产、存货、应收账款、研究开发、主要广告宣传等所需要的资金。

(3) 预测未来长期可使用的资金。包括预测可从内部产生的和向外部融资的部分。任何财务限制导致的经营约束都必须在计划中体现。这些约束包括对负债率、流动比率、利息保障倍数等的限制。

(4) 在企业内部建立并保持一个控制资金分配和使用的系统，目的是保证基础计划的适当展开。

(5) 制定调整基本计划的程序。基本计划在一定的经济预测基础上制定，当基本计划所依赖的经济预测与实际的经济状况不符时，需要对计划及时作出调整。例如，如果实际经济走势强于预测，这些新条件必须在更新的计划里体现。如更高的生产计划额度、更大的市场份额等，并且计划调整得越快越好。因此，此步骤实际上是"反馈环节"，即基于实际情况的变化对财务计划进行修改。

(6) 建立基于绩效的管理层报酬计划。奖励对于管理层按照股东的目标（即股东价值最大化）经营非常重要。

二、财务计划主要内容

（一）企业战略规划

如果将企业比作一艘航船，战略规划就是为企业指明目标、把握航向。战略规划的核心是制定企业的长期目标并将其付诸实施。按规划所涵盖的时间范围可分为三种：①长期规划。一般是针对未来 5 年或更长时间确定的发展规划，其目的在于为长期生产能力需要和资源配置做准备。②中期规划。一般着眼于未来 2 年时间的发展规划，主要是根据现有的固定生产能力来满足市场需求的详细计划。③短期规划。一般是指 1 年以内的规划。从某种意义上说，这是企业中期规划的"作业"计划。

（二）销售预测

销售预测是编制企业财务计划的前提。销售预测是运用一定的方法分析影响企业销售变化的各种因素，测算出企业在未来一段时间内的销售量及变化趋势。销售预测与实际情况偏差很大，会对企业造成极为不利的结果。如果预测过于乐观，筹集了大量资金购买设备和扩大生产，会导致企业的厂房、设备和存货大量闲置。这意味着企业的资金周转率很低，利润率和净资产报酬率下降，如果是通过负债融资，还本付息的压力还会使得财务状况变得更糟。反过来，如果销售预测过低，企业没有足够的资金添置设备和扩大生产，将无法满足市场需求，顾客会转向购买竞争对手的产品，导致企业丧失市场份额。因此，准确的销售预测对财务计划影响重大，并且对企业的发展也至关重要。

【相关链接】

销售预测的步骤

销售预测可以分为五个步骤：

（1）制定预测规划。销售预测是一项复杂的工作，应有重点地选择预测对象，拟定预测规划，组织人力和安排时间，才能有效地完成预测工作。

（2）收集和整理数据资料。影响销售的因素很多，包括外部因素和内部因素。外部因素主要有国内外的政治和经济环境、政策监管条件、行业内的竞争情况等，内部因素有产品质量、产品价格、服务质量、生产能力、营销策略等。为了准确预测销售情况，需要充分了解各种因素，收集相关数据和信息，并对资料进行分类和整理。

（3）进行分析测算。在进行预测时，应根据不同的对象和内容，选择合适的方法进行定性分析和定量测算，以得到更为准确的结果。

（4）判断预测误差。由于实际中存在很多不确定因素，预测无法完全消除偏差，所以在做出预测后还要估计可能的误差范围。尤其要针对重要的不确定因素进行敏感性分析，了解可能出现的各种情形下的销售情况。

（5）评价预测效果。这是在事后进行的评价，将预测的结果与实际发生的情况进行比较，分析出现差异的原因，以便在下期的预测中进行修正。这个步骤使得销售预测和财务计划成为一个动态的循环过程。

（三）预计财务报表

根据销售预测，企业可编制预计资产负债表、预计利润表。预计财务报表主要是展示企业未来的财务状况和经营成果。它与一般财务报表在形式上和内容上完全相同，所不同的是报表的资料均为预测数而非实际数。

（四）资金需求与筹集计划

根据资本支出预算、预计资产负债表和预计利润表等有关资料，确定企业在计划期内各项投资及生产发展所需的资金数据，包括需追加的流动资金的数量。根据企业筹资总额、资产负债率、股利分配政策、资本成本等确定资金筹集方式并进行适当调整。现举例加以说明。

假设 ABC 公司 20×0 年利润表和资产负债表有关资料分别如表 3-1 和表 3-2 所示。

表 3-1　利润表

单位：万元

销售收入	600
销售成本	500
净利润	100

表 3-2　资产负债表

单位：万元

资产	1000	公司债	400
		股东权益	600
总计	1000	总计	1000

假设 20×1 年 ABC 公司预计销售收入增长 10%，利润表和资产负债表中的各项数据与销售收入同步增长，则预计利润表和预计资产负债表分别如表 3-3 和表 3-4 所示。

表 3-3　利润表

单位：万元

销售收入	660
销售成本	550
净利润	110

表 3-4　资产负债表

单位：万元

资产	1100	公司债	440
		股东权益	660
总计	1100	总计	1100

表 3–4 表明，企业生产能力已得到充分利用，如增加销售必须增加 10%的厂房和设备，即企业资产总额由 1000 万元增加到 1100 万元。与此相对应，企业必须为新增加的资产筹集资金。如果企业资产负债率不变，那么负债和股权资本应同时增长 10%。在新增加的 100 万元资金中，发行新债券 40 万元，股东权益增加的 60 万元是从 20×0 年净利润中转入的。20×1 年企业净利润为 110 万元，转入股东权益 60 万元，剩下 50 万元应作为股利分配给股东，以保持企业现行的资产负债率（财务结构）。在这里，股利支付是资本结构的一个调整量，即在资金需要量和负债一定的情况下，即可倒求出股利支付量，以保持资金来源等于资金运用的平衡关系。

如果企业认为目前的财务结构不合理，希望增加股利发放数额，如将股利支付额提高到 80 万元，这时企业留存收益为 30 万元，为筹集 100 万元资金，企业必须发行新债 70 万元。在股利支付额一定的情况下，债务额就成为资金来源与运用等式关系的调整量，此时资产负债率由原来的 40%变为 42.7%（见表 3–5）。

表 3–5 资产负债表

单位：万元

资产	1100	公司债	470
		股东权益	630
总计	1100	总计	1100

表 3–4 和表 3–5 反映了不同的股利分配政策和财务结构，究竟哪一种方案更好呢?这是一个十分不好回答的问题。对于股东来说，这取决于他们将如何解释股利政策。如果上年股利分配仅为 25 万元，今年股利分配为 50 万元，这会给股东传递企业经营状况良好的信号；如果上年股利分配为 75 万元，股东对今年 50 万元的股利分配就会感到很失望；如果将股利分配提高到 80 万元，并通过举借新债弥补资金需求，以至于使企业资产负债率提高到 74.6%，这无疑又增加了公司的财务风险和再举债的难度。

（五）资金调整计划

上例表明，企业的股利政策和资产负债率不是一成不变的，随着企业经营规模和盈利状况的变化，企业可通过改变财务方针或政策（如稳定股利支付政策、改善资产负债状况等）对企业的资金来源和财务结构进行调整。作为财务政策的调整量，可以是股东权益（改变股利分配额，增发或回购股票），也可以是公司债务（增加或减少债务），还可以二者同时变动。企业在编制财务计划时，可根据企业的财务政策进行适当调整。

【相关链接】

财务预算的作用

1. 经济预测

计划是以预测为基础的，预算是根据对未来一段时期的经济预测情况编制的。企业在确定预算之前，需要通过社会典型调查或运用数字、统计方法预测供产销各个环节中所不能控制的各项相关的变动，充分认识预测对象行动的规律性，以便制定出来的预算最准确。为此，做好预算工作能够使得企业在掌握现在和预计未来时具有充分的主动性。

2. 明确目标

编制预算就是制定近期企业发展目标和方向，通过充分挖掘和合理地利用企业的人力、物力和财力，以取得最大的经济效益。具体地说，财务预算经过反复的预算平衡，可以把企业各部门、各单位引向一个统一的奋斗目标，同时，又可把整个企业的总目标和任务落实到各部门和单位，使他们明确自己在完成企业总的目标和任务中应负的责任，起到调动各方面积极性的作用，同心协力实现企业的总体规划。

3. 相互协调

由企业的各级部门如采购、生产、销售、财务等部门根据自己的具体情况和利害关系所编制的计划，不一定符合企业的整体利益，对企业其他部门来说也不一定行得通，而各部门制定的预算通过预算委员会进行平衡后，可以使企业各部门的经济活动和各项工作，在企业统一目标指导下，使内部资源配置达到最优化；也可以在预算执行过程中，以实际数据与预算比较，及时发现差异，进行原因分析，采取必要的措施，保证预算的实现。以预算为标准的这种控制，是保证企业当期取得良好经济效益的重要手段。

4. 作为评价业绩的标准

加强企业管理，落实经济责任制，离不开对各部门单位及个人的业绩考评。考评业绩就要有标准。预算是既根据过去情况，又考虑了未来的实际情况而编制的，因此用它作为考核的标准更有实际意义。预算作为评价的标准，通过比较实际收支与预算的差异，可以评价整个企业及各个部门工作的好差。

第二节　财务预测

一、财务预测的定义

狭义的财务预测是指估计企业未来的融资需求。广义的财务预测包括编制全部的预计财务报表。

二、财务预测的意义和目的

（1）财务预测是融资计划的前提。企业要对外提供产品和服务，必须要有一定的资产。销售增加时，要相应增加流动资产，甚至还需增加固定资产。为取得扩大销售所需增加的资产，企业要筹措资金。这些资金，一部分来自利润留存，另一部分来自外部融资。通常，销售增长率较高时利润留存不能满足资金需要，即使获利良好的企业也需外部融资。对外融资，需要寻找提供资金的人，向他们作出还本付息的承诺或提供盈利前景，并使之相信其投资安全并且可以获利，这个过程往往需要较长时间。因此，企业需要预先知道自己的财务需求，提前安排融资计划，否则就有可能产生资金周转问题。

（2）财务预测有助于改善投资决策。根据销售前景估计出的融资需要不一定总能满足，因此，就需要根据可能筹措到的资金来安排销售增长，以及有关的投资项目，使投资决策建立在可行的基础上。

（3）财务预测的真正目的是有助于应变。财务预测与其他预测一样都不可能很准确。从表面上看，不准确的预测只能导致不准确的计划，从而使预测和计划失去意义。事实并非如此，预测给人们展现了未来的各种可能的前景，促使人们制定出相应的应急计划。预测和计划是超前思考的过程，其结果并非仅仅是一个资金需要量的数字，还包括对未来各种可能前景的认识和思考。预测可以提高企业对不确定事件的反应能力，从而减少不利事件带来的损失，增加利用有利机会带来的收益。

【相关链接】

财务预测的步骤

1. 销售预测

财务预测的起点是销售预测。一般情况下，财务预测把销售数据视为已知数，作为财务预测的起点。销售预测本身不是财务管理的职能，但它是财务预测的基础，销售预测完成后才能开始财务预测。

销售预测对财务预测的质量有重大影响。如果销售的实际状况超出预测很多，企业没有准备足够的资金添置设备或储备存货，则无法满足顾客需要，不仅会失去盈利机会，并且会丧失原有的市场份额。相反，销售预测过高，筹集大量资金购买设备并储备存货，则会造成设备闲置和存货积压，使资产周转速度下降，导致权益净利率降低，股价下跌。

2. 估计经营资产和经营负债

通常，经营资产是销售收入的函数，根据历史数据可以分析出该函数关系。根据预计销售收入以及经营资产与销售收入的函数，可以预测所需经营资产的数额。大部分经营负债也是销售收入的函数，也应预测经营负债的自发增长，这种增长可以减少企业外部融资的数额。

3. 估计各项费用和保留盈余

假设各项费用也是销售收入的函数，可以根据预计销售收入估计费用和损失，并在此基础上确定净利润：净利润和股利支付率共同决定所能提供的资金数额。

4. 估计所需融资

根据预计经营资产总量，减去已有的经营资产、自发增长的经营负债、可动用的金融资产和内部提供的利润留存便可得出外部融资需求。

三、财务预测的销售百分比法

（一）总额法

1. 基本假设

假设资产、负债与销售收入存在稳定的百分比关系。

销售百分比的确定：各经营项目销售百分比 = 经营资产（经营负债）/销售额

其中，资产和负债项目占销售收入的百分比可以根据基期的数据确定，也可以根据以前若干年度的平均数确定。

该方法应用于已知各项资产或经营负债的销售百分比，以及计划期销售收入，可以预计计划期的各项经营资产或经营负债。

【相关链接】

基期与报告期

基期是制定一个日期作为参考标准，报告期就是根据基期而定的日期，比如，以1日为基期，计算30日的销售额，那么30日就是报告期。

2. 预测思路

既然经营资产和经营负债与销售收入的比例关系不变，而经营资产 = 经营资产 – 经营负债，那么净经营资产也就随着销售收入同比例变化，则有：

需要人为安排的资金 = 预计净经营资产 – 基期净经营资产

企业需要资金时应首先考虑使用内部资金，包括内部可以动用的金融资产和留存收益，则：

外部融资额 =（预计净经营资产 – 基期净经营资产）– 可以动用的金融资产 – 留存收益增加

3. 预测步骤

（1）确定经营资产和经营负债项目的销售百分比。

【例3–1】 假设ABC公司20×1年实际销售收入为3000万元，管理用资产负债和利润表的有关数据如表3–6所示。假设20×1年的各项销售百分比在20×2年可以持续，20×2年预计销售收入为4000万元。以20×1年为基期，采用销售百分比进行预计。

表3–6 净经营资产预计

单位：万元、%

项目	20×1年实际	销售百分比	20×2年预测
销售收入	3000		4000
经营资产合计	1994	66.47	2659
经营负债合计	250	8.33	333
净经营资产合计	1744	58.13	2325（四舍五入误差）

（2）预计各项经营资产和经营负债。

各项经营资产（或经营负债）= 预计销售收入 × 各项目销售百分比

预计筹资总需求 = 预计净经营资产 – 基期净经营资产 = 2325 – 1744 = 581（万元）

（3）预计可动用的金融资产。

本例中，假定企业可以动用的金融资产为6万元，还需筹集资金 = 581 – 6 = 575（万元）。

（4）预计留存收益增加。

留存收益增加 = 预计销售额 × 计划销售净利润 ×（1 – 股利支付率）

假设 ABC 公司 20×2 年计划销售净利率为 4.5%，2012 年不支付股利，则：

留存收益增加 = 4000 × 4.5% = 180（万元）

需要的外部融资额 = 575 – 180 = 395（万元）

（5）预计增加额。

通常，在目标资本结构允许的情况下，企业会优先使用借款筹资，假设该公司可借款 395 万元，则：

筹资总需求 = 动用金融资产 6 + 增加留存收益 180 + 增加借款 395 = 581（万元）

（二）增量法

外部融资额 = 预计经营资产 – 基期净经营资产 – 可动用的金融资产 – 留存收益增加

= (预计经营资产 – 预计经营负债) – (基期经营资产 – 基期经营负债) – 可动用的金融资产 – 留存收益增加

= 预计经营资产增加 – 预计经营负债增加 – 可动用的金融资产 – 留存收益增加

= 销售额增加 × 经营资产销售百分比 – 销售额增加 × 经营负债销售百分比 – 可动用的金融资产 – 预计销售收入 × 预计销售净利润 ×（1 – 预计股利支付率）

= (经营资产销售百分比 – 经营负债销售百分比) × 新增销售额 – 可动用的金融资产 – 预计销售额 × 计划销售净利润 ×（1 – 股利支付率）

【特别提醒】

（经营资产销售百分比 – 经营负债销售百分比）与净经营资产周转次数的关系：经营资产销售百分比 – 经营负债销售百分比 = 1/净经营资产周转次数

外部融资额 = (1/净经营资产周转次数) × 销售额增加 – 可动用的金融资产 – 预计销售额 × 计划销售净利率 ×（1 – 股利支付率）

四、财务预测的其他方法

为了改进财务预测的质量，有时需要使用更精确的方法。

（一）时间序列分析法

时间序列分析法是利用变量与时间存在的相关关系，通过对以前数据的分析来预测将来的数据，是销售预测中具有代表性的方法，适用于销售比较稳定、变化较有规律的企业。时间序列分析法的步骤包括：收集与整理企业销售量随时间变化而变化的规律，得出一定的模式，以此模式预测将来的销售情况。其具体包括以下几种方法：

1. 简单平均法

简单平均法是求出过去几个时期销售量的算术平均数作为未来销售量的预测数。其计算公式如下：

预测销售销售额 = ∑第 i 期的销售 ÷ 期数

【例 3–2】 已知 DCB 公司 1997~2011 年服装销售情况，如表 3–7 所示，试用时间序列法来预测该公司 2012 年的销售收入。

表 3–7 DCB 公司 1997~2011 年服装销售收入表

单位：百万元

年份	年次	销售收入
1997	1	10
1998	2	11
1999	3	13.5
2000	4	13
2001	5	16
2002	6	18.5
2003	7	25.8
2004	8	30
2005	9	34
2006	10	50
2007	11	52.2
2008	12	51
2009	13	52.6
2010	14	53
2011	15	53.4

DCB 公司 2012 年的销售收入为：

（10 + 11 + 13.5 + 13 + 16 + 18.5 + 25.8 + 30 + 34 + 50 + 52.2 + 51 + 52.6 + 53 + 53.4）÷ 15 = 32.27（百万元）

2. 移动平均法

移动平均法是一种改良的算术平均法，它根据近期数据对预测值影响较大、远期数据对预测值影响较小的原理，按照时间序列，逐期移动，依次计算包含一定项数的时间序列平均数，形成一个平均时间数序列，并据此进行预测。例如用1月到6月的平均销售额估计7月的销售数据，再用2月到7月的平均销售额估计8月的销售数据。

【例3–3】 根据【例3–2】，DCB公司有关服装销售的资料，用移动平均法预测该公司2012年的销售输入。假设步长为3，DCB公司2012年的销售收入如表3–8所示。

表3–8　移动平均法预测DCB公司2012年的销售收入

单位：百万元

年份	年次	销售收入	3期移动平均
1997	1	10	—
1998	2	11	—
1999	3	13.5	11.5
2000	4	13	12.5
2001	5	16	14.2
2002	6	18.5	15.8
2003	7	25.8	20.1
2004	8	30	24.8
2005	9	34	29.9
2006	10	50	38
2007	11	52.2	45.4
2008	12	51	51.1
2009	13	52.6	51.9
2010	14	53	52.2
2011	15	53.4	53
2012	16	—	—

注：最后一列第一个数据11.5 = (10 + 11 + 13.5) ÷ 3，第二个12.5 = (11 + 13.5 + 13) ÷ 3，以此类推即可。

因此，DCB公司2012年的销售收入为5300万元。

3. 加权移动平均法

加权移动平均法在移动平均法的基础上，根据不同时期的数据对预测值的影响程度，分别给予不同的权数，然后再进行平均移动以预测未来值。一般来说，对近期数据给予较大权数，对较远的数据给予较小的权数，这样可以弥补简单移动平均法的不足。

4. 指数平滑法

指数平滑法是指通过导入平滑系数，或称加权因子，计算出销售预测数的一种方法。平滑系数的取值要求大于0而小于1，一般取值在0.3与0.7之间，计算公式为：

销售额预测数 = 平滑系数 × 上期实际销售额 +（1 – 平滑系数）× 上期预测销售额

即：$S_t = aY_t + (1 - \alpha)S_{t-1}$

其中，α 为平滑系数。

该方法与移动加权平均法实质上很相似，可以排除在实际销售中所包含的偶然因素的影响，而且由于只需要设定平滑系数一个权数，使该方法更为灵活简便，但该方法在确定平滑系数时存在一定的主观成分。平滑系数越大，则近期实际销售对预测结果的影响越大；平滑系数越小，则近期实际销售对预测结果的影响越小。通常，在进行销售额的长期预测时，应确定较小的平滑系数；在进行销售额的短期预测时，应确定较大的平滑系数。

【例 3–4】 根据【例 3–2】中 DCB 公司有关服装销售的资料，用指数平滑法预测该公司 2012 年的销售收入。假设选取平滑系数(α) = 0.8，则 DCB 公司 2012 年的销售收入如表 3–9 所示。

表 3–9　指数平滑法预测 DCB 公司 2012 年的销售收入

单位：万元

年份	年次	销售收入	一次指数平滑值	趋势预测值
1997	1	10	—	—
1998	2	11	—	10.3
1999	3	13.5	11.5	10.86
2000	4	13	12.5	12.97
2001	5	16	14.2	12.99
2002	6	18.5	15.8	15.40
2003	7	25.8	20.1	17.88
2004	8	30	24.8	24.22
2005	9	34	29.9	28.84
2006	10	50	38	32.97
2007	11	52.2	45.4	46.59
2008	12	51	51.1	51.08
2009	13	52.6	51.9	51.02
2010	14	53	52.2	52.28
2011	15	53.4	53	52.86
2012	—	—	—	53.29

注：1998 年趋势预测值 = 0.8 × 10 +（10 + 11 + 13.5）÷ 3 × 0.2 = 10.3，其余的运用公式 $S_t = aY_t + (1 - \alpha)S_{t-1}$ 便可计算得出，1999 年趋势预测值=0.8×11+0.2×10.3=10.86。

5. 季节趋势预测法

季节趋势预测法是根据销售额每年重复出现的周期性季节变动指数，预测其季节性变动趋势。这种方法可以用来反映销售额的季节性变动特征。

具体的步骤是：首先收集历年（通常至少有三年）各月或各季的统计资料（观察值）；接着求出各年同月或同季观察值的平均数（用 A 表示）；然后求出历年间所有月份或季度的平均值（用 B 表示）；再计算各月或各季度的季节指数，即 $S=(A\div B)\times 100\%$；最后根据未来年度的全年趋势预测值，求出各月或各季度的平均趋势预测值（用 Y 表示），然后乘以相应季节指数，即得出未来年度内各月和各季度包含季节变动的预测值（用 Y_t 表示）。

【例 3-5】　根据某公司 2009~2011 年销售资料预测 2012 年各个季度的销售收入。假设 2012 年的销售量以 2011 年销售收入为基数按 8%递增，则该公司 2012 年各个季度的销售收入见表 3-10。

表 3-10　季节趋势预测法预测某公司各个季节销售收入

单位：万元

季度	2009 年	2010 年	2011 年	各季平均	S=A÷B×100%	Y_t=Y×S
第一季度	182	231	330	247	28.9	298.15
第二季度	1728	1705	1932	1788.3	208.9	2155.16
第三季度	1144	1208	1427	1259.7	147.2	1518.62
第四季度	118	134	132	128	15	154.75
合计	3172	3278	3821	3423.7	$Y=(3821\div 4)\times(1+8\%)$	

（二）回归分析法

在经济活动中，各种因素之间往往互相联系、互相影响，彼此构成一定的因果关系。同样地，销售量亦会随着内外部各种因素的变化而变化。当销售与时间之外的其他事物存在因果关系时，就可运用回归分析法进行销售预测。

回归分析法，是指掌握大量观察数据的基础上，利用数理统计方法建立因变量与自变量之间的回归关系函数表达式（称回归方程式）。回归分析中，当研究的因果关系只涉及因变量和一个自变量时，叫作一元回归分析；当研究的因果关系涉及因变量和两个或两个以上自变量时，叫作多元回归分析。此外，在回归分析中，又依据描述自变量与因变量之间因果关系的函数表达式是线性的还是非线性的，可以分为线性回归分析和非线性回归分析。通常线性回归分析法是最基本的分析方法，如果遇到非线性回归问题可以借助数学手段转化为线性回归问题处理。

1. 一元线性回归分析法

这是根据自变量 X 和因变量 Y 的相关关系，建立 X 与 Y 的线性回归方程进行预测的方法。由于销售一般是受多种因素的影响，而并不是仅仅受一个因素的影响。所以应用一元线性回归分析法，必须对影响销售的多种因素做全面分析。只有当诸多的影响因素中，确实存在一个对因变量的影响作用明显高于其他因素的变量时，才能将它作为自变量，应用一元线性回归分析法预测销售。

2. 多元线性回归分析法

实际上，销售的发展和变化取决于多个影响因素的情况，也就是一个因变量和几个自变量有依存关系，而且有时几个影响因素主次难以区分，或者有的因素虽属次要，但也不能略去其作用。例如，某一商品的销售量既与人口的增长变化有关，也与商品价格的增长变化有关。这时采用一元线性回归分析法进行预测是难以奏效的，需要采用多元线性回归分析法。

多元线性回归分析法是指通过对两个或两个以上的自变量与一个因变量的相关分析，建立预测模型进行预测的方法。当自变量与因变量之间存在线性关系时，称为多元线性回归分析。

3. 计算机预测

对于大型企业来说，无论是销售百分比法还是回归分析法都显得过于简化。实际上影响融资需求的变量很多，如产品组合、信用政策、价格政策等。把这些变量纳入预测模型后，计算量大增，手工处理已很难胜任，需要使用计算机方可完成。

最简单的计算机财务预测，是使用“电子表软件”，如 Excel。使用电子表软件时，计算过程和手工预测几乎没有差别。相比之下，其主要好处是：预测期间如果是几年或者要分月预测时，计算机要比手工快得多：如果改变一个输入参数，软件能自动重新计算所有预测数据。

比较复杂的预测是使用交互式财务规划模型，它比电子表软件功能更强，其主要好处是能通过“人机对话”进行“反向操作”。例如，不但可以根据既定的销售水平预测融资需求，还可根据既定资金限额来预测可达到的销售收入。

最复杂的预测是使用综合数据库财务计划系统。该系统建有企业的历史资料库和模型库，用以选择适用的模型并预测各项财务数据；它通常是一个联机实时系统，随时更新数据；可以使用概率技术，分析预测的可靠性；它还是一个综合的规划系统，不仅用于资金的预测和规划，而且包括需求、价格、成本及各项资源的预测和规划；该系统通常也是规划和预测结合的系统，能快速生成预计的财务报表，从而支持财务决策。

第三节　企业增长与资金需求

一、销售增长率与外部融资的关系

（一）外部融资销售增长比

外部融资销售增长比是指销售额每增加 1 元需要追加的外部融资，此比例并非固定不变。

假设可动用的金融资产为零：

外部融资额 =（经营资产销售百分比 × 销售收入增加）–（经营负债销售百分比 × 销售收入增加）– ［预计销售净利润 × 预计销售收入 × （1 – 预计股利支付率)］

新增销售额 = 销售增长率 × 基期销售额

所以：

外部融资额 =（基期销售额 × 增长率 × 经营资产销售百分比）–（基期销售额 × 增长率 × 经营负债百分比）–［预计销售净利润 × 基期销售额 ×（1 + 增长率）×（1 – 预计股利支付率）］

两边同除“基期销售额 × 增长率”，得：

外部融资销售增长比 = 经营资产销售百分比 – 经营负债销售百分比 – 预计销售净利润 ×［(1 + 增长率)/增长率 ×（1 – 预计股利支付率）］

外部融资销售增长比的应用如下：

预计外部融资额 = 销售增长额 × 外部融资销售百分比

调整股利政策或进行短期投资

当外部融资增长比小于 0 时，说明资金有剩余，可用于增加股利或进行短期投资。

预计通货膨胀对融资的影响：

销售名义增长率 =（1 + 销量增长率）×（1+通货膨胀率）– 1

在销量不变时，按销售名义增长率计算出需要补充的资金，就是预计通货膨胀对融资的影响。

【例 3–6】　某公司上年销售收入为 3000 万元，经营资产为 2000 万元，经营资产销售百分比为 66.67%，经营负债为 185 万元，经营负债销售百分比为 6.17%，净利润为 135 万元。本年计划销售收入为 4000 万元，销售增长率为 33.33%。假设经营资产销售百分比和经营负债销售百分比保持不变，可动用的金融资产为 0，预计销售净利率为 4.5%，预计股利支付率为 30%。

外部融资销售增长比 = 0.6667 − 0.0617 − 1.3333 ÷ 0.3333 × 4.5% ×（1 − 30%）

= 0.605 − 0.126 = 47.9%

外部融资额 = 外部融资销售增长比 × 销售增长额

= 0.479 × 1000 = 479（万元）

如果销售增长 500 万元（即销售增长率为 16.7%），则：

外部融资额 = 500 ×［0.6667 − 0.0617 − 1.167 ÷ 0.167 × 4.5% ×（1 − 30%）］

= 500 × 0.3849 = 192.45（万元）

外部融资销售增长比不仅可以预计外部融资额，而且可用于调整股利政策和预计通货膨胀对筹资的影响。

例如，该公司预计销售增长 5%，则：

外部融资销售增长比 = 0.6667 − 0.0617 − 1.05 ÷ 0.05 × 4.5% ×（1 − 30%）

= 0.605 − 0.6615 = −5.65%

这说明企业不仅没有外部融资需求，还有剩余资金 8.475 万元（即 3000 × 5% × 5.65%）可用于增加股利或进行短期投资。

又如，预计明年通货膨胀率为 10%，公司销量增长 5%，则销售额含有通胀的增长率为 15.5%，即（1 + 10%）×（1 + 5%）− 1 = 15.5%，则：

外部融资销售增长比 = 0.6667 − 0.617 − 1.155 ÷ 0.155 × 4.5% ×（1 − 30%）

= 0.605 − 0.2347 = 37.03%

企业要按销售名义增长额的 37.03%补充资金，才能满足需要。

即使销量增长为零，也需要补充资金，以弥补通货膨胀造成的货币贬值损失，即因通货膨胀带来的名义销售增长 10%，则：

外部融资销售增长比 = 0.6667 − 0.0617 − 1.1 ÷ 0.1 × 4.5% ×（1 − 30%）

= 0.605 − 0.3465 = 25.85%

外部融资额 = 3000 × 10% × 25.85% = 77.55（万元）

【相关链接】

从资金来源上看企业增长的实现方式

1. 完全依靠内部资金增长。有些小企业无法取得借款，有些大企业不愿意借款，它们主要是靠内部积累实现增长。内部有限的财务资源往往会限制企业的发展，使其无法充分利用扩大企业财富的机会。

2. 主要依靠外部资金增长。从外部筹资，包括增加债务和股东投资，也可以实现增长。但主要依靠外部资金实现增长是不能持久的。增加负债会使企业的财务风险增加，筹资能力下降，最终会使借款能力完全丧失；通过增发股票等方式增加股东投资，不仅会分散控制权，而且会稀释每股收益，除非追加投资有更高的报酬率，否则不能增加股东财富。

3. 平衡增长。平衡增长即保持目前的财务结构和与此有关的财务风险，按照股东权益的增长比例增加借款，以此支持销售增长。这种增长，一般不会消耗企业的财务资源，是一种可持续的增长。

（二）外部融资需求的敏感分析

外部融资需求的多少，不仅取决于销售增长，还要看销售净利率和股利支付率。在股利支付率小于 1 的情况下，销售净利率越大，外部融资需求越少；在销售净利率大于 0 的情况下，股利支付率越高，外部融资需求越大，如图 3–2 所示。

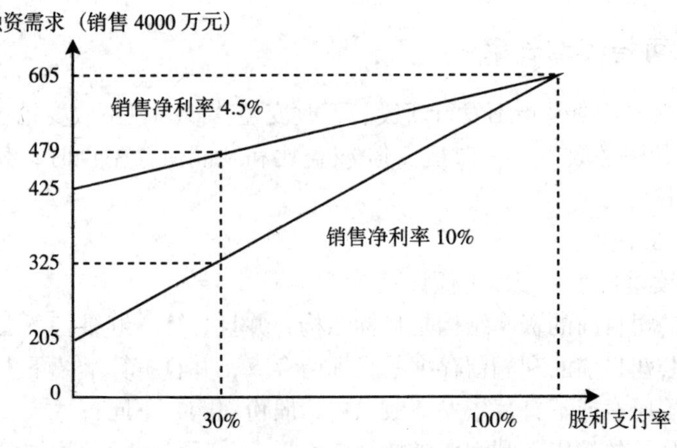

图 3–2　销售净利润、股利支付率与外部融资需求

二、内含增长率

销售增长引起的资金需求增长，有三种途径满足：一是动用金融资产；二是增加内部留存收益；三是外部融资（包括借款和股权融资，但不包括经营负债的自然增长）。

内含增长率，是指如果企业不能或不打算从外部融资，只靠内部积累，此时的销售增长率，即外部融资为零时的销售增长率。

其计算原理为根据外部融资增长比的公式，令外部融资额占销售增长百分比为 0，求销售增长率即可。即：

经营资产的销售百分比 – 经营负债的销售百分比 –［(1 + 增长率)/增长率］×

预计销售净利率×(1－预计股利支付率)＝0

通过这个公式计算出的增长率就是内含增长率。

【特别提醒】

(1)当实际增长率等于内含增长率时，外部融资需求为零；

(2)当实际增长率大于内含增长率时，外部融资需求为正数；

(3)当实际增长率小于内含增长率时，外部融资需求为负数。

根据这三个结论，可以进一步理解销售增长与资金需求之间的关系。一般理解可能会认为销售增长总会引起外部融资需求。其实，这个认识只有在实际增长率大于内含增长率的情况下才是正确的。如果实际增长率低于内含增长率，企业资金实际上是有剩余的。

三、可持续增长率

可持续增长率是指不发行新股、不改变经营效率（不改变销售净利率和资产周转率）和财务政策（不改变负债/权益比和利润留存率）时，其销售所能达到的最大增长率。

（一）假设条件

可持续增长率基于以下假设：

(1)公司目前的资本结构是目标结构，并且打算继续维持下去；

(2)公司目前的利润留存率是目标留存率，并且打算继续下去；

(3)不愿意或不打算增发新股（包括股份回购，下同）；

(4)公司的销售净利润率维持当前水平，并且可以涵盖增加债务的利息；

(5)公司的资产周转率将维持当前水平。

根据以上假设可以推出如下结论：

因为，资产周转率不变，所以，销售增长率＝总资产增长率。

因为，资产负债率不变，所以，总资产增长率＝负债增长率＝股东权益增长率。

因为，销售净利率不变，所以，销售增长率＝净利增长率。

因为，股利支付率不变，所以，净利增长率＝股利增长率＝留存收益周转额的增长率。

即在经营效率和财务政策不变及不增发新股的假设条件下，销售增长率＝总资产增长率＝负债增长率＝股东权益增长率＝净利增长率＝股利增长率＝留存收益增加额的增长率。

（二）可持续增长率的计算

1. 根据期初股东权益计算的可持续增长率

可持续增长率是满足以下假定条件下的销售增长率。

(1) 因为资产周转率不变，所以销售增长率 = 总资产增长率。

(2) 因为资产负债率不变，所以总资产增长率 = 股东权益增长率。

所以，可以得出：销售增长率 = 股东权益增长率

(3) 因为不增发新股，所以增加的股东权益 = 增加的留存收益。

$$可持续增长率 = 股东权益增长率 = \frac{股东权益本期增长}{期初股东权益}$$

$$= \frac{本期净利润 \times 本期利润留存率}{期初股东权益}$$

= 期初权益本期净利率 ÷ 本期利润留存率

$$= \frac{本期净利润}{本期销售收入} \times \frac{本期销售收入}{期末总资产} \times \frac{期末总资产}{期初股东权益} \times 本年利润留存率$$

= 销售净利率 × 总资产周转次数 × 期初权益期末总资产乘数 × 利润留存率

2. 根据期末股东权益计算的可持续增长率

可持续增长率 = 股东权益增长率 = 股东权益本期增加/期初股东权益

由于：可持续状态下企业所有者权益增加只能靠内部留存，

所以：股东权益本期增加 = 期末权益 − 期初权益

= 本期留存收益增加

= 本期净利润 × 本期利润留存率

$$所以：可持续增长率 = \frac{本期净利润 \times 本期利润留存率}{期初股东权益}$$

$$= \frac{本期净利润 \times 本期利润留存率}{期初权益 - 本期净利润 \times 本期利润留存率}$$

将分子和分母同时除以期末权益，则：

可持续增长率 =（本期净利率/期末权益 × 本期利润留存率）/（1 − 本期净利润/期末权益 × 本期利润留存率）

=（权益报酬率 × 本期利润留存率）/（1−权益报酬率 × 本期利润留存率）

$$= \frac{销售净利率 \times 资产周转率 \times 权益乘数 \times 本期利润留存率}{1 - 销售净利率 \times 资产周转率 \times 权益乘数 \times 本期利润留存率}$$

（三）基于管理用的财务报表的可持续增长率

1. 假设条件

（1）企业销售净利率将维持当前水平，并且可以涵盖增加债务的利息；

（2）企业净经营资产增长率将维持当前水平；

（3）企业目前的资本结构是目标结构（即净财务杠杆不变，并且打算继续维持下去）；

（4）企业当前的留存率是目标利润留存率，并且打算继续维持下去；

（5）不愿意或不打算增发新股（包括股份回购）。

2. 计算公式

（1）根据期初权益计算可持续增长率。

可持续增长率 = 销售净利率 × 净经营资产周转次数 × 期初权益期末净经营资产乘数 × 本期利润留存率

（2）根据期末权益计算可持续增长率。

可持续增长率=

$$\frac{\text{销售净利率} \times \text{净经营资产周转次数} \times \text{净经营资产权益乘数} \times \text{本期利润留存率}}{1-\text{销售净利率} \times \text{净经营资产周转次数} \times \text{净经营资产权益乘数} \times \text{本期利润留存率}}$$

【本章小结】

本章论述了财务计划与财务预测的概念理论与方法，以及财务计划体系。先简要介绍财务计划和财务预测的原理、分类、程序与方法、财务计划的意义、作用和内容，以及财务计划编制的方法；最后分析内含增长率、可持续增长率、外部融资等相关内容。

【练习题】

一、单项选择题

1. 下列有关财务预测的说法中，不正确的是（　　）。

A. 一般情况下，财务预测把销售数据视为已知数，作为财务预测的起点

B. 制定财务预测时，应预测经营负债的自发增长，这种增长可以减少企业外部融资的数额

C. 净利润和股利支付率共同决定所能提供的资金数额

D. 销售预测为财务管理的一项职能

2. 甲公司预计 2010 年的销售净利率将比 2009 年提高，2010 年不打算发行新股和回购股票并且保持其他财务比率不变，则下列说法正确的是（　　）。

A. 2010 年的可持续增长率小于 2010 年的实际增长率

B. 2010 年的可持续增长率大于 2010 年的实际增长率

C. 2010 年的实际增长率大于 2009 年的可持续增长率

D. 2010 年的可持续增长率小于 2009 年的可持续增长率

3. 甲企业上年的可持续增长率为 10%，净利润为 500 万元（留存 300 万元），上年利润分配之后资产负债表中留存收益为 800 万元，若预计今年处于可持续增长状态，则今年利润分配之后资产负债表中留存收益为（　　）万元。

A. 330　　B. 1100

C. 1130　　D. 880

4. 下列各种财务预测的方法中，最复杂的是（　　）。

A. 回归分析技术　　B. 销售百分比法

C. 综合数据库财务计划系统　　D. 交互式财务规划模型

5. 某企业 2010 年末经营资产总额为 4500 万元，经营负债总额为 2400 万元。该企业预计 2011 年度的销售额比 2010 年度增加 150 万元，增长的比例为 10%；预计 2011 年度留存收益的增加额为 60 万元，假设可以动用的金融资产为 10 万元。则该企业 2011 年度对外融资需求为（　　）万元。

A. 160　　B. 140

C. 210　　D. 150

6. 某企业上年销售收入为 1000 万元，若预计下一年通货膨胀率为 5%，公司销售量增长 10%，所确定的外部融资占销售增长的百分比为 25%，则相应外部应追加的资金为（　　）万元。

A. 38.75　　B. 37.5

C. 25　　D. 25.75

7. 已知 2010 年经营资产销售百分比为 100%，经营负债销售百分比为 40%，销售收入为 4000 万元，没有可动用金融资产。2011 年预计留存收益率为 50%，销售净利率 10%，则 2011 年内含增长率为（　　）。

A. 10.2%　　B. 9.09%

C. 15%　　D. 8.3%

8. 假设市场是充分的，企业在经营效率和财务政策不变时，同时筹集权益资本和增加借款，以下指标不会增长的是（　　）。

A. 销售收入　　B. 税后利润

C. 销售增长率　　D. 权益净利率

9. 某企业 2010 年的销售净利率为 5%，资产周转率为 0.5 次，期末权益乘数为 1.2，股利支付率为 40%，则 2010 年的可持续增长率为（　　）。

A. 1.20%　　B. 1.80%

C. 1.21%　　D. 1.83%

10. 一般来说，会导致外部融资需求增加的措施是（　　）。

A. 提高留存收益率　　　　B. 提高销售净利润

C. 提高股利支付率　　　　D. 降低股利支付率

11. 已知甲公司 2010 年销售收入为 2500 万元，若预计 2011 年销售收入为 3000 万元，2010 年经营资产为 1500 万元，经营负债的金额为 500 万元，预计企业的销售净利率为 5%，企业的留存收益率为 40%，则 2011 年该公司的外部融资销售增长比为（　　）。

A. 0.28　　　　B. 0.22

C. 0.14　　　　D. 0.18

二、多项选择题

1. 从资金来源上看，企业增长的实现方式不包括（　　）。

A. 完全依靠内部资金增长　　　　B. 主要依靠外部资金增长

C. 平衡增长　　　　D. 实际增长

2. 某公司具有以下财务比率：经营资产与销售收入之比为 1.6；经营负债与销售收入之比为 0.4；计划下年销售净利率为 10%，股利支付率为 55%，该公司去年的销售额为 200 万元，假设这些比率在未来均会维持不变，并且所有的资产和负债都会随销售的增加而同时增加，则该公司的销售增长到（　　）程度时无须向外筹资。

A. 4.15%　　　　B. 3.90%

C. 5.22%　　　　D. 4.6%

3. 某企业 2007 年年末敏感资产总额为 4000 万元，敏感负债总额为 2000 万元。该企业预计 2008 年度的销售额比 2007 年度增加 10%（即增加 100 万元），预计 2008 年度留存收益的增加额为 50 万元，则该企业 2008 年度应追加资金量为（　　）万元。

A. 0　　　　B. 2000

C. 1950　　　　D. 150

4. 企业销售增长时需要补充资金。假设每元销售所需资金不变，以下关于外部融资需求的说法中，正确的有（　　）。

A. 股利支付率越高，外部融资需求越大

B. 销售净利率越高，外部融资需求越小

C. 如果外部融资销售增长比为负数，说明企业有剩余资金，可用于增加股利或短期投资

D. 当企业的实际增长率低于本年的内含增长率时，企业不需要从外部融资

5. 企业 2007 年的可持续增长率为 25%，股利增长率为 30%，若预计 2008年不增发新股并保持目前的经营效率和财务政策，则 2008 年的股利增长率为（　　）。

A. 10% B. 15%

C. 20% D. 25%

6. 影响内含增长率的因素有（ ）。

A. 资产销售百分比 B. 负债销售百分比

C. 销售净利率 D. 股利支付率

7. 在“内含增长率”条件下，正确的说法是（ ）。

A. 假设不增发新股 B. 假设不增加借款

C. 资产负债率会下降 D. 财务风险降低

8. 内含增长率不能或者不打算从外部融资，其中不包括（ ）。

A. 借款融资 B. 股权融资

C. 发行债券 D. 负债自然增长

9. 外部融资需求取决于（ ）。

A. 销售的增长 B. 股利支付率

C. 销售净利率 D. 资产销售百分比

10. 如果外部融资销售增长比小于零，则表明（ ）。

A. 企业不需要从外部融资

B. 企业需要从外部融资

C. 企业仅需要从外部债务融资，不需要股权融资

D. 企业资金有剩余，可用于派发股利或进行短期投资

11. 在“可持续的增长率”条件下，正确的说法有（ ）。

A. 假设不增发新股 B. 假设不增加借款

C. 保持财务比率不变 D. 财务杠杆和财务风险降低

12.“可持续增长率”和“内含增长率”的共同点是（ ）。

A. 都不举债 B. 都不增发股票

C. 都不改变资本结构 D. 都不改变股利支付率

13. 某公司 2006 年度销售收入为 100 万元，期末股东权益 100 万元，销售净利率为 10%，总资产周转为 0.5 次，权益乘数为 2，留存收益率为 60%，2007 年计划销售增长率为 10%，除资产负债率以外的其他财务比率不变，且不增发新股，为实现销售增长，资产负债率需提高到（ ）。

A. 49.36% B. 58.67%

C. 51.55% D. 60.18%

14. 保持目前的财务结构和与此有关的财务风险，按照股东权益的增长比例增加借款，以此支持销售增长，这种增长率是（ ）。

A. 完全依靠内部资金增长 B. 主要依靠外部资金增长

C. 平衡增长 D. 可持续增长

15. 企业 2007 年的销售净利率为 6%，总资产周转率为 0.7 次，权益乘数为 1.5，留存收益比率为 30%，则可持续增长率为（　　）。

A. 1.28%　　B. 1.93%

C. 2.14%　　D. 2.45%

三、判断题

1. 企业外部融资包括借款和股权融资，不包括负债的自然增长。（　　）

2. 企业通过筹集权益资本和增加借款，使销售增长，净利润也增长，必然也会使权益净利率随之增长。（　　）

3. 若外部融资销售增长比为负数，则说明企业不需要从外部融资。（　　）

4. 企业不增发新股，如果通过技术和管理创新，使销售净利率和提高到一个新水平，则企业增长率可以相应提高。（　　）

5. 所谓可持续增长率是指不从外部融资，仅靠内部积累，并保持目前经营效率和财务政策条件下公司销售所能增长的最大比率。（　　）

6. 当企业的实际增长率低于本年的内含增长率时，企业不需要从外部融资。（　　）

7. 内含增长率是指外部股权融资为零，且保持目前最优资本结构不变的情形下，销售所能增长的最大比率。（　　）

8. "可持续增长率"和"内含增长率"的共同点是都不会引起资产负债率的变化。（　　）

9. 平衡增长一般不会消耗企业的财务资源，是一种可持续的增长速度。（　　）

四、计算题

1. 某企业 2009 年的销售收入为 200000 元，敏感资产为 88000 元，敏感负债为 32000 元，税后净利润为 20000 元，销售净利润为 10%，目前企业尚有剩余生产能力，即增加收入不需要进行固定资产方面的投资。假定销售净利率仍保持上年水平，预计 2010 年销售收入将提高到 240000 元，年末普通股股利发放比例将增加至 70%，预测该企业 2010 年的资金需要量。

2. 某公司 2009 年销售额为 100000 元，敏感资产为 50000 元，敏感负债为 15000 元，尚有剩余生产能力，销售净利率为 10%，预计 2010 年销售额增长 20%，获利能力保持上年水平，2010 年留存比例为 40%，预测 2010 年公司外部筹资额。

3. 某公司 2014 年有关的财务数据如下。

项目	金额	占销售额的百分比
流动资产	1400	35%
长期资产	2600	65%
资产合计	4000	
短期借款	600	无稳定关系
应付账款	400	10%
长期负债	1000	无稳定关系
实收资本	1200	无稳定关系
留存收益	800	无稳定关系
负债及所有者权益合计	4000	
销售额	4000	100%
净利	200	5%
现金股利	60	

要求：假设该公司实收资本一直保持不变，计算回答以下互不关联的 4 个问题。

（1）假设 2007 年计划销售收入为 5000 万元，需要补充多少外部融资（保持目前的股利支付率、销售净利率和资产周转率不变）？

（2）假设 2007 年不能增加借款，也不能发行新股，预计其可实现的销售增长率（保持其他财务比率不变）。

（3）保持目前的全部财务比率，明年可实现的销售额是多少？

（4）若股利支付率为零，销售净利率提高 6%，目标销售额为 4500 万元，需要筹集补充多少外部融资（保持其他财务比率不变）？

第二篇

财务估价

第四章　财务管理的价值观念

【学习目标】

1. 理解货币时间价值的基本含义；
2. 掌握单利、复利、年金终值与现值的计算公式；
3. 熟悉运用相关公式进行计算。

【关键概念】

货币时间价值　复利　复利现值　复利终值　年金现值　年金终值　普通年金　预付年金　递延年金　永续年金

【引例】

拿破仑的玫瑰花之约

1797 年 3 月，拿破仑在卢森堡第一国立小学演讲时说了这样一番话：“为了答谢贵校对我，尤其是对我夫人约瑟芬的盛情款待，我不仅今天呈上一束玫瑰花，并且在未来的日子里，只要我们法兰西存在一天，每年的今天我将亲自派人送给贵校一束价值相等的玫瑰花，作为法兰西与卢森堡友谊的象征。”时过境迁，拿破仑穷于应付连绵的战争和此起彼伏的政治事件，最终惨败而流放到圣赫勒拿岛，把卢森堡的诺言忘得一干二净。

可卢森堡这个小国对这位“欧洲巨人与卢森堡孩子亲切、和谐相处的一刻”念念不忘，并载入他们的史册。1984 年底，卢森堡旧事重提，向法国提出违背“赠送玫瑰花”诺言的索赔：要么从 1797 年起，用 3 路易作为一束玫瑰花的本金，以 5 厘复利（利滚利）计息全部清偿这笔玫瑰花案；要么法国政府在法国各大报刊上公开承认拿破仑是个言而无信的小人。

起初，法国政府准备不惜重金赎回拿破仑的声誉，但却又被电脑算出的数字惊呆了：原本 3 路易的许诺，本息竟高达 1375596 法郎。经苦思冥想，法国政府斟词酌句的答复是：“以后，无论在精神上还是在物质上，法国将始终不渝地对卢森堡大公国的中小学教育事业予以支持与赞助，来兑现我们的拿破仑将军那一诺千金的玫瑰花信誉。”这一措辞最终得到了卢森堡人民的谅解。

思考：为何本案例中每年赠送价值3路易的玫瑰花相当于在187年后一次性支付1375596法郎？（1路易=50法郎）

第一节 货币的时间价值

货币时间价值是财务管理中必须考虑的一个重要因素。随着经济和社会的不断发展，金融市场也在不断地发展和完善，为货币时间价值的存在提供了基础，同时也提高了利用货币时间价值的机会。其中，资金的时间价值揭示不同时点上资金的换算关系，是企业筹资和投资决策须考虑的一个重要因素，也是企业估价的基础，离开这一因素，就无法计算不同时期的财务数据，无法正确评价企业的盈亏。

一、货币时间价值

货币的时间价值，也称为资金的时间价值、投资时间价值，是指货币经历一定时间的投资和再投资所增加的价值，即等量资金由于使用而在不同时点上形成的价值增加额。

在商品经济中，有这样一个现象：现在的1元钱和1年后的1元钱其经济价值不同等，或者说其经济效用不同。现在的1元钱，比一年后的1元钱的经济价值要大些，即使不存在通货膨胀也是如此。为什么会这样呢？例如，现在的1元钱存入银行，1年后可得到1.10元（假设存款利率为10%）。这1元钱经过1年的投资增加了0.10元，这就是货币的时间价值。在实务中人们习惯使用相对数字表示货币的时间价值，即用增加价值占投入货币的百分数来表示。例如前述货币的时间价值为10%。

并不是所有的货币都具有时间价值，只有把货币作为资本投入生产经营过程才能产生时间价值。货币投入生产经营过程后，其数额随着时间的持续不断增长。这是一种客观的经济现象。企业资金循环和周转的起点是投入货币的资金，企业用它来购买所需的资源，然后生产出新的产品，产品出售时得到的货币量大于最初投入的货币量。资金的循环和周转以及因此实现的货币增值，需要或多或少的时间，每完成一次循环，货币就增加一定的数额，周转的次数越多，增值额也越大。因此，随着时间的延续，货币总量在循环和周转中按几何级数增长，使得货币具有时间价值。

需要指出的是，货币投入生产过程中所获得的增值额并不全是货币的时间价值。因为所有生产经营都不可避免地具有风险，投资者承担风险也要获得相应的报酬。而且，通货膨胀也会影响货币的实际购买力，进而影响投资的报酬率。

因此，从量的规定性来看，货币时间价值相当于没有风险、没有通货膨胀条件下的社会平均投资报酬率，是在各个项目上投资都能获得起码报酬。一般来说，银行利率、国债利率基本上都是无风险报酬率，是货币时间价值的具体表达形式。

货币时间价值有两种表现形式：一种是绝对数的表现形式，是资金在周转使用过程中产生的增加额；另一种是相对数的表现形式，是在没有风险和没有通货膨胀条件下的社会平均资金利润率或通货膨胀很低时的政府债券利率。货币时间价值是企业资金利润的最低限度，也是企业使用资金的最低成本率，通常用相对数表示。

由于货币时间价值非常重要且涉及所有的理财活动，我们通常把它称为理财的“第一原则”。在我国不仅有货币时间价值存在的客观基础，而且也有应用它的必要性。把货币时间价值引入财务管理，在资金筹集、运用和分配等方面考虑这一因素，能提高财务管理的水平，保证筹资、投资、分配决策的进行。因此，各项财务决策活动都离不开货币时间价值的应用，要正确进行财务决策，必须掌握货币时间价值的基本概念和计算方法。

二、现金流量时间线

计算货币资金的时间价值，首先要弄清楚资金运动发生的时间和方向，即每笔资金是在哪个时点上发生的，资金流向是流入还是流出。现金流量时间线提供了一个重要的计算货币资金时间价值的工具，它可以直观、便捷地反映资金运动发生的时间和方向。典型的现金流量时间线如图 4-1 所示。

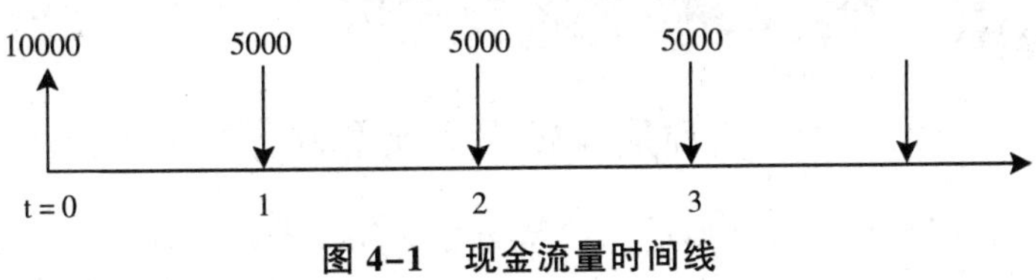

图 4-1　现金流量时间线

图中横轴为时间轴，箭头所指的方向表示时间的增加。横轴上的坐标代表各个时点，t = 0 表示现在，t = 1，2，…，分别表示从现在开始的第 1 期期末、从现在开始的第 2 期期末，依次类推。如果每期的时间间隔为 1 年，则 t = 1 表示从现在起第 1 年年末，t = 2 表示从现在起第 2 年年末。换句话说，t = 1 也表示第

2 年年初。

图中从每个时间点上引出的纵向箭头线表示各时点的现金流量，流向由箭头的指向来表示，一般而言，向下的箭头表示现金流入，向上的箭头表示现金流出。现金流量的大小用箭头旁的数字表示。

现金流量时间线对于更好地理解和计算货币资金的时间价值很有帮助。

第二节 复利现值和终值

货币时间价值的大小取决于资金数量的多少、占用时间的长短、收益率的高低等因素。货币时间价值的计算涉及两组概念：终值和现值、单利和复利。

现值（Present Value），即现在的价值，是指未来某一时点上的一定量现金折合到现在的价值，俗称“本金”。通常记作 P。

终值（Future Value），又称将来值或本利和，是指现在一定量的资金在未来某一时点上的价值。通常记作 F。

利息的计算有单利和复利两种方法。单利是指上一期的利息不加入到下一期的本金中去，不重复计算利息。例如，本金为 1000 元、年利率为 5%的 5 年期单利定期存款，到期的利息收入为 250 元，每年的利息收入为 50 元（1000×5%）。复利是指上一计息期的利息要加入到下一计息期的本金中去，按本利和的总额计算下一计息期利息。不仅本金要计算利息，利息也要计算利息，俗称“利滚利”。这里所说的计息期，是指两次计息的时间间隔，如年、月、日等。除非特别指明，计息期为 1 年。

复利的概念充分体现了货币时间的含义，因为资金可以再投资。因此，在讨论货币的时间价值时，一般都按复利计算。

【知识链接】

复利是世界第八大奇迹

如果有个储蓄罐，只要你每天按照倍增方式往里面存放面值一分的硬币，即第一天放进一枚、第二天放进两枚、第三天放进四枚，依次类推，坚持一个月，月底你就可以成为千万富翁。

换一个角度，仅以一元钱为本金，如果一定周期内能复利性质地增长一倍，那么只需三十个这样的周期，就可获得五亿三千六百八十七万多元。这就是复利的威力，也是财富增长的奥秘。对此，爱因斯坦有经典的评述："复利的计算是人类世界的第八大奇迹。"

一、复利终值

复利终值是指现在特定资金按复利计算的将来一定时间的价值，或者说是现在的一定资金在将来一定时间按复利计算的本金与利息之和。得到终值的计算公式为：

$F = P\times(1+i)^n$

其中，F——终值或本利和；

P——现值或初始值；

i——报酬率或利率。

上式是计算复利终值的一般公式，其中的 $(1+i)^n$ 被称为复利终值系数或1元的复利终值，用符号（F/P，i,n）表示。例如，（F/P，6%,3）表示利率为6%时3期复利终值的系数。为了便于计算，可编制"复利终值系数表"备用。该表的第一行是利率i，第一列是计息期数n，相应的 $(1+i)^n$ 值在其纵横相交处。通过该表可查出，（F/P，6%，3）= 1.191。在时间价值为6%的情况下，现在的1元和3年后的1.191元在经济上是等效的，根据这个系数可以把现值换算成终值。

该表的作用不仅在于已知i和n时查找1元的复利终值，而且可在已知1元复利终值和n时查找i，或已知1元复利终值和i时查找n。

【例4–1】　某人将10000元投资于一项事业，年报酬率为6%，按复利计算，5年后的终值应为：

$F = P\times(1+i)^n = 10000\times(1+6\%)^5 = 10000\times1.338 = 13380$

二、复利现值

复利现值是复利终值的对称概念，指未来一定时间的特定资金按复利计算的现在价值，或者说是为取得将来一定本利和现在所需要的本金。

复利现值计算，是指已知F、i、n时，求P。

通过复利终值计算，已知：$F = P\times(1+i)^n$

所以：$P = \dfrac{F}{(1+i)^n}$

上式中的 $(1+i)^{-n}$ 是把终值折算为现值的系数，称为复利现值系数，或称作1元的复利现值，用符号（P/F，i，n）来表示。例如，（P/F，10%，5）表示利率为10%时5期的复利现值系数。为了便于计算，可编制"复利现值系数表"。该表的使用方法与"复利终值系数表"相同。

三、报价利率和有效年利率

复利的计息期间不一定是一年，有可能是季度、月份或日。在复利计算中，如按年复利计息，一年就是一个计息期；如按季复利计息，一季就是一个计息期。一年就有四个计息期。计息期越短，一年中按复利计息的次数就越多，每年的利息额就会越大。这就需要明确三个概念：报价利率、计息期利率和有效年利率。

（一）报价利率

银行等金融机构在为利息报价时，通常会提供一个年利率，并且同时提供每年的复利次数。此时金融机构提供的年利率被称为报价利率，有时也被称为名义利率。在提供报价利率时，必须同时提供每年的复利次数（或计息期的天数）。否则意义是不完整的。

（二）计息期利率

计息期利率是指借款人对于每 1 元本金每期支付的利息。它可以是年利率，也可以是半年利率、季度利率、每月或每日利率等。其计算公式如下：

计息期利率 = 报价利率/每年复利次数

【例 4–2】 本金 1000 元，投资 5 年，年利率 8%，每季度复利一次。则：

每季度利率 = 8% ÷ 4 = 2%

复利次数 = 5 × 4 = 20

$F = 1000 \times (1 + 2\%)^{20}$

$= 1000 \times 1.4859$

$= 1435.9$（元）

三、有效年利率

在按照给定的计息期利率和每年复利次数计算利息时，能够产生相同结果的每年复利一次的年利率被称为有效年利率，或者称等价年利率。

假设每年复利次数为 m，则：

$$有效年利率 = (1 + \frac{报价利率}{m})^m - 1$$

假设**【例 4–3】**中的有效年利率高于 8%，可用下述方法计算：

$F = P \times (1 + i)^n$

$1485.9 = 1000 \times (1 + i)^5$

$(1 + i)^5 = 1.4859$

$(F/P，i，5) = 1.4859$

查表得：

$(F/P，8\%，5) = 1.4693$

（F/P，9%，5）= 1.5386

用插补法求得：

有效年利率：$\frac{1.5386 - 1.4693}{9\% - 8\%} = \frac{1.4859 - 1.4693}{i - 8\%}$

i = 8.24%

也可以用换算公式直接将报价利率换算为有效年利率。

将数据代入：

$i = (1 + 8\% \div 4)^4 - 1 = 1.0824 - 1 = 8.24\%$

$F = 1000 \times (1 + 8.24\%)^5 = 1000 \times 1.486 = 1486$（元）

【阅读材料】

24 美元能再次买下纽约吗?

1626 年 9 月 11 日，荷兰人彼得·米纽伊特从印第安人那里只花了 24 美元就买下了曼哈顿岛。

但是，如果我们换个角度来重新计算一下呢？如果当时的 24 美元没有用来购买曼哈顿，而是用来投资呢？我们假设每年 8%的投资收益，不考虑中间的各种战争、灾难、经济萧条等因素，这 24 美元到 2004 年会是多少呢？说出来吓你一跳：4307046634105.39，也就是 43 万亿多美元。这不但仍然能够购买曼哈顿。如果考虑到由于“9·11”事件后纽约房地产贬值的话，买下纽约也不在话下。

资料来源：http://www.chinaacc.com/new/207%2F217%2F2006%2F9%2Fsh7121241418296002512-0.htm.

第三节　年金现值和终值

年金是指等额、定期的系列收支。例如，分期付款赊购、分期偿还贷款、发放养老金、分期支付工程款、每年相同的销售收入等，都属于年金收付形式。按照收付时点和方式的不同可以将年金分为普通年金、预付年金、递延年金和永续年金四种。

一、普通年金终值和现值

普通年金又称后付年金，是指各期期末收付的年金。普通年金的收付形式如图 4-2 所示。横线代表时间的延续，用数字标出各期的顺序号；竖线的位置表示支付的时刻，竖线下端数字表示支付的金额。

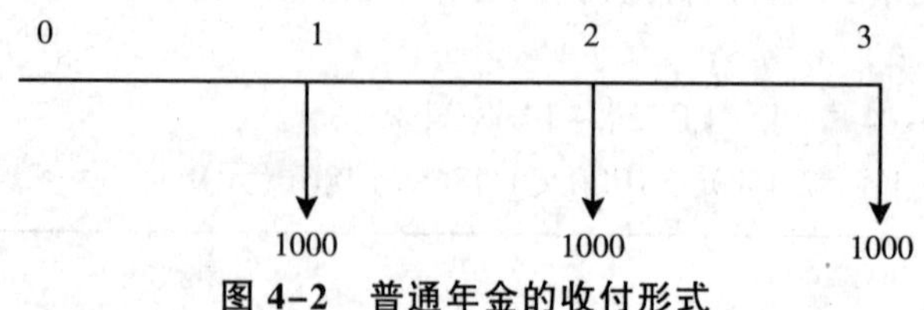

图 4-2 普通年金的收付形式

（一）普通年金终值

普通年金终值是指其最后一次付款时的本利和，它是每次支付的复利终值之和。例如，根据图 4-2 的数据，其第三期末的普通年金终值的计算如图 4-3 所示。

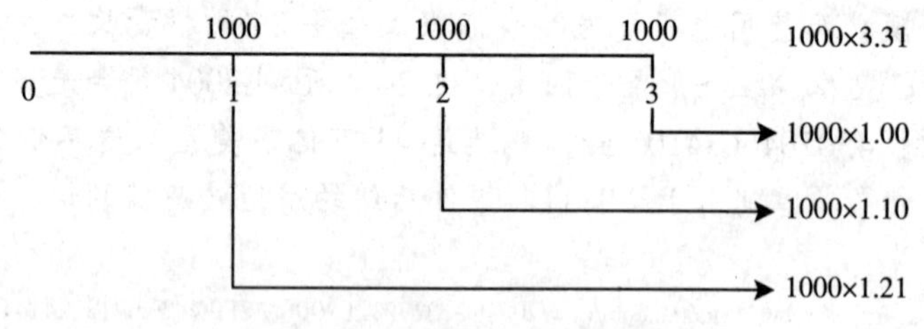

图 4-3 普通年金的终值

在第一期末的 1000 元，应赚得两期的利息，因此，到第三期末其值为 1210 元；在第二期末的 1000 元，应赚得一期的利息，因此，到第三期末其值为 1100 元；在第三期末的 1000 元，没有计息，其价值是 1000 元。整个年金终值 3310 元。

如果年金的期数很多，用上述方法计算终值显然相当烦琐。由于每年支付额相等，折算终值的系数又是有规律的，所以，可找出简便的计算方法。

设每年的支付金额为 A，利率为 i，期数为 n，则按复利计算的普通年金终值 F 为：

$$F = A + A(1+i) + A(1+i)^2 + \cdots + A(1+i)^{n-1}$$

等式两边同乘（1 + i），则：

$$(1+i)F = A(1+i) + A(1+i)^2 + A(1+i)^3 + \cdots + A(1+i)^n$$

上述两式相减：

$$(1+i)F - F = A(1+i)^n - A$$

$$F=\frac{A(1+i)^n-A}{(1+i)-1}$$

$$F=A\frac{(1+i)^n-1}{i}$$

式中的$\frac{(1+i)^n-1}{i}$是普通年金为 1 元、利率为 i、经过 n 年期的年金终值，记作（F/A，i，n）。可据此编制“年金终值系数表”，以供查阅。

（二）偿债基金

偿债基金是指为使年金终值达到既定金额每年末应支付的年金数额。

根据普通年金终值计算公式：$F=A\frac{(1+i)^n-1}{i}$

可知：$A=F\frac{i}{(1+i)^n-1}$

式中的$\frac{i}{(1+i)^n-1}$是普通年金终值系数的倒数，称偿债基金系数，记作（A/F，i，n）。它可以把普通年金终值系数求倒数确定。

【例 4–4】　拟在 5 年后还清 10000 元债务，从现在起每年末等额存入银行一笔款项。假设银行存款利率为 10%，每年需要存入多少元？

由于有利息因素，不必每年存入 2000 元（10000 ÷ 5），只要存入较少金额，5 年后本利和即可达到 10000 元，可用以清偿债务。

将有关数据代入上式：

$$A=10000\times\frac{1}{(F/A，10\%，5)}$$

$$=10000\times 0.1638$$

$$=1638（元）$$

因此，在银行利率为 10%时，每年存入 1638 元，5 年后可得到 10000 元，用来还清债务。

有一种折旧方法，称为偿债基金法，其理论依据是“折旧的目的是保持简单再生产”。为在若干年后购置设备，并不需要每年提存设备原值与使用年限的算术平均数，由于利息不断增加，每年只需提存较少的数额即按偿债基金提取折旧，即可在使用期满时得到设备原值。偿债基金法的年折旧额，就是根据偿债基金系数乘以固定资产原值计算出来的。

（三）普通年金现值

普通年金现值，是指为在每期期末取得相等金额的款项，现在需要投入的金额。

【例 4–5】　某人出国 3 年，请你代付房租，每年租金 1000 元，设银行存款利率为10%，他应当现在给你在银行存入多少钱？

这个问题可以表述为：请计算 $i=10\%$，$n=3$，$A=1000$ 元的年终付款的现在等效值是多少？

设年金现值为P，则如图4–4所示。

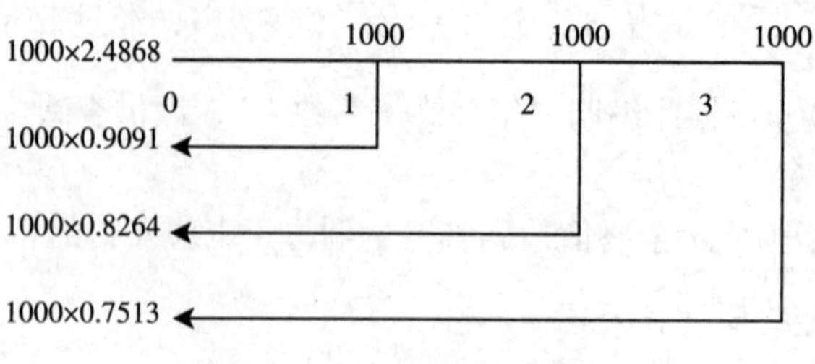

图4–4　普通年金的现值

$$P=1000\times(1+10\%)^{-1}+1000\times(1+10\%)^{-2}+1000\times(1+10\%)^{-3}$$
$$=1000\times0.9091+1000\times0.8264+1000\times0.7513$$
$$=1000\times(0.9091+0.8264+0.7513)$$
$$=1000\times2.4868$$
$$=2486.90\text{（元）}$$

计算普通年金现值的一般公式：

$$P=A(1+i)^{-1}+A(1+i)^{-2}+\cdots+A(1+i)^{-n}$$

等式两边同乘（1+i），得：

$$P(1+i)=A+A(1+i)+\cdots+A(1+i)^{-(n-1)}$$

后式减前式，得：

$$P(1+i)-P=A-A(1+i)^{-n}$$
$$P\cdot i=A[1-(1+i)^{-n}]$$
$$P=A\cdot\frac{1-(1+i)^{-n}}{i}$$

式中的 $\frac{1-(1+i)^{-n}}{i}$ 是普通年金为1元、利率为i、经过n期的年金现值，记作（P/A，i，n）。可据此编制“年金现值系数表”，以供查阅。

根据【例4–5】数据计算：$P=A\cdot(P/A,\ i,\ n)=1000\times(P/A,\ 10\%,\ 3)$

查表：$(P/A,\ 10\%,\ 3)=2.4869$

$P=1000\times2.4869=2486.9$(元)

【例4–6】　假设以10%的利率借款20000元，投资于某个寿命为10年的项目，每年至少要收回多少现金才是有利的？

据普通年金现值的计算公式可知：

$$P = A\cdot(P/A，i，n)$$
$$= A\cdot\frac{1-(1+i)^{-n}}{i}$$
$$A = P\cdot\frac{i}{1-(1+i)^{-n}} = 20000\cdot\frac{10\%}{1-(1+10\%)^{-10}}$$
$$= 20000\times 0.1627$$
$$= 3254（元）$$

因此，每年至少要收回现金 3254 元，才能还清贷款本利和。

上述计算过程中的$\frac{i}{1-(1+i)^{-n}}$是普通年金现值系数的倒数，它可以把普通年金现值折算为年金，称作投资回收系数。

二、预付年金终值和现值

预付年金，又称即付年金、先付年金或期初年金，是指在每期期初支付的年金。预付年金的支付形式如图 4-5 所示。

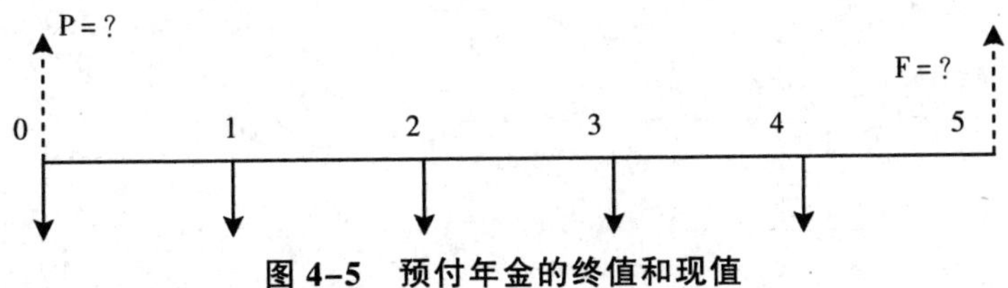

图 4-5　预付年金的终值和现值

（一）预付年金终值计算

预付年金终值的计算公式为：

$$F = A(1+i) + A(1+i)^2 + \cdots + A(1+i)^n$$

式中各项为等比数列，首项为 A(1＋i)，公比为（1＋i），根据等比数列的求和公式可知：

$$F = A\cdot\frac{(1+i)\times[1-(1+i)^n]}{1-(1+i)}$$
$$= A\cdot\frac{(1+i)-(1+i)^{n+1}}{-i}$$
$$= A\cdot\left[\frac{(1+i)^{n+1}-1}{i}-1\right]$$

式中的$\left[\frac{(1+i)^{n+1}-1}{i}-1\right]$是预付年金终值系数，或称 1 元的预付年金终值。

它和普通年金终值系数$\left[\frac{(1+i)^n-1}{i}\right]$相比，期数加 1，而系数减 1，可记作$[(F/A, i, n+1)-1]$，并可利用“年金终值系数表”查得(n+1)期的值，减去 1 后得出 1 元预付年金终值。

【例 4–7】 A = 200，i = 8%，n = 6 的预付年金终值是多少？

$$F = A\cdot[(F/A, i, n+1)-1]$$

$$= 200\times[(F/A, 8\%, 6+1)-1]$$

查“年金终值系数表”：(F/A，8%，7) = 8.9228

$$F = 200\times(8.9228-1) = 1584.56\ (元)$$

（二）预付年金现值的计算

预付年金现值的计算公式：

$$P = A + A(1+i)^{-1} + A(1+i)^{-2} + \cdots + A(1+i)^{-(n-1)}$$

式中各项是等比数列，首项是 A，公比是（1 + i）– 1，根据等比数列的求和公式可知：

$$P = \frac{A\cdot[1-(1+i)^{-n}]}{1-(1+i)^{-1}} = A\cdot\frac{1-(1+i)-n}{\frac{1+i}{1+i}-\frac{1}{1+i}}$$

$$= A\cdot\frac{[1-(1+i)^{-n}](1+i)}{i}$$

$$= A\cdot\left[\frac{1-(1+i)^{-(n-1)}}{i}+1\right]$$

式中的$\left[\frac{1-(1+i)^{-(n-1)}}{i}+1\right]$是预付年金现值系数，或称 1 元的预付年金现值。它和普通年金现值系数（$\frac{1-(1+i)^{-n}}{i}$）相比，期数要减 1，而系数要加 1，可记作［(P/A，i，n – 1) + 1］。可利用“年金现值系数表”查得（n–1）期的值，然后加 1，得出 1 元的预付年金现值。

【例 4–8】 6 年分期付款购物，每年初付 200 元，设银行利率为 10%，该项分期付款相当于一次现金支付的购价是多少？

$$P = A\cdot[(P/A, i, n-1)+1]$$

$$= 200\times[(P/A, 10\%, 5)+1]$$

$$= 200\times(3.7908+1)$$

$$= 958.16\ (元)$$

三、递延年金

递延年金，又称延期年金，是指第一次支付发生在第二期或第二期以后的年金。递延年金的支付形式如图 4–6 所示。从该图中可以看出，前三期没有发生支付。一般用 m 表示递延期数，本例的 m = 3。第一次支付在第四期期末。连续支付 4 次，即 n = 4。

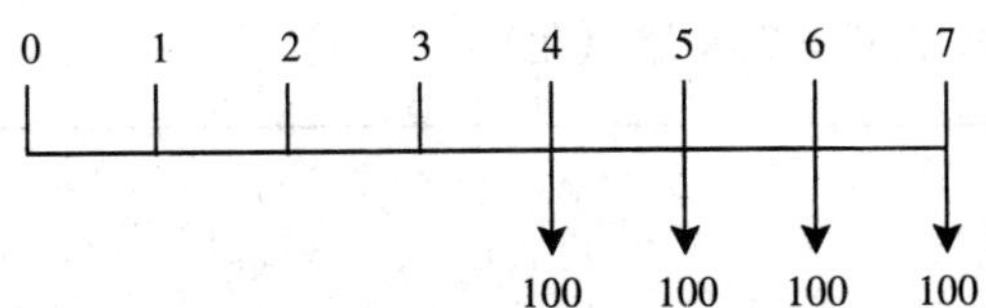

图 4–6　递延年金的支付形式

递延年金终值的计算方法和普通年金终值类似：

$m = 3 \quad i = 10\% \quad n = 4$

$F = A \cdot (F/A,\ i,\ n)$

$= 100 \times (F/A,\ 10\%,\ 4)$

$= 100 \times 4.641$

$= 464.1$（元）

递延年金的现值计算方法有两种：

第一种方法，是把递延年金视为 n 期普通年金，求出递延期末的现值，然后再将此现值调整到第一期期初（图 4–6 中 0 的位置）。

$P_3 = A \cdot (P/A,\ i,\ n)$

$= 100 \times (P/A,\ 10\%,\ 4)$

$= 100 \times 3.170$

$= 317$（元）

$P_0 = P_3 \cdot (1 + i)^{-m}$

$= 317 \times (1 + 10\%)^{-3}$

$= 317 \times 0.7513$

$= 238.16$（元）

第二种方法，是假设递延期中也进行支付，先求出（m + n）期的年金现值，然后，扣除实际并未支付的递延期（m）的年金现值，即可得出最终结果。

$P_{(m+n)} = A \cdot (P/A,\ i,\ m + n)$

$P_7 = 100 \cdot (P/A,\ 10\%,\ 4 + 3)$

$= 100 \times 4.8684$

$= 486084$（元）

$P_{(m)} = 100 \times (P/A,\ i,\ m)$

$= 100 \times (P/A, 10\%, 3)$

$= 100 \times 2.4869$

$= 248.69$（元）

$P_{(n)} = P_{(m+n)} - P_{(m)}$

$= 486084 - 248.69 = 238.15$（元）

【特别提醒】

递延年金终值的计算

递延年金终值的计算同普通年金终值的计算相同，所以在此不再赘述。

递延年金现值的两种计算方法的计算结果会有少许差额，主要是因为不同方法下用到了不同的系数，每个系数都只保留到小数点后四位，但此差额不会影响到最终决策。

四、永续年金

无限期定额支付的年金，称为永续年金。现实中的存本取息，可视为永续年金的一个例子。

永续年金没有终止的时间，也就没有终值。永续年金的现值可以通过普通年金现值的计算公式导出：

$$P = A \cdot \frac{1 - (1 + i)^{-n}}{i}$$

当 $n \to \infty$ 时，$(1 + i)^{-n}$ 的极限为 0，故上式可写成：

$$P = A \cdot \frac{1}{i}$$

【例 4-9】 如果一优先股，每季分得股息 2 元，而利率是每年 6%。对于一个准备买这种股票的人来说，他愿意出多少钱来购买此优先股？

$$P = \frac{2}{1.5\%} = 133.33 \text{（元）}$$

假定上述优先股息是每年 2 元，而利率是年利 6%，该优先股的价值是：

$P = 2 \div 6\% = 33.33$（元）

第四节　时间价值计算的几个特殊问题

上述单利、复利均属于一笔款项的收付现象，而不论何种形式的年金，都是等额收付款项现象，这些只描述了部分资金的收付，现实生活中有些款项的收付是没有规律的，不等额收付的款项，如何计算其终值与其现值？上述单利、复利和年金的计算一般不以年为一个计息期，计息期短于一年的货币时间价值计算应该注意什么问题？以及如何计算贴现率和计息期？下面一一介绍。

一、不规则现金流量现值的计算

实际生活中，并非所有款项都是等额收付的，有些现金流量的发生没有规律，称为不规则现金流量，计算不规则现金流量的现值只能逐笔计算其复利现值，其计算公式如下：

$$P = A_0\frac{1}{(1+i)^0} + A_1\frac{1}{(1+i)^1} + A_2\frac{1}{(1+i)^2} + \cdots + A_n\frac{1}{(1+i)^n}$$

【例 4–10】　某人投资开办工厂，前三年每年年初分别投资 20 万元、15 万元、8 万元，在贴现率为 8%的情况下，该项投资的现值之和为多少？

$$P = 20\times\frac{1}{(1+8\%)^0} + 15\times\frac{1}{(1+8\%)^1} + 8\times\frac{1}{(1+8\%)^2} = 40.748\text{（万元）}$$

二、年金和不规则现金流量混合情况下的现值

在经济活动中，年金与不规则现金流量还会混合发生，其计算方法是将年金与不规则现金流量的现值计算结合起来。

【例 4–11】　续【例 4–10】，假如该工厂第四年年初开始走向正规，以后的 5 年中，每年年初需要投入周转资金为 5 万元，在贴现率为 8%的情况下，该项投资的现值之和是多少？

$$P = 20\times\frac{1}{(1+8\%)^0} + 15\times\frac{1}{(1+8\%)^1} + 8\times\frac{1}{(1+8\%)^2} + 5\times(P/A,\ 8\%,\ 2)$$

（P/F，8%，2）

$$= 40.748 + 17.11 = 57.858\text{（万元）}$$

三、折现率、期数的计算

（一）折现率的计算

在前面计算现值和终值时，我们都假定利率是给定的，但在实践中，经常会遇到已知期数、现值和终值，求折现率的情况。一般来说，求折现率可以按以下步骤进行：

第一，求出换算系数。根据前述有关公式，可以推算复利终值、复利现值、年金终值、年金现值的换算系数。

第二，根据换算系数和有关系数表求折现率。有两种情况：

(1) 如果计算出的换算系数正好等于系数表中的某个数值时，只要找出该系数所在列的 i 值，即为所求的折现率。

(2) 当计算出的换算系数不能正好等于系数表中的某个数值时，用插值法（内插法）计算折现率。

插值法的原理是根据等比关系建立一个方程，然后解方程计算得出所要求的数据。下面以普通年金为例详细介绍利用插值法 i 的步骤。已知 P、A、n，求 i。

(1) 先求出年金现值系数，$(P/A, i, n) = P/A$，设 $P/A = \alpha$；

(2) 查普通年金现金系数表，如果恰好能找到等于 α 的系数值，则该系数值所对应的 i 值就是所求的折现率；

(3) 如果无法找到恰好等于 α 的系数值，就应在表中 n 行上找出与 α 相邻的两个系数值，设为 β_1 和 β_2，找出 β_1 和 β_2 所对应的利率，设为 i_1 和 i_2。

i_1 —— β_1

i —— α

i_2 —— β_2

(4) 根据利率差之比等于系数差之比的原理，计算求得 i，即：

$$\frac{i_1 - i}{i_1 - i_2} = \frac{\beta_1 - \alpha}{\beta_1 - \beta_2}$$

求解得：

$$i = i_1 + \frac{\beta_1 - \alpha}{\beta_1 - \beta_2} \times (i_2 - i_1)$$

【例 4–12】 某公司于第一年年初借款 20000 元，每年年末还本付息额均为 4000 元，连续 9 年还清，问借款利率是多少？

解：$(P/A, i, 9) = \frac{P}{A} = 20000 \div 4000 = 5$

查 n = 9 的年金现值系数表得：

13% —— 5.132

i —— 5

14% —— 4.946

根据折现率和年金现值系数之间的关系可列方程式：

$$\frac{13\% - i}{13\% - 14\%} = \frac{5.132 - 5}{5.132 - 4.946}$$

求解得：i = 13.71%

（二）期数的计算

期数 n 的计算，其原理为年限差之比等于系数差之比，步骤与折现率 i 的计算相同。

【例 4–13】 假设某公司管理层决定将 140000 元存入银行以备兴建一栋仓库。根据预算整个工程需要 300000 元。假定银行存款利率为 8%，每年复利一次，那么需要存多少年才能获得建仓库所需要的资金？

解：依题意，有

$$(P/A,\ 8\%,\ n) = \frac{F}{P} = \frac{300000}{140000} = 2.143$$

查 i = 8%的复利终值系数表，得：

9——1.999

n——2.143

10——2.159

根据期数和复利终值系数之间的关系，可列方程式：

$$\frac{9 - i}{9 - 10} = \frac{1.999 - 2.143}{1.999 - 2.159}$$

求解得：n = 9.9（年）

【例 4–14】 某企业拟购买一台柴油机替换目前使用的汽油机，柴油机的价格比汽油机贵 2000 元，但每年可节约燃料费 500 元，若利率为 10%，求柴油机至少使用多少年才划算？

$$(P/A,\ 10\%,\ n) = \frac{P}{A} = 2000 \div 500 = 4$$

查 i = 10%的年金现值系数表，得：

5——3.791

n——4

6——4.355

根据期数和年金现值系数之间的关系，可列方程式：

$$\frac{5 - n}{5 - 6} = \frac{3.791 - 4}{3.791 - 4.355}$$

求解得：n = 5.37（年）

四、计息期短于一年的货币时间价值的计算

在本节所有例题当中，我们大多以年作为计息期，折现率相应的就是年利率。但是在现实生活中，计息期可能不以年计算，此时需要将折现率进行相应的调整。如计息期为季度，则为季利率，计息期为月，则为月利率。当计算期适于1年时，而利率又是年利率时，计算期数和计算利率均应进行换算：

$$R = \frac{i}{m}$$

$$t = m \times n$$

其中，R 代表期利率；i 代表年利率；m 代表每年的计息次数；n 代表年数；t 代表换算后的计息期数。

【例 4–15】 某人准备在第 5 年末获得 1000 元收入，年利息率为 10%。试计算：(1) 每年计息一次，现在应存入多少钱？

(2) 每半年计息一次，现在应存入多少钱？

如果每年计息一次，则：PV = FV ×（P/F，10%，5）= 1000 × 0.621 = 621（元）

如果每半年计息一次，则：PV = FV ×（P/F，5%，10）= 1000 × 0.614 = 614（元）

【小知识】

折现

折现，又称贴现，是将来的一笔资金折算为现在即付的资金数额的行为，也有泛指不同时间的资金数值之间的相互换算。该过程将一个未来值以一个折现率加以减缩，用以折现未来收入的折扣因子或比率称为折现率，折现率应恰当地体现利率。例如，如果某人许诺 2 年后给你 121 元，当时，正常的利润率或贴现率是年率的 10%。据此我们可以计算这 121 元的现值为 100 元，所用的折现方法是（$121/[(1+10\%)]^2 = 100$）。在经济分析中，把未来的现金流量折算为现在的现金流量时使用的利率、报酬率、成本率统称为折现率。

【本章小结】

货币时间价值相当于没有风险和没有通货膨胀条件下的平均社会资金利润率，这是市场竞争及价值规律共同作用的结果。

等量资金分布在不同的时间，其代表的价值量是不同的。

现代财务管理要求，在进行投资效果分析时，必须将回收的资金折算为投放

时的价值才能与投资额相比。

现代财务管理中一般都用复利的方式进行各种货币时间价值的计算。

名义利率不同于实际利率，当利息在一年内要复利几次时，已知的年利率为名义利率，而相当于一年复利一次的利率为实际利率。

在计算投资报酬率时，可以采用内插法。

年金有普通年金、预付年金、递延年金和永续年金等不同的形式。

【思考题】

1. 资金时间价值的本质是什么？

2. 名义利率和实际利率的含义是什么？二者之间有何关系？

3. 什么是终值？什么是现值？终值和现值有什么关系？一次性收付款项在单利、复利情况下如何计算其现值和终值？

4. 普通年金、预付年金、递延年金、永续年金的概念和其终值、现值计算公式分别是什么？

【练习题】

一、不定项选择题

1. 下列各项年金中，只有现值没有终值的年金是（　　）。

A. 普通年金　　　　B. 即付年金

C. 永续年金　　　　D. 先付年金

2. 从第一期起、在一定时期每期期初等额收付的系列款项是（　　）。

A. 先付年金　　　　B. 后付年金

C. 递延年金　　　　D. 普通年金

3. 表示货币时间价值的利息率是（　　）。

A. 银行同期贷款利率

B. 银行同期存款利率

C. 没有风险和没有通货膨胀条件下社会资金平均利润率

D. 加权资本成本率

4. 下列可视为永续年金例子的有（　　）。

A. 零存整取

B. 存本取息

C. 利率较高、持续期限较长的等额定期的系列收支

D. 整存整取

5. 一项年金前 5 年没有流入，后 6 年每年年初流入 800 元，则该项年金的递延期是（　　）。

A. 4 年　　B. 3 年

C. 6 年　　D. 5 年

6. E 企业有一笔 7 年后到期的贷款，到期值是 80000 元，假设存款年利率为 3%，则企业为偿还借款建立的偿债基金为（　　）元。

A. 10440.46　　B. 37593.75

C. 1142.86　　D. 9843.20

7. 在 10% 利率下，一至五年期的复利现值系数分别为 0.9091、0.8264、0.7513、0.6830、0.6209，则五年期的偿债基金系数为（　　）。

A. 2.5998　　B. 3.7907

C. 0.2638　　D. 0.3846

8. 某人退休时有现金 100 万元，拟选择一项回报比较稳定的投资，希望每个季度能收入 2 万元补贴生活。那么，该项投资有效的年报酬率应为（　　）。

A. 2%　　B. 8%

C. 8.24%　　D. 10.04%

9. 某公司从本年度起每年年初存入银行一笔固定金额的款项，若按复利计息，用最简便算法计算第 n 年年末可以从银行取出的本利和，则应选用的时间价值系数是（　　）。

A. 复利终值系数　　B. 复利现值系数

C. 普通年金终值系数　　D. 普通年金现值系数

10. A 债券每半年付息一次、报价利率为 8%，B 债券每季度付息一次，如果想让 B 债券在经济上与 A 债券等效，B 债券的报价利率应为（　　）。

A. 8%　　B. 7.92%

C. 8.16%　　D. 6.78%

11. 下列关于货币时间价值系数关系的表述中，正确的有（　　）。

A. 普通年金现值系数 × 投资回收系数 = 1

B. 普通年金终值系数 × 偿债基金系数 = 1

C. 普通年金现值系数 ×（1+折现率）= 预付年金现值系数

D. 普通年金终值系数 ×（1+折现率）= 预付年金终值系数

12. 假设企业按 12% 的年利率取得贷款 200000 元，要求在 5 年内每年末等额偿还，已知（P/A，12%，5）= 3.6048，则每年的偿付额应为（　　）元。

A. 40000　　B. 52000

C. 55482　　D. 64000

二、判断题

1. 风险与收益是对等的，风险越大收益的机会越多，期望的收益率就越高。（　　）

2. 一项借款的利率为 10%，期限为 7 年，其资本回收系数则为 0.21。 （ ）

3. 无论各投资项目报酬率的期望值是否相同，都可以采用标准离差比较其风险程度。 （ ）

4. 从量的规定性看，货币时间价值是无风险无通货膨胀条件下的均衡点利率。 （ ）

5. 年金是指每隔一年、金额相等的一系列现金流入或流出量。 （ ）

6. 在利息不断资本化的条件下，货币时间价值的计算基础应采用复利。 （ ）

7. 即付年金和普通年金的区别在于计息时间与付款方式的不同。 （ ）

8. 在现值和利率一定的情况下，计息期数越少，则复利终值越大。 （ ）

9. 在实务中，当说到风险时，可能指的是确切意义上的风险，但更可能指的是不确定性，二者不作区分。 （ ）

10. 风险报酬率是指投资者因冒风险进行投资而获得的额外报酬率。 （ ）

11. 财务风险是由通货膨胀而引起的风险。 （ ）

三、计算题

1. 某人年初存入一笔现金，从第 3 年年末起，每年取出 3000 元，至第 6 年年末全部取完，存款利率为 9%。要求计算第 1 年年初一次性存入银行的款项。

2. 新华工厂拟购置一台设备。目前有甲、乙两种设备可供选择。甲设备的价格比乙设备高 5000 元，但每年可比乙设备节约维修费用 10000 元。假设甲、乙设备的经济寿命均为 8 年，年利率为 10%，那应该选择哪种设备？

3. 甲公司拟采用融资租赁方式从租赁公司租入一台设备，设备价款为 50000 元，租期为 5 年，到期后归甲公司所有。双方商定，如果采取后付等额租金方式付款，则每年需付租金 14000 元，租赁公司要求的报酬率为 10%；如果采取先付等额租金方式付款，则需付租金 13000 元。问：甲公司应采取哪一种付款方式？

4. 某人参加人寿保险，每年年初缴纳保险费 3000 元，缴纳 10 年。如果利率为 5%，问：相当于现在一次性缴纳多少钱？

【案例分析】

莱曼租赁有限公司——资金的筹集

莱曼租赁有限公司的创始人汉克·福特需要立即筹措一笔资金。他的业务是购进旧车，再把它们租给在春假里游览南佛罗里达州的大学生们。他的租赁业务必须快速扩张，以阻止其他竞争者的进入。他希望于 1991 年在戴特纳海岸开设两个新租赁点。为此，莱曼租赁有限公司需要250万美元来发展新租赁点及购入一批能使用的汽车。

福特的私人助理I. 康恩特姆女士建议他向当地的一家贷款中介机构MFNI公司筹措公司所需要的资金。他建议公司以三年期的年金归还贷款，每年支付100万美元。第一次在获得贷款的一年后归还，以后在每年的相同日期归还。康恩特姆女士说，如果MFNI公司同意10%的利率，公司将获得总额为248.69万美元的贷款。她还解释道，第一年贷款的利息费用是24.869万美元；支付了首期的100万美元后，贷款本金将减少，减少的数额就是100万美元和应付利息费用之间的差额。

问题：

1. 康恩特姆女士如何知道如果MFNI公司同意10%的利率，公司将获得总额为250万美元的贷款？

2. 假设康恩特姆女士是对的，且MFNI公司同意公司的还款计划，则在获得贷款的当日，公司的欠款额是多少？一年后未付给MFNI公司100万美元时，公司的欠款是多少？一年后付给MFNI公司100万美元时，公司的负债又是多少？

3. 计算借款第二年及第三年公司的利息费用，以及第二年及第三年末支付100万美元后公司的债务数额。MFNI公司要求10%的利率的确切含义是什么？

4. 康恩特姆女士告诉福特先生她对MFNI公司可接受的利率的估计可能有误。这一利率将在8%~12%变动。在8%~12%的情况下，如果莱曼租赁公司提供每年100万美元的三年期的年金，MFNI公司将给莱曼租赁公司多少贷款？

5. 康恩特姆女士还向福特先生建议了另一备选方案。她想公司可以发行2500份面值为100万美元，利率为10%，每年付息一次的债券。债券本金250万美元则到第三年末一次支付。

6. 如果莱曼租赁公司决定按康恩特姆女士的建议发行债券，且投资人确实只要求10%的投资报酬率，公司通过出售债券可以得到多少钱？在签发债券的当日，是否所有资金都是公司的负债？为什么？

7. 在第一年末支付利息时，公司的负债是多少？支付利息后呢？第二年末及第三年末呢？

8. 当投资人期望的报酬率为8%时，票面利率为10%的债券的溢价是多少？她对每年的利息费用有何影响？如果投资人要求的是12%的利率呢？

资料来源：http://doc.mbalib.com/view/93595091db289703473b511034087ea0.html.

第五章　风险与报酬

【学习目标】

1. 了解风险、报酬的定义；
2. 掌握风险度量方法的计算；
3. 掌握投资组合的风险和报酬的计算，并在案例和实践中加以运用；
4. 掌握资本资产定价模型。

【关键概念】

风险与报酬　单项资产的风险与报酬　投资组合的风险与报酬　资本资产定价模型

【引例】

W 公司 2007 年陷入经营困境，原有矿泉水饮料因市场竞争激烈，消费者喜好产生变化等开始滞销。为改变产品结构，开拓新的市场领域，拟开发两种新产品。

1. 开发果汁饮料

面对消费者日益认识到健康的重要性，开发部认为有营养的果汁原料将容易被消费者接受和看好，市场前景广阔，有关预测资料如下：

市场预期	概率	预计年利润（万元）
好	40%	100
中	40%	60
差	20%	–20

经过专家测定该项目的风险系数为 0.5。

2. 开发葡萄酒

随着人们生活水平的提高，葡萄酒消费大幅增加。开发部据此提出开发葡萄酒方案，有关市场预测资料如下：

市场预期	概率	预计年利润（万元）
好	50%	200
中	30%	100
差	20%	-40

据专家测算该项目的风险系数为0.6。

思考：

1. 对两个产品开发方案的收益与风险予以计量。
2. 进行方案评价。

第一节　风险概述

企业的财务活动有很多是在风险和报酬不确定的情况下开展的，离开了风险就无法正确评价或者是衡量企业财务活动收益的高低。风险与报酬原理是“企业理财的第二原则”，它揭示了风险同收益之间的关系，与资金时间价值原理一样，也是财务决策的基本依据。任何投资活动都是风险与报酬并存，企业理财时必须考虑风险的因素，分析并权衡风险及其与报酬之间的关系，以求最大限度地创造价值。

一、风险的概念

对于绝大多数投资者来说，他们愿意进行投资是因为预期在未来能够获得更多的资金。报酬为投资者提供了一种恰当地描述投资项目财务绩效的方式。报酬的大小可以通过报酬率来衡量。简单的投资报酬率计算公式如下：

$$投资报酬率=\frac{投资所得-初始投资}{初始投资}$$

事实上，多数投资能获得多少报酬是不确定的，即投资面临风险。公司的财务决策，几乎都是在包含风险和不确定性的情况下做出的。离开了风险，就无法正确评价公司报酬的高低。

风险是预期结果的不确定性。对于投资而言，风险是指某一投资的预期报酬的波动性或变异性，即在一定条件下和一定时间内可能发生的各种结果的变动程度。如果各种可能结果的变动程度越大，表明风险越大。

【特别提醒】

这里的风险不仅包括负面效应的不确定性，还包括正面效应的不确定性。

风险的负面效应专指“危险”，是损失发生及其程度的不确定性。人们对于危险，需要识别、衡量、防范和控制，即对危险进行管理。

风险的正面效应专指“机会”。人们对于机会，需要进行识别、衡量、选择和获取增加企业价值的机会。

在投资组合理论出现后，人们认识到投资多样化可以降低风险。当增加投资组合中资产的种类时，组合的风险将不断降低，而收益仍然是个别资产的加权平均值。当投资组合中的资产多样化到一定程度后，特殊风险可以被忽略，而只关心系统风险。因此，在投资组合理论出现以后，风险是指投资组合的系统风险，既不是指单个资产的风险，也不是指投资组合的全部风险。

【小故事】

国际知名企业的风险意识

1. 英特尔公司原总裁兼首席执行官安德鲁·葛洛夫有句名言：“惧者生存。”这位世界信息产业巨子将其在位时取得的辉煌业绩归结于“惧者生存”四个字。

2. 海尔公司总裁张瑞敏在谈到海尔的发展时感叹地说，这些年来他的总体感觉可以用一个字来概括——“惧”。他对“惧”的诠释是如临深渊，如履薄冰，战战兢兢。他认为市场竞争太残酷了，只有居安思危的人才能在竞争中获胜。

3. 德国奔驰公司董事长埃沙德·路透的办公室里挂着一幅巨大的恐龙照片，照片下面写着这样一句警语：“在地球上消失了的不会适应变化的庞然大物比比皆是。”

4. 通用电气公司董事长首席执行官韦尔奇说：“我们的公司是个了不起的组织，但是如果在未来不能适应时代的变化就将走向死亡。如果你想知道什么时候达到最佳模式，回答是永远不会。”

5. 微软公司总裁比尔·盖茨说：“微软离破产永远只有18个月。”

6. 美国《大西洋》月刊载文指出，成功企业必须自我“毁灭”，才能求生。如果它们不自我“毁灭”，别人将把它们毁灭，让其永无再生之日。

在资本资产定价理论出现以后，人们风险市场只对充分的组合（即市场组合）提供最有效的回报，而市场组合的风险是由组合中每一资产的风险组成的。此后，风险被定义为资产对投资组合（即市场组合）风险的贡献，或者说是指该资产收益率与市场组合收益率之间的相关性。衡量这种相关性的指标，被称为贝塔系数。

二、风险的类型

根据风险的起源与影响，企业面临的风险主要有两种：市场风险和企业特有风险，如图 5-1 所示。

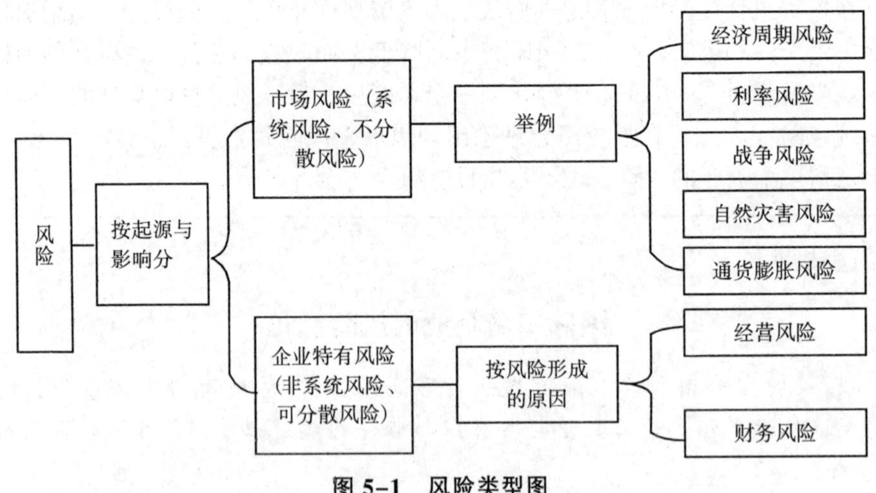

图 5-1　风险类型图

（一）市场风险

市场风险，又称系统风险或不分散风险，是指那些影响所有公司的因素引起的风险。例如，经济周期风险、利率风险、战争风险、自然灾害风险、通货膨胀风险等。它由企业外部因素引起，涉及所有的投资对象，企业无法控制、无法分散，且不能通过多元化投资来分散，至少是某个特定组织或个人所不能阻止的风险。例如各种股票处于同一经济体系之中，它们的价格变动有趋同性，多数股票的报酬率在一定的程度是正相关。经济繁荣时，多数股票的变动方向是一致的。所以，不管投资多样化有多充分，也不可能消除全部风险，即使购买的是全部证券的组合。

（二）企业特有风险

企业特有风险，又称非系统风险或可分散风险，是指由特定的因素引起而且损失仅涉及特定组织或者个人的风险。例如，一家公司的工人罢工、新产品开发失败、失去重要的销售合同、诉讼失败，或者宣告发现新矿藏、取得一个重要合同等。它是随机发生的，不涉及所有企业和所有项目，只与个别企业和个别投资项目有关，且可以通过多元化投资来分散，即发生于一家公司的不利事件可以被其他公司的有利事件所抵消。

企业特有风险根据风险形成的原因，可进一步分为经营风险和财务风险。

1. 经营风险

经营风险又称商业风险，是指由于生产经营条件的变化对企业收益带来的不确定性。这些生产经营条件的变化可能来自企业内部，也可能来自企业外部。这些内外部变化，使得企业的生产经营产生不确定性，最终引起收益的变化。例如，由于原材料供应地的政治经济情况变动，新材料、新设备的出现等因素给供应方面带来的影响；由于产品生产方向不符合市场需求，生产组织不合理等因素给生产方面带来的影响；原料的价格、工人和机器的生产率、工人的工资和奖金等不确定因素会产生生产成本方面的风险；由于产品销售失策，广告推销不佳，货款回收不及时给销售方面带来的影响；市场需求、市场价格、企业可能生产的数量不确定，尤其是竞争使得供应销不稳定，加大了销售方面风险等。所有这些生产经营方面的不确定性，都会引起企业的利润或利润率的高低变化。

财务管理中主要用经营杠杆这一指标来计量经营风险的大小，企业应该调整其资金结构，进而改变其成本结构，改变经营杠杆系数，从而调整经营风险。

【小故事】

扁鹊故事对风险防范的启示

魏文王问名医扁鹊："你们家兄弟三人，都精于医术，到底哪一位最好呢？"扁鹊答："长兄最好，中兄次之，我最差。"文王再问："那么为什么你最出名呢？"扁鹊答："我长兄治病，是治病于病情发作之前。由于一般人不知道他事先能铲除病因，所以他的名气无法传出去，只有我们家的人才知道。我中兄治病，是治病于病情初起之时。一般人以为他只能治轻微的小病，所以他的名气只及于本乡里。而我治病，是治病于病情严重之时。一般人都看到我在经脉上穿针管放血、在皮肤上敷药做大手术，所以以为我的医术高明，名气因此响遍全国。"

故事可以引申到风险防范。风险防范有三种类型：事前风险防范、事中风险控制、事后危机处理。

事前风险防范类似扁鹊长兄治病，是治病于病情发作之前。在风险刚露出"地平线"就看到了信号，换句话说，事前风险防范要求我们向前看。

事中风险控制类似扁鹊中兄治病，是治病于病情初起之时。这种方法的实质是在有明显的迹象和信号表明需要风险防范时做出的反应，这些迹象和信号来自我们的客户、竞争对手、股东、员工以及其他利益相关者，向我们暗示：今天必须风险控制，否则明天将付出更大的代价。

事后危机处理类似扁鹊治病，是治病于病情严重之时。这时，危机已经降临，我们绝不能袖手旁观了。日产汽车长期忽视风险防范的信号，最后让一个外国人——卡洛斯·高亨来管理。在凯玛特，危机的加重最终使它成为美国有史以来零售业中最大的破产企业。

2. 财务风险

财务风险又称筹资风险，是指由于企业举债而给财务成果带来的不确定性。企业在资金不足的情况下，或者为了充分利用财务杠杆的作用，就会运用负债的方式进行筹资。但是利用负债进行筹资，不论企业是否盈利，都须按时向债权支付利息和偿还本金，如果企业的营业利润不足以支付债务的本金和利息，企业就会陷入财务危机，严重的可能导致破产，这就是负债经营的风险。如果一个企业没有负债，全部用自有资金经营，那么，该企业只有经营风险，没有财务风险。

企业负债经营，虽可解决企业资金短缺的困难、提高自有资金的盈利能力，但同时也改变了企业的资金结构，还须还本利息，并且借入资金所获得的利润是否大于支付的利息额，具有不确定性。此外，在全部资金来源中，借入资金所占的比重大，企业的财务负担就重，风险程度也就增加；借入资金所占的比重小，企业的财务负担就轻，风险程度也就减轻。因此，保持合理的资金结构，维持适当的债务水平是风险管理的关键。企业既要充分利用举债经营来获得财务杠杆收益，提高自有资金的盈利能力，同时要防止过度举债而引起的财务风险增大。

【知识链接】

雷曼兄弟破产事件

雷曼兄弟控股公司于1850年创办，是一家国际性金融机构及投资银行，环球总部设在美国纽约市，地区总部则位于伦敦及东京，在世界各国均设有办事处。该公司曾在全球范围内建立创造新颖产品、探索最新融资方式、提供最佳优质服务的良好声誉。2008年被美国《财富》杂志选为财富500强公司之一，为美国第四大投资银行。

2008年9月15日，该公司在次级抵押贷款市场危机（次贷危机）的强烈冲击下，在财务方面发生重大亏损而宣布申请破产保护。此时其负债高达6130亿美元，成为美国金融业最大的一宗公司破产案。

三、风险的特征

第一，风险具有客观性。风险是事件本身的不确定性，是不以企业或人的意志为转移，独立于企业或人的意志之外的客观存在。企业只能采取风险管理办法降低风险发生的频率和损失幅度，而不能彻底消除风险。

第二，风险具有普遍性。在现代社会，企业面临着各式各样的风险。随着科学技术的发展和生产力的提高，还会不断产生新的风险，且风险事故造成的损失也越来越大。

第三，风险具有损失性。只要风险存在，就一定有发生损失的可能，包括人员伤亡、经济损失、生产力的破坏等，这种损失有时可以用货币计量，有时却无法用货币计量。如果风险发生之后不会有损失，那么就没有必要研究风险了。

第四，风险具有不确定性。风险的不确定性主要表现在空间上的不确定性、时间上的不确定性和损失程度的不确定性。

第五，风险具有可变性。风险的可变性是指在一定条件下风险具有可转化的特性。另外，风险的大小随时间延续而发生变化。随着时间的延续，事件的不确定性越来越小。所以，风险除了是在"在一定条件下"之外，还总是在"一定时期内"的风险。

四、企业与不确定性

严格意义上讲，风险和不确定性是不一样的。

风险是指事前可以知道所有可能的结果，以及每种结果的概率，比方说有一个投资方案在各种经济条件下会给企业带来如表 5-1 所示的不同的经济效益。

表 5-1　不同经济条件下的经济效益

经济条件	各种条件发生的概率	年经济效益（万元）
衰退	0.2	100
正常	0.6	200
繁荣	0.2	300

因该投资方案各种可能的结果及其发生的概率均已知，所以这也是风险决策问题。

不确定性是指事前不知道所有可能的后果，或虽然知道可能的后果，但不知道它们出现的概率。如打油井时，虽然事先知道只有出油和不出油两种情况，但是不知道它们各自出现的概率，就属于不确定条件下的决策的问题，而非风险决策了。表 5-1 的投资方案中，如果不知道企业会面临几种经济条件，不知道各种条件下对应的经济的效益，也属于不确定问题而非风险问题。

在实际生活中，风险问题的概率往往不能准确知道，不确定问题也可以估计概率，两者很难区分。因此实务中，我们对风险与不确定性不作区分，都视为风险问题对待，也即把风险理解为可测定概率的不确定性。

第二节　单项资产的风险与报酬

风险是可以通过各种方法将其量化，以作出有利的决策。风险的衡量，需要使用概率和统计方法。讨论风险的方式一般有两种：以单项资产为基础进行分析；以投资组合为基础进行分析。我们先介绍单项资产的风险。

一、概率分布

在现实中，有些事件在相同条件下可能发生也可能不发生，这类事件称为随机事件。概率就是用来表示随机事件发生的可能性大小的数值。通常，把必然发生事件的概率定为 1，把不可能发生事件的概率定为 0，而一般随机事件的概率是介于 0 与 1 之间的一个数。概率越大就表示该事件发生的可能性越大。

概率分布是一个事件所有可能出现的结果的概率的结合。概率分布可分为连续型分布和离散型分布两种。如果将某一事件的所有可能结果都列示出来，并对每个结果都赋予一个概率，则得到这个事件的概率分布。同样，我们可以为投资的可能结果（即报酬）赋予概率。

【例 5–1】　ABC 公司有两个投资机会，A 投资机会是一个高科技项目，该领域竞争很激烈，如果经济发展迅速并且该项目搞得好，取得较大市场占有率，利润会很大。否则，利润很小甚至亏本。B 项目是一个老产品并且是必需品，销售前景可以准确预测出来。假设未来的经济情况只有三种：繁荣、正常、衰退，有关的概率分布和预期报酬率如表 5–2 所示。

表 5–2　A 项目和 B 项目的概率分布

经济情况	发生概率	A 项目预期报酬率	B 项目预期报酬率
繁荣	0.3	90%	20%
正常	0.4	15%	15%
衰退	0.3	–60%	10%
合计	1.0		

在这里，概率表示每一种经济情况出现的可能性，同时也就是各种不同预期报酬率出现的可能性。例如，未来经济情况出现繁荣的可能性为 0.3。假如这种情况真的出现，A 项目可获得高达 90%的报酬率，也就是说，采纳 A 项目获利 90%的可能性是 0.3。当然，报酬率作为一种随机变量，受多种因素的影响。我们这里为了简化，假设其他因素都相同，只有经济情况一个因素影响报酬率。

二、预期值

随机变量的各个取值，以相应的概率为权数的加权平均数，叫作随机变量的预期值（数学期望或均值），它反映随机变量取值的平均化。

预期值 $\overline{R}=\sum_{i=1}^{N}(P_i\times R_i)$

其中，P_i——第 i 种结果出现的概率；

R_i——第 i 种结果可能出现后的报酬率；

N——所有可能结果的数目。

据此计算：预期报酬率(A) = 0.3 × 90% + 0.4 × 15% + 0.3 × (−60%) = 15%

预期报酬率(B) = 0.3 × 20% + 0.4 × 15% + 0.3 × 10% = 15%

两者的预期报酬率相同，但其概率分布不同。A 项目的报酬率的分散程度大，变动范围在−60%~90%；B 项目的报酬率的分散程度小，变动范围在 10%~20%。这说明两个项目的报酬率相同，但风险不同。为了定量地衡量风险大小，还要使用统计学中衡量概率分散程度的指标。

三、离散程度

（一）方差和标准差

表示随机离散程度的量数，最常用是方差和标准差。

方差是用来表示随机变量与期望之间离散程度的一个数值，它是离差平方的平均数。

总体方差 $S^2=\dfrac{\sum_{i=1}^{N}(R_i-\overline{R})^2}{N}$

样本方差 $\sigma^2=\dfrac{\sum_{i=1}^{n}(r_i-\overline{r})^2}{n-1}$

标准差是方差的平方根：

总体标准差 $S=\sqrt{\dfrac{\sum_{i=1}^{N}(R_i-\overline{R})^2}{N}}$

样本标准差 $\sigma=\sqrt{\dfrac{\sum_{i=1}^{n}(r_i-\overline{r})^2}{n-1}}$

总体，是指我们准备加以测量的一个满足指定条件的元素或个体的集合，也称母体。在实际工作中，为了了解研究对象的某些数学特性，往往只能从总体中抽出部分个体作为资料，用数理统计的方法加以分析。这种从总体中抽取部分个体的过程称为“抽样”，所抽得部分称为“样本”。通过对样本的测量，可以推测整体的特征。

需要注意的是，样本方差和标准差中的分母是（n–1），这主要是由于自由度的影响。由于在财务管理实务中使用的样本量都很大，区分总体标准差和样本标准差没有什么实际意义。但是，如果样本量比较小，则应当加以区分。

在已经知道每个变量值出现概率的情况下，标准差可以按下式计算：

标准差 $=\sigma=\sqrt{\sum_{i=1}^{n}(R_i-\overline{R})^2P_i}$

标准差越大，概率分布越集中，同时，相应的风险也就越小。

A 项目的标准差是 58. 09%，B 项目的标准差是 3. 87%（计算过程如表 5–3 所示），由于它们的预期报酬率相同，因此可以认为 A 项目的风险比 B 项目大。

表 5–3 A 项目的标准差

$R_i-\overline{R}$	$(R_i-\overline{R})^2$	$(R_i-\overline{R})^2P_i$
90%~15%	0.5625	0.5625 × 0.3 = 0.16875
15%~15%	0	0 × 0.40 = 0
–60%~15%	0.5625	0.5625 × 0.3 = 0.16875
方差（σ^2）0.3375		
标准差（σ）58.09%		

表 5–4 B 项目的标准差

$R_i-\overline{R}$	$(R_i-\overline{R})^2$	$(R_i-\overline{R})^2P_i$
20%~15%	0.0025	0.0025 × 0.3 = 0.00075
15%~15%	0	0 × 0.40 = 0
10%~15%	0.0025	0.0025 × 0.3 = 0.00075
方差（σ^2）0.0015		
标准差（σ）3.87%		

（二）离散系数

如果两个项目期报酬率相同、标准差不同，则理性投资者会选择标准差较小的项目，即风险较小的项目。如果两个项目具有相同标准差（风险），但期望报酬率不同，则理性投资者会选择期望报酬率较高的项目。但是，在管理实践中，常常是项目之间标准差不同，期望报酬率也不相同，这时投资者该如何决策？为了解决这个问题，引入了离散系数（变化系数，常用 CV 表示）的概念。离散系数是标准差与均值的比，它是从相对角度观察差异和离散程度，在比较相关事物的差异程度时较之直接比较标准差要好些。

$$离散系数 = CV = \frac{\sigma}{\bar{R}}$$

离散系数越大，风险越大。

【例 5-2】　A 证券的预期报酬率为 10%，标准差是 12%；B 证券的预期报酬率为 18%，标准差是 20%。

变化系数(A) = 12%/10% = 1.20

变化系数(B) = 20%/18% = 1.11

直接从标准差看，B 证券的离散程度较大，能否说 B 证券的风险比 A 证券大呢？不能轻易下这个结论，因为 B 证券的平均报酬率较大。如果以各自的平均报酬率为基础观察，A 证券的标准差是其均值的 1 .20 倍，而 B 证券的标准差只是其均值的 1.11 倍，B 证券的相对风险较小。也就是说，A 证券的绝对风险较小，但相对风险较大，B 证券与此正相反。

第三节　投资组合的风险与报酬

投资者在进行投资时，一般并不把所有资金投资于单一的证券，而是同时投资多种证券。这种同时投资于多种证券的方式，称为证券的投资组合，又称证券组合或投资组合。投资组合理论认为，若干种证券组成的投资组合，其收益是这些证券收益的加权平均数，但是其风险不是这些证券风险的加权平均风险。也就是说，投资组合能降低风险。

【特别提醒】

这里的“证券”是“资产”的代名词，它可以是任何产生现金流的东西，例如，一项生产性实物资产、一条生产线或者是一个企业。

一、投资组合的预期报酬率

投资组合预期报酬率，是指组合中单项证券期望报酬率的加权平均值，权重是各个证券的资金占总投资的比重。其计算公式为：

$$\overline{R}_p = \sum_{j=1}^{m} R_j W_j$$

其中，R_j 是第 j 种证券的预期报酬率；W_j 是第 j 种证券在全部投资额中的比重；m 是组合中的证券种类总数。

二、投资组合的风险计量

与投资组合的报酬不同，投资组合的风险通常不是组合内部各单项资产加标准差的加权平均值。证券组合的风险不仅取决于组合内的各证券的风险，还取决于各个证券之间的关系。

【例 5-3】 假设投资 100 万元，A 和 B 各占 50%。如果 A 和 B 完全负相关，即一个变量的增加值永远等于另一个变量的减少值。组合的风险被全部抵消，如表 5-5 所示。如果 A 和 B 完全正相关，即一个变量的增加值永远等于另一个变量的增加值。组合的风险不减少也不扩大，如表 5-6 所示。

表 5-5 完全负相关的证券组合数据

方案	A		B		组合	
年度	收益	报酬率	收益	报酬率	收益	报酬率
20×1	20	40%	-5	-10%	15	15%
20×2	-5	-10%	20	40%	15	15%
20×3	17.5	35%	-2.5	-5%	15	15%
20×4	-2.5	-5%	17.5	35%	15	15%
20×5	7.5	15%	7.5	15%	15	15%
平均数	7.5	15%	7.5	15%	15	15%
标准差		22.6%		22.6%		0

表 5-6 完全正相关的证券组合数据

方案	A		B		组合	
年度	收益	报酬率	收益	报酬率	收益	报酬率
19×1	20	40%	20	40%	40	40%
19×2	-5	-10%	-5	-10%	-10	10%
19×3	17.5	35%	17.5	35%	35	35%
19×4	-2.5	-5%	-2.5	-5%	-5	-5%

续表

方案	A		B		组合	
年度	收益	报酬率	收益	报酬率	收益	报酬率
19×5	7.5	15%	7.5	15%	15	15%
平均数	7.5	15%	7.5	15%	15	15%
标准差		22.6%		22.6%		22.6%

【例 5-3】表明，当组合中证券完全负相关时，所有的风险都能被分散；当这些证券完全正相关时，则风险不能分散。实际上，各种证券之间不可能完全正相关，也不可能完全负相关，所以不同的证券的投资组合可以降低风险，但又不能完全消除风险。一般而言，股票的种类越多，风险越小。在实践中，多数证券的报酬都呈正相关关系，但不是完全正相关。因此，投资多元化降低了风险。

投资组合可以分散风险，但并不能分散所有的风险，例如几乎不可能完全分散那些影响所有证券报酬的整个市场的波动。

证券风险中通过投资组合能被消除的部分称为可分散风险（又称企业特有风险、非系统风险），而不能被消除的部分称为市场风险（又称不可分散风险、系统风险）。如果投资组合中的证券数量足够多，那么任意单只证券的可分散风险都能被消除。组合投资风险的大小除了与组合投资中各资产的风险大小相关外，还与组合投资中各资产收益变化的关系存在很大的相关性（见图 5-2）。

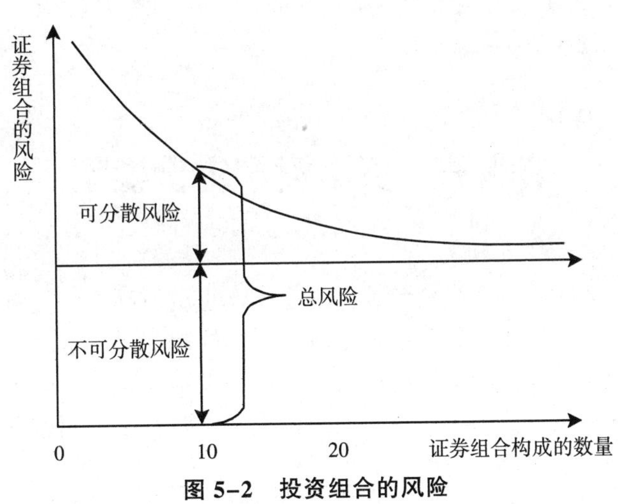

图 5-2　投资组合的风险

市场风险的程度通常用 β 系数来衡量。单只证券 β 系数可以通过将证券报酬对市场报酬做回归得到，拟合到的回归线的斜率就是证券的 β 系数。

β 系数的值度量了证券相对于平均股票的波动程度。如果 β 系数等于 1，意味着如果整个市场的报酬上升了 10%，则通常此类证券的报酬也将上升 10%。如果整个市场的报酬下降了 10%，该证券收益也将同样下降 10%，这类证券可以视为平均风险证券。如果 β 系数等于 0.5，该证券的波动性仅为市场波动水平的一半。如果 β 系数等于 2，证券的波动性将为平均股票的 2 倍。大多数证券的系数在 0.50~1.5 范围内。

β 系数的实际计算过程非常复杂，需要大量的参考数据，一般只有证券资产（如上市公司的股票）才能计算出 β 系数。在实际工作中，β 系数一般不需投资者自己计算，而由一些投资服务机构定期计算并公布。因此，本书假定单项资产的 β 系数为已知数据。

证券组合的 β 系数是单个证券 β 系数的加权平均，权数为各种证券在证券组合中所占的比重。其计算公式是：

$$\beta_p = \sum_{i=1}^{n} W_i \beta_i$$

其中，β_p 表示证券组合的 β 系数；W_i 表示证券组合中第 i 种证券所占的比重；β_i 表示第 i 种证券的 β 系数；n 表示证券组合中包含的证券数量。

【例 5-4】 一个投资者拥有 10 万元现金进行组合投资，共投资 10 种股票且各占 1/10 即 1 万元。如果这种股票的 β 值皆为 1.18，则组合的 β 值为 $\beta_p = 1.18$。该组合的风险比市场风险大，即其价格波动的范围较大，收益率的变动也较大。现在假设完全售出其中的一种股票且以一种 $\beta = 0.8$ 的股票取而代之。此时，股票组合的 β_p 值将由 11.8 下降至 1.142。

$$\beta_p = 0.9 \times 1.18 + 0.1 \times 0.8 = 1.142$$

第四节　资本资产定价模型

众所周知，风险越高，投资者要求的报酬率也就越高。那么，多高的必要报酬率才足以抵补特定数量的风险呢？市场又是怎样决定必要报酬率的呢？一些基本的资产定价模型将风险与报酬率联系在一起，把报酬率表示成风险的函数，这些模型包括资本资产定价模型、多因素定价模型、套利定价模型等，其中的资本资产定价模型是最常用的定价模型。

1964 年，威廉·夏普（Willian F. Sharpe）根据投资组合理论提出了资本资产定价模型（Capital Asset Pricing Model，CAPM）。资本资产定价模型，是财务学形成和发展过程中重要的里程碑。它第一次使人们可以量化市场的风险程度，并且能够对风险进行具体定价。

资本资产定价模型的研究对象，是充分组合情况下风险与要求的收益率之间的均衡关系。资本资产定价模型可用于回答如下不容回避的问题：为了补偿某一特定程度的风险，投资者应该获得多大的收益率？在前面的讨论中，我们将风险定义为预期报酬率的不确定性；然后根据投资理论将风险区分为系统风险和非系统风险，知道了在高度分散化的资本市场里只有系统风险，并且会得到相应的回报。现在将讨论如何衡量系统风险以及如何给风险定价。

资本资产定价模型建立在如下基本假设之上：

（1）所有投资者均追求单期财富的期望效用最大化，并以各备选组合的期望收益和标准差为基础进行组合选择。

（2）所有投资者均可以无风险利率无限制地借入或贷出资金。

（3）所有投资者拥有同样预期，即对所有资产收益的均值、方差和协方差等，投资者均有完全相同的主观估计。

（4）所有的资产均可被完全细分，拥有充分的流动性且没有交易成本。

（5）没有税金。

（6）所有投资者均为价格接受者。即任何一个投资者的买卖行为都不会对股票价格产生影响。

（7）所有资产的数量是给定的和固定不变的。

在以上假设的基础上，提出了具有奠基意义的资本资产定价模型。资本资产定价模型的一般形式为：

$$R_i = R_F + \beta_i(R_M - R_F)$$

其中，R_i 为第 i 种项目或投资组合的必要报酬率；R_F 为无风险报酬率；β_i 为第 i 种项目或投资组合的 β 系数；R_M 为市场组合的平均报酬率，即所有证券的平均报酬率，也称市场报酬率；（$R_M - R_F$）为市场风险补偿率，也称市场风险报酬率。

CAPM 阐述了充分多元化的组合投资中资产风险与必要报酬率之间的均衡关系，投资者要求的收益率不仅仅取决于市场风险，而且还取决于无风险利率和市场风险补偿程度。

【本章小结】

本章主要阐述了项目的风险，主要包括风险的概念、分类，单项资产和投资组合的风险与报酬，最后介绍了资本资产定价模型。

【思考题】

1. 什么是风险，风险分为哪几种类型？
2. 如何理解风险报酬的含义？

3. 期望值、标准差、方差等指标的含义是什么？如何计算这些指标？

4. 如何进行风险报酬的测量？

5. 证券投资组合的风险是如何构成的？

6. 如何计算证券投资组合的风险？

7. 资本资产定价模型的公式是什么？其基本原理是什么？

【练习题】

一、不定项选择题

1. 现有两个投资项目，甲、乙项目报酬率的期望值分别为 15%和 23%，标准差分别为 30%和 33%，那么（　　）。

A. 甲项目的风险程度大于乙项目的风险程度

B. 甲项目的风险程度小于乙项目的风险程度

C. 甲项目的风险程度等于乙项目的风险程度

D. 不能确定

2. 投资者由于冒风险进行投资而获得的超过资金时间价值的额外收益，称为投资的（　　）。

A. 时间价值率　　B. 期望报酬率

C. 风险报酬率　　D. 必要报酬率

3. 甲方案的标准离差比乙方案的标准离差大，如果甲、乙两方案的期望值不同，则甲方案的风险（　　）乙方案的风险。

A. 大于　　B. 小于

C. 等于　　D. 无法确定

4. 投资者甘冒风险进行投资的诱因是（　　）。

A. 可获得投资收益　　B. 可获得时间价值回报

C. 可获得风险报酬率　　D. 可一定程度抵御风险

5. 财务风险是（　　）带来的风险。

A. 通货膨胀　　B. 高利率

C. 筹资决策　　D. 销售决策

6. 在证券投资组合中，为分散利率风险应选择（　　）。

A. 不同种类的证券搭配　　B. 不同到期日的债券搭配

C. 不同部门或行业的证券搭配　　D. 不同公司的证券搭配

7. 下列关于资本资产定价原理的说法中，错误的是（　　）。

A. 股票的预期收益率与 β 值线性相关

B. 在其他条件相同时，经营杠杆较大的公司 β 值较大

C. 在其他条件相同时，财务杠杆较高的公司 β 值较大

D. 若投资组合的β值等于1，表明该组合没有市场风险

8. 关于股票或股票组合的β系数，下列说法中正确的是（　　）。

A. 作为整体的证券市场的β系数为1

B. 股票组合的β系数是构成组合的个股β系数的加权平均数

C. 股票的β系数衡量个别股票的系统风险

D. 股票的β系数衡量个别股票的非系统风险

9. 按照资本资产定价模型，确定特定股票必要收益率所考虑的因素有（　　）。

A. 无风险收益率　　B. 公司股票的特有风险

C. 特定股票的β系数　　D. 所有股票的年均收益率

10. 按照投资的风险分散理论，以等量资金投资于A、B两项目（　　）。

A. 若A、B项目完全负相关，组合后的非系统风险完全抵消

B. 若A、B项目完全负相关，组合非系统风险不扩大也不减少

C. 若A、B项目完全正相关，组合后的非系统风险完全抵消

D. 若A、B项目完全正相关，组合非系统风险不扩大也不减少

E. 实际上A、B项目的投资组合可以降低非系统风险，但难以完全消除非系统风险

11. 下列（　　）情况引起的风险属于可分散风险。

A. 银行调整利率水平　　B. 公司劳资关系紧张

C. 公司诉讼失败　　D. 市场呈现疲软现象

12. 证券的β系数是衡量风险大小的重要指标，下列表述正确的有（　　）。

A. β越大，说明该股票的风险越大

B. 某股票的β等于0，说明此证券无风险

C. 某股票的β等于1，说明该股票的市场风险等于股票市场的平均风险

D. 某股票的β大于1，说明该股票的市场风险大于股票市场的平均风险

13. 为比较期望报酬率不同的两个或两个以上的方案的风险程度，应采用的标准是（　　）。

A. 标准离差　　B. 标准离差率

C. 概率　　D. 风险报酬率

14. 投资者甘愿冒着风险进行投资，是因为（　　）。

A. 进行投资可以使企业获得报酬

B. 进行风险投资可使企业获得等同于资金时间价值的报酬

C. 进行风险投资可使企业获得超过资金时间价值的报酬

D. 进行风险投资可使企业获得利润

15. 在预期收益率相同时，标准差越大的方案，其风险（　　）。

A. 越大　　B. 越小

C. 二者无关　　D. 无法判断

16. 多个方案相对比，标准离差率越小的方案，其风险（　　）。

A. 越大　　B. 越小

C. 二者无关　　D. 无法判断

17. 投资组合理论认为：(　　)。

A. 若干种证券组成的投资组合，其收益是这些证券收益的加权平均数

B. 在充分组合情况下，其风险可以完全分散

C. 相关系数为 1 时，在等比例投资的情况下两种证券的标准差等于两种证券各标准差的算术平均数

D. 相关系数等于 0 组合的方差是单个证券方差以各自投资比例为权数的加权平均数

18. 当两种证券完全正相关时，由此所形成的证券组合（　　）。

A. 能适当的分散风险

B. 不能分散风险

C. 证券组合风险小于单项证券风险的加权平均值

D. 可分散全部风险

19. 某投资者的投资组合中包含两种证券 A 和 B，其中 30%的资金投入 A，70%的资金投入 B，证券 A 和 B 的预期收益率分别为 12%和 8%，则该投资组合的预期收益率为（　　）。

A. 10%　　B. 9.2%

C. 10.8%　　D. 9.8%

20. 下列关于风险分散的论述正确的是（　　）。

A. 当两种证券为负相关时，相关系数越大，分散风险的效应越小

B. 当两种证券为正相关时，相关系数越大，分散风险的效应越大

C. 证券组合的风险低于各种证券风险的平均值

D. 证券组合的风险高于单个证券的最高风险

21. 通过投资多样化可分散的风险是（　　）。

A. 系统风险　　B. 总风险

C. 非系统风险　　D. 市场风险

22. 以下关于 β 系数描述正确的是（　　）。

A. 既可为正数，也可为负数

B. 用来衡量可分散风险

C. 用于反映个别证券收益变动相对于市场收益变动的灵敏程度

D. 当其等于 1 时，某证券的风险情况与整个证券市场的风险无关

23. 下列关于非系统风险的表述，正确的是（　　）。

A. 非系统风险归因于广泛的价格趋势和时间

B. 非系统风险归因于某一投资企业特有的价格因素和事件

C. 非系统风险不能通过投资组合得以分散

D. 非系统风险通常以 β 系数进行衡量

24. 已知某证券的 β 系数等于 1，则表明该证券（　　）。

A. 无风险

B. 与金融市场所有证券的平均风险一致

C. 有非常低的风险

D. 比金融市场所有证券的平均风险高一倍

25. 下列关于投资组合的表述，正确的是（　　）。

A. 能分散所有风险　　B. 能分散系统风险

C. 能分散非系统风险　　D. 不能分散风险

二、判断题

1. 风险是指预期结果的不确定性，也就是指危险与机会并存。（　　）

2. 财务管理重视风险分析，进行投资组合决策时十分关注单个资产的收益变动性。（　　）

3. 多种证券投资组合风险等于该组合中个别资产风险的加权平均值。（　　）

4. 两种证券投资组合协方差的大小主要取决于相关系数和投资比例。（　　）

5. 只要两种证券相关系数小于 1，证券组合标准差就小于个别标准差的乘积。（　　）

6. 如果两种证券的相关系数等于 1，则等比例投资组合标准差等于个别标准差的简单算术平均值。（　　）

7. 证券投资组合的有效集揭示了分散化效应，表达了最小方差组合，但它仅是一种理想状态，因而没有现实意义。（　　）

8. 在引入无风险资产投资的情况下，偏好风险的人可以借入资金购买风险资产，其承担的风险大于市场平均风险。（　　）

9. 如果 β 值一定，则证券市场线会保持不变。（　　）

10. 已知某公司 β 值为 1.45，无风险收益率为 8%，市场组合的期望收益率为 13%。目前公司支付的每股股利为 2 元，投资者预期未来几年公司的年股利增长率为 10%，则该股票目前市价为 41.90 元。（　　）

【案例分析】

投资风险价值案例分析

假设你刚从工商管理学院财务学专业毕业，受聘于ABC理财公司。你的第一个任务是代理客户进行投合，全额为100000元，期限为1年，1年后这笔资金另做他用。你的上司给你提供了几种投资备选方案及有关资料，如下表所示。

经济状态及其指标	概率	估计收益率						
		国库券	股票A	股票B	股票C	市场组合	AB组合	AC组合
萧条	0.1	8.0%	–22.0%	28.0%	10.0%	–13.0%	3.0%	–6%
复苏	0.2	8.0%	–2.0%	14.7%	–10.0%	1.0%	6.35%	–6%
正常	0.4	8.0%	20.0%	0.0%	7.0%	15.0%	10.0%	13.5%
高涨	0.2	8.0%	35.0%	–10.0%	45.0%	29.0%	12.5%	40%
繁荣	0.1	8.0%	50.0%	–20.0%	30.0%	43.0%	15.0%	40%
R		—	—	1.7%	13.8%	15.0%	9.57%	15.6%
σ		—	—	13.4%	18.8%	15.3%	3.3	17.9%
Q		0	1.15	7.9	1.4	1.0	0.3	
β		0	1.29	–0.86	0.68	1	–0.22	0.82

上述各种预测资料中，股票A属于高科技产业，该公司经营电子产品；股票B属于采矿业，该公司主要从事金矿开采；股票C属于橡胶与塑料业，该公司生产与此有关的各种产品；ABC理财公司还持有一种“指数基金”，它包含了公开交易的所有股票，代表着市场的平均收益率。

思考：

1. 为什么国库券的收益与经济状态无关，为什么股票A的收益率变动与经济状况变动呈正方向，而股票B的收益率变动与经济状态变化呈反方向？

2. 计算不同投资方案的期望报酬率，并填入上表R行画线处。

3. 你知这仅仅依靠期望报酬率进行投资选择是不够的，还必须进行风险分析，并且你的委托人是一个风险规避者。衡量投资风险的一个重要指标是标准差，计算不同投资方案的标准差，并填入上表σ行画线处。

第三篇

长期投资决策

第六章　投资原理

【学习目标】

1. 理解投资的概念和分类；
2. 了解投资项目的评价程序；
3. 理解并掌握投资项目现金流量的构成与计算；
4. 理解并掌握投资项目的评价方法与计算。

【关键概念】

投资　项目投资　现金流量　初始现金流量　营业现金流量　终结现金流量　现金流量折现法　净现值法　获利指数法　内含报酬率法　非折现现金流量法　投资回收期法　会计报酬率法

【引例】

TILDALE 葡萄酒厂应该新建生产线吗?

TILDALE 葡萄酒厂是生产葡萄酒的中型企业，该厂生产的葡萄酒酒香纯正，价格合理，长期以来供不应求。为了扩大生产能力，TILDALE 葡萄酒厂准备新建一条生产线。假设你是该葡萄酒厂负责筹资和投资工作的副总，总裁要求你搜集建设新生产线的有关资料，并做出财务决策供其考虑。该项目将花费公司 1000万元，预计在接下来的 10 年中，预计可使工厂第 1~5 年的销售收入每年增长1000 万元，第 6~10 年的销售收入每年增长 800 万元，耗用的人工和原材料等成本为收入的 60%。生产线建设期满后，工厂还需垫支流动资金 200 万元。为了解决这个问题，你必须确定相关的评价指标，并对各指标的计算结果进行比较。

思考:

总裁应该如何作出决策?

第一节 长期投资概述

一、投资的概念和分类

（一）概念

投资是指特定经济主体（包括国家、企业和个人）通过合理安排资金，将足够数额的资金或实物投入到某个企业、项目或经济活动，从而获得经济回报，使资产保值增值，达到股东财富最大化。

（二）投资的分类

投资可以根据不同的标准进行分类。

1. 按照投资行为的介入程度，分为直接投资和间接投资

直接投资是指投资者不借助任何间接金融工具，直接将资金交付给被投资对象供其使用。直接投资包括对内和对外直接投资，前者形成直接用于企业生产经营的各项资产，如各种货币资金、实物资产、无形资产等，后者形成各种股权性资产，如持有子公司或联营公司股份等。

间接投资是指投资者通过购买被投资对象发行的金融工具（如股票、债券、基金等），将资金间接转移交付给被投资对象使用的投资。

2. 按照投入领域不同，分为生产性投资和非生产性投资

生产性投资是指将资金投入生产、建设等物质生产领域中，形成各种生产性资产（如形成固定资产、无形资产、流动资金的投资）。非生产性投资是指将资金投入非物质生产领域中，形成各种非生产性资产，满足人们的物质文化生活需要的一种投资（如学校、影剧院等）。

3. 按照投资方向不同，分为对内投资和对外投资

对内投资也称为项目投资，是指企业将资金投放于企业内部，形成固定资产、无形资产、垫支流动资金的投资。对外投资是指企业以货币资金、固定资产、无形资产或者购买有价证券等方式，向其他企业注入资金而发生的投资。

4. 根据不同投资项目之间的相互关系，可以将投资分为独立项目投资、互斥项目投资和相关项目投资

独立项目是指不受其他项目的影响而进行选择的项目，即这个项目的接受既不要求也不排除其他的投资项目。如果接受一个项目就必须放弃另一个项目的情况，那么这些项目之间是互斥的。如果某一项目的实施依赖于其他项目，那么这些项目是相关项目。

本章讨论的投资，是指属于直接投资范畴的企业内部投资——项目投资。我们将重点阐述投资项目决策过程的管理，其中又以投资项目的财务评价为主。

【阅读材料】

金融大鳄索罗斯的投资故事

在投资领域，就不得不提起索罗斯，他简直是家喻户晓。他的粉丝不计其数。有人称索罗斯为“全球最佳基金经理”、“资本的舵手”、“金融奇才”……其实“金融大鳄”是最适合他的头衔。

1960 年，索罗斯锋芒初现。经过认真分析研究后，索罗斯发现，德国安联保险公司的房地产和股票投资价格正在上涨，导致其股票售价与资产价值相比损失不少。因而，索罗斯便建议大家购买安联公司的股票。依照索罗斯的意见，德累福斯基金和摩根担保公司购买了大量安联公司的股票。结果证实，事实果真如索罗斯所料，安联公司的股票价值竟翻了三倍，索罗斯因此声名远扬。

1969 年索罗斯建立了“量子基金”。到 2000 年经过 31 年，“量子基金”创造了令人难以置信的业绩，每年平均以 35%的综合成长率令华尔街的那些同行无可奈何。往往某种产品或货币的交易行情会因为他的言论而行情突变，他的小小一句话更会使市场的价格上下涨跌。

1997 年，索罗斯大量抛售手中的泰铢，这一行径导致泰国外汇市场瞬间“惊涛骇浪”，泰铢的价格更是一路下跌。面对索罗斯的两次猛烈进攻，泰国政府无力与其抗衡，最后不得不施行浮动汇率制，替代了使用 13 年之久的货币联系汇率制。

索罗斯的这一举动，不仅大挫泰国金融市场，更使得整个东南亚乃至亚洲市场产生了一连串的波动，导致了影响巨大的东南亚金融危机。

二、项目投资

（一）概念

项目投资，又称生产性资本投资，是以特定项目为对象，直接与新建项目或更新改造项目有关的长期投资行为。与证券投资等其他类型的投资相比，项目投资的投资主体是企业，投资对象是生产性资产。

（二）项目投资的主要类型

项目投资大致有五种类型：①新产品开发或现有产品的规模扩张；②设备或厂房的更新；③研究或开发；④勘探；⑤其他，如劳动保护设施建设、购置污染控制装置等。

三、投资项目评价的程序

项目投资具有较大的风险，因此，只有按特定的程序，运用科学的方法，对项目的可行性进行充分分析，才能保证项目投资决策的正确、有效。一般来说，投资项目评价包括以下几个基本步骤：

（1）提出项目投资方案。企业的经营者或管理人员，要善于寻找新的投资机会、开拓新市场、开发新技术、提出新创意，这一步骤是非常重要的。

（2）估计方案的相关现金流量。估计项目的现金流量状况，包括对项目的初始现金流量、营业现金流量和终结现金流量进行充分估计。

（3）计算投资项目的各项指标。利用投资回收期法、会计报酬率法、净现值法、内部收益率法、获利指数法等，对投资项目的可行性进行计算分析。

（4）投资项目评价。比较价值指标与可接受标准，再结合企业自身情况，在资金允许的情况下选择最优的投资项目。

（5）投资项目的执行。选定投资项目后，在执行过程中，应密切关注该项目在市场中的变化，收集数据，及时反馈项目的执行情况。

（6）投资项目的再评价。对项目执行过程中遇到的各种变化及问题，进行再次评估，随时改进，并做出新决策反馈到项目中。

【阅读材料】

达维多定律

达维多定律是由曾任职于英特尔公司高级行销主管和副总裁的威廉·H.达维多提出并以其名字命名的。他认为，一个企业要想在市场上占据主导地位，那么要做到既是第一个开发出新产品，又是第一个淘汰自己的老产品，而并非试图维持原有的技术或产品优势。这样才有可能获得更大的发展。

这一定律的基点是着眼于市场开发和利益分割的成效。因为人们在市场竞争中无时无刻不在抢占先机，只有技术创新领先于市场并最先进入市场，才能获得新的市场和产品标准制定等优先话语权，才能依靠创新所带来的短期优势获得高额的“创新”利润。

第二节　投资项目现金流量分析

一、现金流量的概念

投资项目现金流量是指与长期投资决策有关的现金流入和流出的数量，它是评价投资方案时必须考虑的一个基础性指标。现金流量按不同的标准，可以作如下分类：

（一）按照现金流动的方向，分为现金流入量、现金流出量和现金净流量

现金流入量是指该方案引起的企业现金收入的增加额；现金流出量是指该方案引起的企业现金收入的减少额，即现金流出量的增加额；现金净流量是指一定时间内现金流入量与现金流出量的差额。根据分析研究的需要，"一定时间"有时指一年内，有时指项目持续的整个期间。

（二）按照现金流量的发生时间，分为初始现金流量、营业现金流量和终结现金流量

初始现金流量通常为现金流出量，是指开始投资时发生的现金流量；营业现金流量是指投资项目投入使用后，其生命周期内由于生产经营而带来的现金流入和流出的数量；终结现金流量指投资项目完结时所发生的现金流量。

下面将详细分析这三种现金流量包括的主要内容。

二、现金流量的估计

（一）初始现金流量

初始现金流量一般包括如下几个部分：

(1) 投资前费用。投资前费用是指在正式投资之前为做好各项准备工作而花费的费用。主要包括谈判费、咨询费、培训费、勘察设计费、技术资料费、土地购入费和其他费用。

(2) 设备购置和安装费用。设备购置和安装费用是指为购买机器设备、修建厂房、运输和安装等固定资产方面的费用。企业财务人员要根据所需设备的规格、型号、数量、性能、价格、运费、安装难度等预测这部分费用。

(3) 无形资产支出。主要包括购买专利使用权、商标使用权、专有技术或土地使用权等支出。

(4) 营运资本的垫支。在项目运行前，需要预先垫支流动资金。主要包括对材料、在产品、产成品和现金等的投资。这部分营运资金一般在项目生命终结时

才能收回。

(5) 固定资产变价净收益。主要是指原有固定资产的变价收入扣除相关税金后的差额。

(6) 建筑工程费。主要是指进行土建工程所需要的支出。

(7) 其他费用。有些费用在投资项目正式建设之前不能完全估计到，如设备价格的上涨、出现自然灾害等。这些因素也要合理预测，以便为现金流量预测留有余地。

【例 6-1】 郁芳化妆品公司为扩充生产能力准备购入设备。现有两个方案可供选择。方案一：需投资 12000 元，使用寿命为 6 年，每年销售收入为 6000 元，每年的付现成本为 2000 元；方案二：需投资 14000 元，采用直线法计提折旧，6年中每年的销售收入为 8000 元，付现成本第 1 年为 3000 元，以后随着设备陈旧，逐年将增加修理费 400 元，另需垫支营运资本 5000 元。两个方案均采用直线法计提折旧，方案一中的设备六年后无残值，方案二中的设备六年后有 2000 元残值。假设所得税税率为 25%。试计算两个方案的初始现金流量。

方案一的初始现金流量 = 12000 元

方案二的初始现金流量 = 14000 + 5000 = 19000 元

【小知识】

初始现金流量通常包括投资在固定资产上的资金和投资在流动资产上的资金两部分。其中投资在流动资产上的资金一般在项目结束时将全部收回。这部分初始现金流量不受所得税的影响。初始现金流量通常为现金流出量。

(二) 营业现金流量

营业现金流量一般以年为单位计算。这里，现金流入一般是指每年的营业现金收入。现金流出是指每年的营业现金支出和缴纳的所得税。那么，一个投资项目的年营业净现金流量（NCF）可用下列公式表示：

年营业净现金流量（NCF）= 年营业收入 – 年付现成本 – 所得税

= 年营业收入 –（年营业成本 – 折旧）– 所得税

= 税后净利 + 折旧

这里的付现成本不包含折旧成本，因为折旧是会计上按权责发生制核算的，并不需要支付现金，所以不属于现金流出。

【例 6-2】 以郁芳化妆品公司的资料为例，在现金流量的计算中，为了简化计算，一般都假定各年营业净现金流量在各年年末一次发生。现在计算各年的营业净现金流量。

首先计算两个方案年折旧额。

方案一：每年折旧额 = 12000÷6 = 2000（元）

方案二：每年折旧额 =（14000 – 2000）÷6 = 2000（元）

接下来计算两个方案的营业净现金流量，如表 6–1 所示。

表 6–1　投资项目的营业净现金流量

单位：元

项目	第 1 年	第 2 年	第 3 年	第 4 年	第 5 年	第 6 年
方案一：						
销售收入（1）	6000	6000	6000	6000	6000	6000
付现成本（2）	2000	2000	2000	2000	2000	2000
折旧（3）	2000	2000	2000	2000	2000	2000
税前利润（4）=（1）–（2）–（3）	2000	2000	2000	2000	2000	2000
所得税（5）=（4）× 0.25	500	500	500	500	500	500
税后净利（6）=（4）–（5）	1500	1500	1500	1500	1500	1500
营业净现金流量（7）=（1）–（2）–（5）=（6）+（3）	3500	3500	3500	3500	3500	3500
方案二：						
销售收入（1）	8000	8000	8000	8000	8000	8000
付现成本（2）	3000	3400	3800	4200	4600	5000
折旧（3）	2000	2000	2000	2000	2000	2000
税前利润（4）=（1）–（2）–（3）	3000	2600	2200	1800	1400	1000
所得税（5）=（4）× 0.25	750	650	550	450	350	250
税后净利（6）=（4）–（5）	2250	1950	1650	1350	1050	750
营业净现金流量（7）=（1）–（2）–（5）=（6）+（3）	4250	3950	3650	3350	3050	2750

（三）终结现金流量

终结现金流量主要包括：①固定资产的残值收入或变价收入；②垫支在各种流动资产上的资金的收回；③投资项目停止使用时的土地变价收入等。

【例 6–3】　以郁芳化妆品公司的资料为例，计算两个方案的终结现金流量。

方案一的终结现金流量 = 0 元

方案二的终结现金流量 = 2000 + 5000 = 7000 元

计算完初始现金流量、营业现金流量和终结现金流量后，现将三者结合起来，编制表 6–2，这是两个方案的全部现金流量表。

表 6-2 投资项目的全部现金流量

单位：元

项目	第0年	第1年	第2年	第3年	第4年	第5年	第6年
方案一：							
固定资产投资	-12000						
营业净现金流量		3500	3500	3500	3500	3500	3500
现金流量合计	-12000	3500	3500	3500	3500	3500	3500
方案二：							
固定资产投资	-14000						
营运资本垫支	-5000						
营业净现金流量		4250	3950	3650	3350	3050	2750
固定资产残值							2000
营运资本回收							5000
现金流量合计	-19000	4250	3950	3650	3350	3050	9750

三、所得税和折旧对现金流量的影响

（一）所得税对现金流量的影响

我国税法规定，企业的收入扣除准予抵扣的成本、费用后的差额，应按规定缴纳企业所得税。由于成本、费用可以抵减收入，因此可以使企业少缴纳所得税。因此，凡是可以抵税的项目，实际支出额并不是真实的成本，还应当考虑抵减的所得税。扣除所得税影响以后的费用净额，称为税后成本。

【例 6-4】 郁芳化妆品公司目前的损益状况如表 6-3 所示。公司正在考虑一项租赁计划，每月支付 2000 元，假设所得税税率为 25%，该项广告的税后成本是多少？

表 6-3 租赁费用对现金流量的影响

单位：元

项目	目前（不租赁）	租赁方案
销售收入	20000	20000
成本和费用	10000	10000
新增租赁费		2000
税前利润	10000	8000
所得税费用（25%）	2500	2000
税后净利	7500	6000
新增租赁费税后成本	1500	

从表 6-3 可以看出，两个方案（租赁和不租赁）的唯一差别是租赁费 2000 元，但是对净利润的影响为 1500 元。因此，租赁费的增加对于公司来说，实际的支出是 1500 元。

租赁费的税后成本为：

税后成本 = 2000 ×（1 - 25%）= 1500（元）

税后成本的一般公式为：

税后成本 = 支出金额 ×（1 - 税率）

同样的，由于所得税的作用，企业取得的营业收入不是企业真正的收入，而是扣除所得税后的税后收入：

税后收入 = 收入金额 ×（1 - 税率）

这里所说的“收入金额”是指根据税法规定需要纳税的收入，不包括项目结束时收回垫支的流动资金。

（二）折旧对现金流量的影响

前已述及，增加成本会减少利润，进而减少所得税。折旧作为成本费用，是收入的抵减项，如果不计提折旧，企业的所得税将会增加许多。因此，折旧可以起到减少税负的作用，这种作用称为“折旧抵税”。

【例 6-5】 假设郁芳化妆品公司和 Always 化妆品公司，全年销货收入、付现费用均相同，两家公司唯一的区别是郁芳化妆品公司有一项可计提折旧的资产，采用直线法计提折旧。两家公司的现金流量如表 6-4 所示。所得税税率为 25%。

表 6-4 折旧对现金流量的影响

单位：元

项目	郁芳化妆品公司	Always 化妆品公司
销售收入	30000	30000
费用：		
-付现营业费用	20000	20000
-折旧	2000	0
税前净利	8000	10000
-所得税费用（25%）	2000	2500
税后净利	6000	7500
营业现金流入：		
税后净利	6000	7500
+折旧	2000	0
合计	8000	7500
郁芳公司比 Always 公司拥有较多现金	500	

从表 6-4 可以看出，郁芳公司利润比 Always 公司少 1500 元，但是由于折旧不需要真正付现，郁芳公司的现金净流入比 Always 公司多出 500 元，其原因在于有 2000 元的折旧计入成本，从而抵减收入，使应纳税所得额减少 2000 元，从而少纳税 500（2000×25%）元。从增量分析的观点来看，由于增加了一笔 2000 元折旧，企业获得 500 元的现金流入。

税负减少额 = 2000 × 25% = 500（元）

折旧对税负的影响可按下式计算：

税负减少额 = 折旧额 × 税率

【阅读材料】

现金流量估计的基本原则

（一）区分相关成本和非相关成本

相关成本是指与决策相关，有差别的未来成本。例如，差量成本、付现成本、重置成本和机会成本等都属于相关成本。与之相对应的成本概念，与特定决策无联系的、在分析评价时不需加以考虑的成本则是非相关成本。例如，沉没成本、不可避免成本、账面成本等就往往属于非相关成本。如果不加区分，将非相关成本也纳入投资项目的总成本，则一个有利的项目可能因此变得不利，一个较好的项目可能变为一个较差的项目，从而造成决策的失误。

（二）勿忘机会成本

在投资项目的选择中，如果选择了一个投资项目，则意味着必须放弃投资于其他途径的机会。而放弃的其他投资机会可能获得的收益是选择和实施本项目的一种代价，被称为机会成本。

机会成本并不是我们通常意义上的“成本”，它不是一种支出或费用，而是一种机会损失，即失去的收益。尽管这种收益不是实际发生的，而是潜在的、针对被放弃的具体项目或方案而言的，但也应当估计在内。

（三）考虑对公司其他部门或产品的影响

当我们采纳一个新的项目后，该项目可能对公司的其他部门或产品造成有利或不利的影响。例如，新建生产线生产的新产品上市后，原有其他产品的销量可能减少，而且整个公司的销售额也许不增加甚至下降。因此，公司在判断和估算现金流量时，就不应直接将新产品的销售收入作为增量收入来处理，而应扣除其他部门因此而减少的销售收入，以两者之差作为新建项目的现金流量。当然，也可能发生相反的情况，新产品上市后将促进其他部门的销售增长。具体情形怎样，则要看新项目与原有部门是竞争关系还是互补关系。

（四）考虑净营运资金

净营运资金是指增加的流动资产与增加的流动负债之间的差额。正常情况下，公司因项目投资导致现金流量增加时，它对货币资金、应收账款、存货等流动资金的需求也会随之增加，公司必须筹措新的资金以满足这种额外的需求。另外，公司的扩充也会导致应付账款与一些应付费用等流动负债的同时增加，从而降低公司流动资金的实际需要。因此，项目投资中要涉及净营运资金投资，它们在其发生时应被视为现金流出，而在项目生命周期结束，收回营运资本时则应被视为现金流入。

（五）考虑通货膨胀

通货膨胀是当今经济生活中的普遍现象。在通货膨胀期间，不论是投资项目的收入还是支出，都会发生很大的变化。因此，在进行项目投资决策时也必须将其考虑在内。

在计算投资决策指标时，对通货膨胀的影响通常有两种处理方法：一是调整项目的现金流量，剔除通货膨胀的影响（如按不变价格计量现金流量等）；二是调整计算贴现指标时所用的贴现率，抵消通货膨胀带来的现金流量增加的影响（如采用“贴现率 = 无通货膨胀时的贴现率 + 预期通货膨胀率”的近似方法等）。

（六）忽略利息支付和融资现金流量

在评估新项目和确定现金流量时，往往将投资决策和融资决策分开，即从全部资本角度来考虑。此时，利息费用和项目的其他融资现金流量不应看作是该项目的增量现金流量。也就是说，即使接受项目时不得不通过发行债券来筹集资金，与之相关联的利息支出及债务本金的偿还仍不是相关的现金流量。因为当我们用公司要求的报酬率作为贴现率来贴现项目的增量现金流量时，该贴现率中已经隐含了此项目的融资成本。因此，为了避免重复计算，现金流量的估算中不应包含利息费用。

第三节　投资项目评估的基本方法

投资项目评估的基本方法主要包括两大类：一类是考虑了货币时间价值，称为现金流量折现法，主要包括净现值法、获利指数法和内含报酬率法；另一类是未考虑货币时间价值，称为非折现现金流量法，主要有会计报酬率法、投资回收期法。

一、现金流量折现法

（一）净现值（NPV）法

净现值是指特定项目未来现金流入的现值减去未来现金流出的现值的差额，它是评价项目是否可行最重要的指标。这种方法要求将未来现金流入和流出进行折现，然后用流入的现值减流出的现值得出净现值。

1. 净现值的计算公式

$$净现值=\sum_{k=0}^{n}\frac{I_k}{(1+i)^k}-\sum_{k}^{n}\frac{O_k}{(1+i)^k}$$

其中，n——项目期限，

I_k——第 k 年的现金流入量，

O_k——第 k 年的现金流出量，

i——资本成本。

2. 决策原则

对于单个项目来说，如果净现值为正数，表明投资报酬率大于资本成本，该项目可以增加股东财富，应予采纳。如果净现值为零或者负数，该项目应予放弃。对于互斥项目来说，在净现值为正数的前提下，应选择净现值较大的项目。

【例 6-6】 现以前面所举郁芳化妆品公司为例（见表 6-1 和表 6-2），来说明净现值的计算。假设资本成本率为 10%。

方案一：每年的 NCF 相等，其净现值计算如下：

$NPV_{方案一}$ = 未来现金流量的总现值 - 初始投资额

= NCF ×（P/A，i，n）- 12000

= 3500 ×（P/A，10%，6）- 12000

= 3500 × 4.355 - 12000

= 15242.5 - 12000 = 3242.5（元）

方案二：每年的 NCF 不相等，其净现值应分年折现，计算如表 6-5 所示。

表 6-5　方案二的净现值计算表

单位：元

年次（t）	各年的 NCF（1）	复利现值系数（2）	现值（3）=（1）×（2）
1	4250	0.909	3863.25
2	3950	0.826	3262.07
3	3650	0.751	2741.15
4	3350	0.683	2288.05
5	3050	0.621	1894.05
6	9750	0.565	5508.75

续表

年次（t）	各年的 NCF（1）	复利现值系数（2）	现值(3)=(1)×(2)
未来现金流量的总现值			19557.32
减：初始投资			–19000
净现值			NPV=557.32

由于方案一的净现值大于方案二的净现值，因此应该选择方案一。

3. 评价

净现值法考虑了货币的时间价值，并且估算了项目的全部现金流量，能反映投资项目在经济年限内的总收益，这种方法应用广泛，相对其他方法的理论基础更为完备。但是，这种方法计算出来的值是绝对值，在比较投资额不同的方案时，单纯比较净现值绝对量的大小难以确定投入和产出的效益，也无法确定方案本身的报酬率是多少。

（二）获利指数法

由于净现值法存在的局限性，为了比较投资额不同的方案，这里引入获利指数法。所谓获利指数，是未来现金流入现值除以未来现金流出现值的比率，也称现值指数。

1. 获利指数的计算公式

$$获利指数 = \sum_{k=0}^{n} \frac{I_k}{(1+i)^k} \div \sum_{k=0}^{n} \frac{O_k}{(1+i)^k}$$

其中，n——项目期限；

I_k——第 k 年的现金流入量；

O_k——第 k 年的现金流出量；

i——资本成本。

2. 决策原则

获利指数法的决策原则是，对于单个项目，选择获利指数大的项目；否则就拒绝。在有多个备选方案的互斥选择决策中，应采用获利指数大于 1 最多的投资项目。

【例 6–7】 现仍以前面所举郁芳化妆品公司为例（见表 6–1 和表 6–2），来说明获利指数计算。假设资本成本率为 10%。

$$方案一的获利指数 = \frac{未来现金流量的总现值}{初始投资} = \frac{15242.5}{12000} = 1.27$$

$$方案二的获利指数 = \frac{未来现金流量的总现值}{初始投资} = \frac{19557.32}{19000} = 1.03$$

由于方案一的净现值大于方案二的净现值，因此应该选择方案一。

3. 评价

获利指数表示1元初始投资取得的现值毛收益，或者说股东用1元钱所能获得的毛收益。该指标是相对数，反映了投资的效率。但是，同净现值法一样，这种方法不能反映项目本身的报酬率。

（三）内含报酬率法

内含报酬率是指能够使未来现金流入量现值等于未来现金流出量现值的折现率，或者说是使投资项目净现值为零的折现率，又称为投资项目本身的报酬率。

1. 内含报酬率的计算公式

$$净现值=\sum_{k=0}^{n}\frac{I_k}{(1+内含报酬率)^k}-\sum_{k=0}^{n}\frac{O_k}{(1+内含报酬率)^k}=0$$

其中，n——项目期限，I_k——第k年的现金流入量，O_k——第k年的现金流出量。

内含报酬率的计算有两种情况。

（1）如果每年的现金流量相等，则按下列步骤计算：

①计算年金现值系数

$$年金现值系数=\frac{初始投资额}{每年NCF}$$

②查年金现值系数表，在相同的期数内，找出与上面计算的年金现值系数相邻的较大和较小的两个折现率。

③采用插值法计算出内含报酬率。

【例6-8】 现仍以前面所举郁芳化妆品公司为例（见表6-1和表6-2），来说明方案一内含报酬率的计算。由于方案一的每年NCF相等，因而可以采用上述方法计算内含报酬率x。

$$年金现值系数=\frac{初始投资额}{每年NCF}=\frac{12000}{3500}=3.43$$

查年金现值系数表，方案一的内含报酬率应该在18%~20%，现用插值法计算如下：

折现率	年金现值系数
18%	3.500
x	3.43
20%	3.326

$$\frac{18\%-x}{20\%-18\%}=\frac{3.5-3.43}{3.326-3.5}$$

$x=18.80\%$

（2）如果每年的现金流量不等，应采用“逐步测试法”。

①估计一个折现率，用它来计算项目的净现值；如果净现值为正数，说明项

目本身的报酬率超过折现率，应提高折现率后进一步测试；如果净现值为负数，说明项目本身的报酬率低于折现率，应降低折现率后进一步测试。经过多次测试，找到净现值由正到负并且比较接近于零的两个贴现率。

②采用插值法计算出内含报酬率。

【例 6–9】 现仍以前面所举郁芳化妆品公司为例（见表 6–1 和表 6–2），来说明方案二内含报酬率的计算。由于方案二的每年 NCF 不相等，因而必须逐次测算，具体过程见表 6–6。

表 6–6　方案二内含报酬率的测算过程

单位：元

年次（t）	NCF_1	测试 18%		测试 20%	
		复利现值系数	现值	复利现值系数	现值
0	–15000	1	–15000	1	–15000
1	4250	0.848	3604	0.833	3540.25
2	3950	0.718	2836.1	0.694	2741.3
3	3650	0.609	2222.85	0.579	2113.35
4	3350	0.516	1728.6	0.482	1614.7
5	3050	0.437	1332.85	0.402	1226.1
6	9750	0.37	3607.5	0.335	3266.25
NPV	—	—	331.9		–498.05

在表 6–6 中，先按 18%的折现率进行测算，净现值为 331.9，大于 0，说明所选用的折现率偏低，因此调高折现率，以 20%进行第二次测算，净现值变为负数，说明该项目的内含报酬率一定在 18%~20%。

折现率	净现值
18%	331.9
x	0
20%	–498.05

$$\frac{18\% - x}{18\% - 20\%} = \frac{331.9 - 0}{331.9 - (-498.05)}$$

x = 18.80%

2. 决策原则

在只有一个备选方案的采纳与否决策中，如果内含报酬率大于公司的必要报酬率，就采纳；否则拒绝。在有多个备选方案的互斥选择决策中，选择内含报酬率超过必要报酬率最多的项目。

3. 评价

内含报酬率法考虑了资金的时间价值，能够反映项目本身的报酬率，易于理解。但计算过程复杂，一般需要经过多次测算。

二、非折现现金流量法

（一）投资回收期法

回收期是指收回投资所需要的年限，也就是投资引起的现金流入累计到与投资额相等所需要的时间。回收期越短，项目越有利。

1. 投资回收期的计算公式

由于投资项目每年预计产生的经营净现金流量可能相等，也可能不相等，因此，计算投资回收期的方法有两种：

（1）若每年的净现金流量相等，且初始投资额一次支出：

$$回收期\ PP = \frac{原始投资额}{每年净现金流量}$$

【例 6–10】 现仍以前面所举郁芳化妆品公司为例（见表 6–1 和表 6–2），来说明方案一的投资回收期的计算。方案一的初始投资是 12000 元，每年的净现金流量为 3500 元。

$$方案一：回收期 = \frac{原始投资额}{每年净现金流量} = \frac{12000}{3500} = 3.43\ 年$$

（2）若每年净现金流量不相等或原始投资分几年投入。

如果每年净现金流量不相等或原始投资分几年投入，那么，回收期要根据每年年末尚未回收的投资额加以确定。

$$回收期\ PP = n + \frac{第\ n\ 年年末累计尚未回收额}{第(n+1)年回收额}$$

其中，n 为累计净现金流量最后一项为负值所对应的年份。

【例 6–11】 现仍以前面所举郁芳化妆品公司为例（见表 6–1 和表 6–2），来说明方案二的投资回收期的计算。

表 6–7 方案二的投资回收期的计算表

单位：元

年次(t)	每年净现金流量	年末尚未收回的投资额	累计净现金流量
0	–19000	—	–19000
1	4250	14750	–14750
2	3950	10800	–10800
3	3650	7150	–7150
4	3350	3800	–3800
5	3050	750	–750
6	9750	0	9000

从表 6–7 可以看出，累计净现金流量在第 5 年为–750 元，在第 6 年为 9000 元，因此，n 为 5。所以方案二的投资回收期为：

5 + 750/9750 = 5.08（年）

2. 决策原则

在使用投资回收期进行决策时，应选择回收期较短的投资项目。

3. 评价

回收期法的好处是：计算简便快捷，易于理解。缺点是：没有考虑现金流的时间价值，也没有考虑回收期以后的现金流，有可能使公司接受短期项目，而放弃具有战略意义的长期项目。

【相关链接】

动态投资回收期

为了克服回收期法不考虑货币时间价值的缺点，学者们提出了折现回收期法，也称动态投资回收期法。动态投资回收期是指在考虑货币时间价值的条件下，以投资项目净现金流量的现值抵偿原始投资现值所需要的全部时间。即动态投资回收期是项目从投资开始起，到累计折现现金流量等于 0 时所需的时间。为了区别动态回收期法，将传统的回收期法称为非折现回收期法或静态回收期法。

【例 6–12】 现仍以前面所举郁芳化妆品公司为例（见表 6–1 和表 6–2），来说明方案二的动态投资回收期的计算（见表 6–8）。

表 6–8　方案二的投资回收期的计算表

单位：元

年次（t）	每年净现金流量	复利现值系数（10%）	现值	累计净现金流现值
0	–19000	1	–19000	–19000
1	4250	0.909	3863.25	–15136.75
2	3950	0.826	3262.7	–11874.05
3	3650	0.751	2741.15	–9132.9
4	3350	0.683	2288.05	–6844.85
5	3050	0.621	1894.05	–4950.8
6	9750	0.565	5508.75	557.95

方案二的动态投资回收期为：

5 + 4950.8/5508.75 = 5.90（年）

（二）会计报酬率法

会计报酬率法是使用会计上的收益和成本的观念，使用财务报表上的数据，计算项目报酬率的一种方法。这种方法计算简便，因此应用范围很广。

1. 会计报酬率的计算公式

$$会计报酬率 = \frac{年平均净收益}{原始投资额} \times 100\%$$

【例 6–13】 现仍以前面所举郁芳化妆品公司为例（见表 6–1 和表 6–2），来说明会计报酬率的计算。

$$会计报酬率_{方案一} = \frac{3500}{12000} \times 100\% = 29.17\%$$

$$会计报酬率_{方案二} = \frac{(4250 + 3950 + 3650 + 3350 + 3050 + 9750) \div 6}{19000} \times 100\%$$

$$= 24.56\%$$

2. 决策原则

对于单个项目而言，应事先确定一个企业要求达到的会计报酬率，在进行决策时，只有高于这一报酬率的方案才能入选。而在有多个互斥方案时，应选择会计报酬率最高的方案。

3. 评价

会计报酬率的优点是方法简单，易于理解，并且由于使用财务报告的数据，因此容易取得；相对于投资回收期指标而言，它考虑了项目周期的全部利润，使经理人员了解企业业绩的未来走向，便于项目的日后评价。该方法的缺点是没有考虑时间价值的影响，使得第一年的现金流量和最后一年的现金流量具有相同的价值，有可能会做出错误的决策。

【本章小结】

投资是指特定经济主体（包括国家、企业和个人）通过合理安排资金，将足够数额的资金或实物投入到某个企业、项目或经济活动，从而获得经济回报，使资产保值增值，达到股东财富最大化。本章所讨论的投资，是指项目投资。它是以特定项目为对象，直接与新建项目或更新改造项目有关的长期投资行为。

投资项目现金流量按照现金流量的发生时间，分为初始现金流量、营业现金流量和终结现金流量。初始现金流量，通常为现金流出量，是指开始投资时发生的现金流量；营业现金流量是指投资项目投入使用后，其生命周期内由于生产经营而带来的现金流入和流出的数量；终结现金流量指投资项目完结时所发生的现金流量。

投资项目评估的基本方法主要包括两大类：一类是考虑了货币时间价值，称为现金流量折现法，主要包括净现值法、获利指数法和内含报酬率法；另一类是未考虑货币时间价值，称为非折现现金流量法，主要有会计报酬率法、投资回收期法。

【思考题】

1. 企业投资的意义及投资管理的原则是什么？
2. 长期投资决策中的现金流量的构成是什么？
3. 非折现现金流量指标有哪些，它们的联系和区别是什么？

【练习题】

一、单项选择题

1. 有一项投资方案，如果折现率为 16%，净现值为 338 元，如果折现率为 18%，则净现值为–22 元，那么该方案的内含报酬率为（　　）。

A. 15.88%　　B. 16.12%

C. 17.88%　　D. 18.14%

2. 一般情况下，使一个投资方案的净现值小于零的折现率（　　）。

A. 一定小于该投资方案的内含报酬率

B. 一定大于该投资方案的内含报酬率

C. 一定等于该方案的内含报酬率

D. 一定使现值指数大于 1

3. 某方案的回收期是（　　）。

A. 净现值为零的年限　　B. 现金净流量为零的年限

C. 累计净现值为零的年限　　D. 累计现金净流量为零的年限

4. 下列指标中，属于静态指标的是（　　）。

A. 投资回收期　　B. 获利指数

C. 净现值率　　D. 内部收益率

5. 按照投入领域的不同，投资可以分为（　　）。

A. 直接投资和间接投资　　B. 生产性投资和非生产性投资

C. 对内投资和对外投资　　D. 固定资产投资和无形资产投资

6. 在其他条件不变的情况下，若企业提高折现率，数字大小不会因此受到影响的指标是（　　）。

A. 净现值　　B. 获利指数

C. 净现值率　　D. 内部收益率

7. 已知某投资项目按 14%折现率计算的净现值大于零，按 16%折现率计算的净现值小于零，则该项目的内部收益率肯定（　　）。

A. 小于 14%　　B. 等于 15%

C. 大于 16%　　D. 大于 14%，小于 16%

8. 下列各项中，不会对投资项目内部收益率指标产生影响的因素是（　　）。

A. 原始投资　　B. 现金流量

C. 项目计算期　　D. 设定折现率

9. 内含报酬率是一种能使投资方案的净现值（　　）的折现率。

A. 大于零　　B. 等于零

C. 小于零　　D. 大于或等于零

10. 下列不属于静态评价指标的是（　　）。

A. 投资利润率　　B. 投资利税率

C. 净现值　　D. 静态投资回收期

11. 一般地，流动资金回收发生于（　　）。

A. 建设起点　　B. 投产时点

C. 项目终结点　　D. 经营期的任一时点

12. 某投资项目的年营业收入为 100 万元，年总成本为 60 万元，其中折旧为 10 万元，所得税税率为 33%，则该方案每年的经营现金净流量为（　　）万元。

A. 40　　B. 50

C. 36.8　　D. 26

13. 某投资项目的投资总额为 100 万元，项目每年产生的税后利润为 8 万元，每年的折旧额为 12 万元，则静态投资回收期为（　　）年。

A. 12.5　　B. 8.33

C. 5　　D. 25

14. 投资回收期是指回收（　　）所需的全部时间。

A. 建设投资　　B. 原始总投资

C. 固定资产原值　　D. 投资总额

15. 某投资项目贴现率为 15%时，净现值为 500，贴现率为 18%时，净现值为-480，则该项目的内含报酬率是（　　）。

A. 16.125%　　B. 16.53%

C. 22.5%　　D. 19.5%

二、多项选择题

1. 下列关于净现值的表述中，正确的是（　　）。

A. 如果净现值为正数，表明投资报酬率大于资本成本

B. 如果净现值为负数，表明该项目将减损股东财富，应予放弃

C. 净现值是指特定项目未来现金流入的现值与未来现金流出的现值之间的差额

D. 如果净现值为零，表明投资报酬率等于资本成本，应予采纳

2. 某企业投资 100 万元购买一台无须安装的设备，投产后每年增加营业收入

48 万元，增加付现成本 13 万元，预计项目生命周期为五年，按直线法计提折旧，期满无残值。企业适用的所得税税率为 25%，项目的资本成本为 10%，则该项目（　　）。

A. 静态回收期为 2.86 年　　B. 会计报酬率为 11.25%

C. 净现值为 18.46 万元　　D. 现值指数为 1.18

3. 净现值法的优点有（　　）。

A. 考虑了投资风险

B. 考虑了资金时间价值

C. 可以动态上反映项目的实际收益率

D. 考虑了项目计算期的全部净现金流量

4. 净现值法与现值指数法的共同之处在于（　　）。

A. 都是相对数指标

B. 都没有考虑货币时间价值因素

C. 都不能反映投资方案的实际投资收益率

D. 都必须按预定的贴现率折算现金流量的现值

5. 下列各项中，属于从长期投资决策静态评价指标的是（　　）。

A. 获利指数　　B. 投资回收期

C. 内部收益率　　D. 会计报酬率

6. 评价投资方案的回收期指标的主要特点是（　　）。

A. 不能反映时间价值

B. 不能衡量企业的投资风险

C. 没有考虑回收期后的现金流量

D. 不能衡量投资方案投资报酬率的高低

7. 下列项目投资评价指标中，属于动态指标的是（　　）。

A. 现值指数　　B. 净现值率

C. 投资利润率　　D. 内部收益率

8. 回收额包含的内容有（　　）。

A. 营业收入　　B. 回收流动资金

C. 其他现金流量　　D. 回收固定资产余值

9. 在一般投资项目中，当一项投资方案的净现值等于零时，即表明（　　）。

A. 该方案的获利指数等于 1

B. 该方案不具备财务可行性

C. 该方案的净现值率大于 1

D. 该方案的内部收益率等于设定折现率或行业基准收益率

10. 内部收益率指标的含义是（　　）。

A. 投资报酬与总投资的比例

B. 项目投资者实际期望达到的报酬率

C. 投资报酬现值与总投资现值的比率

D. 使投资方案净现值之和为零的贴现率

11. 下列几个因素中影响内部收益率的有（　　）。

A. 原始投资额　　B. 银行存款利率

C. 银行贷款利率　　D. 投资项目有效年限

12. 一项投资方案的现金流入量通常包括（　　）。

A. 固定资产投入使用后计提折旧

B. 投产后年营业收入

C. 固定资产报废时的残值收入

D. 收回流动资金垫支

E. 投产后每年降低成本数

三、判断题

1. 会计报酬率与投资回收期的共同缺陷是均没有考虑资金时间价值。（　　）

2. 在对单一投资方案进行评价时，利用净现值法、获利指数法、内部报酬率法会得出完全相同的结论，而采用投资回收期法则有可能得出与前述指标相反的结论。（　　）

3. 内部收益率的大小与事先设定的折现率的高低无关。（　　）

4. 现金净流量是指一定期间现金流入量和现金流出量的差额。（　　）

5. 某一投资方案按 10%的贴现率计算的净现值大于零，那么该方案的内部收益率大于 10%。（　　）

6. 对内投资都是直接投资，对外投资都是间接投资。（　　）

7. 进行长期投资决策时，如果某备选方案净现值比较小，那么该方案内含报酬率也相对较低。（　　）

四、计算题

1. 郁芳化妆品公司有一个项目，投资期为 2 年，每年投资 200 万元。第 3 年开始投产，投产开始时垫支营运资金 50 万元，于项目结束时收回。项目有效期为 6 年，净残值 40 万元，按直线法计提折旧。每年营业收入付现成本 280 万元。公司所得税税率 25%，资本成本率 10%。

要求：计算每年的营业净现金流量；列出项目的现金流量计算表；计算项目的净现值、获利指数和内含报酬率，并判断项目是否可行。

2. 嘉华公司目前有 A、B 两个项目可供选择，其各年现金流量情况如下表所示。

项目 A、B 各年现金流量

单位：元

年次（t）	项目 A	项目 B
0	-7500	-5000
1	4000	2500
2	3500	1200
3	1500	3000

要求：

(1) 若 MS 软件公司要求的项目资金必须在 2 年内收回，请分别计算 A、B 项目的投资回收期，并判断应选择哪个项目。

(2) MS 软件公司现在采用净现值法，设定折现率为 15%，请分别计算 A、B 项目的净现值，并判断应采纳哪个项目。

【案例分析】

嘉华快餐公司投资方案选择

嘉华快餐公司位于一家公园内。快餐公司与公园签订一份租赁合同，租用一间售货亭，期限 3 年。售货亭很小，只有一个窗口，顾客不得不排长队，有些顾客因此而离开。为解决这一问题，该公司设计了四种不同方案，试图增加销售量，从而增加利润。

方案一：改装销售亭，增加窗口。这一方案要求对现有售货亭进行大幅度的改造，所以初始投资较多，但是因为增加窗口可以吸引更多的顾客，所以收入也会相应增加较多。

方案二：在现有售货窗口的基础上，更新设备，提高每份快餐的供应速度，缩短供应时间。

以上两个方案并不互斥，可以同时选择。但是，以下两个方案则要放弃现有的售货亭。

方案三：建造一个新的售货亭。此方案需将现有售货亭拆掉，在原有地方，建一个面积更大、售货窗口更多的新售货亭。此方案的投资需求最大，预期增加的收入也更多。

方案四：在公园内，租一间更大的售货亭。此方案的初始支持是新售货亭的装修费用，以后每年的增量现金流出是当年的租金支出净额。

嘉华快餐公司可用于这项投资的资金需要从银行借入，资金成本为 15%，与各个方案有关的现金流量如下表所示。

方案	投资额	第1年	第2年	第3年
增加售货窗口	–75000	44000	44000	44000
更新现有设备	–50000	23000	23000	23000
建造新的售货亭	–125000	70000	70000	70000
租赁更大的售货亭	–10000	12000	13000	14000

思考：

1. 运用内含报酬率指标，嘉华公司应选择哪个方案？

2. 运用净现值指标嘉华公司应选择哪个方案？

3.如何解释内含报酬率指标和净现值指标进行决策时所得到的不同结论？哪个指标更好？

资料来源：荆新，王化成，刘俊彦.财务管理学［M］.北京：中国人民大学出版社，2013：241–242.

第七章　长期投资决策实务

【学习目标】

1. 理解与掌握单一项目决策分析方法；
2. 理解与掌握互斥项目决策分析方法；
3. 掌握资本限量决策分析方法；
4. 理解与掌握通货膨胀和风险对于投资项目决策的影响。

【关键概念】

净现值比较法　差量分析法　共同年限法　等额年金法　风险调整收益率法　风险调整现金流法

【引例】

Baldwin 保龄球投资项目

Baldwin 公司，成立于 1965 年，起初主要生产英式足球，现在则是网球、棒球、美式足球和高尔夫球的领先生产商。1973 年，公司引进了"High Flite"的生产线，这是第一条制造高质量高尔夫球的生产线。Baldwin 公司的管理层热衷于寻找一切能够带来潜在现金流量的机会。

1999 年，Meadows 先生，Baldwin 公司的副总裁，发现了另一个运动球类市场。他认为这个市场大有潜力，目前还未被其他更大的制造商完全占领，这个市场是亮彩色保龄球市场。他相信许多保龄球爱好者会认为外表和时髦的式样比质量更重要，同时他还认为，Baldwin 公司产品的成本优势和驾驭高度成熟市场的技巧与能力将使竞争者难于从竞争中获利。

因此，在 2000 年下半年，Baldwin 公司决定先估计一下亮彩色保龄球的市场潜力。

公司向三个市场的消费者发出了问卷：费城、洛杉矶和纽黑文。这三组问卷的结果比预想的要好，支持了亮彩色保龄球能够获得 10%~15% 市场份额的结论。当然，Baldwin 公司内部的一些人对市场调查的成本颇有微词，因这项市场调查的成本总额为250000美元。然而，Meadows先生本人则强调它是一项沉没成本，不应该将其考虑在项目评价中。

250000美元的市场调查成本是否应该考虑在项目评价中呢？你同意Meadows先生的观点吗，为什么？通过本章的学习，你会得出怎样的结论？

资料来源：斯蒂芬·A.罗斯，伦道夫·W.威斯特菲尔德，杰弗利·F.杰富. 公司理财（第9版）[M]. 吴世农，沈艺峰，王志强等译. 北京：机械工业出版社，2014.

第一节 项目投资决策

在第六章，我们分别对投资项目的评价指标进行了介绍，并对如何运用单一指标对投资项目进行决策进行了分析和说明。在企业实务中，通常会使用多个指标对单一投资项目进行评价，或者对多个项目进行比较和优选，本章将对上述问题进行深入的讨论。

一、单一投资项目的财务可行性分析

（1）如果某一投资项目的评价指标同时满足以下条件，可以断定该投资项目具备可行性，应当接受此投资方案。这些条件是：净现值≥0，获利指数≥1，内含报酬率≥i，投资回收期≤$\frac{n}{2}$；会计报酬率≥i_r(i为公司要求的必要报酬率)。

（2）如果某一投资项目的评价指标同时不满足以下条件，则可以断定该投资方案不具备财务可行性，应当彻底放弃该投资方案。这些条件是：净现值<0，获利指数<1，内含报酬率<i，投资回收期>$\frac{n}{2}$，会计报酬率<i_r（i为公司要求的必要报酬率）。

（3）如果某一投资项目的主要指标处于可行区间，即净现值≥0，获利指数≥1，内含报酬率≥i，但次要指标处于不可行区间，即投资回收期>$\frac{n}{2}$，会计报酬率<i_r，一般可以断定该项目基本上具备财务可行性。

（4）如果某一投资项目的主要指标处于不可行区间，即净现值<0，获利指数<1，内含报酬率<i，即使次要指标处于可行区间，即投资回收期≤$\frac{n}{2}$，内含报酬率≥i_r，一般可以断定该项目基本上不具备财务可行性。

（5）当投资回收期或会计报酬率的评价结论与净现值等主要指标的评价结论

发生矛盾时，应当以主要指标的结论为准。

（6）利用净现值、获利指数和内含报酬率指标对同一独立项目进行评价时，一般不会得出相互矛盾的结论。

【阅读材料】

资本预算第一步：索尼公司的故事

在分析师使用各种分析工具进行投资项目分析之前，首先应当制定出长远的公司战略，其次在战略的框架下进行资本预算。日本的索尼公司是这方面的佼佼者。

索尼公司于1946年成立于第二次世界大战后一个被炸毁的百货公司中，到1992年公司的年销售额已经超过了300亿元。在1992年2月，《财富》杂志指出“索尼是这个星球上最持续创新的电子企业”。我们可以看到，索尼开发了袖珍半导体收音机、VCR、便携式摄像机、WALKMAN随身听等一系列电子产品。公司拥有9000名工程师和科学技术人员，有1000个产品在一年中得到改善，也就是说，平均在每个工作日，有4个产品的技术得到改进。

索尼主要从日本高校的工程学院招聘员工，公司要求招聘的学生具有探索、乐观和兴趣广泛的品质，而不仅仅是学业成绩优秀；员工可以在公司内随意走动而不用征得领导的同意；员工的想法会得到公司的全力支持。员工和公司的共同战略就是为公司获得新项目，开发新技术，从而达到股东权益最大化。

资料来源：Brenton R.Schlender. How Sony Keeps the Magic Going ［J］. Fortune，February 24，1992，p.76.

二、多个互斥项目的比较与优选

企业在进行投资项目决策时，常常会遇到多个可供选择的投资项目，这些方案互相排斥，不能并存，企业必须从中选择一个项目，放弃另外的项目，这属于互斥项目的投资决策问题。互斥方案决策过程是在每一个入选方案已具备财务可行性的前提下，利用具体决策方法比较各个方案的优劣，利用评价指标从各个备选方案中选出一个最优方案的过程。互斥方案决策的方法主要有净现值法、获利指数法、内含报酬率法等。但是在互斥方案或非常规方案的应用中，这三种方法可能会得出不同的结论，应该引起注意。

（一）净现值和内含报酬率的比较

在多数情况下，运用净现值法和内含报酬率法得出的结论是相同的，但是，在一些互斥项目和非常规项目下，两者有时会得出不同的结论。

1. 互斥项目

对于常规的独立项目，净现值法和内含报酬率的结论是完全一致的，但对于互斥项目，如果项目的初始投资额不同或者现金流量发生的时间不同，二者可能会得出不一致的结论。

【例 7-1】 康奈汽车零件制造公司拟投资建设一条新生产线，目前有 A、B 两个项目可供选择，详细资料如表 7-1 所示。

表 7-1 项目 A 和项目 B 的相关数据表

单位：元

指标	年次	项目 A	项目 B
初始投资	0	1100000	100000
营业现金流量	1	500000	50500
	2	500000	50500
	3	500000	50500
净现值		60800	17240
内含报酬率		17.28%	24.03%
获利指数		1.06	1.17
资本成本		14%	14%

从表 7-1 可以看出，A 项目的初始投资额大于 B 项目的初始投资额，如果选择内含报酬率作为决策指标，公司应该拒绝 A 项目，选择 B 项目，如果选择净现值作为决策指标，则应该采用 A 项目，拒绝 B 项目。产生这种差异的原因是，净现值法下项目的折现率是投资者要求的必要报酬率，是给定值，而内含报酬率法则是计算出净现值为零时的项目本身的报酬率。在这样的两个互斥项目之间进行选择，实际上就是在更多的财富和更高的内含报酬率之间进行选择，很显然，决策中将选择财富，也就是说应选择 A 项目。在表 7-2 中，调整资本成本率，并计算不同折现率下两个项目的净现值。

表 7-2 项目 A 和项目 B 在不同折现率下的净现值

单位：元

贴现率（%）	NPV_A	NPV_B
0	400000	51500
5	261600	37521
10	143450	25588
15	41600	15302
20	-46750	6378
25	-124000	-1424

根据表 7–2 的数据绘制图 7–1。从图 7–1 可以看出，当折现率为 16.58%时，两个方案的净现值相等。这一点为净现值无差异点。当折现率小于 16.58%时，A 项目的净现值大于 B 项目的净现值，应当选择 A 项目；当折现率大于 16.58%时，B 项目的净现值大于 A 项目的净现值，应当选择 B 项目。因此，在【例 7–1】中，折现率为 14%，在公司没有资金限制的前提下，应当选择 A 项目，因为它能为企业带来更多的财富；而当折现率大于 16.58%时，应当选择 B 项目，在这种情况下，内含报酬率法的结论和净现值法一样。这表明，净现值总是正确的，而内含报酬率法有时却会得出错误的结论。因此，在公司不存在资金限制时，净现值法是一个比较好的方法。

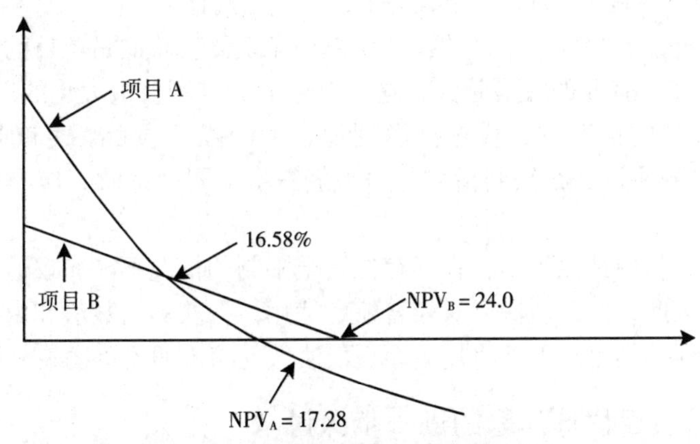

图 7–1　净现值与内含报酬率对比表

2. 非常规项目

常规项目是指投资（现金流出）发生在期初，以后各年发生连续的净现金流入的项目。然而，有些项目的现金流出不发生在期初或者现金净流入和现金净流出交替发生，这类项目一般称为非常规项目。比如，矿山开采在最后阶段为了平整废弃的矿井，需要花费大量的资金，使得项目最后的年份出现净现金流量为负，也即净的现金流出。在非常规项目决策中，净现值法和内含报酬率法也存在结论不一致的情况。

当期望现金流量中一些为正、另一些为负时，就会存在多重报酬率的问题。确定是否存在多重内含报酬率问题，需要计算项目在不同贴现率下的净现值，进而画出净现值曲线图。因为这种方法通过净现值的计算才能做出判断，所以净现值法优于内含报酬率法。

（二）净现值和获利指数的比较

一般来说，在判断投资项目的优劣时，净现值法和获利指数法的结论相同，只有在初始投资额不同时，这两种方法计算出的指标才会产生差异。这是因为净现值是绝对值，是用各期未来现金流量现值减初始投资额，代表投资的收益或者说是给公司带来的财富；而获利指数是一个相对数，是用各期未来现金流量现值除以初始投资，代表投资的效率，因而，评价的结果可能会产生不一致。

【例 7–2】 承接【例 7–1】，康奈汽车零件制造公司拟投资建设一条新生产线，目前有 A、B 两个项目可供选择，分别使用净现值法和获利指数法会得到怎样的结论？

A 项目的初始投资额是 1100000 元，B 项目的初始投资额是 100000 元，如果使用净现值法决策，当资本成本为 14%时，A 项目的净现值为 60800 元，B 项目的净现值为 17240 元，应当选择 A 项目。如果使用获利指数法决策，A 项目的获利指数为 1.06，B 项目的获利指数为 1.17，应当选择 B 项目。

由于获利指数反映的是项目的投资效率，净现值反映的是项目的投资回收金额，净现值越高，企业的收益越大，这符合企业股东利益最大化的原则，因此，在没有资金限制的情况下，应选择净现值较大的投资项目。也就是说，本例中，应当选择 A 项目。在获利指数与净现值得出不同结论时，应当使用净现值法决策。

从上述的分析中可以得出，在不存在资金限制的情况下，净现值法都能作出正确的决策。因此，净现值法具有较普遍的适用性，获利指数法和内含报酬率法有时会得出错误的结论。下面将使用净现值法做更深入的投资决策分析。

三、互斥项目优选问题的进一步探讨

（一）项目有效期相同

在项目有效期相同的情况下，可以采用净现值比较法或者差量分析法进行决策。

【例 7–3】 康奈汽车零件公司考虑使用高效率的生产线来代替旧生产线，以降低成本，增加收益。所得税税率为 25%，资本成本率为 10%，旧生产线采用直线法计提折旧，新生产线采用年数总和法计提折旧，不考虑营业税的影响，具体资料见表 7–3。如果你是公司的 CEO，试判断公司是否应该更新生产线。

表 7–3　新旧生产线相关资料

单位：元

项目	旧设备	新设备
原价	50000	70000
可用年限	10	4
已用年限	6	0
尚可使用年限	4	4
税法规定残值	0	7000

续表

项目	旧设备	新设备
目前变现价值	20000	70000
每年可获得的收入	40000	60000
每年付现成本	20000	18000
每年折旧额	直线法	年数总和法
第1年	5000	25200
第2年	5000	18900
第3年	5000	12600
第4年	5000	6300

1. 净现值比较法

净现值比较法是指分别计算各个方案的净现值，然后选择净现值为正且最大的方案。

表 7-4　投资项目的营业现金流量

单位：元

	旧设备	新设备			
年次	1~4	1	2	3	4
销售收入	40000	60000	60000	60000	60000
–付现成本	20000	18000	18000	18000	18000
–折旧	5000	25200	18900	12600	6300
税前利润	15000	16800	23100	29400	35700
–所得税	3750	4200	5775	7350	8925
税后净利	11250	12600	17325	22050	26775
营业净现金流量	16250	37800	36225	34650	33075

表 7-5　投资项目的现金流量

单位：元

	旧设备		新设备				
年次（t）	0	1~4	0	1	2	3	4
固定资产投资	–20000		–70000				
营运资金垫支							
营业现金流量		16250		37800	36225	34650	33075
固定资产残值							7000
营运资金回收							
现金流量合计	–20000	16250		37800	36225	34650	40075

$NPV_{旧} = 16250 \times (P/A，10\%，4) - 20000 = 16250 \times 3.170 - 20000 = 31512.5$

$$\begin{aligned} NPV_{新} &= 37800 \times (P/F，10\%，1) + 36225 \times (P/F，10\%，2) \\ &\quad + 34650 \times (P/F，10\%，3) + 40075 \times (P/F，10\%，4) - 70000 \\ &= 37800 \times 0.909 + 36225 \times 0.826 + 34650 \times 0.751 + 40075 \times 0.683 \\ &\quad - 70000 \\ &= 34360.2 + 29921.85 + 26022.15 + 27371.225 - 70000 \\ &= 47675.43 \end{aligned}$$

应该购买新设备。

2. *差量分析法*

上述问题也可以使用差量分析法做出决策。差量分析法是指在了解各种备选方案而产生的预期收入与预期成本之间的差别的基础上，从中选出最优方案的方法。所有增减量均用希腊字母"Δ"表示。

假设有两个方案 A 和 B，差量分析法的基本步骤是：①计算对应期间两个方案各自的现金流量，进而求出这一期间 A、B 方案的差量现金流量；②根据各期的差量现金流量，计算两个方案的差量净现值；③根据差量净现值做出决策。

（1）计算初始投资的差量。

Δ 初始投资 = –70000 –（–20000）= –50000（元）

（2）计算各年营业净现金流量的差量（见表 7–6）。

表 7–6 各年营业净现金流量的差量

单位：元

项目	第 1 年	第 2 年	第 3 年	第 4 年
Δ 销售收入（1）	20000	20000	20000	20000
–Δ 付现成本（2）	–2000	–2000	–2000	–2000
–Δ 折旧额（3）	20200	13900	7600	1300
Δ 税前利润（4）=（1）–（2）–（3）	1800	8100	14400	20700
–Δ 所得税（5）=（4）× 25%	450	2025	3600	5175
Δ 税后净利（6）=（4）–（5）	1350	6075	10800	15525
Δ 营业净现金流量（7）=（6）+（3）=（1）–（2）–（5）	21550	19975	18400	16825

（3）计算两个方案现金流量的差量（见表 7–7）。

表 7–7 两个方案现金流量的差额

单位：元

项目	第 0 年	第 1 年	第 2 年	第 3 年	第 4 年
Δ 初始现金流量	–50000				
Δ 营业净现金流量		21550	19975	18400	16825
Δ 终结现金流量					7000
Δ 现金流量	–50000	21550	19975	18400	23825

（4）计算净现值的差量。

$$\Delta NPV = 21550 \times PVIF^{10\%,1} + 19975 \times PVIF^{10\%,2} + 18400 \times PVIF^{10\%,3} + 23825 \times PVIF^{10\%,4} - 50000$$

$$= 21550 \times 0.909 + 19975 \times 0.826 + 18400 \times 0.751 + 23825 \times 0.683 - 50000$$

$$= 16179.18（元）$$

因为固定资产更新后，将增加净现值 16179.18 元，故应进行更新。

（二）项目有效期不同

如果两个互斥项目投资额和有效期均不相同，不能简单地通过计算净现值进行评价，而应当通过共同年限法或者等额年金法，将不同项目的净现值转化到相同期限上，再进行比较。

1. 共同年限法

共同年限法，也称重置价值链法、最小公倍寿命法、项目复制法，这种方法假设不同有效期的投资项目可以在终止时进行重置，从而使各项目达到相同的年限，然后比较其净现值。即将两个项目使用寿命的最小公倍数作为比较期间，并假设两个项目在这个比较期间内进行多次重复投资，将各自多次投资的净现值进行比较的分析方法。

【例 7–4】 假设康奈汽车零件公司的资本成本是 10%，有 A、B 两个互斥项目。A 项目的年限为 4 年，B 项目的年限为 2 年，试判断应该选择哪个项目。

通过表 7–8 计算得知，A 项目的净现值是 2953.7 万元，B 项目的净现值是 2 034.2 万元，如果认为 A 项目的净现值大于 B 项目，就选择 A 进行投资，这是不对的，因为两个项目的年限不同，不能直接进行比较。

假设 B 项目在终止时可以进行一次重置，该项目的期限就延长到了 2 年，与 A 项目相同。重置 B 项目净现值的计算如表 7–8 所示。其中重置 B 项目第 2 年年末现金流量–4800 万元是重置初始投资–17800 万元与第一期项目第二年年末现金流入 13000 万元的合计。经计算，重置 B 项目的净现值为 3734.28 万元，大于 A 项目的净现值。因此，应当选择 B 项目进行投资。

表 7–8　A 项目、B 项目与重置 B 项目的相关数据

单位：万元

项目		A		B		重置 B	
时间	折现系数（10%）	现金流	现值	现金流	现值	现金流	现值
0	1.0000	–40000	–40000	–17800	–17800	–17800	–17800
1	0.9091	13000	11818.3	10000	9091	10000	9091
2	0.8264	15000	12396	13000	10743.2	–4800	–3966.72
3	0.7531	14000	10543.4			10000	7531

续表

项目		A		B		重置 B	
时间	折现系数（10%）	现金流	现值	现金流	现值	现金流	现值
4	0.6830	12000	8196			13000	8879
净现值			2953.7		2034.2		3734.28

运用共同年限法存在一个问题：在某些情况下，项目的共同年限很长，比如，一个项目 5 年，另一个项目 11 年，就需要以 55 年作为共同年限。虽然计算机可以帮助我们解决繁冗的计算问题，但是，由于科技进步和通货膨胀的影响，我们很难准确预计未来几十年后的现金流量，这样就会影响决策的准确性，因此，必须寻找替代的方法来解决这一问题。

2. 等额年金法

等额年金法，又称年均净现值法，能有效地克服共同年限法因年限过长而导致结论不准确的问题。这种方法将不同投资项目的净现值转化为等额年金，然后比较不同项目在一年内的净现值。其计算公式为：

$$ANPV = \frac{NPV}{(P/A,\ i,\ n)}$$

其中，ANPV 表示等额年金；NPV 表示投资项目的净现值；（P/A，i，n）表示建立在资本成本率和项目寿命期基础上的年金现值系数。

【例 7–5】 续【例 7–4】，请使用等额年金法判断 A、B 项目的优劣。

A 项目的净现值 = 2953.7 万元

A 项目净现值的等额年金 = 2953.7/（P/A，10%，4）= 2953.7/3.170 = 931.77（万元）

B 项目的净现值 = 2034.2 万元

B 项目的净现值的等额年金 = 2034.2/（P/A，10%，2）= 2034.2/1.736 = 1171.77（万元）

应当选择 B 项目，这与共同年限法计算出的结论一致。

四、资本限量决策

一般而言，对于净现值大于零的独立项目，如果企业的资金不受限制，能够及时提供足够的资金，那么这些项目都可以被采用。但是，在实际中，企业的资金量有限，可能无法为全部的盈利项目筹资，在这种情况下，企业该如何选择这些项目呢？这就涉及独立投资项目的排序问题，即应该把有限的资金分配给哪些项目。所谓独立项目，就是指备选项目彼此是相互独立的，一个项目被采用与否不会影响其他项目的选择。

在资本限额的情况下，为了使企业获得最大利益，应该选择那些能使净现值最大的投资组合。可以采用的方法有净现值法和获利指数法。

（一）使用净现值法的程序

（1）先计算所有方案的净现值 NPV，并列出每个方案的初始投资额。

（2）选择 NPV≥0 的方案为备选方案。如果资本限额能够满足所有可授受的方案，则决策过程完成。

（3）如果资本限额不能够满足所有 NPV≥0 的方案，对所有方案资本限额内进行各种可能的组合，然后计算出各种可能组合的净现值合计数。

（4）选择净现值合计数最大的投资组合。

图 7-2 直观地反映了使用净现值法进行资本限量决策的过程。

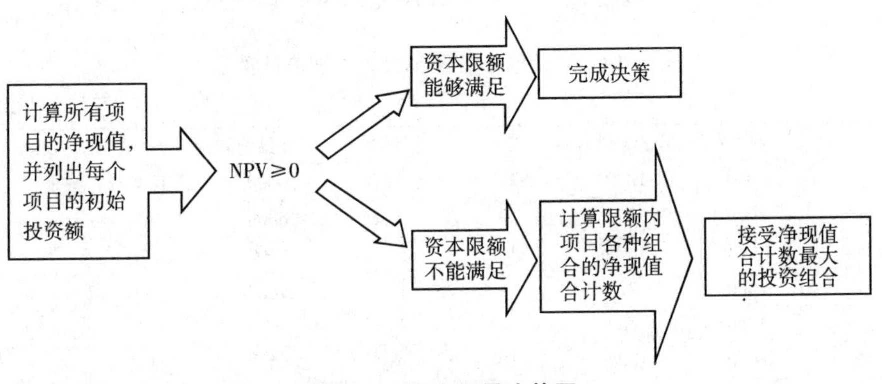

图 7-2　资本限量决策图

（二）使用获利指数的程序

（1）先计算所有方案的获利指数 PI，并列出每个项目的初始投资额。

（2）选择 PI≥1 的方案为备选方案。如果资本限额能够满足所有可授受的方案，则决策过程完成。

（3）如果资本限额不能够满足所有 PI≥1 的方案，对所有方案有资本限额内进行各种可能的组合，然后计算出各种可能组合的加权平均获利指数。

（4）选择加权平均获利指数最大的投资组合。

【例 7-6】　康奈汽车零件公司目前有 A、B、C、D、E 五个投资项目，有关资料如表 7-9 所示。如果当年公司可用于投资的资金总量为 6000 万元，试作出投资方案组合决策。

使用穷举法列出五个项目的所有投资组合，共计 31 个组合（n 个相互独立的投资项目的可能组合共有 2n-1 种），在其中寻找满足资本限额要求的各种组合，其他不符合资本限额要求的组合 ABC、ABCD、ABCE、ACDE、ABDE、

表 7-9 投资项目资料表

单位：万元

项目	原始投资	净现值
A	3000	1200
B	2000	400
C	2000	1000
D	1000	220
E	1000	300

ABCDE 不予考虑，计算符合条件的组合的净现值，按各方案净现值的大小排序，选择符合资本限额的净现值最大的方案。如表 7-10 所示。由于限定投资额为 6000 万元，通过计算可以得知，ACE 方案最优，净现值最大。

表 7-10 累计原始投资和累计净现值计算表

单位：万元

组合	组合投资额	组合净现值	排序	组合	组合投资额	组合净现值	排序
A	3000	1200	17	ABD	6000	1820	6
B	2000	400	23	ABE	6000	1900	5
C	2000	1000	18	BCD	5000	1620	9
D	1000	220	25	BCE	5000	1700	8
E	1000	300	24	ACD	6000	2420	2
AB	5000	1600	10	ACE	6000	2500	1
AC	5000	2200	3	CDE	4000	1520	11
AD	4000	1420	13	ADE	5000	1720	7
AE	4000	1500	12	BDE	4000	920	19
BC	4000	1400	14	ABCD	8000	2820	—
BD	3000	620	21	ABCE	8000	2900	—
BE	3000	700	20	BCDE	6000	1920	4
CD	3000	1220	16	ACDE	7000	2720	—
CE	3000	1300	15	ABDE	7000	2120	—
DE	2000	520	22	ABCDE	9000	3120	—
ABC	7000	2600	—				

第二节　投资的风险处置

一、项目风险分析

一般来说，投资项目都是有风险的，也就是说项目的盈利存在不确定性。这种不确定性主要来自以下几方面的原因：

（1）在项目期限内，销售数量、价格、成本和费用发生非预期变化，导致未来经营现金流入发生非预期的变化；

（2）在项目期限内，资本市场供求关系发生变化或公司资本结构发生变化，导致筹资成本发生变化；

（3）项目提前结束、产品寿命短于预测或者转而生产其他产品；

（4）由于现行法律的修改和政府出台新规定，导致项目产生额外的投资和费用；

（5）通货膨胀、经济衰退等的影响；

（6）国际经济和金融市场的变动等的影响；

（7）国际或国内的政治事件等的影响。

公司在制定投资项目决策时，需要将这些风险考虑其中，还应当在设计项目时尽量减少这些风险。

二、项目风险处置的一般方法

项目风险处置的方法主要包含两种，一种是风险调整折现率法，另一种是风险调整现金流量法，下面分别介绍这两种方法。

（一）风险调整折现率法

风险调整折现率法是将与特定投资项目有关的风险报酬，加入到资本成本率或公司要求达到的报酬率中，构成按风险调整的折现率，并据以进行投资决策分析的方法。按照风险调整折现率法，对高风险的项目采用较高的折现率计算净现值，而对低风险的项目采用较低的折现率计算净现值。一般使用资本资产定价模型来计算风险调整折现率。

风险调整折现率的计算公式为：

$$K_i = R_f + \beta_i \cdot (K_m - R_f)$$

其中，K_i 代表项目 i 按风险调整的贴现率或项目的必要报酬率，R_f 代表无风险贴现率，β_i 代表项目 i 的可不分散风险的 β 系数，K_m 代表所有项目平均的贴现率或必要报酬率。

调整好折现率后，风险调整后净现值的计算公式为：

$$风险调整后净现值=\sum_{t=0}^{n}\frac{预期现金流量}{(1+风险调整折现率)^t}$$

【例 7–7】 哈本壁纸公司目前有 A、B 两个投资项目可供选择，当前的无风险报酬率为 4%，市场平均报酬率为 12%，A 项目的 β 值为 1.5，B 项目的 β 值为 0.75。各年现金流量资料如表 7–11 所示，请计算各项目的净现值。

表 7–11 A、B 项目现金流量表

单位：万元

年数（t）	0	1	2	3	4	5
A 项目净现金流量	–4000	1300	1300	1300	1300	1300
B 项目净现金流量	–4500	1400	1400	1400	1400	1400

表 7–12 是未考虑风险的净现值，可以看出，如果不进行折现率调整，两个项目的净现值差不多，A 项目的净现值比 B 项目的净现值略高，也就是说 A 项目较好。下面，计算考虑风险后的净现值，首先，计算 A、B 项目的风险调整折现率。

A 项目的风险调整折现率 = 4% + 1.5 ×（12% – 4%）= 16%

B 项目的风险调整折现率 = 4% + 0.75 ×（12% – 4%）= 10%

表 7–12 未考虑风险的 A、B 项目净现值表

单位：万元

年数	现值系数（4%）	A 现金流量	A 未调整现值	B 现金流量	B 未调整现值
0	1.0000	–4000	–4000	–4500	–4500
1	0.9615	1300	1250	1400	1346.1
2	0.9246	1300	1202	1400	1294.4
3	0.8890	1300	1155.7	1400	1244.6
4	0.8548	1300	1111.2	1400	1196.7
5	0.8219	1300	1068.5	1400	1150.7
净现值			1787.4		1732.5

其次，根据风险调整折现率来计算 A、B 项目的净现值，如表 7–13 所示。

从表 7–13 可以看出，在考虑风险后，B 项目的净现值比 A 项目的净现值高很多，因此 B 项目好。

风险调整折现率法的优点是简单，易于理解，但是这种方法用单一的折现率同时完成风险价值调整和时间价值调整，它假设风险随着时间推移而增大，这会

表 7-13　考虑风险后 A、B 项目的净现值表

单位：万元

年数	A 现金流量	A 风险调整折现率 16%	A 调整后现值	B 现金流量	B 风险调整折现率 10%	B 调整后现值
0	-4000	1.0000	-4000	-4500	1.0000	-4500
1	1300	0.8621	1120.7	1400	0.9091	1272.7
2	1300	0.7432	966.2	1400	0.8264	1157
3	1300	0.6407	832.9	1400	0.7513	1051.8
4	1300	0.5523	718	1400	0.6830	956.2
5	1300	0.4762	610.1	1400	0.6209	869.3
净现值			256.9			807

夸大远期现金流量的风险。

（二）风险调整现金流量法

由于风险的存在，使得各年的现金流量变得不确定，为此，就需要按风险情况对各年的现金流量进行调整。风险调整现金流量法，是把不确定的有风险的现金流量调整为确定的无风险的现金流量，然后使用无风险的报酬率来折现计算净现值。

将有风险的现金流量转化为无风险的现金流量的方法有很多，这里介绍最常用的肯定当量法。

肯定当量法就是把不确定的各年现金流量，按照一定的系数（通常称为肯定当量系数，或称约当系数）折算为大约相当于确定的现金流量的数量，然后，利用无风险折现率来评价风险投资项目的决策分析方法。

肯定的现金流量 = 期望现金流量 × 肯定当量系数 d

其中，肯定当量系数 d 是指不肯定的 1 元现金流量期望值相当于使投资者满意的肯定的金额的系数，利用肯定当量系数，可以把不肯定的现金流量转化为肯定的现金流量，也就是去掉了现金流中有风险的部分，使其成为“安全”的现金流量。

在进行评价时，可根据各年现金流量风险的大小，选取不同的肯定当量系数。一般来说，当现金流量为确定时，可取 $d = 1.00$；当现金流量的风险很小时，可取 $1.00 > d \geq 0.80$；当风险一般时，可取 $0.80 > d \geq 0.40$；当现金流量风险很大时，可取 $0.40 > d > 0$。

由于现金流中已经消除了全部风险，相应的折现率应当是无风险的报酬率。

使用肯定当量法计算净现值的公式为：

$$NPV = \sum_{i=0}^{n} \frac{d_t NCF_t}{(1+i)^t}$$

肯定当量系数的选取会因人而异，风险偏好者会选用较高的肯定当量系数，风险厌恶者可能选用较低的肯定当量系数。为了防止因决策者的偏好不同而造成决策失误，可以根据标准离差率来确定肯定当量系数，因为标准离差率是衡量风险大小的一个很好的指标。但是，因为标准离差率与肯定当量系数之间的对照关系并没有公认的客观标准，所以如何准确、合理地确定肯定当量系数却是一个十分困难的问题。

【例 7–8】 哈本壁纸公司目前准备投资一条新生产线，有 A、B 两个方案可供选择，A 项目初始投资为 100000 元，连续三年，每年的现金流入为 44000 元；B 项目初始投资为 60000 元，在第三年末收到现金流量为 102000 元。根据经验判断，A 项目的肯定当量系数为 0.9，B 项目的肯定当量系数为 1。无风险利率为 7%。采用风险调整现金流量法来分析评价两个投资方案的优劣势。

解：计算各项目各年现金流量的变化系数，由前例可知：

$d_A = 0.9$，$d_B = 1$

所以有：

$$NPV_A = \frac{0.9 \times 44000}{(1+7\%)} + \frac{0.9 \times 44000}{(1+7\%)^2} + \frac{0.9 \times 44000}{(1+7\%)^3} - 100000 = 3910.4$$

$$NPV_B = \frac{1 \times 102000}{(1+7\%)^3} - 60000 = 23262$$

根据净现值投资决策规则，B 方案优于 A 方案。

第三节　通货膨胀的处置

通货膨胀是指在一定时期，物价水平持续、普遍上涨的经济现象。通货膨胀会影响投资项目净现值的计算，这种影响表现在两个方面：一是影响现金流量的估计；二是影响资本成本的估计。

名义现金流量是指包含了通货膨胀影响的现金流量。实际现金流量是去除了通货膨胀影响的现金流量。两者的关系为：

实际现金流量 = 名义现金流量/$(1 + 通货膨胀率)^n$

其中，n——相对于基期的期数。

相应地，存在通货膨胀的情况下，实际资本成本与名义资本成本存在如下关系：

$(1+r_n)=(1+r_r)(1+i)$

其中，r_n 为名义资本成本，r_r 为实际资本成本，i 为期望通货膨胀率。

资本预算的编制应遵循一致性原则，也就是说，评价指标计算的基本原则是：名义现金流量用名义资本成本来折现，实际现金流量用实际资本成本来折现。

【例 7–9】 康奈汽车零件公司有一投资项目的实际现金流量如表 7–14 所示，名义资本成本为 12%，预计一年内通货膨胀为 8%，求该项目的净现值。

表 7–14　实际现金流量

单位：万元

时间	第 0 年	第 1 年	第 2 年	第 3 年
实际现金流量	–120	60	80	50

第一种方法：将实际现金流量调整成为名义现金流量，然后用名义资本成本进行折现。具体计算过程如表 7–15 所示。

表 7–15　将实际现金流量调整成为名义现金流量

单位：万元

时间	第 0 年	第 1 年	第 2 年	第 3 年
实际现金流量	–120	60	80	50
名义现金流量	–120	$60\times1.08=64.8$	$80\times1.08^2=93.31$	$50\times1.08^3=62.99$
现值（按 12%折现）	–120	$64.8\times0.893=57.87$	$93.31\times0.797=74.37$	$62.99\times0.712=44.85$
净现值	$NPV=-120+57.87+74.37+44.85=57.09$			

第二种方法：将名义资本成本换算为实际资本成本，然后再使用实际现金流量计算净现值。具体计算过程如表 7–16 所示。

表 7–16　将名义资本成本换算为实际资本成本

单位：万元

时间	第 0 年	第 1 年	第 2 年	第 3 年
实际现金流量	–120	60	80	50
名义资本成本	12%			
实际资本成本	实际资本成本 $=(1+r_n)\div(1+i)-1=(1+12\%)\div(1+8\%)-1=3.7\%$			
现值（按 3.7%折现）	–120	$60\div1.037=57.86$	$80\div1.037^2=74.39$	$50\div1.037^3=44.84$
净现值	$NPV=-120+57.86+74.39+44.84=57.09$			

从以上计算可以看出，两种方法的结论一样，该项目的净现值为 57.09 万元。

【本章小结】

单一投资项目的财务可行性分析指标有净现值、获利指数、内含报酬率、投资回报率、会计报酬率。

互斥方案决策的方法主要有净现值法、获利指数法、内含报酬率法等。但是在互斥方案或非常规方案的应用中，这三种方法可能会得出不同的结论，应该引起注意。

在项目有效期相同的情况下，两个互斥项目可以采用净现值比较法或者差量分析法进行决策。净现值比较法是指分别计算各个方案的净现值，然后选择净现值为正且最大的方案。如果两个互斥项目投资额和有效期均不相同，不能简单地通过计算净现值进行评价，而应当通过共同年限法或者等额年金法，将不同项目的净现值转化到相同期限上，再进行比较。

在资本总量有限的情况下，独立项目的决策程序如下：①先计算所有方案的NPV及PI。②选择NPV≥0或PI≥1的方案为备选方案。③在资本限量内对各种备选方案进行组合，计算出各种组合的净现值（或获利指数）。④选择净现值最大的投资。

项目风险处置的方法主要包含两种：一种是风险调整折现率法，另一种是风险调整现金流量法。风险调整折现率法是对高风险的项目采用较高的折现率计算净现值，而对低风险的项目采用较低的折现率计算净现值的一种方法。风险调整现金流量法，是把不确定的有风险的现金流量调整为确定的无风险的现金流量，然后使用无风险的报酬率来折现计算净现值。

通货膨胀是指在一定时期，物价水平持续、普遍上涨的经济现象。通货膨胀会影响投资项目净现值的计算，这种影响表现在两个方面：一是影响现金流量的估计；二是影响资本成本的估计。

【思考题】

1. 差量分析法的基本步骤是什么？
2. 共同年限法和等额年金法的区别是什么？
3. 在存在通货膨胀的情况下，投资项目的现金流应如何处理？
4. 当投资项目存在风险时，应该使用哪些方法进行调整？
5. 在存在资本限量的情况下，企业应如何决策？

【练习题】

一、单项选择题

1. 某企业正在讨论更新现有的生产线，有两个备选方案：甲方案的净现值400万元，内含报酬率为10%；乙方案的净现值为300万元，内含报酬率为

15%，若两方案的有效年限相同，据此可以认定（　　）。

A. 甲方案较好　　B. 乙方案较好

C. 两方案一样好　　D. 需要利用等额年金法才能做出判断

2. 某企业拟进行一项固定资产投资项目决策，资本成本为 12%，有四个方案可供选择。其中甲方案的项目计算期为 5 年，净现值为 1000 万元；乙方案的现值指数为 0.85；丙方案的项目计算期为 11 年，净现值的等额年金为 150 万元；丁方案的内含报酬率为 10%。最优投资方案是（　　）。

A. 甲方案　　B. 乙方案

C. 丙方案　　D. 丁方案

3. 一投资方案年销售收入 300 万元，年销售成本 210 万元，其中折旧 85 万元，所得税税率为 40%，则该方案年现金流量净额为（　　）万元。

A. 90　　B. 139

C. 175　　D. 54

4. 投资决策评价方法中，对于互斥方案来说，最好的评价方法是（　　）。

A. 净现值法　　B. 现值指数法

C. 内含报酬率法　　D. 会计收益率法

5. 某投资项目原始投资为 12000 元，当年完工投产，预计使用年限为 3 年，每年可获得现金净流量 4600 元，则该项目的内含报酬率为（　　）。

A. 7.33%　　B. 7.68%

C. 8.32%　　D. 6.68%

6. 当贴现率与内含报酬率相等时（　　）。

A. 净现值>0　　B. 净现值=0

C. 净现值<0　　D. 净现值不确定

7. 某投资方案的年销售收入为 180 万元，年销售成本和费用为 120 万元，其中折旧为 20 万元，所得税率为 30%，则该投资方案的年现金净流量为（　　）万元。

A. 42　　B. 62

C. 60　　D. 48

8. 某公司拟投资 10 万元建一项目，预计该项目当年投资当年完工，预计投产后每年获得净利 1.5 万元，年折旧率为 10%，该项目回收期为（　　）。

A. 3 年　　B. 5 年

C. 4 年　　D. 6 年

9. 折旧具有抵税作用，由于计提折旧而减少的所得税可用（　　）计算求得。

A. 折旧额 × 税率

B. 折旧额 ×（1 – 税率）

C.（付现成本+折旧）（1 – 税率）

D. 付现成本 ×（1 – 税率）

10. 某公司当初以 100 万元购入一块土地，当目前市价为 80 万元，如欲在这块土地上兴建厂房，应（　　）。

A. 以 100 万元作为投资分析的机会成本考虑

B. 以 80 万元作为投资分析的机会成本考虑

C. 以 20 万元作为投资分析的机会成本考虑

D. 以 180 万元作为投资分析的沉没成本

11. 某投资方案，当贴现率为 16%时，其净现值为 338 元，当贴现率为 18%时，其净现值为–22 元，该方案的内含报酬率为（　　）。

A. 15.88%　　B. 16.12%

C. 17.88%　　D. 18.14%

12. 甲方案在三年中每年年初付款 1000 元，乙方案在三年中每年年末付款 1000 元，若利率相同，则两者在第三年年末时的终值（　　）。

A. 相等

B. 前者大于后者

C. 前者小于后者

D. 可能会出现上述三种情况的任何一种

13. 现有两个投资项目甲和乙，已知：$k_{甲} = 10\%$，$k_{乙} = 15\%$，$s_{甲} = 20\%$，$s_{乙} = 25\%$，那么（　　）。

A. 甲项目的风险程度大于乙项目的风险程度

B. 甲项目的风险程度小于乙项目的风险程度

C. 甲项目的风险程度等于乙项目的风险程度

D. 不能确定

14. 某一投资项目，投资 5 年，每年复利四次，其实际年利率为 8.24%，则其名义利率为（　　）。

A. 8%　　B. 8.16%

C. 8.04%　　D. 8.06%

15. 在预期收益不相同的情况下，标准差越大的项目，其风险（　　）。

A. 越大　　B. 越小

C. 不变　　D. 不确定

16. 有一项年金，前 3 年无流入，后 5 年每年初流入 500 元，年利率为 10%，则其现值为（　　）元。

A. 1994.59　　B. 1565.68

C. 1813.48　　D. 1423.21

17. 在考虑所得税因素以后，下列（　　）公式能够计算出现金流量。

A. 现金流量 = 营业收入 – 付现成本 – 所得税

B. 营业现金流量 = 税后净利 – 折旧

C. 现金流量 = 收入 ×（1 – 税率）+ 付现成本 ×（1 – 税率）+ 折旧 × 税率

D. 营业现金流量 = 税后收入 – 税后成本

18. 如果其他因素不变，一旦折现率提高，则下列指标中其数值将会变小的是（　　）。

A. 净现值　　　　B. 投资利润率

C. 内部收益率　　　　D. 投资回收期

二、多项选择题

1. 在不考虑所得税的情况下，下列（　　）公式能计算出营业现金流入量。

A. 营业现金流入量 = 利润 – 折旧

B. 营业现金流入量 = 利润 + 折旧

C. 营业现金流入量 = 销售收入 – 付现成本

D. 营业现金流入量 = 销售收入 – 营业成本 + 折旧

2. 固定资产投资项目的现金流出量包括（　　）。

A. 固定资产投资　　　　B. 流动资金垫资

C. 新增经营成本　　　　D. 增加的各项税款

3. 下列说法正确的是（　　）。

A. 在其他条件不变的情况下提高折现率会使得净现值变小

B. 在利用动态指标对同一个投资项目进行评价和决策时，会得出完全相同的结论

C. 在多个方案的组合排队决策中，如果资金总量受限，则应首先按照净现值的大小进行排列，然后选择使得净现值之和最大的组合

D. 两个互斥方案的差额内部收益率大于基准收益率则原始投资额大的方案为较优方案

4. 现金流量指标的优点有（　　）。

A. 准确反映企业未来期间盈利状况

B. 体现了资本时间价值观念

C. 可以排除会计的权责发生制的主观因素的影响

D. 体现了风险—收益间的关系

5. 如果两个互斥项目投资额和有效期均不相同，可以使用（　　）进行评价。

A. 共同年限法　　　　B. 等额年金法

C. 差量分析法　　　　D. 净现值比较法

6. 在项目有效期相同的情况下，可以使用（　　）进行评价。

A. 共同年限法　　　　B. 等额年金法
C. 差量分析法　　　　D. 净现值比较法

7. 项目风险处置的方法有（　　）。

A. 风险调整折现率法　　　　B. 风险调整现金流量法
C. 共同年限法　　　　D. 等额年金法

8. 在存在通货膨胀的情况下，评价指标计算的基本原则是（　　）。

A. 名义现金流量用名义资本成本来折现
B. 实际现金流量用实际资本成本来折现
C. 名义现金流量用实际资本成本来折现
D. 实际现金流量用名义资本成本来折现

9. 在资本总量有限的情况下，独立项目的决策程序包括（　　）。

A. 先计算所有方案的 NPV 及 PI
B. 选择 NPV≥0 或 PI≥1 的方案为备选方案
C. 在资本限量内对各种备选方案进行组合，计算出各种组合的净现值（或获利指数）
D. 选择净现值最大的投资

10. 下列说法正确的是（　　）。

A. 当投资回收期或会计报酬率的评价结论与净现值等主要指标的评价结论发生矛盾时，应当以主要指标的结论为准
B. 利用净现值、获利指数和内含报酬率指标对同一独立项目进行评价时，一般不会得出相互矛盾的结论
C. 当投资回收期或会计报酬率的评价结论与净现值等主要指标的评价结论发生矛盾时，应当以次要指标的结论为准
D. 在利用净现值、获利指数和内含报酬率指标在互斥方案或非常规方案的应用中，这三种方法可能会得出不同的结论

三、判断题

1. 对于一个投资项目，只要净现值大于 0，则现值指数大于 1，其内含报酬率必然高于资本成本率，均说明该项目是有利的，因此，采用这三个指标评价各投资项目，结论相同。（　　）

2. 如果存在多个独立投资方案，其内含报酬率均大于要求的最低投资报酬率，则应选择内含报酬率最高的投资方案。（　　）

3. 风险调整贴现率法是用调整净现值公式分母的办法来考虑风险。（　　）

4. 净现值以绝对数表示，不便于在不同投资规模的方案之间进行对比。（　　）

5. 某个方案，其内含报酬率大于资本成本率，则其净现值必然大于零。（　）

6. 一般情况下，使其投资方案的净现值小于零的折现率，一定小于该投资方案的内含报酬率。（　）

7. 采用加速折旧法计提折旧，计算出来的税后净现值比采用直线折旧法大。（　）

8. 如果已知项目的风险程度与无风险最低报酬率，就可以运用公式算出风险调整贴现率。（　）

9. 资金的时间价值一般用利息来表示，而利息需按一定的利率计算，因此，资金的时间价值就是利率。（　）

10. 先付年金与普通年金的区别仅在于付款时间不同。（　）

11. 投资报酬率等于货币时间价值、通货膨胀贴水、风险报酬三者之和。（　）

四、计算题

1. 某公司因业务发展的需要，准备购入一套设备。现有甲、乙两个方案可供选择，其中甲方案需投资 20 万元，使用寿命为 5 年，采用直线法计提折旧，5 年后设备无残值。5 年中每年销售收入为 8 万元，每年的付现成本为 3 万元。乙方案需投资 24 万元，也采用直线法计提折旧，使用寿命也为 5 年，5 年后有残值收入 4 万元。5 年中每年的销售收入为 10 万元，付现成本第一年 4 万元，以后随着设备不断陈旧，将逐年增加日常修理费 2000 元，另需垫支运营资本 3 万元。假设所得税税率为 25%。

要求：

（1）试计算两个方案的现金流量。

（2）如果该公司资本成本率为 10%，试用净现值法对两个方案进行取舍。

2. 某公司原有设备一套，购置成本为 150 万元，预计试用 10 年，已使用 5 年，预计残值为原值的 10%，该公司用直线法计提折旧，现该公司拟购买新设备替换旧设备，以提高生产率，降低成本。新设备购置成本为 200 万元，使用寿命为 5 年，同样采用直线法计提折旧，预计残值为购置成本的 10%，使用新设备后公司每年的销售额可以从 1500 万元上升到 1650 万元，每年付现成本将从 1100 万元上升到 1500 万元，公司如购置新设备，旧设备出售可得收入 100 万元，该企业的所得税税率为 25%，资本成本率为 10%。

要求：通过计算说明该设备是否应更新。

【案例分析】

南方日用化学品公司资本预算决策

南方日用化学品公司正在召开会议，讨论产品开发及其资本支出预算等有关问题。南方公司成立于1990年，是生产洗涤用品的专业公司。目前公司正生产“彩霞”牌和“绿波”牌系列洗涤用品，两种产品在东北地区的销售市场各占有很大份额，且近年来，这两种洗涤剂的销售收入有很大增长，其销售市场已经从东北延伸到全国各地。

面对日益激烈的商业竞争和层出不穷的科技创新，南方公司投入大量资金进行新产品的研究和开发工作，经过两年不懈努力，终于试制成功一种新型、高浓缩液体洗涤剂——“红雨”牌液体洗涤剂。该产品采用国际最新技术、生物可解配方制成，与传统的粉状洗涤剂相比，具有以下几项优点：①用量少。采用红雨牌系列洗涤剂漂洗相同重量的衣物，其用量只相当于粉状洗涤剂的1/6或1/8。②去污力强。对于特别脏的衣物、洗衣量较大或水质较硬的地区，如华北、东北，可达最佳洗涤效果，且不需要事前浸泡，这一点是粉状洗涤剂不能比拟的。③采用轻体塑料包装，使用方便，容易保管。

参加会议的有公司董事长、总经理、研究开发部经理、财务部经理等有关人员。会上，研发部经理首先介绍了新产品的特点、作用；研究开发费用以及开发项目的现金流量等。研发部经理指出，生产红雨液体洗涤剂的原始投资为500000元，其中新产品市场调研费100000元，购置专用设备、包装用品设备等需投资400000元。预计设备使用年限15年，期满无残值。按15年计算新产品的现金流量，与公司一贯奉行经营方针一致，在公司看来，15年以后的现金流量具有极大的不确定性，与其预计误差，不如不予预计。

研发部经理列示了红雨牌洗涤剂投产后公司现金流量表（见表7–17），并解释由于新产品投产后会冲击原来两种产品的销量，因此红雨洗涤剂投产后增量现金流量如表7–18所示。

表7–17　开发红雨产品后公司预计现金流量

年份	现金流量（元）	年份	现金流量（元）
1	56000	5	56000
2	56000	6	70000
3	56000	7	70000
4	56000	8	70000

续表

年份	现金流量（元）	年份	现金流量（元）
9	70000	13	50000
10	70000	14	50000
11	50000	15	50000
12	50000		

表 7-18　开发红雨产品公司增量现金流量

年份	现金流量（元）	年份	现金流量（元）
1	50000	9	63000
2	50000	10	63000
3	50000	11	45000
4	50000	12	45000
5	50000	13	45000
6	63000	14	45000
7	63000	15	45000
8	63000		

研发部经理介绍完毕，会议展开了讨论，在分析了市场状况、投资机会以及同行业发展水平的基础上，确定公司投资机会成本为10%。

公司财务部经理首先提出红雨洗涤剂开发项目资本支出预算中为什么没有包括厂房和其他设备支出。

研发部经理解释：目前，“彩霞”系列洗涤剂的生产设备利用率仅为60%，由于这些设备完全适用于生产红雨牌液体洗涤剂，故除专用设备和加工包装用品所用的设备外，不需再增加其他设备。预计红雨洗涤剂生产线全部开机后，只需要10%的工厂生产能力。

公司总经理问：开发新产品投产后是否应考虑流动资金？研发部经理解释说：新产品投产后，每年需追加流动资金40000元，由于这项资金每年年初借，年末还，一直保留在公司，所以不需将此项费用列入项目现金流量中。

接着，公司董事长提问：生产新产品占用了公司的剩余生产能力，如果将这部分剩余能力出租，公司每年将得到20000元的租金收入。因此新产品投资收入应该与租金收入相对比。但他又指出，南方公司一直奉行严格的设备管理政策，即不允许出租厂房设备等固定资产。按此政策，公司有可能接受新项目，这与正常的投资项目决策方法有所不同。

讨论仍在进行，主要集中的问题是：如何分析严格的设备管理政策对投资项目收益的影响？如何分析新产品市场调研费和追加的流动资金对项目的影响？

根据上述情况，回答下列问题：

1. 如果你是财务部经理，你认为新产品市场调研费属于该项目的现金流量吗？

2. 关于生产新产品所追加的流动资金，应否算作项目的现金流量？

3. 新产品生产使用公司剩余的生产能力，是否应该支付使用费？为什么？

4. 投资项目现金流量中是否应该反映由于新产品上市使原来老产品的市场份额减少而丧失的收入？

5. 如果投资项目所需资金是银行借入的，那么与此相关的利息支出是否应该在投资项目现金流量中得以反映？

6. 对于评价投资项目可行性的净现值、内含报酬率和投资回收期指标，其判断标准是什么？如果本方案的净现值计算结果为-120000 元，该方案是否可行；若内含报酬率计算结果为 6%，该方案是否可行；若投资回收期计算结果为 10年，该方案是否可行。根据各指标的判断结果，做出你最终的选择：是接受项目还是放弃项目？

资料来源：http://bbs.pinggu.org/forum.php?mod=viewthread&tid=89137&page=1.

第四篇

长期筹资

第八章　资本成本

【学习目标】

1. 掌握资本成本的概念，熟悉资本成本的种类；
2. 理解并掌握债务资本成本的计算；
3. 理解并掌握股权资本成本的计算；
4. 理解并掌握加权平均资本成本的计算，理解影响加权平均资本成本的因素。

【关键概念】

资本成本　债务资本成本　银行借款的资本成本　债券资本成本　股权资本成本　股利折现模型　资本资产定价模型　债券收益加风险溢价法　加权平均资本成本

【引例】

银行纷纷上调贷款利率

物以稀为贵，随着资金的紧张，各家银行商业贷款的利率也开始有较大幅度的上升。记者近日向广东省内各家银行了解到，目前已有四大国有银行对个人贷款和部分企业贷款提高利率上浮水平；一些股份制银行利率上浮幅度更大。

日前，有报道引述某国有大型银行资产负债部人士称，银行当月信贷额度已全部投放完毕，总行已下命令，本月各分支行放贷不得超出当月信贷额度。为保证信贷投放额度不超标，现在总行已发文要求各分支行提高贷款利率水平。

报道指出，该行贷款利率提高总的指导原则是：对退出性行业，贷款利率在基准利率基础上上浮45%；对一般准入性行业，贷款利率在基准利率基础上上浮30%左右；相应上调适度准入性行业贷款利率；确实被核准为总行级优质客户的，贷款利率下浮比例最多只能为5%。

“我们由于去年放款太多，今年信贷收缩幅度较大，存款与贷款增速不一致，进一步使得信贷空间收窄。”该人士透露，目前该行的对公业务上浮10%~15%。

资金紧缺下价高者得，使得银行利率上涨空间进一步打开。“现在我们只能按照利率价格，将所有贷款申请从高到低排序，优先发放上浮20%左右的贷款。”深发展一内部人士对记者说。

现实生活中，我们经常在新闻媒体中看到或者听到银行调整存贷款利率的相关新闻，如果银行上调了贷款利率，对企业有什么影响呢？通过对本章内容的学习，就可以帮助我们深入了解和分析以上问题。

资料来源：黄倩蔚.银行纷纷上调贷款利率［N］.南方日报，http://business.sohu.com/20110127/n279111820.shtml，2011-01-27.

第一节　资本成本概述

资本成本在财务管理中应用广泛，在投资和筹资分析中都有涉及，是财务管理的重要概念之一。一方面，企业对投资项目进行决策时，需要将投资报酬率与项目的资本成本进行比较，只有投资报酬率高于资本成本的项目，才能增加股东财富。另一方面，企业在进行筹资决策时，需要计算各种筹资方式的资本成本，以降低综合资本成本，从而实现股东财富最大化。

一、资本成本的概念

资本成本是指投资资本的机会成本。这种成本不是实际发生的成本，而是选择一个投资项目，所放弃的其他投资机会的收益。换句话说，资本成本是企业为筹集和使用资金而付出的代价。有时候，资本成本也称为必要报酬率、投资项目的取舍率、最低可接受的报酬率。

广义地讲，企业筹集和使用任何资金，不论短期的还是长期的，都要付出代价。狭义的资本成本仅指筹集和使用长期资金（包括自有资本和借入长期资金）的成本。由于长期资金也被称为资本，所以长期资金成本也称为资本成本。

资本成本从绝对量的构成来看，包括筹资费用和资金占用费。

筹资费用也称资金筹集费，指在资金筹集过程中支付的各项费用，如发行股票、债券支付的印刷费、发行手续费、律师费、资信评估费、公证费、担保费、广告费等。筹资费用通常在筹资时一次性全部支付，在用资过程中不再发生，因而属于固定性资本成本，可视为筹资额的一项扣除。

资金占用费，也称用资费用，是指占用资金支付的费用，如股票的股息、银行借款和债券利息等。相比之下，资金占用费是筹资企业经常发生的，是资本成本的主要部分。资金占用费随着使用资本额的多少和时期的长短而变动，属于变动性资本成本。

【小知识】

资本成本小知识

资本成本的概念包括两个方面：一方面，资本成本与公司的筹资活动有关，它是公司募集和使用资金的成本，即筹资的成本；另一方面，资本成本与公司的投资活动有关，它是投资所要求的必要报酬率。这两个方面既有联系，也有区别。为了加以区分，我们称前者为公司的资本成本，后者为投资项目的资本成本。

表 8-1 公司资本成本和项目资本成本

	公司资本成本	项目资本成本
定义	公司资本成本是公司取得资本使用权的代价，是公司投资人要求的最低报酬率，是构成企业资本结构中各种资金来源成本的组合，即各种资本要素成本的加权平均值	项目资本成本是公司投资于资本支出项目所要求的最低报酬率
影响因素	项目资本成本是公司投资于资本支出项目所要求的最低报酬率	项目的风险
二者的关系	项目资本成本不一定等于公司资本成本，二者的大小关系由公司新的投资项目的风险与企业现有资产平均风险的关系决定	

资料来源：中国注册会计师协会.财务成本管理［M］.北京：中国财政经济出版社，2013.

【例 8-1】 阿尔法房地产公司目前有 A、B、C 三个备选项目，A 项目的报酬率是 12%，B 项目的报酬率是 15%，C 项目的报酬率是 18%。该公司与银行签订了 200 万元的贷款协议，以保障项目投资能够如期进行，利率为 10%。如果公司选择了 C 项目进行投资，那进行投资收益评价时使用的资本成本是多少呢？答案是被放弃项目中报酬率最高项目的报酬率，也就是 15%，这是选择 C 项目进行投资的机会成本，既不是 A 项目的 12%，也不是贷款利率 10%。如果未来 C 项目的报酬率达不到 15%，就应当放弃。

二、资本成本的种类

在企业筹资和投资实务中，通常用资本成本率来表示资本成本。资本成本率是指企业用资费用与有效筹资额之间的比率，用百分比表示，是一个相对数。资本成本主要包括三方面的内容：①个别资本成本。个别资本成本是指企业各种筹资方式的成本，主要有债券资本成本、长期借款资本成本、股票资本成本、优先股资本成本和留存收益资本成本。个别资本成本用于企业比较各种筹资方式。②综合资本成本。综合资本成本也称加权平均资本成本，是指企业全部长期资本的成本。通常是以各种长期资本的比例为权重，对个别资本成本进行加权平均测算的。综合资本成本主要用于企业进行长期资本结构决策。③边际资本成本。边际资本成本是指企业追加筹资的成本。边际资本成本主要用于企业追加筹资方案的选择决策。

三、资本成本的用途

企业在进行投资、筹资、营运资本管理、企业价值评估、业绩评价等决策时，都需要使用资本成本，因此，资本成本是财务管理的关键内容之一，也是学习财务管理的重要基础之一。

【阅读材料】

资本成本的用途

1. 用于投资决策

当投资项目与公司现存业务相同时，公司资本成本是合适的折现率。

如果投资项目与现有资产平均风险不同，公司资本成本不能作为项目现金流的折现率，不过公司资本成本仍有价值，它提供了一个调整基础。

2. 用于筹资决策

公司的最佳资本结构应当是可使公司的总价值最高的资本结构，同时，在公司总价值最大的资本结构下，公司的资本成本也是最低的。加权平均资本成本可以指导资本结构决策。

3. 用于营运资本管理

在管理营运资本方面，资本成本可以用来评估营运资本投资政策和营运资本筹资政策。

4. 用于企业价值评估

评估企业价值时，主要采用折现现金流量法，需要使用公司资本成本作为公司现金流量的折现率。

5. 用于业绩评价

资本成本是投资人要求的报酬率，与公司实际的投资报酬率进行比较可以评价公司的业绩。

资料来源：中国注册会计师协会.财务成本管理［M］. 北京：中国财政经济出版社，2013.

第二节　长期债务资本成本

长期债务资本成本一般有长期借款成本和长期债券成本两种。根据企业所得税法的规定，企业债务的利息允许在税前利润中扣除，从而可以抵免企业所得税。因此，企业在计算债务资本成本时应当考虑所得税因素的影响。

一、银行借款的资本成本

银行借款的资本成本包括筹资费用和借款利息。借款利息是资金使用费用。银行借款利息在税前支付，可以起到债务利息抵税作用。具体来说，可以通过不考虑货币时间价值的方法和考虑货币时间价值的方法来计算银行借款的资本成本。此外，由于在投资和企业价值评估中，需要使用税后现金流量进行折现，因此，所有的各项资本成本应转化为税后成本。

（一）不考虑货币的时间价值

银行借款通常是一次还本、分期付息，用 K_l 表示银行借款的资本成本；I_t 表示银行借款年利息；T 表示企业所得税税率；L 表示银行借款筹资总额；F_l 表示银行借款筹资费用率，那么银行借款的资本成本可以用公式表示为：

$$K_c = \frac{I_t(1-T)}{L(1-F_c)}$$

当借款筹资费很少时，F_c 可以忽略不计。

【例 8-2】　阿尔法公司与银行签订贷款协议，长期借款金额为 2000 万元，手续费率 1%，年利率 6%，期限 5 年，每年结息一次，到期一次还本。公司适用的所得税税率为 25%，这笔借款的资本成本率为：

$$K_l = \frac{2000 \times 6\% \times (1-25\%)}{2000 \times (1-1\%)} = 4.55\%$$

在借款合同附加补偿性余额条款的情况下，企业可使用的借款额应扣除补偿性余额，这时借款的资本成本率将会上升。在借款年内结息次数超过一次时，借款实际利率也会高于名义利率，从而使资本成本率上升。

（二）考虑货币的时间价值

在考虑货币时间价值的情况下，银行借款的资本成本是企业未来支付的本金、利息流出的复利现值之和等于当前借入款项的贴现率。公式为：

$$L(1-F)=\sum_{t=1}^{n}\frac{I_t}{(1+K)^t}+\frac{L_n}{(1+K)^n}$$

$$K_l=K(1-T)$$

其中，L_n——第 n 年末偿还的本金；K——所得税前的银行借款成本；K_l——所得税后的银行借款成本；I_t——第 t 年银行借款利息。K 可采用插值法求解。

二、债券资本成本

债券资本成本的计算方法有不考虑货币时间价值的计算方法、考虑货币时间价值的计算方法和可比公司法三种。

（一）不考虑货币的时间价值

企业发行债券的筹资费用一般较高，在计算时应当考虑。债券的筹资费用即发行费用，包括申请发行债券的手续费、注册费、印刷费、上市费以及推销费等。在考虑所得税的情况下，债务人的利息支出可以减少其所得税支出，因此要考虑所得税的影响。在不考虑货币时间价值时，债券资本成本的计算公式如下：

$$K_{dt}=\frac{I_d(1-T)}{P_0(1-F)}$$

其中，K_{dt}——税后债券资本成本率；P_0——债券筹资额，即债券的市价；T——所得税税率；F——债券的筹资费用率。

【例 8–3】 阿尔法公司平价发行面值为 200 元、期限 5 年、票面利率 8%的债券，每年付息一次；发行费用率为 10%，所得税税率为 25%。则债券的资本成本为：

$$K_{dt}=\frac{200\times 8\%\times(1-25\%)}{200\times(1-10\%)}=6.67\%$$

（二）考虑货币的时间价值

考虑货币的时间价值的债券资本成本又称为债券的到期收益率。

在考虑货币时间价值时，公司债券的税前资本成本是使下式成立的资本成本 K：

$$P_0(1-F)=\sum_{i=1}^{n}\frac{I_i}{(1+K_d)^i}+\frac{P_n}{(1+K_d)^n}=I_i\times(P/A，K_d，n)+P_n\times(P/F，K_d，n)$$

将税前资本成本转化为税后资本成本：$K_{dt}=K_d(1-T)$

其中，P_0——债券的市价；P_n——到期偿还的本金；I_i——债务的约定利息；n——债务的期限；T——企业所得税率；K_d——税前债券资本成本；K_{dt}——税后债券资本成本；F——筹资费用率。

【例 8-4】 阿尔法公司折价发行面值为 1000 元，期限 22 年的长期债券，票面利率为 7%，每年年末付息，发行价为 900 元，企业所得税为 25%。

解析：用插值法计算该债券的税前资本成本。

$$900 = \sum_{i=1}^{22} \frac{1000 \times 7\%}{(1 + K_d)^i} + \frac{1000}{(1 + K_d)^{22}} = 700 \times (P/A, K_d, 22)$$

$$+ 1000 \times (P/F, K_d, 22)$$

用插值法求解，得：$K_d = 7.98\%$

税后资本成本：$K_{dt} = 7.98\% \times (1 - 25\%) = 5.99\%$

（三）可比公司法

如果公司没有上市，就不能使用上述方法计算债务的资本成本。这种情况下，需要找到一个行业、商业模式、规模、负债比率和财务状况与公司情况都比较类似的可比公司作为参照物。通过计算可比公司长期债券的资本成本，来作为本公司的长期债务资本成本。

第三节　股权资本成本

按照公司股权资本的构成，股权资本成本主要分为普通股资本成本、优先股资本成本、留存收益资本成本等。根据所得税法的规定，公司必须以税后利润向股东分配股利，因此股权资本成本没有抵税利益。

普通股资本成本的估计方法主要有三种，分别是股利折现模型、资本资产定价模型和债券报酬率风险调整模型。在实际操作中，具体使用哪一种，关键是看相关数据的可靠性，选取计算准确性最高的方法。资本资产定价模型是实务中经常使用的方法。

一、股利折现模型

股利折现模型是利用普通股现值的公式来计算普通股资本成本的一种方法。具体分为有到期日的股利折现模型和没有到期日的股利折现模型。

（一）有到期日的股利折现模型

如果企业短期持有股票，那么未来的收益将包括两个部分：一部分是股利；另一部分是卖出普通股所获得的收益，那么，普通股当前的价值就等于该股票未

来期望收益的现值。普通股的资本成本就是使以下公式成立的 K_S:

$$P_0(1-F)=\sum_{i=1}^{n}\frac{D_i}{(1+k_S)^i}+\frac{P_n}{(1+k_S)^n}=D_i\times(P/A,\ K_S,\ n)+P_n\times(P/F,\ K_S,\ n)$$

其中，K_S——普通股资本成本；D_i——第 i 期的股利；P_0——普通股当前市价（或发行价格）；P_n——普通股卖出价；F——普通股发行费用率。

（二）没有到期日的股利折现模型

1. 基本模型

如果企业永久持有股票，不打算出售，那么由于股票没有到期日，所以当 $n\to\infty$ 时，进而 $\frac{P_n}{(1+k_S)^n}\to 0$ 时，有到期日的股利折现模型可以转化为下列公式，普通股的资本成本就是使以下公式成立的 K_S:

$$P_0(1-F)=\sum_{i=1}^{n}\frac{D_i}{(1+k_S)^i}=D_i\times(P/A,\ K_S,\ n)$$

其中，K_S——普通股资本成本；D_i——第 i 期的股利；P_0——普通股当前市价（或发行价格）；F——普通股发行费用率。

2. 固定股利模型

如果公司实行固定股利政策，每年分派固定的现金股利 D，资本成本可按下式计算：

$$K_S=\frac{D}{P_0(1-F)}$$

式中符号含义同前。

【例 8-5】 阿尔法公司拟以 12 元/股的价格增发普通股，发行费用率为 10%，预计每年分派现金股利 1.2 元/股。该公司的普通股资本成本是多少?

$$K_S=\frac{1.2}{12\times(1-10\%)}=11.11\%$$

3. 固定增长股利模型

如果公司实行固定增长股利政策，即股利以固定的年增长率 g 增长，则普通股资本成本的计算公式为：

$$K_S=\frac{D_1}{P_0(1-F)}+g=\frac{D_0(1+g)}{P_0(1-F)}+g$$

式中符号含义同前。

其中，g 可以使用可持续增长率、历史增长率、证券分析师的预测进行估计。

【拓展阅读】

股利固定增长型股票价值的估值公式：

$$P_0 = \frac{D_1}{K_S - g} = \frac{D_0 \times (1+g)}{K_S - g}$$

对该公式变形即可得到固定增长股利模型的资本成本计算公式。

【例 8-6】 阿尔法公司准备增发普通股，发行价格为 15 元/股，发行费用率 10%，预计第一年分派现金股利 2 元/股，以后股利每年增长 4%。求普通股的资本成本。

根据固定增长股利模型计算：

$$K_S = \frac{2}{15 \times (1 - 10\%)} + 4\% = 18.81\%$$

二、资本资产定价模型

在计算股权资本成本时，资本资产定价模型是应用最广泛的模型。按照资本资产定价模型，股权资本成本等于无风险利率与风险溢价之和。

$$K_S = R_f + \beta \times (R_m - R_f)$$

其中，R_f——无风险报酬率；β——该股票的贝塔系数；R_m——平均风险股票报酬率；$(R_m - R_f)$——权益市场风险溢价；$\beta \times (R_m - R_f)$——该股票的风险溢价。

根据资本资产定价模型计算普通股的资本成本，必须估计无风险利率、权益的贝塔系数以及权益市场风险溢价。

【例 8-7】 市场无风险报酬率为 10%，平均风险股票报酬率为 16%，某公司普通股 β 值为 1.5。普通股的资本成本为：

$$K_S = 10\% + 1.5 \times (16\% - 10\%) = 19\%$$

【拓展阅读】

无风险利率的估计

1. 债券期限的选择

通常认为，在计算公司资本成本时选择长期政府债券比较适宜。其理由如下：

（1）普通股是长期的有价证券。

（2）资本预算涉及的时间长。

(3) 长期政府债券的利率波动较小。

2. 选择票面利率或到期收益率

应当选择上市交易的政府长期债券的到期收益率作为无风险利率的代表。

3. 选择名义利率或实际利率

1 + r 名义 = (1 + r 实际) (1 + 通货膨胀率)

名义现金流量 = 实际现金流量 × (1 + 通货膨胀率)n

其中，n——相对于基期的期数。

在决策分析中，有一条必须遵守的原则，即名义现金流量要使用名义折现率进行折现，实际现金流量要使用实际折现率进行折现。

只有在以下两种情况下，才使用实际利率计算资本成本：

(1) 存在恶性的通货膨胀（通货膨胀率已经达到两位数），最好使用实际现金流量和实际利率；

(2) 预测周期特别长，例如核电站投资等，通货膨胀的累积影响巨大。

资料来源：中国注册会计师协会. 财务成本管理［M］. 北京：中国财政经济出版社，2013.

三、债券收益加风险溢价法

根据投资原理，风险和收益是对等的，风险越大，要求的报酬率越高，风险越小，要求的报酬率也越小。由于与债券投资者相比，普通股股东对于企业的投资风险较大，因此，股东要求的报酬率应当在债权人要求的收益率上再加上一定的风险溢价。这一理论下股权资本成本的计算公式为：

$K_S = K_{dt} + RP_C$

其中，K_{dt}——税后债务成本；RP_C——股东比债权人承担更大风险所要求的风险溢价。

应用此公式时，应注意 RP_C 是公司的管理人员根据以往的经验估计的。对于自己发行的债券来说，公司普通股的风险溢价在 3%~5%之间。如果公司股票的风险较高，用 5%；反之则用 3%。

【例 8–8】 阿尔法公司发行的债券，其资本成本为 10%，公司属于风险中等的企业，那么其普通股成本是多少？德尔塔公司发行的债券，其资本成本为 16%，属于高风险的企业，德尔塔公司的普通股成本又是多少？

使用债券收益加风险溢价法来计算阿尔法和德尔塔公司的普通股资本成本：

阿尔法公司的普通股资本成本：$K_S = 10\% + 4\% = 14\%$

德尔塔公司的普通股资本成本：$K_S = 16\% + 5\% = 21\%$

【小知识】

优先股和留存收益的资本成本

优先股的股利通常是固定的，一般没有到期日，因此，优先股的资本成本类似于固定股利模型计算的普通股资本成本。

留存收益是企业的未分配利润形成的，虽然将利润留存在公司不需花费成本，但是从机会成本的角度理解，如果公司将利润全部取出，那么公司就需要通过发行普通股筹资，因此，留存收益的资本成本就是普通股的资本成本，只是不考虑筹资费用。

以上讲述了三种估计普通股资本成本的方法，这三种方法的计算结果可能不一致，该如何选择呢？事实上，理论界和实务界并不存在一个公认的确认资本成本的方法，常见的方法是同时计算三种方法计算的资本成本，然后取算术平均值；当然，如果决策者认为某种计算方法使用的数据更可靠，他可以直接选取该种方法计算的资本成本。

四、优先股和留存收益的资本成本

（一）优先股资本成本

优先股筹资作为权益性筹资，优先股的股利通常是固定的，公司利用优先股筹资也有筹资费用。它同普通股筹资、留存收益筹资一样不具有减税效应，因此其成本也不作税收扣除。优先股成本的计算公式为：

$$K_p = \frac{D_p}{P_p(1-F)}$$

其中，K_p——优先股资本成本率；D_p——优先股的每年股利支出；P_p——优先股筹资总额；F——筹资费用率。

（二）留存收益资本成本

留存收益是企业缴纳所得税后形成的，其所有权属于股东。股东将这一部分税后利润留存于企业，实质上是企业追加投资。企业使用留存收益用于公司发展，是以失去投资外部的报酬为代价的。如果企业将留存收益用于再投资所获得的收益低于股东自己进行另一项风险相似的投资的收益率，企业就不应该保留留存收益而应将其分派给股东。因此，留存收益也需要花费的资本成本不过是一种机会成本。留存收益资本成本除了无筹资费用外，基本同于普通股资本成本。

第四节　加权平均资本成本

一、加权平均资本成本的计算

前两节介绍了企业主要资本来源的个别资本成本，本节将讨论企业各项长期资本的综合资本成本，也就是加权平均资本成本。在计算加权平均资本成本时，需要考虑各项长期资本来源，包括长期借款、长期债券、普通股、优先股和留存收益的资本成本，不考虑短期债务的资本成本。

加权平均资本成本（Weighted Average Cost of Capital，WACC）是以各种长期资本的比例为权重，对个别资本成本进行加权平均计算而得。其计算公式如下：

$$WACC = \sum_{j=1}^{n} K_j W_j$$

其中，K_j——第 j 种个别资本成本，W_j——第 j 种个别资本占全部资本的比重（权重）。

企业一般可以选择账面价值加权、市场价值加权和目标资本结构加权。

账面价值加权是指使用资产负债表上的会计价值进行加权。优点是计算简便，缺点是账面价值反映的是历史价值，不能反映当前的价值。

市场价值加权是以债券、股票的市场价值作为加权基数，能反映企业目前的实际情况，但是，由于证券市场上债券、股票的价格波动频繁，计算出的加权平均资本成本是随时变化的。

目标资本结构加权，是指根据按市场价值计量的目标资本结构衡量每种资本要素的比例。这种加权方法可以克服以上两种方法的缺点。目标资本结构是由管理层决定的，因此，用目标资本结构加权的方法计算公司的加权平均资本成本是最有意义的。

【例 8-9】　阿尔法公司按平均市场价值计量的目标资本结构是：长期债务占 40%、优先股占 10%、普通股占 50%。长期债务的税后资本成本是 5%，优先股的资本成本是 9%，普通股的成本是 12%，求该公司的加权平均成本。

$$\begin{aligned} WACC &= (40\% \times 5\%) + (10\% \times 9\%) + (50\% \times 12\%) \\ &= 0.02 + 0.009 + 0.06 \\ &= 8.9\% \end{aligned}$$

二、影响加权平均资本成本的因素

加权平均资本成本受很多因素的影响，按这些因素是否可控，分为可控因素和不可控因素。

（一）可控因素

在公司财务活动中，加权平均资本成本直接受公司资本结构政策、股利政策和投资政策的影响。

（1）资本结构政策。企业资本结构政策的改变，直接影响到权重的确定。如果企业增加债务的比例，也会增加债务资本和权益资本的风险，进而影响资本成本的变化。

（2）股利政策。在利润一定的情况下，企业多支付股利，留存的利润就少。因此，公司的股利政策主要是通过影响留存收益水平来影响加权平均资本成本。

（3）投资政策。公司的资本成本反映了现有资产的平均风险，如果公司改变投资政策，投资于高风险的项目，那么，公司资产的平均风险就会提高，加权平均资本成本就会上升。

（二）不可控因素

（1）利率水平。利率上升，公司的筹资成本上升，债务成本和权益成本会随之上升。利率下降，公司的筹资成本下降，债务成本和权益成本也会随之下降。

（2）税率水平。税率的变化会直接影响税后债务资本成本，进而影响加权平均资本成本。

第五节　边际资本成本

一、边际资本成本的概念

西方财务理论认为，在现行资本结构下，只要各种资金成本不变，其新增资金的成本也不会变化；当某种资金的增加突破一定的限度时，就会引起资金成本的变化。因此，企业无法以某一固定的资金成本来筹集无限的资金，当其筹措的资金超过一定限度时，资本成本就会增加。在企业追加筹资时，需要知道筹资额在什么数额上会引起资金成本怎样的变化。这就要用到边际资金成本的概念。

边际资本成本是财务管理中的重要概念，是指公司追加筹资的资本成本率，即是指资本每增加一个单位而增加的成本。边际资本成本采用加权平均法计算，其权数为市场价值权数，而不应使用账面价值权数。当企业拟筹资进行某项目投资时，应以边际资本成本作为评价该投资项目可行性的经济指标。

二、边际资本成本的规划

计算确定边际资本成本可按如下步骤进行。

第一步，确定目标资本结构。

第二步，测算各种资本的成本。

第三步，计算筹资总额分界点。

因为一定的资本成本率只能筹集到一定限度的资金，超过这一限度多筹集资金就要多花费资本成本，引起原资本成本的变化，于是就把在保持某资本成本的条件下可以筹集到的资金总限度称为现有资本结构下的筹资总额分界点，或称筹资突破点。在筹资总额分界点范围内筹资，原来的资本成本不会改变；一旦筹资额超过筹资总额分界点，即便维持现有的资本结构，其资本成本也会增加。根据目标资本结构和各种资本成本率变动的分界点计算筹资总额分界点的公式为：

$$BP_j = \frac{TF_j}{W_j}$$

其中，BP_j ——筹资总额分界点；TF_j——第 j 种资本的成本分界点；W_j——目标资本结构中第 j 种资本的比例。

第四步，测算边际资本成本率。

根据第三步骤计算出的分界点，可得出新的筹资范围，对新的筹资范围分别计算加权平均资本成本，即可得到各种筹资范围的边际资本成本率。

【例 8-10】 某企业拥有长期资金 400 万元，其中长期借款 60 万元，资本成本 3%；长期债券 100 万元，资本成本 10%；普通股 240 万元，资本成本 13%。平均资本成本为 10.75%。由于扩大经营规模的需要，拟筹集新资金。试测算建立追加筹资的边际资本成本率规划。

第一步，确定目标资本结构。经分析，认为筹集新资金后，仍应保持目前的资本结构，即长期借款占 15%，长期债券占 25%，普通股占 60%。

第二步，测算各种资本的成本率。财务人员分析了资本市场状况和公司的筹资能力，认为随着公司筹资规模的扩大，各种资本的成本也会发生变化，并测算出了随筹资的增加各种资本成本的变化，见表 8-2。

表 8-2 追加筹资测算资料表

资金种类	目标资本结构	新筹资额	资本成本
长期借款	15%	45000 元以内	3%
		45000~90000 元	5%
		90000 元以上	7%

续表

资金种类	目标资本结构	新筹资额	资本成本
长期债券	25%	200000 元以内	10%
		200000~400000 元	11%
		400000 元以上	12%
普通股	60%	300000 元以内	13%
		300000~600000 元	14%
		600000 元以上	15%

第三步，计算筹资总额分界点。

例如，在花费 3%资本成本时，取得的长期借款筹资限额为 45000 元，其筹资总额分界点便为：45000/15%=300000（元）。而在目标资本结构中，长期借款的比例为 15%。这表示，在长期借款的资本成本由 3%上升到 5%之前，企业可筹资 300000 元；当筹资总额高于 300000 元时，长期借款的资本就要上升到 5%。

在花费 5%资本成本时，取得的长期借款筹资限额为 90000 元，其筹资总额分界点则为：90000/15% = 600000（元）。在长期借款的资本成本由 5%上升到 7%之前，企业可筹资 600000 元；当筹资总额高于 600000 元时，长期借款的资本就要上升到 7%。

按此方法，资料中各种情况下的筹资总额分界点的计算结果见表 8–3。

表 8–3　筹资总额范围测算表

资金种类	资本结构	资本成本	新筹资额	筹资分界点
长期借款	15%	3%	45000 元以内	300000 元
		5%	45000~90000 元	600000 元
		7%	90000 元以上	
长期债券	25%	10%	200000 元以内	800000 元
		11%	200000~400000 元	1600000 元
		12%	400000 元以上	
普通股	60%	13%	300000 元以内	500000 元
		14%	300000~600000 元	1000000 元
		15%	600000 元以上	

第四步，测算边际资本成本率。

根据第三步计算出的筹资突破点，可以得到 7 组筹资总额范围：①30 万元以内；②30 万~50 万元；③50 万~60 万元；④60 万–80 万元；⑤80 万~100 万元；⑥100 万~160 万元；⑦160 万元以上。对以上 7 组筹资总额范围分别计算加权平均资本成本，即可得到各种筹资总额范围的边际资本成本计算结果，见表 8-4。

表 8-4　边际资本成本规划表

筹资总额范围	资金种类	目标资本结构	资本成本	加权平均资本成本
300000 元以内	长期借款	15%	3%	3%×15%=0.45%
	长期债券	25%	10%	10%×25%=2.5%
	普通股	60%	13%	13%×60%=7.8%
第一个筹资总额范围内的边际资本成本=10.75%				
300000~500000 元	长期借款	15%	5%	5%×15%=0.75%
	长期债券	25%	10%	10%×25%=2.5%
	普通股	60%	13%	13%×60%=7.8%
第二个筹资总额范围内的边际资本成本=11.05%				
500000~600000 元	长期借款	15%	5%	5%×15%=0.75%
	长期债券	25%	10%	10%×25%=2.5%
	普通股	60%	14%	14%×60%=8.4%
第三个筹资总额范围内的边际资本成本=11.65%				
600000~800000 元	长期借款	15%	7%	7%×15%=1.05%
	长期债券	25%	10%	10%×25%=2.5%
	普通股	60%	14%	14%×60%=8.4%
第四个筹资总额范围内的边际资本成本=11.95%				
800000~1000000 元	长期借款	15%	7%	7%×15%=1.05%
	长期债券	25%	11%	11%×25%=2.75%
	普通股	60%	14%	14%×60%=8.4%
第五个筹资总额范围内的边际资本成本=12.20%				
1000000~1600000 元	长期借款	15%	7%	7%×15%=1.05%
	长期债券	25%	11%	11%×25%=2.75%
	普通股	60%	15%	15%×60%=9%
第六个筹资总额范围内的边际资本成本=12.80%				
1600000 元以上	长期借款	15%	7%	7%×15%=1.05%
	长期债券	25%	12%	12%×25%=3%
	普通股	60%	15%	15%×60%=9%
第七个筹资总额范围内的边际资本成本=13.05%				

【本章小结】

资本成本是企业为筹集和使用资金而付出的代价。资本成本也称为必要报酬率、投资项目的取舍率、最低可接受的报酬率。

资本成本主要包括三方面的内容：①个别资本成本；②综合资本成本；③边

际资本成本。

银行借款的资本成本包括筹资费用和借款利息。借款利息是资金使用费用。银行借款利息在税前支付，可以起到债务利息抵税作用。具体来说，可以通过不考虑货币时间价值的方法和考虑货币时间价值的方法来计算银行借款的资本成本。

债券资本成本的计算方法有不考虑货币时间价值的计算方法、到期收益率法和可比公司法。

股权资本成本的估计方法主要有三种，分别是股利折现模型、资本资产定价模型和债券报酬率风险调整模型。

加权平均资本成本是以各种长期资本的比例为权重，对个别资本成本进行加权平均计算而得。

影响加权平均资本成本的因素主要有可控因素和不可控因素两类。其中，可控因素包括资本结构政策、股利政策和投资政策；不可控因素包括利率水平和税收水平。

边际资本成本是财务管理中的重要概念，是指公司追加筹资的资本成本率，即是指资金每增加一个单位而增加的成本。

【思考题】

1. 何为资本成本？资本成本的种类有哪些？有何作用？
2. 银行借款的资本成本有哪些计算方法？债券的资本成本有哪些计算方法？
3. 股权资本成本的估算方法有哪三种？它们的公式分别是什么？
4. 加权平均资本成本是什么？影响加权平均资本成本的因素有哪些？

【练习题】

一、单项选择题

1. 某公司股票的筹资费率为 5%，预计第一年股利为每股 1.5 元，股利年增长率为 6%，据目前的市价算出的股票资本成本为 15%，则该股票目前的市价为（　　）元。

A. 17.54　　　　B. 18.60

C. 18　　　　D. 19

2. ABC 公司拟发行 5 年期的债券，面值 1000 元，发行价为 900 元，利率 10%（按年付息），所得税税率 25%，发行费用为发行价的 5%，则该债券的税后债务资本成本为（　　）。

A. 9.93%　　　　B. 10.69%

C. 9.36%　　　　D. 7.5%

3. 从资本成本的计算与应用价值看，资本成本属于（　　）。

A. 实际成本　　B. 计划成本

C. 沉没成本　　D. 机会成本

4. 投资人要求的最低报酬率，也就是投资于本公司的资本成本，它在数量上相当于（　　）。

A. 放弃的其他投资机会报酬率中最低的一个

B. 放弃的其他投资机会报酬率中最高的一个

C. 放弃的其他投资机会报酬率的算术平均数

D. 放弃的其他投资机会报酬率的加权平均数

5. 公司的资本成本取决于（　　）。

A. 筹资资本数量　　B. 各种资本来源的比例

C. 投资人的期望报酬率　　D. 资本结构

6. 某种股票当前的市场价格为 40 元，每股股利是 2 元，预期的股利增长率是 5%，则其普通股资本成本为（　　）。

A. 5%　　B. 5.5%

C. 10%　　D. 10.25%

7. 某公司普通股当前市价为每股 25 元，拟按当前市价增发新股 100 万股，增发第一年年末预计每股股利为 2.5 元，以后每年股利增长率为 6%，则该公司本次增发普通股的资本成本为（　　）。

A. 10.53%　　B. 12.36%

C. 16.00%　　D. 18.36%

8. 某公司债券税前成本为 10%，所得税税率为 25%，该公司属于风险较高的企业，若采用经验估计值，按照债券收益加风险溢价法所确定的普通股成本为（　　）。

A. 10.5%　　B. 11.5%

C. 12.5%　　D. 13%

9. 在计算个别资本成本时，需要考虑所得税抵减作用的筹资方式是（　　）。

A. 银行借款　　B. 留存收益

C. 优先股　　D. 普通股

10. 某企业的产权比率为 0.6，债务平均税前资本成本为 15.15%，权益资本成本为 20%，所得税税率为 25%。则加权平均资本成本为（　　）。

A. 16.76%　　B. 16.25%

C. 18.45%　　D. 18.55%

11. 不需要考虑发行成本影响的筹资方式是（　　）。

A. 发行债券　　B. 发行普通股

C. 发行优先股　　D. 留存收益

12. 在不考虑筹款限制的前提下，下列筹资方式中个别资本成本最高的通常是（　　）。

A. 发行普通股　　B. 留存收益筹资

C. 长期借款筹资　　D. 发行公司债券

13.（　　）是企业追加筹资的成本。

A. 权益成本　　B. 边际资本成本

C. 个别资本成本　　D. 债务成本

14. 债券成本一般要低于普通股成本，这主要是因为（　　）。

A. 债券的发行量小

B. 债券的利息固定

C. 债券风险较小，其利息具有抵税效应

D. 债券的筹资费用少

15. 某股票当前的市场价格为 20 元/股，每股股利 1 元，预期股利增长率为 4%，则其资本成本率为（　　）。

A. 4%　　B. 5%

C. 9.2%　　D. 9%

二、多项选择题

1. 普通股成本的估计方法有（　　）。

A. 财务比率法　　B. 股利增长模型法

C. 资本资产定价模型法　　D. 债券收益加风险溢价法

2. 普通股成本是指筹集普通股资金所需要的成本，那么估计普通股成本的方法有（　　）。

A. 布莱克—斯科尔斯模型　　B. 资本资产定价模型

C. 股利增长模型　　D. 债券收益加风险溢价法

3. 下列有关留存收益的资本成本，正确的说法有（　　）。

A. 它不存在成本问题

B. 其成本是一种机会成本

C. 它的成本计算不考虑筹资费用

D. 它相当于股东投资于某种股票所要求的必要收益率

4. 在市场经济条件下，决定企业资本成本水平的因素有（　　）。

A. 利率　　B. 市场风险溢价

C. 税率　　D. 资本结构

5. 决定综合资本成本高低的因素有（　　）。

A. 个别资本的数量　　B. 总成本的数量

C. 个别资本成本　　　　　　　　　　D. 加权平均权数

6. 资本成本可用（　　）来表示。

A. 相对数　　　　　　　　　　　　B. 绝对数

C. 个别资本成本　　　　　　　　　D. 综合资本成本

7. 在其他因素不变的情况下，下列事项中，有可能导致资本成本上升的有（　　）。

A. 市场风险溢价上升

B. 提高股利支付额

C. 向高于现有资产风险的新项目投资

D. 利率下降

8. 资本成本的主要用途包括（　　）。

A. 市场风险溢价上升

B. 提高股利支付额

C. 向高于现有资产风险的新项目投资

D. 利率下降

9. 采用股利增长模型估计普通股成本时，确定模型中的平均增长率，主要方法有（　　）。

A. 可持续增长率　　　　　　　　　B. 历史增长率

C. 采用证券分析师的预测　　　　　D. 同行业平均的增长率

10. 利用股利增长模型估计普通股成本时，如果用企业可持续增长率来估计股利增长率，需要满足的条件有（　　）。

A. 留存收益率不变

B. 预期新投资的权益净利率等于当前预期报酬率

C. 公司不发行新债

D. 未来投资项目的风险与现有资产相同

三、判断题

1. 一般而言，一个投资项目，只有当其投资报酬率低于其资本成本率时，在经济上才是合理的；否则，该项目将无利可图，甚至会发生亏损。（　　）

2. 当资本结构不变时，个别资本成本率越低，则加权平均资本成本率越高；反之，个别资本成本率越高，则加权平均资本成本率越低。（　　）

3. 一般而言，债券成本要高于长期借款成本。（　　）

4. 公司的留存利润是由公司税后净利形成的，它属于普通股股东，因而公司使用留存利润并不花费什么成本。（　　）

5. 在公司的全部资本中，普通股以及留存利润的风险最大，要求报酬相应最高，因此，其资本成本也最高。（　　）

6. 加权平均资本成本率是指企业全部长期资本成本中的各个个别资本成本率的平均数。　（　）

7. 边际资本成本率是实现目标资本结构的资本成本率。　（　）

四、计算题

1. 某企业拟借入长期借款 1000 万元，期限 3 年，年利率 10%，每年付息，到期一次还本，企业所得税税率为 25%。则该借款的税后资本成本是多少？

2. ABC 公司欲从银行取得一笔长期借款 1000 万元，手续费 0.1%，年利率 5%，期限 3 年，每年结息一次，到期一次还本。公司所得税税率 25%。计算该笔银行借款的资金成本。

3. 筹资总额 1000 万元，其中发行普通股 500 万元，资金成本为 15%；发行债券 300 万元，资金成本为 8%；银行借款 200 万元，资金成本为 7%。要求：计算加权平均资本成本。

4. 某企业拟筹资 4000 万元。其中，按面值发行债券 1000 万元，筹资费率 2%，债券年利率为 5%；普通股 3000 万元，发行价为 10 元/股，筹资费率为 4%，第一年预期股利为 1.2 元/股，以后各年增长 5%。所得税税率为 25%。计算该筹资方案的加权平均资金成本。

【案例分析】

天顺公司投资决策

天顺公司正在考虑为一大型投资项目筹措资金 2000 万元，相关资料如下：

1. 向银行取得的长期借款 200 万元，期限 5 年，借款年利率 6%，每年付息一次，到期偿还本金，筹资费率 2%。

2. 发行债券筹资 360 万元，每张债券面值 1000 元，票面利率 7%，期限 3 年，每年付息一次，到期偿还本金，债券折价发行，发行价格 900 元，筹资费率3%。

3. 按面值发行优先股 48 万股，每股面值 10 元，预计年股息率 8%，筹资费率 3%。

4. 发行普通股 500 万元，每股面值 1 元，发行价格 6.4 元，筹资费率 5%，预计第一年每股股利 0.33 元，以后每年按 6%递增。

5. 该投资项目所需的其余资本通过留存收益满足。

6. 公司普通股的贝塔系数为 1.5，当前国债的收益率为 5.5%，市场上普通股平均收益率为 8.5%。

7. 公司所得税税率为 25%。

思考：

1. 分别计算银行借款、公司债券、优先股的资本成本。

2. 根据股利估值模型和资本资产定价模型分别计算普通股的资本成本，并将两种计算结果的平均值作为普通股的资本成本。

3. 根据股利估值模型和资本资产定价模型分别计算留存收益的资本成本，并将两种计算结果的平均值作为最终留存收益的资本成本。

4. 计算该投资项目的加权平均资本成本。

5. 如果投资项目的计划年投资收益率为9.5%，分析该公司是否应该筹集资金投资该项目。

（注：以上计算结果保留两位小数。）

资料来源：杨冬云. 财务管理案例教程（第一版）［M］. 北京：科学出版社，2012：75-76.

第九章　资本结构

【学习目标】

1. 理解经营风险和财务风险的概念；
2. 理解并掌握经营杠杆、财务杠杆、总杠杆的计算；
3. 了解资本结构的理论；
4. 理解并掌握资本结构决策的计算方法。

【关键概念】

经营风险　经营杠杆　经营杠杆系数　财务风险　财务杠杆　财务杠杆系数　MM 理论　优序融资理论　资本成本比较法　每股收益无差别点法　企业价值比较法

【引例】

固特异橡胶轮胎公司的资本结构政策

美国固特异轮胎橡胶公司始建于 1898 年，至今已有百余年的历史。固特异公司是世界上最大规模的轮胎生产公司，总部位于美国俄亥俄州阿克隆市，公司主要在 28 个国家 90 多个工厂中生产轮胎、工程橡胶产品和化学产品。在公司发展的早期，曾经试图在石油和天然气业进行多样化投资，但在建设一条石油管道时遇到了困难。

在 1986 年 12 月，公司开始对其 4000 万股份以每股 50 美元的价格进行现金邀约收购。目的是为了防止并购的威胁。最终公司与 Goldsmith 集团达成协议，以每股 49.5 美元的价格购买其持有的固特异股份。这笔资金主要是通过借债和出售资产来筹集的。这一结果大幅度提升了公司的股票价格，但是也增加了公司对债务的依赖性。使公司的长期负债—权益比从 1985 年的 28.4%增加到 1988 年的 150.2%。具体见下表。

固特异橡胶轮胎公司财务数据

	1985 年	1986 年	1987 年	1988 年	1989 年	1990 年
长期债务（百万美元）	997.5	2487.5	3282.4	3044.8	2963.4	3286.4
权益（百万美元）	3507.4	3002.6	1834.4	2027.1	2143.8	2097.9
流通在外的股票数（百万股）	216.2	194.2	114.0	114.9	115.6	117.0
权益收益率（ROE）	8.6%	9.2%	24.0%	17.7%	13.8%	负值

固特异公司对于资本结构的调整是一个好的决策吗？通过对杠杆原理和资本结构的学习，可以帮助我们分析资本市场中的公司决策行为。

资料来源：斯蒂芬·A.罗斯，伦道夫·W.威斯特菲尔德，杰弗利·F..杰富. 公司理财（第 9 版）[M]. 吴世农，沈艺峰，王志强等译. 北京：机械工业出版社，2014：331-332.

第一节　杠杆原理

一、财务杠杆效应的含义

自然界中的杠杆效应是指人们通过利用杠杆，可以用较小的力量移动较重的物体的现象。财务管理中的杠杆效应，是指固定成本提高公司期望收益，同时也增加公司风险的现象。即由于固定费用的存在而导致的，当某一财务变量以较小幅度变动时，另一相关变量会以较大幅度变动的现象。由于利息费用、优先股股利等财务费用是固定不变的，因此当息税前利润增加时，每股普通股负担的固定财务费用将相对减少，从而给投资者带来额外的好处。固定性经营成本引起了经营杠杆效应，固定性融资成本（如债务利息等）引起了财务杠杆效应。经营杠杆会放大息税前利润的波动，财务杠杆会放大每股收益（或净利润）的波动，因此会影响企业的风险和收益。

二、成本习性、边际贡献与息税前利润

（一）成本习性

成本习性也称为成本性态，指在一定条件下成本总额的变动与特定业务量之间的依存关系。这里的业务量可以是生产或销售的产品数量，也可以是反映生产工作量的直接人工小时数或机器工作小时数。成本按习性可划分为固定成本、变动成本和混合成本三类。

1. 固定成本

固定成本，是指其总额在一定时期和一定业务量范围内不随业务量发生任何变动的那部分成本，如按直线法计提的折旧费、保险费、管理人员工资、办公费等。单位固定成本将随产量的增加而逐渐变小。应当指出的是，固定成本总额只是在一定时期和业务量的一定范围（通常称为相关范围）内保持不变。超过了一定范围，固定成本也会发生变动。

2. 变动成本

变动成本是指其总额随着业务量呈正比例变动的那部分成本，如直接材料、直接人工等都属于变动成本，但产品单位成本中的直接材料、直接人工将保持不变。与固定成本相同，变动成本也存在相关范围。超出相关范围时，变动成本发生额可能呈非线性变动。

3. 混合成本

有些成本虽然也随业务量的变动而变动，但不呈正比例变动，这类成本称为混合成本。混合成本按其与业务量的关系又可分为半变动成本和半固定成本。

（1）半变动成本。它通常有一个初始量，类似于固定成本，在这个初始量的基础上随产量的增长而增长，又类似于变动成本，如企业的公共事业费、电话费等。

（2）半固定成本。这类成本随产量的变化而呈阶梯型增长，产量在一定限度内，这种成本不变，当产量增长到一定限度后，这种成本就跳跃到一个新水平，例如化验员、质量检验员等的工资。

（二）边际贡献

边际贡献是指销售收入减去变动成本以后的余额。通常，边际贡献又称为"边际利润"或"贡献毛益"等。边际贡献是管理会计中一个经常使用的十分重要的概念，是运用盈亏分析原理，进行产品生产决策的一个十分重要指标。

边际贡献一般可分为单位的边际贡献和全部产品的边际贡献，其计算方法为：

单位边际贡献 = 销售单价 - 单位变动成本

全部产品边际贡献 = 全部产品的销售收入 - 全部产品的变动成本

= (销售单价 - 单位变动成本) × 销售量

= 单位边际贡献×销售量

（三）息税前利润

息税前利润（Earnings Before Interest and Tax，EBIT）是指支付利息和所得税之前的利润。息税前利润的计算公式如下：

息税前利润 = 企业的净利润 + 企业支付的利息费用 + 企业支付的所得税

或者

息税前利润 = 边际贡献 - 固定经营成本

= 销售收入总额 – 变动成本总额 – 固定经营成本

三、经营杠杆

（一）经营杠杆的含义

经营杠杆，又称营业杠杆或营运杠杆，指在企业生产经营中由于存在固定成本而使息税前利润变动率大于销售量（或销售额）变动率的现象。根据成本习性，在一定销售量（或销售额）范围内，销售量（或销售额）的增加一般不会影响固定成本总额，但会使单位产品固定成本降低，从而提高单位产品利润，并使利润增长率大于销售量（或销售额）增长率；反之，销售量（或销售额）减少，会使单位产品固定成本升高，从而降低单位产品利润，并使利润下降率大于销售量（或销售额）的下降率。

（二）经营风险

1. 经营风险

经营风险，亦称营业风险，是指企业未使用债务时经营的内在风险，主要是指息税前利润的不确定性。影响经营风险的因素很多，其中，固定成本是引发经营风险的根源。

2. 经营风险分析

由于固定性经营成本的存在，销量或者销售额的变化，会引起企业的收益和风险发生变化，以下的分析将说明这一传导过程。

（1）经营杠杆利益分析。

【例 9–1】 君悦百货公司三年间的营业收入总额为 3000 万~6750 万元，每年的固定成本总额保持不变，均为 1000 万元，变动成本率为 60%。公司三年来的营业收入总额每年增长 50%，现测算息税前利润的增长幅度，如表 9–1 所示。

表 9–1　君悦百货公司息税前利润增长幅度测算表

单位：万元

年份	营业收入总额	营业收入总额增长率（%）	变动成本	固定成本	息税前利润	息税前利润增长率（%）
20×7	3000		1800	1000	200	
20×8	4500	50	2700	1000	800	300
20×9	6750	50	4050	1000	1700	112.5

注：息税前利润是计算利息和所得税之前的盈余（简称息税前利润，EBIT）。

由表 9–1 可见，在固定成本均为 1000 万元的情况下，20×8 年营业收入增长 50%，息税前利润增长 300%，20×9 年营业收入增长 50%，息税前利润增长 112.5%。这说明，在固定成本总额保持不变的情况下，随着营业收入总额的增长，息税前利润以更快的速度增长，即息税前利润的增长幅度高于营业收入的增长幅度。

【例 9-1】说明，在企业特定的销售量（或销售额）范围内，如果变动成本总额随着销售量（或销售额）的增加而增加，而固定成本的总额保持相对稳定，那么，随着销售量（或销售额）的增加，单位销售量（或销售额）所负担的固定成本会相对减少，从而单位产品的利润提高，使得息税前利润的增长率高于销售量（或销售额）的增长率，进而给企业带来额外的利润。

（2）经营杠杆风险分析。经营杠杆风险是指企业在经营活动中利用经营杠杆而导致息税前利润下降的风险。由于经营杠杆的作用，当营业收入总额下降时，息税前利润下降得更快，从而给企业带来经营风险。

【例 9-2】 君悦百货公司 20×7~20×9 年的营业收入总额分别为 3000 万元、2600 万元和 2400 万元，每年的固定成本总额都是 800 万元，变动成本率为 60%。下面测算其营业风险。

表 9-2 君悦百货公司息税前利润下降幅度测算表

单位：万元

年份	营业收入总额	营业收入总额降低率（%）	变动成本	固定成本	息税前利润	息税前利润降低率（%）
20×7	6750		4050	1000	1700	
20×8	4500	33.33	2700	1000	800	52.94
20×9	3000	33.33	1800	1000	200	75

由表 9-2 可见，在固定成本均为 1000 万元的情况下，20×8 年营业收入下降 33.33%，息税前利润下降 52.94%，20×9 年营业收入下降 33.33%，息税前利润下降 75%。这说明，在固定成本总额保持不变的情况下，随着营业收入总额的下降，息税前利润以更快的速度下降，即息税前利润的下降幅度高于营业收入的下降幅度。

【例 9-2】说明，在企业特定的销售量（或销售额）范围内，如果变动成本总额随着销售量（或销售额）的减少而减少，而固定成本的总额保持相对稳定，那么，随着销售量（或销售额）的减少，单位销售量（或销售额）所负担的固定成本会相对增加，从而单位产品的利润减少，使得息税前利润的下降幅度高于销售量（或销售额）的下降幅度，进而增大了企业的风险。

（三）经营杠杆系数

1. 经营杠杆系数的计算

经营杠杆效应一般使用经营杠杆系数来测度，它是企业息税前利润（EBIT）变动率与销售量（或销售额）变动率之间的比率。经营杠杆系数用下式表示：

$$DOL = \frac{\text{息税前利润变化的百分比}}{\text{营业收入变化的百分比}} = \frac{\Delta EBIT/EBIT}{\Delta S/S} = \frac{\Delta EBIT/EBIT}{\Delta Q/Q}$$

其中，DOL——经营杠杆系数；ΔEBIT——息税前利润变动额；EBIT——变动前息税前利润；ΔS——销售额变动量；S——变动前销售量；ΔQ——销售额变动量；Q——变动前销售量。

假设变动成本占销售额的比例保持不变，固定成本在一定的销售量总额内也保持稳定，经营杠杆系数还可以用以下两个公式表示。

公式 1：

$$DOL_q = \frac{Q(P-V)}{Q(P-V)-F}$$

其中，DOL_q——用销售量 Q 表示的经营杠杆系数；P——单位销售价格；V——单位变动成本；F——总固定成本。此公式用于计算单一产品的经营杠杆系数。

公式 2：

$$DOL_s = \frac{S-VC}{S-VC-F} = \frac{EBIT+F}{EBIT}$$

其中，DOL_s——用销售额 S 表示的经营杠杆系数；S——销售收入总额；VC——变动成本总额。此公式既可以计算单一产品的经营杠杆系数，也可用于计算多种产品的经营杠杆系数。

【特别提醒】

$$\because EBIT = Q(P-V)-F$$

$$\therefore \Delta EBIT = \Delta Q(P-V)$$

$$\therefore DOL = \frac{Q(P-V)}{Q(P-V)-F} = \frac{S-VC}{S-VC-F}$$

从公式 1 和公式 2 可以看出，若 F 等于 0，则经营杠杆系数为 1，表示不存在经营杠杆效应。若 F 不为 0，经营杠杆系数大于 1（一般 EBIT 为正值），表示存在经营杠杆效应。

经营杠杆系数越大，表明经营杠杆效应越大，经营风险也就越大；经营杠杆系数越小，表明经营杠杆效应越小，经营风险也就越小。

【例 9-3】　君悦百货公司营业收入为 500 万元，变动成本率为 40%，当固定成本为 150 万元时，经营杠杆系数为多少？如果固定成本为 200 万元，经营杠杆系数为多少？

若固定成本为 150 万元，则：

$$DOL = \frac{S - VC}{S - VC - F} = \frac{500 - 500 \times 40\%}{500 - 500 \times 40\% - 150} = \frac{500 \times (1 - 40\%)}{500 \times (1 - 40\%) - 150} = 2$$

若固定成本为 200 万元，则：

$$DOL = \frac{S - VC}{S - VC - F} = \frac{500 - 500 \times 40\%}{500 - 500 \times 40\% - 200} = \frac{500(1 - 40\%)}{500 \times (1 - 40\%) - 200} = 3$$

营业杠杆系数为 2 表示：如果销售额增长 10%，息税前利润将增长 20%；反之，如果销售额下降 10%，息税前利润将下降 20%。

2. 影响经营杠杆系数的因素

影响经营杠杆系数的因素，也是影响经营风险的因素，主要有产品销量、产品售价、单位产品变动成本、固定成本等。在这些因素发生变动的情况下，经营杠杆系数也会发生变动，进而影响经营风险。由于这些因素的变动，会放大息税前利润的变动，因此会影响企业的筹资能力和资本结构。

【小知识】

如何利用经营杠杆控制经营风险

企业控制经营风险期望达到的效果应该是：若预计销售呈增长趋势，则增大经营杠杆有利于营业利润的快速增长，若预计销售有下降的可能，则降低营业杠杆有利于减缓营业利润的下降速度。然而，企业的经营状况不是一成不变的，在某一时期销售增长的产品可能在另一时期销售下降，企业需要根据经营状况的变化随时调整经营杠杆，要实现这一目标，就要求影响经营杠杆各因素的弹性要大，即能够为企业所控制或调整。

在上述影响经营杠杆的各因素中，就销售数量而言，企业一般总是致力于销售数量的扩大，其最直接的目的是增加营业利润，而不是降低经营杠杆和经营风险，企业当然也不可能为了增大经营杠杆而刻意降低销售数量。企业只能通过销售价格、单位变动成本和固定成本总额三个因素来调整经营杠杆和控制经营风险。

四、财务杠杆

（一）财务杠杆的含义

财务杠杆，也称筹资杠杆或资本杠杆，是指在资本结构保持稳定的情况下，由于存在固定融资成本而使每股收益（或税后利润）变动率大于息税前利润变动率的现象。企业的全部长期资本是由权益资本和债务资本所构成的。权益资本成本是变动的，在企业所得税后利润中支付；而债务资本成本通常是固定的，并在企业所得税前扣除。不管企业的 EBIT 是多少，首先要扣除利息等债务资本成本，然后才归属于权益资本。因此，企业利用财务杠杆会对权益资本的收益产生一定的影响，有时可能给权益资本的所有者带来额外的收益即财务杠杆利益，有时也可能造成一定的损失即遭受财务风险。

（二）财务风险

1. 财务风险的含义

财务风险是指由于企业运用了债务筹资方式而产生的丧失偿付能力的风险，而这种风险最终是由普通股股东承担的。影响财务风险的因素很多，其中，固定融资成本是引发财务风险的根源。

2. 财务风险分析

由于固定融资成本的存在，息税前利润的变化，会引起企业每股收益（或税后利润）发生变化，以下的分析将说明这一传导过程。

（1）财务杠杆收益分析。

【例 9–4】 君悦百货公司 20×7~20×9 年的息税前利润分别为 200 万元、300 万元和 450 万元，每年的债务利息均为 150 万元，公司所得税税率为 25%。公司三年来的息税前利润每年增长 50%，现测算税后利润的增长幅度，如表 9–3 所示。

表 9–3　君悦百货公司税后利润增长幅度测算表

单位：万元

年份	EBIT	EBIT 增长率（%）	债务利息	所得税（25%）	税后利润	税后利润增长率（%）
20×7	200		150	12.5	37.5	
20×8	300	50	150	37.5	112.5	200
20×9	450	50	150	75	225	100

由表 9–3 可见，在债务利息均为 150 万元的情况下，20×8 年息税前利润增加 50%，税后利润增加 200%，20×9 年息税前利润增加 50%，税后利润增加 100%。这说明，在资本结构一定、债务利息总额保持不变的情况下，随着息税

前利润的增加，税后利润以更快的速度增加，即税后利润的增加幅度高于息税前利润的增加幅度。

【例 9-4】说明，在一定的息税前利润范围内，债务融资的利息成本保持相对稳定，那么，随着息税前利润的增加，单位息税前利润所负担的利息成本会相对减少，从而单位税后利润增加，使得税后利润的增加幅度高于息税前利润的增加幅度，从而增大了企业的每股收益。

（2）财务杠杆风险分析。由于财务杠杆效应的存在，当息税前利润下降时，税后利润下降得更快，从而给股东带来财务风险。

【例 9-5】 君悦百货公司 20×7~20×9 年的息税前利润分别为 450 万元、300 万元和 200 万元，每年的债务利息都是 150 万元，公司所得税税率为 25%。现测算息税前利润的下降幅度对税后利润下降幅度的影响。

表 9-4　君悦百货公司税后利润下降幅度测算表

单位：万元

年份	EBIT	EBIT 下降率（%）	债务利息	所得税（25%）	税后利润	税后利润下降率（%）
20×7	400		150	75	225	
20×8	300	25	150	37.5	112.5	50
20×9	200	33.33	150	12.5	37.5	66.67

由表 9-4 可见，在债务利息均为 150 万元的情况下，20×8 年息税前利润下降 25%，税后利润下降 50%，20×9 年息税前利润下降 33.33%，税后利润下降 66.67%。这说明，在资本结构一定、债务利息总额保持不变的情况下，随着息税前利润的减少，税后利润以更快的速度减少，即税后利润的下降幅度高于息税前利润的下降幅度。

【例 9-5】说明，在一定的息税前利润范围内，债务融资的利息成本保持相对稳定，那么，随着息税前利润的下降，单位息税前利润所负担的利息成本会相对增加，从而单位税后利润下降，使得税后利润的下降幅度高于息税前利润的下降幅度，从而减少了企业的每股收益。

（三）财务杠杆系数的测算

1. 财务杠杆系数

财务杠杆效应一般用财务杠杆系数表示，它是企业每股收益（或税后利润）的变动率与息税前利润的变动率之间的比率。财务杠杆系数用下式表示：

$$DFL = \frac{每股收益变化的百分比}{息税前利润变化的百分比} = \frac{\Delta EPS/EPS}{\Delta EBIT/EBIT} = \frac{\Delta EAT/EAT}{\Delta EBIT/EBIT}$$

其中，DFL——财务杠杆系数，ΔEPS——普通股每股收益变动额，EPS——变动前的普通股每股收益，ΔEAT——税后利润变动额，EAT——税后利润额，ΔEBIT——息税前利润变动额，EBIT——变动前的息税前利润。

依据上述定义表达式，可以推导出如下财务杠杆系数的两个计算公式：

公式1：

$$DFL = \frac{Q(P-V)-F}{Q(P-V)-F-I}$$

其中，Q——销售量，P—单位销售价格，V——单位变动成本，F——总固定成本，I——债务利息。公式1适用于计算单一产品的财务杠杆系数。

公式2：

$$DFL = \frac{EBIT}{EBIT-I}$$

其中，EBIT——息税前利润，I——债务利息。公式2既可用于计算单一产品的财务杠杆系数，也可用于计算多种产品的财务杠杆系数。

从公式1和公式2可以看出，若I等于0，则财务杠杆系数为1，表示不存在财务杠杆效应。若I不为0，则财务杠杆系数大于1，表示存在财务杠杆效应。

财务杠杆系数越大，表明财务杠杆作用越大，财务风险也就越大；财务杠杆系数越小，表明财务杠杆作用越小，财务风险也就越小。

【小知识】

$\because EPS = (EBIT-I)(1-T)/N$

$\therefore \Delta EPS = \Delta EBIT(1-T)/N$

$\therefore DFL = \frac{EBIT}{EBIT-I}$

【例9-6】 君悦百货公司息税前利润为800万元，利息费用为400万元时，财务杠杆系数为多少？

若利息费用为400万元，则：

$$DFL = \frac{EBIT}{EBIT-I} = \frac{800}{800-400} = 2$$

财务杠杆系数为2表示：如果息税前利润增长10%，每股收益（或税后利润）将增长20%；反之，如果息税前利润下降10%，每股收益（或税后利润）将下降 20%。

【例 9-7】 君悦百货公司本期财务杠杆系数为 3，息税前利润为 600 万元，则本期实际利息费用是多少?

$$DFL = \frac{600}{600 - I} = 3$$

I = 400（万元）

2. 影响财务风险的因素

影响财务杠杆系数的因素，也是影响财务风险的因素，主要有总资本规模、资本结构、债务利率、息税前利润等。在这些因素发生变动的情况下，财务杠杆系数也会发生变动，进而影响财务风险。由于这些因素的变动，会放大每股收益的变动。

五、总杠杆

（一）总杠杆的含义

经营杠杆和财务杠杆可以独自发挥作用，也可以综合发挥作用，总杠杆是用来反映二者之间共同作用结果的。总杠杆，也称联合杠杆，是指由于固定经营成本和固定资本成本的存在，导致普通股每股收益变动率大于产销业务量的变动率的现象。

（二）总杠杆系数的计算

总杠杆效应可以用总杠杆系数来表示，公式如下：

$$DTL = DOL \times DFL$$

$$DTL = \frac{\text{每股收益变化的百分比}}{\text{销售量(销售额)变化的百分比}} = \frac{\Delta EPS/EPS}{\Delta Q/Q} = \frac{\Delta EPS/EPS}{\Delta S/S}$$

总杠杆系数的简化公式如下：

$$DTL = \frac{Q(P - V)}{Q(P - V) - F - I} = \frac{S - VC}{S - VC - F - I}$$

【例 9-8】 君悦百货公司的经营杠杆系数为 2，财务杠杆系数为 3，则总杠杆系数为多少?

$$DTL = 2 \times 3 = 6$$

总杠杆系数为 6 表示：如果销售量（销售额）增长 10%，每股收益（或税后利润）将增长 60%；反之，如果销售量（销售额）下降 10%，每股收益（或税后利润）将下降 60%。

第二节　资本结构理论

一、资本结构的概念

资本结构是指企业各种资本的价值构成及其比例。

资本结构有广义和狭义之分。广义的资本结构是指企业全部资本价值的构成及其比例关系。狭义的资本结构是指企业各种长期资本价值的构成及其比例关系，尤其是指长期债务与权益资本的构成及其比例关系。

通常所讲的资本结构指的是狭义的资本结构。债务融资虽然可以实现抵税收益，但在增加债务的同时也会加大企业的风险，并最终要由股东承担风险的成本。因此，企业资本结构决策的主要内容是权衡债务的收益与风险，实现合理的目标资本结构，从而实现企业价值最大化。

二、资本结构理论发展轨迹

资本结构理论阐述了企业债务、企业价值与资本成本之间的关系。1958 年，诺贝尔经济学奖获得者莫迪格利亚尼和米勒发表了《资本成本、公司财务与投资管理》一文，提出了莫迪格利亚尼—米勒（M-M）模型，从而开创了现代资本结构理论，使资本结构研究成为一种严格的科学理论并不断发展形成一个体系。

（一）MM 理论

MM 理论认为在无摩擦的市场环境下，公司的资本结构与公司价值无关。莫顿·米勒以馅饼为例解释了 MM 理论：把公司想象成一个巨大比萨饼，被分成了四份。如果现在你把每一份再分成两块，那么四份就变成了八份。MM 理论想要说明的是你只能得到更多的两块，而不是更多的比萨饼。

MM 理论可以概括为三个命题：

（1）企业的价值和企业的加权平均资本成本都独立于其资本结构。

（2）负债企业的股本成本，等于同一风险等级中某一无负债企业的股本成本，加上根据无负债企业的股本成本和负债企业的股本成本与负债成本之差，以及负债比率确定的风险补偿。这表明从企业经营者的目标和行为以及投资者的目标和行为的角度出发，低成本负债的利益最终被投资者追求最大投资收益的对策所抵消。任何试图改变资本结构以影响市场价值的努力都是徒劳的。

（3）企业所接受的投资项目的内部报酬率（IRR）至少应该等于或大于企业的加权平均资本（WACC）或同一风险等级的无负债企业的权益资本成本（K_{SU}）。

只有当满足这一条件时，股东利益才能得到保障。

MM 理论的价值在于抽象出现代企业经营决策尤其是资本结构决策的基本矛盾——经营者、所有者和债务人之间的利益冲突和协调。以股东财富最大化为目标确定资本结构的过程和策略，实际上也是寻找三者利益均衡点的过程，同时也为此后的资本结构理论提供了启示。

（二）加入公司所得税的 MM 理论

1963 年，莫迪格利亚尼和米勒共同发表了《公司所得税和资本成本：一项修正》，将公司税引入了 MM 理论：当考虑了公司税的影响时，利用财务杠杆机制企业的价值将增加。因为企业将所支付的利息列入了成本，可免征企业所得税，如果企业负债达到了 100%，那么企业价值就会最大。从逻辑上讲 100%的负债就不存在股东了，债权人变成了实际上企业所有者，为什么现实中没有一个企业是 100%的负债?

（三）加入个人所得税的 MM 理论

1976 年，米勒发表的《债务与税收》阐述了个人所得税对企业负债和股票价值的综合影响，提出了考虑个人所得税的米勒模型。米勒模型认为最佳资本结构受企业所得税和个人所得税变动的影响：当企业所得税提高，资金会从股票转移到债券以获得节税效益，此时企业的负债率提高；如果个人所得税提高，并且股利收入的税率低于债券利息收入的税率，资金会从债券转移到股票，此时企业的负债率降低。

（四）权衡理论

MM 理论及米勒模型只是单方面考虑了负债给公司所带来的减税利益，而没有考虑负债可能给企业带来的成本或损失。权衡理论放宽了 MM 理论完全信息以外的各种假定，使得考虑的因素更为现实。

权衡理论认为发债对企业价值的影响是双向的。负债可以通过所得税的减税作用和减少权益代理成本来提高企业价值。与此同时，负债会产生财务困境成本，包括破产的直接和间接成本以及债券代理成本等。债券代理成本包括债权人为保护自身利益在一定程度上通过保护性约束条款限制企业经营，影响企业效率，导致效率损失以及监督企业实施保护性约束条款发生的直接监督成本。并且个人税对公司税的抵消作用会部分或完全抵消公司税的减税作用。因此，权衡理论实质是把企业最优资本结构看成是在税收利益与各类与负债成本相关的成本之间的均衡。

（五）非对称信息理论

1. 信号传递理论

首次将非对称信息引入现代资本结构理论的是罗斯（Ross）。罗斯保留了完全信息以外的所有假定，而假设企业经营者对未来收益和投资风险有内部信息，投资者没有这些信息，但知道管理者的激励制度，因此，投资者只能通过经营者输出的信号间接地评价企业市场价值。由于破产可能性和负债水平正相关，却与企业质量负相关，当负债资本比例上升时，表明经营者对企业未来的业绩有着良好的预期。当企业经营业绩差时，债务有较高的破产成本，低质量的企业不会增加负债，因此，越是高质量的企业负债比例就会越高。

2. 优序融资理论

优序融资理论以不对称信息理论为基础，考虑到交易成本的存在，认为权益融资会传递企业经营的负面信息，而且外部融资要多支付各种成本。梅耶斯和迈基里夫指出，如果投资者没有经营者对企业的资产价值的灵通信息，那么股权就可能被市场错误地定价。如果企业需要以发行股票为新项目融资，若由于股票价格过低以至于使新投资者能够从新项目中获得比 NPV 更多的价值，便将导致现有股东的一个净损失。在这种情况下，即使 NPV 是正的，这一项目也会遭到拒绝。如果企业能够利用其价值未被市场如此低估的证券为新项目筹资，则这种投资不足就会被避免。所以在这种情况下，与股权相比，企业更偏好于内部资金。由此，梅耶斯指出资本结构将受到企业为新投资融资的愿望驱使，先是内部融资，然后是低风险债务，最后是股权融资。该理论又称“啄序理论”。

【小知识】

Stewart C. Myers，世界著名金融学家，公司融资“啄序理论”的创立者，麻省理工学院斯隆管理学院财务金融学教授。曾任美国金融协会、美国国民经济研究局研究协会主席，主要研究财务决策、价值评估、资本成本以及政府监管商业经营活动中的金融财务问题。Myers 教授现任 Brattle Group 的董事，并积极投身于财务咨询活动。

3. 控制权理论

控制权理论是从剩余控制权的角度研究资本结构与企业价值的关系，该理论把企业看成是一个不完备的契约组织。由于无法预知未来，使得契约无法化解经营者、股东和债券人的利益差别和冲突。实现利益的关键在于剩余控制权，债务是企业的固定支出，债务过重，留给投资者和经营者的剩余收益就少。当资不抵债时，剩余控制权就转移到债权人手中，经营者的地位就受到了动摇。况且过高的负债率使企业容易被收购，则控制权会完全转移。因此，资本结构的改变就是重新分配剩余控制权。经营者和投资者为了持续拥有剩余控制权会优先选择内部融资，外部融资会使他们损失控制权而成为最后选择。

三、资本结构的影响因素

影响资本结构的因素较为复杂，大体可以分为企业的内部因素和外部因素。内部因素通常有营业收入、成长性、资本结构、盈利能力、管理层偏好、财务灵活性以及股权结构等；外部因素通常有税率、利率、资本市场、行业特征等。一般而言，收益与现金流量波动较大的企业要比现金流量较稳定的类似企业的负债水平低；成长性好的企业因其快速发展，对外部资金需求比较大，要比成长性差的类似企业的负债水平高；盈利能力强的企业因其内源融资的满足率较高，要比盈利能力较弱的类似企业的负债水平低；一般性用途资产比例高的企业因其资产作为债务抵押的可能性较大，要比具有特殊用途资产比例高的类似企业的负债水平高；财务灵活性大的企业要比财务灵活性小的类似企业的负债能力强。这里财务灵活性是指企业利用闲置资金和剩余的负债能力以应付可能发生的偶然情况和把握未预见机会（新的好项目）的能力。

需要强调的是，企业实际资本结构往往受企业自身状况与政策条件及市场环境多种因素的共同影响，并同时伴随着企业管理层的偏好与主观判断，从而使资本结构的决策难以形成统一的原则与模式。

第三节　资本结构决策

资本结构是指长期债务和权益资本的构成及其比例关系。企业使用债务筹资的好处是可以抵税，但是，根据资本结构理论，债务筹资的比例增加也会增加企业的风险。因此，如何确定债务和权益的比例结构，从而使股东财富最大化，是资本结构决策的主要内容。资本结构决策的常用方法有三种，分别是资本成本比较法、每股收益分析法和企业价值比较法。

一、资本成本比较法

资本成本比较法是指企业在筹资决策时，在既不考虑各种融资方式在数量与比例上的约束，又不考虑财务风险差异的前提下，首先拟定多个备选方案，分别计算各个方案的加权平均资本成本，并相互比较，选择综合资本成本率最低的资本结构作为最佳资本结构的方法。

其程序包括：

（1）拟定几个筹资方案；

（2）确定各方案的资本结构；

（3）计算各方案的加权资本成本；

（4）通过比较，选择加权平均资本成本最低的结构为最优资本结构。

企业资本结构决策，分为初次筹资和追加筹资两种情况。前者称为初始资本结构决策，后者称为追加筹资的资本结构决策。比较资本成本法将资本成本的高低，作为选择最佳资本结构的唯一标准，简单实用，因而常常被采用。

（一）初始资本结构决策

企业在实际筹资过程中，对拟定的筹资总额可以采用多种筹资方式来筹措，同时对各种筹资方式的筹资数额可有不同的安排，由此就形成若干个筹资方案可供选择。在个别资本成本率已确定的情况下，综合资本成本率的高低，主要取决于各种筹资方式的筹资额占拟定筹资总额比重的高低。

【例 9–9】 梅西公司初始成立时需要资本总额 8000 万元，有以下三种筹资方案，如表 9–5 所示。

表 9–5　各种筹资方案基本数据

单位：万元

筹资方式	方案 A		方案 B		方案 C	
	筹资金额	资本成本	筹资金额	资本成本	筹资金额	资本成本
长期借款	1500	4%	1800	5%	1500	4%
长期债券	1000	6%	1200	6%	2000	6.75%
优先股	500	10%	500	10%	500	10%
普通股	5000	15%	4500	14%	4000	13%
资本合计	8000		8000		8000	

其他资料：表中债务资本成本均为税后资本成本，所得税税率为 25%。

分别计算三种不同方案的加权平均资本成本：

方案 A：

$$K_{WACC}^{A}=\frac{1500}{8000}\times 4\%+\frac{1000}{8000}\times 6\%+\frac{500}{8000}\times 10\%+\frac{5000}{8000}\times 15\%=11.5\%$$

方案 B：

$$K_{WACC}^{B}=\frac{1800}{8000}\times 5\%+\frac{1200}{8000}\times 6\%+\frac{500}{8000}\times 10\%+\frac{4500}{8000}\times 14\%=10.53\%$$

方案 C：

$$K_{WACC}^{C}=\frac{1500}{8000}\times 4\%+\frac{2000}{8000}\times 6.75\%+\frac{500}{8000}\times 10\%+\frac{4000}{8000}\times 13\%=9.56\%$$

通过计算可以发现，方案 C 的加权平均资本成本最低。因此，企业应按照方案 C 的比例筹集各种资金，从而确定最优资本结构。

（二）追加筹资的资本结构决策

企业在持续经营过程中，因扩大业务或投资的需要而增加资本，即追加筹资，原资本结构就会因追加筹资发生变化。

在适度财务风险的前提下，企业选择追加筹资组合方案可用两种方法：一是直接测算各备选追加筹资方案的边际资本成本，从中比较、选择最佳筹资组合方案；二是分别将各备选追加筹资方案与原有最佳资本结构汇总，测算各个追加筹资方案下汇总资本结构的综合资本成本率，从中比较、选择最佳筹资方案。

（三）资本成本比较法的优缺点

资本成本比较法的决策标准是资本成本最低，优点是计算简单，缺点是以资本成本最小选择资本结构，没有考虑不同方案的财务风险差异，在实务中，各种融资方式的资本成本有时也难以确定。

二、每股收益分析法

每股收益分析法，也称每股收益无差别点法或 EBIT–EPS 分析法，是利用每股收益无差别点来进行资本结构决策的方法。每股收益无差别点是指不同筹资方式下普通股每股收益都相等时的息税前利润或业务量水平，也称息税前利润平衡点或筹资无差别点。通过计算各种融资方案下的每股收益，进而选择每股收益最大的融资方案，从而确定应该选择的融资方式。

【例 9–10】　梅西公司当前长期资本全部由普通股组成，共计 400 万元，股价为每股 4 元。公司没有负债和优先股，所得税税率为 25%。为了扩大生产经营规模，公司决定筹集 300 万元，有三种方案可以选择：方案一：发行普通股（发行 75 万股，每股 4 元）；方案二：发行债券（利率 15%）；方案三：发行优先股（股利 12%）。预计 EBIT 是 120 万元。计算三种筹资方式的 EPS 分别是多少？计算过程见表 9–6。

表 9–6　梅西公司每股收益的计算（EBIT＝120 万元）

单位：元

筹资方式	普通股	债券	优先股
息税前收益（EBIT）	1200000	1200000	1200000
–利息支出	0	450000	0
=税前收益（EBT）	1200000	750000	1200000
–所得税（25%）	300000	187500	300000
=税后收益（EBT）	900000	562500	900000
–优先股股利	0	0	360000
=普通股股东可得收益	900000	562500	540000
÷在外流通普通股股数	1750000	1000000	1000000
每股收益（EPS）	0.51	0.56	0.54

从表 9–6 的计算结果可以看出，当 EBIT 为 120 万元时，发行债券方案可以获得最高的每股收益。这一结论也可以通过图 9–1 得出。

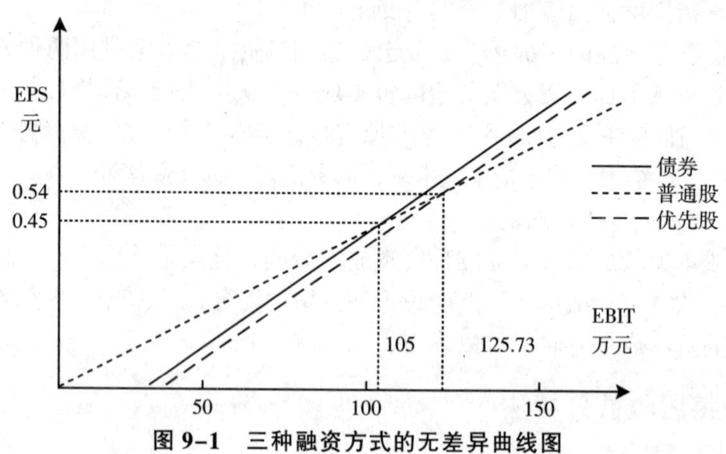

图 9–1　三种融资方式的无差异曲线图

从图 9–1 可以看出，普通股和债券筹资的每股收益无差别点是 105 万元时，普通股和优先股筹资的每股收益无差异点是 125.73 万元。债券和优先股这两种方式不存在无差异点，同样 EBIT 水平下，债券筹资方式带来的 EPS 总是比优先股筹资方式高 0.02 元。当 EBIT 小于 105 万元时，应当选择普通股筹资，当 EBIT 大于 105 万元时，应当选择债券筹资。

计算不同融资方案下的每股收益的过程较为烦琐，从图 9–1 可以看出，如果知道了不同融资方案下，使每股收益相等的 EBIT 水平（即每股收益无差别点），那么，通过比较企业预期 EBIT 与每股收益无差别点下的 EBIT 的值，就可以直接判断所采用的融资方案。

一般来说，当预期 EBIT 高于 EBIT 无差点时，采用负债筹资会产生更多的 EPS；当 EBIT 低于 EBIT 无差别点时，采用权益筹资会产生更多的 EPS。每股收益无差别点的计算公式如下：

$$\frac{(EBIT^*-I)\times(1-T)-PD_1}{N_1}=\frac{(EBIT^*-I_2)\times(1-T)-PD_2}{N_2}$$

【例 9–11】　承【例 9–10】，可以计算梅西公司的每股收益无差异点。

$$\frac{(EBIT^*-I)\times(1-t)-P_1}{N_1}=\frac{(EBIT^*-I_2)\times(1-t)-P_2}{N_2}$$

计算普通股和债券这两种筹资方式的每股收益无差别点：

$$\frac{(EBIT^*-0)\times(1-0.25)-0}{1750000}=\frac{(EBIT^*-450000)\times(1-0.25)-0}{1000000}$$

得 $EBIT^*=105$（万元）。

由于预期 EBIT 为 120 万元，大于 105 万元，因此应选择发行债券的筹资方式。

同样，计算普通股和优先股这两种筹资方式下的每股收益无差别点：

$$\frac{(EBIT^{*}-0)\times(1-0.25)-0}{1750000}=\frac{(EBIT^{*}-0)\times(1-0.25)-360000}{1000000}$$

得 $EBIT^{*}=125.73$（万元）。

由于预期 EBIT 为 120 万元，小于 125.73 万元，因此应选择发行普通股的筹资方式。

此外，从图 9–1 可以看出，债券筹资和优先股筹资没有无差别点，因此无须比较。综上所述，应该选择发行债券的筹资方式。

每股收益无差别点法的决策标准是每股收益最大，优点是计算简单，容易理解，缺点是每股收益最大的资本结构，不一定是资本成本最小，企业价值最大的资本结构，这一方案仍然没有考虑风险因素。

三、企业价值比较法

（一）企业价值比较法

资本成本比较法和每股收益无差别点法都没有充分考虑风险因素的影响，财务管理的目标在于追求股东财富最大化，因此，最佳的资本结构应该是使公司的总价值最高的资本结构，此时，公司的加权平均资本成本也是最低的。

（二）公司价值比较法的计算方法

1. 计算股权资本成本

根据资本资产定价模型计算公司的股权资本成本，具体公式如下：

$$K_S=R_F+\beta(R_M-R_F)$$

其中，K_S——公司普通股的资本成本；R_F——无风险报酬率；R_M——所有股票的市场报酬率；β——公司股票的贝塔系数。

2. 计算股票的市场价值 S

股票的市场价值是公司未来净利润的现值，公式如下：

$$S=\frac{EAT}{K_S}=\frac{(EBIT-I)\times(1-T)}{K_S}$$

其中，S——公司股票市场价值，EBIT——公司未来的年息税前利润，I——公司长期债务年利息，T——公司所得税税率，K_S——公司股票资本成本，EAT——公司净利润。

3. 计算公司价值 V

公司的价值是股票价值和债务价值之和。可以用下列公式表示：

$$V=B+S$$

与上述两种测算方法相比，这种测算方式比较合理，也比较现实。它至少有两个优点：一是从公司价值的内容来看，它不仅包括公司股票的价值，还包括公司长期债券的价值；二是从公司净收益的归属来看，它属于公司的所有者，即属于股东。因此，在测算公司价值时，这种测算方法可用公式表示为：

$$V = B + S$$

其中，V——公司的总价值，即公司总的折现价值；B——公司长期债务的折现价值；S——公司股票的市场价值。为简化测算起见，一般长期债务（含长期借款和长期债券）的现值用其面值（或本金）表示。

4. 计算公司的加权平均资本成本

在公司价值测算的基础上，如果公司的全部长期资本由长期债务和普通股组成，则公司的加权平均资本成本（税后）可按下列公式测算：

$$K_W = K_B\frac{B}{V}(1-T) + K_S\frac{S}{V}$$

其中，K_W——公司税后加权平均资本成本；K_B——公司长期债务税前资本成本率，可按公司长期债务年利率计算；K_S——公司普通股资本成本率；其他符号含义同前。

根据计算出来的公司价值和加权平均资本成本，选择公司价值最大，加权平均资本成本最小的方案。

【例 9–12】 梅西公司现有全部长期资本均为普通股资本，无长期债务资本和优先股资本，账面价值 20000 万元。公司认为这种资本结构不合理，没有发挥财务杠杆的作用，准备举借长期债务购回部分普通股予以调整。公司预计息税前利润为 5000 万元，假定公司所得税税率为 25%。经测算，目前的长期债务年利率和普通股资本成本率如表 9–7 所示。

表 9–7 梅西公司在不同长期债务规模下的债务资本成本和普通股资本成本

B（万元）	K_B（%）	β	R_F（%）	R_M（%）	K_S（%）
0	0	1.2	10	15	16
2000	10	1.25	10	15	16.25
4000	10	1.3	10	15	16.5
6000	12	1.5	10	15	17.5
8000	14	1.7	10	15	18.5
10000	16	2.1	10	15	20.5

在表 9–8 中，当 B = 2000 万元，$\beta = 1.25$，$R_F = 10\%$，$R_M = 15\%$时，有

$$K_S = 10\% + 1.25 \times (15\% - 10\%) = 16\%$$

其余计算方法相同。

根据表 9-7 的资料，计算在不同债务水平下的公司价值和加权平均资本成本，进而比较确定公司的最佳资本结构。

表 9-8　梅西公司不同方案下公司价值和加权平均资本成本测算表

B（万元）	S（万元）	V（万元）	K_B（%）	K_S（%）	K_W（%）
0	31250	31250	0	16	16.00
2000	29538.46	31538.46	10	16.25	15.70
4000	27878.79	31878.79	10	16.5	15.37
6000	24457.14	30457.14	12	17.5	15.83
8000	20972.97	28972.97	14	18.5	16.29
10000	16585.37	26585.37	16	20.5	17.30

在表 9-8 中，当 B = 2000 万元，$K_B = 10\%$，$K_S = 16.25\%$ 以及 EBIT = 5000 万元时，则有

$$S = \frac{(5000 - 2000 \times 10\%) \times (1 - 25\%)}{16.25\%} = 29538.46（万元）$$

$$V = 2000 + 29538.46 = 31538.46$$

此时，$K_W = 10\% \times \frac{2000}{31538.46} \times (1 - 25\%) + 16.25\% \times \frac{29538.46}{31538.46} = 15.70\%$

其余计算方法相同。

通过比较可知，在长期债务为 4000 万元时，公司价值最大，加权平均资本成本最低，从而确定长期债务为 4000 万元时的资本结构为企业的最佳资本结构。

【本章小结】

杠杆效应，是指固定成本提高公司期望收益，同时也增加公司风险的现象。固定性经营成本引起了经营杠杆效应，固定性融资成本（如债务利息等）引起了财务杠杆效应。

经营风险是指企业未使用债务时经营的内在风险，主要是指息税前利润的不确定性。影响经营风险的因素很多，其中，固定成本是引发经营风险的根源。

经营杠杆效应一般使用经营杠杆系数来测度，它是企业息税前利润（EBIT）计算利息和所得税之前的盈余（简称息税前利润 EBIT）变动率与销售量（或销售额）变动率之间的比率。

影响经营杠杆系数的因素，也是影响经营风险的因素，主要有产品销量、产品售价、单位产品变动成本、固定成本等。

财务杠杆反映了息税前利润与每股收益（或税后利润）的杠杆关系。财务杠杆效应具有放大企业息税前利润的变化对每股收益的变动程度，这种影响程度是

财务风险的一种测度。具体是指在资本结构保持稳定的情况下，由于存在固定融资成本而使每股收益（或税后利润）变动率大于息税前利润变动率的规律。

财务风险是指由于企业运用了债务筹资方式而产生的丧失偿付能力的风险，而这种风险最终是由普通股股东承担的。影响财务风险的因素很多，其中，固定融资成本是引发财务风险的根源。

影响财务杠杆系数的因素，也是影响财务风险的因素，主要有总资本规模、资本结构、债务利率、息税前利润等。

总杠杆系数是经营杠杆系数和财务杠杆系数的乘积。

资本结构决策的常用方法有三种，分别是资本成本比较法、每股收益无差别点法和企业价值比较法。

【思考题】

1. 经营杠杆和财务杠杆有什么区别?
2. 影响经营杠杆系数和财务杠杆系数的因素有哪些?
3. MM 资本结构理论的基本观点有哪些?
4. 在资本结构决策中，常用的方法有哪些，具体是什么?

【练习题】

一、单项选择题

1. 某公司预计明年的息税前利润可以达到 2000 万元，现有两个筹资方案，分别是发行债券和发行新股。经计算两个筹资方案的每股收益无差别点的息税前利润为 1400 万元，如果仅从每股收益的角度考虑，应该选择的筹资方案是（　　）。

A. 发行债券　　B. 发行新股

C. 无法选择　　D. 发行债券和发行新股各占一半

2. 下列资本结构决策方法的表述中，正确的是（　　）。

A. 最佳资本结构就是使加权平均资本成本最低，每股收益最大的资本结构

B. 采用资本成本比较法确定的资本结构为最佳资本结构

C. 采用每股收益无差别点法确定资本结构为最佳资本结构

D. 采用企业价值比较法确定的资本结构为最佳资本结构

3. 某公司全部资本为 600 万元，负债比率为 40%，负债利率为 10%，所得税税率为 25%。当销售额为 600 万元时，息税前利润为 120 万元，则该公司的财务杠杆系数为（　　）。

A. 1.25　　B. 1.32

C. 1.43　　D. 1.56

4. 某公司的经营杠杆系数为 1.8，财务杠杆系数为 1.5，则该公司销售额每增长 1 倍，就会造成每股利润增加（　　）。

A. 1.2 倍　　B. 1.5 倍

C. 0.3 倍　　D. 2.7 倍

5. 下列各项中，不影响经营杠杆系数的是（　　）。

A. 产品销售数量　　B. 产品销售价格

C. 固定成本　　D. 利息费用

6. 最佳资本结构是企业在一定条件下的（　　）。

A. 企业价值最大的资金结构

B. 加权平均资金成本最低、企业价值最大的资金结构

C. 加权平均资金成本最低的目标资金结构

D. 企业目标资金结构

7. 下列筹资活动不会加大财务杠杆作用的是（　　）。

A. 增发普通股　　B. 增发优先股

C. 增发公司债券　　D. 增加银行借款

8. 财务杠杆说明（　　）。

A. 增加息税前利润对每股利润的影响

B. 增加销售收入对每股利润的影响

C. 扩大销售对息税前利润的影响

D. 企业的融资能力

9. 某企业销售收入为 500 万元，变动成本率为 65%，固定成本为 80 万元，其中利息 15 万元。则经营杠杆系数为（　　）。

A. 1.33　　B. 1.84

C. 1.59　　D. 1.25

10. 在其他条件不变的情况下，借入资金的比例越大，财务风险（　　）。

A. 越大　　B. 不变

C. 越小　　D. 逐年上升

11. 下列关于最佳资本结构的表述，不正确的是（　　）。

A. 公司总价值最大时的资本结构是最佳资本结构

B. 公司综合资本成本率最低时的资本结构是最佳资本结构

C. 若不考虑风险价值，销售量高于每股收益无差别点的销售量时，运用负债筹资，可实现最佳资本结构

D. 若不考虑风险价值，销售量高于每股收益无差别点的销售量时，运用股权筹资，可实现最佳资本结构

12. 某公司年营业收入为 500 万元，变动成本率为 40%，经营杠杆系数为

1.5，财务杠杆系数为 2。如果固定成本增加 40 万元，那么，总杠杆系数将变为（　　）。

A. 15/4　　B. 3

C. 5　　D. 8

13. 某公司产品销售收入为 1000 万元，变动成本率为 60%，财务杠杆系数为 2，所得税税率为 40%，普通股共发行 500000 股，每股净收益 0.96 元，该公司要求每股净利润增长 50%，则销售应增长（　　）。

A. 10%　　B. 15%

C. 20%　　D. 30%

14. 如果企业的资金来源全部为自有资金，且没有优先股存在，则企业财务杠杆系数（　　）。

A. 等于 0　　B. 等于 1

C. 大于 1　　D. 小于 1

15. 已知某企业目标资金结构中长期债务的比重为 20%，债务资金的增加额在 0~10000 元范围内，其利率维持 5%不变。该企业与此相关的筹资总额分界点为（　　）元。

A. 5000　　B. 20000

C. 50000　　D. 200000

16. 下列各项中，不影响经营杠杆系数的是（　　）。

A. 产品销售数量　　B. 产品销售价格

C. 固定成本　　D. 利息费用

17. 下列筹资活动不会加大财务杠杆作用的是（　　）。

A. 增发普通股　　B. 增发优先股

C. 增发公司债券　　D. 增加银行借款

二、多项选择题

1. 下列各因素中，有可能导致企业产生经营风险的有（　　）。

A. 产品需求　　B. 产品售价的波动性

C. 调整价格的能力　　D. 固定成本的比重

2. 每股收益无差别点法的决策原则为（　　）。

A. 如果预期的息税前利润大于每股收益无差别点的息税前利润，则运用负债筹资方式

B. 如果预期的息税前利润小于每股收益无差别点的息税前利润，则运用负债筹资方式

C. 如果预期的息税前利润小于每股收益无差别点的息税前利润，则运用权益筹资方式

D. 如果预期的息税前利润大于每股收益无差别点的息税前利润，则运用权益筹资方式

3. 下列对财务杠杆的论述，正确的有（　　）。

A. 财务杠杆系数越高，每股利润增长越快

B. 财务杠杆效应是指利用负债筹资给企业自有资金带来的额外收益

C. 财务杠杆系数越大，财务风险越大

D. 财务杠杆与财务风险无关

4. 最佳资金结构的判断标准有（　　）。

A. 加权平均资金成本最低　　B. 资金规模最大

C. 筹资风险最小　　D. 企业价值最大

5. 下列各项中，影响财务杠杆系数的因素有（　　）。

A. 产品边际贡献总额　　B. 所得税税率

C. 固定成本　　D. 财务费用

6. 已知某企业经营杠杆系数等于 2，预计息税前利润增长 10%，每股利润增长 30%。下列说法正确的有（　　）。

A. 产销业务量增长 5%　　B. 财务杠杆系数等于 3

C. 复合杠杆系数等于 6　　D. 资产负债率大于 50%

7. 某企业经营杠杆系数为 2，财务杠杆系数为 3，则下列说法正确的有（　　）。

A. 如果销售量增加 10%，息税前利润将增加 20%

B. 如果息税前利润增加 20%，每股利润将增加 60%

C. 如果销售量增加 10%，每股利润将增加 60%

D. 如果每股利润增加 30%，销售量需增加 5%

8. 降低经营风险可以采取的措施包括（　　）。

A. 增加销售额　　B. 减少产品单位变动成本

C. 增加产品单位变动成本　　D. 降低固定成本比重

9. 利用每股收益无差别点进行企业资本结构分析时（　　）。

A. 考虑了风险因素

B. 当预计销售额高于每股收益无差别点时，负债筹资方式比普通股筹资方式好

C. 能提高每股收益的资本结构是合理的

D. 在每股收益无差别点上，每股收益不受融资方式影响

10. 总杠杆系数（　　）。

A. 可以反映经营风险和财务风险的大小

B. 能够估计出销售变动对每股收益造成的影响

C. 反映了经营杠杆与财务杠杆之间的关系

D. 可以反映出息税前利润变动对每股收益造成的影响

11. 下列说法正确的是（　　）。

A. 债务对投资者收益的影响称为财务杠杆

B. 财务风险是指全部资本中债务资本比率的变化带来的风险

C. 财务杠杆系数=息税前利润/税前利润

D. 财务杠杆系数表明的是息税前利润增长所引起的每股收益的增长幅度

三、判断题

1. 固定成本越高，经营杠杆系数越大，企业的经营风险就越大。（　　）

2. 财务杠杆系数是每股利润的变动率相当于息税前利润变动率的倍数，它是用来衡量财务风险大小的重要指标。（　　）

3. 如果财务杠杆系数等于 1.5，假定息税前利润增长 10%，则每股利润的增长幅度为 15%。（　　）

4. 由于债务具有财务杠杆效应，所以企业为增加每股利润，只要不断增加负债即可。（　　）

5. 复合杠杆的作用是能用来估计销售额的变动对每股利润造成的影响。（　　）

6. 企业负债比例越高，财务风险越大，因此负债对企业总是不利的。（　　）

7. 经营杠杆并不是经营风险的来源，而只是放大了经营风险。（　　）

8. 无论是经营杠杆系数变大，还是财务杠杆系数变大，都可能导致企业的复合杠杆系数变大。（　　）

9. 举债经营带来了财务杠杆利益，也产生了财务风险，并由此使整个社会的财富和风险增加。（　　）

10. 企业最优资金结构是指在一定条件下使企业自有资金成本最低的资金结构。（　　）

四、计算题

1. 万通公司年销售额为 1000 万元，变动成本率 60%，息税前利润为 250 万元，全部资本 500 万元，负债比率 40%，负债平均利率 10%。要求：计算万通公司的经营杠杆系数、财务杠杆系数和总杠杆系数。

2. 已知某公司当前资本结构如下：

筹资方式	金额（万元）
长期债券（年利率 8%）	1000
普通股（4500 万股）	4500
留存收益	2000
合计	7500

因生产发展，公司年初准备增加资金 2500 万元，现有两个筹资方案可供选择：甲方案为增加发行 1000 万股普通股，每股市价 2.5 元；乙方案为按面值发行每年年末付息，票面利率为 10%的公司债券 2500 万元。假定股票与债券的发行费用均可忽略不计；适用的企业所得税税率为 25%。

要求：

（1）计算两种筹资方案下每股收益无差别点的息税前利润。

（2）计算处于每股收益无差别点时乙方案的财务杠杆系数。

（3）如果公司预计息税前利润为 1200 万元，指出该公司应采用的筹资方案。

（4）如果公司预计息税前利润为 1600 万元，指出该公司应采用的筹资方案。

（5）若公司预计息税前利润在每股收益无差别点上增加 10%，计算采用乙方案时该公司每股收益的增长幅度。

3. 通达公司目前资本总额为 1000 万元，普通股为 15 万股，每股面值 40 元，资产负债率为 40%，债务利率为 10%。现企业准备追加投资 400 万元，有两个方案可供选择：

（1）全部发行普通股 5 万股，每股发行价 80 元。

（2）全部借款，新增借款利率为 12%。追加投资后通达公司的息税前利润可达到 280 万元，所得税税率为 25%。

要求：计算确定通达公司应采用哪个方案筹资。

【案例分析】

财务杠杆的滥用导致大宇集团倒闭

韩国大宇集团是金宇中先生于 1967 年靠借来的 10000 美元创立的。1997 年，美国《财富》杂志将带领大宇集团的金宇中评为当年“亚洲风云人物”。然而，在大宇集团世界化经营风光无限的背后，却是企业的大举借债，这个庞然大物逐步踏上了靠借债度日的不归路。1997 年 7 月，大宇集团宣布因负债 800 亿美元而破产，这是韩国历史上金额最大的一笔企业破产案。

大宇集团倒闭的主要原因就是企业对财务杠杆的滥用。1997 年年底韩国发生金融危机，根据财务杠杆原理，为了降低财务风险，企业应该减少利息支出，而要减少利息支出就必须偿还债务。其他企业开始变卖资产偿还债务，以降低财务杠杆系数（即降低财务风险）。大宇集团非但不减少债务，反而发行了大量债券，增加了它的财务负担，更增加了财务风险。此时，它的借款利率已经远大于其资产利润率。1998 年其债务危机已经初露端倪，1999 年前几个月其资产负债率仍然居高不下，1999 年 7 月该集团被韩国 4 家债权银行接管，一度辉煌的大宇集团实质上已经倒闭。可见此时，大宇集团的举债经营所产生的财务杠杆效应是消极的，它不仅未能提高企业的盈利能力，反而因巨大的偿付压力使企业陷入难以自拔的财务困境。

一般而言，财务杠杆是指由于固定性财务费用的存在，使企业息税前利润的微量变化所引起的每股收益大幅度变动的现象。企业盈利水平越高，扣除债权人拿走某一固定利息之后，投资者（股东）得到的回报也就越多。相反，企业盈利水平越低，债权人照样拿走某一固定的利息，剩余给股东的回报也就越少。在盈利水平低于利率水平的情况下，投资者不但得不到回报，甚至可能倒贴。由于利息是固定的，因此，举债具有财务杠杆效应。所以，从根本上说，大宇集团的倒闭是财务杠杆的消极作用影响的结果。

大宇集团在政府政策和银行信贷的支持下，走的是一条“举债经营”之路。试图通过大规模举债，达到大规模扩张的目的，最后实现“市场占有率至上”的目标。由于经营不善，加上资金周转困难，举债不仅没有提高企业的盈利能力，反而使公司的总资产利润率小于利润率，巨大的偿付压力使企业陷入无法解脱的财务困境。

资料来源：http://www.shufe-cec.com/c/6230.html.

思考：

1. 大宇神话破灭的原因是什么？

2. 通过上述案例对财务杠杆的利益及风险进行分析，如何理解财务杠杆效应是一把“双刃剑”？举债经营的前提是什么？

3. 理解什么是筹资风险，以及思考风险防范对企业财务管理的重要性。

4. 结合本例，谈谈你对优化企业资本结构的看法。

第十章　长期筹资

【学习目标】

1. 理解长期筹资的动机、渠道和类型；
2. 掌握普通股的分类、股票发行和上市决策、股票发行定价的方法；
3. 理解长期借款的分类、借款合同的内容；
4. 理解长期债券的分类、债券发行的资格、条件和债券的发行价格；
5. 理解其他长期筹资方式的概念、种类；
6. 掌握各种筹资方式的优缺点。

【关键概念】

长期筹资　长期筹资方式　吸收直接投资　普通股　长期借款　长期债券　租赁　优先股　可转换债券　认股权证

【引例】

田大妈的苦恼

位于成都市近郊新津县，拥有2亿多元资产，占有全国泡菜市场60%份额的新蓉新公司，近年来却被资金的“失血”折磨得困苦不堪。企业创始人，总经理田玉文（人称“田大妈”）目前在成都市委宣传部、统战部和市工商联联合召开的一次座谈会上大倒苦水。田大妈当场发问：“我始终弄不懂：像我们这样的企业，一年上税三四百万元，解决了附近十几个县的蔬菜出路，安排了六七千农民就业，从来没有烂账，为啥就贷不到款?!”

新蓉新最近的资金状况的确很成问题。四、五月份正是蔬菜收购和泡菜出厂的旺季，该公司这段时间每天从农民手中购进价值70余万元的大蒜、萝卜等蔬菜，但田大妈坦言，她已经向农民打了400多万元的“白条”。

这种状况让田大妈非常苦恼。她能有今天——据她自己说——全靠她一诺千金。在她看来，“白条”所带来的信誉损失是难以接受的。新蓉新从零开始做到如今的2亿多元，历史上只有工商银行的少量贷款，大部分资金是“向朋友借的”。也正是为了维护这种民间信用关系，田大妈今日一气偿还了“朋友”的借款共2000多万元。据说，现在，新蓉新的民间借款几乎已经偿清。

目前，为了引进设备建一个无菌车间，田大妈新近花了100多万元，购进土地110亩。近日，田大妈和她的长子、新蓉新董事长陈卫东为此发愁：如果弄不到800万元贷款，下一步收购四季豆就没法了。

田大妈说，公司已经向工商银行提出了800万元贷款申请，但目前还没有动静。据田大妈说，新蓉新现有资产2.63亿元，资产负债率10%左右。另外，据新津县委办公室负责人介绍，该公司目前已经签了3亿多元供货合同，在国内增加了几百个网点，预计年内市场份额能达到80%。像这样的企业，银行为何惜贷呢？通过本章的学习，你能为田大妈支招吗？除了银行借款，还有其他的融资方式和渠道吗？

第一节　长期筹资概述

一、长期筹资的概念

筹资分为短期筹资和长期筹资。长期筹资是指企业根据其经营活动、投资活动和调整资本结构等长期需要，通过长期筹资渠道和资本市场，运用长期筹资方式，筹集使用期限在1年以上的资金的筹集活动，主要用于设备、固定资产等的投资。长期筹资是企业筹资的主要内容，短期筹资属于营运资本管理的内容。

二、长期筹资的类型

（一）按资本来源的范围不同

按资本来源的范围不同，长期筹资可分为内部筹资和外部筹资两种。从成本的出发，企业一般应先考虑使用内部筹资，再考虑使用外部筹资。

1. 内部筹资

内部筹资是指企业在企业内部通过留用利润而形成的资本来源，一般不存在筹资成本，内部筹资数额通常由企业可分配利润的规模和股利政策所决定。

2. 外部筹资

外部筹资是指从企业外部筹集资金。主要有投入资本、发行股票、长期借款、发行债券和融资租赁筹资等方式。一般来说，外部筹资需要支付筹资费用。例如，发行股票、债券需要支付发行费用；取得长期借款要支付利息和手续费。

（二）按是否以银行等金融机构为媒介

所筹集资金是否以金融机构为媒介，长期筹资可以分为直接筹资和间接筹资。

1. 直接筹资

直接筹资是指企业不借助银行等金融机构，直接与资本所有者协商，融通资本的一种筹资活动。直接筹资的主要方式有吸收直接投资、发行股票、发行债券等。

2. 间接筹资

间接筹资是指企业借助银行等金融机构融通资本的筹资活动。间接筹资方式的主要形式有银行借款、非银行金融机构借款等，这是我国企业最为重要的筹资途径。

（三）按资本属性不同

按资本属性的不同，长期筹资可以分为权益资本筹资、债务资本筹资和混合筹资三种类型。

1. 权益资本筹资

权益资本筹资，也称股权性筹资，是指企业依法取得并长期拥有、自主调配运用的资本。主要形式有发行股票、吸收直接投资、内部积累等。

2. 债务资本筹资

债务资本筹资是指企业依法取得并按期支付利息，到期偿还本金的资本。主要形式有发行债券、向银行借款、融资租赁等。

3. 混合筹资

混合筹资是指兼具权益资本和债务资本双重属性的长期筹资类型，主要包括发行优先股筹资、发行可转换债券筹资和认股权证筹资。

三、长期筹资的动机

企业筹资的基本目的是为了自身的生存与发展，在具体的筹资活动中，企业筹资的动机是多种多样的，归纳起来有以下三种基本类型：

（一）扩张性筹资动机

企业因扩大生产经营规模或增加对外投资的需要而产生的动机属于扩张性筹资动机。当企业处于成长时期并具有良好发展前景时通常会有这种动机。例如，企业产品供大于求，开发受市场欢迎的新产品，扩大投资规模，开拓有潜力的投资领域，都需要追加筹资。扩张性筹资动机所产生的直接结果是企业资产总额和资本总额的增加。

（二）调整性筹资动机

企业因调整现有资本结构的需要而产生的筹资动机属于调整性筹资动机。资本结构是企业各种资本的构成及其比例关系，特别是长期债务和权益资本的构成及其比例关系。企业在不同时期由于筹资方式的不同会形成不同的资本结构。随着企业筹资方式的变化，当前的资本结构可能不再合理，需要进行调整，使资本结构趋于合理。例如，当企业有些债务到期必须偿付，企业虽然具有足够的偿债能力偿付这些债务，但为了维持现有的资本结构仍然举债，从而使资本结构保持合理。

（三）混合性筹资动机

企业筹资同时具有扩张性和调整性动机，称为混合性筹资动机。同时具备两种动机而增加的筹资既可以增加企业的资产总额，又可以调整企业的资本结构。

四、长期筹资的渠道和方式

（一）长期筹资渠道

企业的筹资渠道是指企业筹集资本来源的方向与通道，体现资本的源泉和流量。企业筹资渠道广泛，能够有效地为企业筹集长期资本，目前主要有七种筹资渠道：

1. 政府财政资本

企业筹资的第一个渠道是政府财政资本，它是国有企业筹资的主要来源，一般只有国有独资或国有控股企业才能使用。政府财政资本具有广阔的源泉和稳固的基础，并在国有企业资本金预算中安排，今后仍然是国有独资企业或国有控股企业股权资本筹资的重要渠道。

2. 银行信贷资本

银行信贷资本是各类企业筹资的重要来源之一。银行一般分为商业银行和政策性银行。在我国，商业银行有中国工商银行、中国农业银行、中国建设银行、中国银行、交通银行、兴业银行、招商银行等；政策性银行主要有国家开发银行、中国农业发展银行和中国进出口银行。商业银行可以为各类企业提供各种商业性贷款；政策性银行主要为特定企业提供一定的政策性贷款。银行贷款方式灵活多样，可以满足各类企业长期筹资的需要。

3. 非银行金融机构资本

非银行金融机构是指除银行以外的各种金融机构及金融中介机构。在我国，非银行金融机构的形式主要有信托投资公司、租赁公司和保险公司等。这类机构放贷灵活、手续便捷，符合中小企业资金快速融资的要求。非银行金融机构的财力虽然比银行小，但具有广阔的发展前景。

4. 其他法人资本

其他法人资本有时亦可为筹资企业提供一定的长期筹资来源。在我国，法人可分为企业法人、事业单位法人和团体法人等。它们在日常的资本运营中，有时也可能形成部分暂时闲置的资本，为了让其发挥一定的效益，也需要相互融通，这就为企业提供了一定的长期筹资来源。

5. 民间资本

民间资本可以为企业直接提供筹资来源，主要是指私营企业和个人的资金。这些资金可以对一些企业直接进行投资，为企业筹资提供资本来源。

6. 企业内部资本

企业内部资本主要是指保留在企业的盈余公积和未分配利润。这是企业的内部筹资渠道，具有原始性、自主性、低成本和抗风险的特点，是企业生存与发展不可或缺的重要组成部分。

7. 国外和我国港澳台地区资本

除以上筹资渠道外，企业还可以利用国外以及我国香港、澳门和我国台湾地区投资者持有的资本为企业筹资。

在上述各种长期筹资渠道中，属于股权资本的筹资渠道有政府财政资本、其他法人资本、民间资本、企业内部资本、国外和我国港澳台地区资本；属于债务资本的长期筹资渠道有银行信贷资本、非银行金融机构资本、其他法人资本、民间资本、国外和我国港澳台地区资本。

（二）长期筹资方式

长期筹资方式是指企业筹集资本所采取的具体形式和工具，体现着资本的属性和期限。常见的筹资方式有六种。

1. 吸收直接投资

吸收直接投资是企业通过协议等形式，向政府、法人、自然人等筹集资本，形成企业投入资本的一种筹资方式。吸收的直接投资可以形成国家资本金、法人资本金、个人资本金和外商资本金。从出资形式看，吸收直接投资可分为吸收现金、实物和无形资产直接投资。这种投资方式由于不以股票为媒介，因此适用于非股份制企业，是非股份制企业取得权益资本的基本方式。

2. 发行股票

发行股票是股份有限公司按照公司章程依法发行的具有管理权、股利不固定的股票。发行股票筹资要以股票为媒介，仅适用于股份公司，是股份公司取得股权资本的基本方式。

3. 利用留存收益

利用留存收益就是企业将实现的净利润留存于企业，形成企业的资本来源。

4. 银行借款

银行借款筹资是各类企业按照借款合同从银行等金融机构借入各种款项的筹资方式。它广泛适用于各类企业，是企业获得长期债务资本的主要筹资方式。

5. 发行债券

发行债券筹资是企业按照债券发行协议通过发售债券直接筹资，形成企业债务资本的一种筹资方式。

6. 融资租赁

融资租赁是指实质上转移与资产所有权有关的全部或绝大部分风险和报酬的租赁。它具有融资与融物相结合的特点，实质是依附于传统租赁的金融交易，是一种特殊的金融工具。

（三）长期筹资渠道与筹资方式的配合

筹资渠道与筹资方式有着密切的联系，企业在筹资时，应当注意筹资渠道和筹资方式的配合，一个筹资渠道的资本有时可以通过不同的筹资方式取得，而同一筹资方式又往往可以适用于不同的筹资渠道。筹资渠道与筹资方式相配合的对应关系参见表 10-1。

表 10-1　筹资渠道与筹资方式的对应关系

筹资方式 筹资渠道	吸收直接投资	发行股票	利用留存收益	银行借款	发行债券	融资租赁
国家财政资本	√	√				
银行信贷资本				√		
非银行金融机构资本	√	√			√	√
其他法人资本	√	√			√	√
民间资本	√	√			√	
企业内部资本	√		√			

第二节　股权性筹资

企业的股权性筹资主要有吸收直接投资（投入资本筹资）、发行普通股筹资和留存收益筹资等方式，涉及企业的注册资本制度。

【拓展阅读】

注册资本认缴登记制

根据国务院2014年2月7日发布的《国务院关于印发注册资本等级制度改革方案的通知》，我国改革注册资本登记制度，除部分行业暂不实行外，实行注册资本认缴登记制。

实行注册资本认缴登记制。公司股东认缴的出资总额或者发起人认购的股本总额（即公司注册资本）应当在工商行政管理机关登记。公司股东（发起人）应当对其认缴出资额、出资方式、出资期限等自主约定，并记载于公司章程中。有限责任公司的股东以其认缴的出资额为限对公司承担责任，股份有限公司的股东以其认购的股份为限对公司承担责任。公司应当将股东认缴出资额或者发起人认购股份、出资方式、出资期限、缴纳情况通过市场主体信用信息公示系统向社会公示。公司股东（发起人）对缴纳出资情况的真实性、合法性负责。

放宽注册资本登记条件。除法律、行政法规以及国务院决定对特定行业注册资本最低限额另有规定外，取消有限责任公司最低注册资本3万元、一人有限责任公司最低注册资本10万元、股份有限公司最低注册资本500万元的限制。不再限制公司设立时全体股东（发起人）的首次出资比例，不再限制公司全体股东（发起人）的货币出资金额占注册资本的比例，不再规定公司股东（发起人）缴足出资的期限。

公司实收资本不再作为工商登记事项。公司登记时，无须提交验资报告。

现行法律、行政法规以及国务院决定明确规定实行注册资本实缴登记制的银行业金融机构、证券公司、期货公司、基金管理公司、保险公司、保险专业代理机构和保险经纪人、直销企业、对外劳务合作企业、融资性担保公司、募集设立的股份有限公司，以及劳务派遣企业、典当行、保险资产管理公司、小额贷款公司实行注册资本认缴登记制问题，另行研究决定。在法律、行政法规以及国务院决定未修改前，暂按现行规定执行。

已经实行申报（认缴）出资登记的个人独资企业、合伙企业、农民专业合作社仍按现行规定执行。

鼓励、引导、支持国有企业、集体企业等非公司制企业法人实施规范的公司制改革，实行注册资本认缴登记制。

一、吸收直接投资

吸收直接投资是企业以合同、协议等形式吸收国家、企业、个人和外商等主体的资金，形成企业自有资金的一种筹资方式。

（一）吸收直接投资的概念和分类

吸收直接投资不以股票为媒介，它是非股份制企业筹措权益资本的一种基本方式。吸收直接投资的实际出资额，注册资本部分形成实收资本；超过注册资本的部分属于资本溢价，形成资本公积。

按照投资的来源不同，吸收直接投资可划分为以下四类：

(1) 吸收国家投资，主要是指国家财政拨款，形成国家资本金。吸收国家投资通常具有如下特点：①产权归属国家；②资金的运用和处置受国家约束较大；③在国有公司中采用比较广泛。

(2) 吸收企业、事业单位等法人的投资，形成法人资本金。吸收法人资本通常具有如下特点：①发生在法人单位之间；②以参与公司利润分配或控制为目的；③出资方式灵活多样。

(3) 吸收城乡居民和企业内部职工的投资，形成个人资本金。吸收社会公众投资通常具有如下特点：①参与投资的人员较多；②每人投资的数额相对较少；③以参与公司利润分配为基本目的。

(4) 吸收外国投资者和我国港澳台地区投资者的投资，形成外商资本金或港澳台商资本金。

（二）投资者的出资方式

企业可以通过以下几种方式吸收直接投资：

(1) 现金投资。这是吸收直接投资中最重要的一种出资方式。

(2) 实物投资。是指投资者以厂房、建筑物、设备等固定资产和原材料、商品等流动资产所进行的投资。

(3) 工业产权投资。是指投资者以专业技术、商标权、专利权等无形资产所进行的投资。

(4) 土地使用权投资。土地使用权是按有关法规和合同的规定使用土地的权利。

除现金投资之外，以其他方式投资的资产价值，投资双方既可以按公平合理原则协商作价，也可以聘请资产评估机构进行资产评估，以评估后的价格确认投资额。

（三）吸收直接投资的程序

企业吸收直接投资，一般应依照如下程序进行：

(1) 确定筹资数量。企业新建或扩大规模而进行投入资本筹资时，应当合理确定所需投入资本筹资的数量。

（2）选择筹资的具体形式。企业面向哪些方向、采用何种具体形式进行投入资本筹资，需要由企业和投资者双向选择，协商确定。企业应根据其生产经营等活动的需要以及协议等规定，选择投入资本筹资的具体方向和形式。

（3）签署决定、合同或协议等文件。企业采用投入资本方式筹资，不论是为了新建还是增资，都应当由有关方面签署决定或协议等书面文件。

（4）取得资本来源。签署拨款决定或投资协议后，应按规定或计划取得资本来源。吸收国家以现金投资的，通常由拨款计划，确定拨款期限、每期数额及划拨方式，企业可按计划取得现金；吸收出资各方以实物资产和无形资产投资的，应结合具体情况，采用适当方法，进行合理估值，然后办理产权转移手续，取得资产。

（四）吸收直接投资的特点

1. 优点

（1）有助于增强企业信誉。吸收直接投资取得的资金属于自有资金，能增强企业的信誉和借款能力，对于扩大经营规模、壮大实力具有重要作用。

（2）有助于尽快形成生产能力。实物出资和工业产权出资等方式可以使企业直接获取投资者的先进设备和技术，能帮助企业形成生产能力、开拓市场。

（3）有助于降低财务风险。吸收直接投资形成企业的权益资本，企业可以根据经营情况决定是否向投资者支付股利，方式灵活，财务风险小。

（4）限制条件较少。与债务筹资相比，吸收直接筹资的限制条件较少，使用这种筹资方式不会影响公司经营的灵活性。

2. 缺点

（1）资本成本较高。一方面，支付的股利是根据投资者出资数额和企业盈利的大小来计算的，分红数量有时相对较多；另一方面，股利不能够抵税，也增加了资金使用成本，因此资本成本较高。

（2）容易分散企业的控制权。投资者在投资的同时，一般都要求获得与投资数量相适应的经营管理权利，有可能会分散企业的控制权。

二、普通股筹资

（一）股票的概念和类型

1. 股票的概念

股票是指由股份有限公司发行的，表示股东按其持有的股份享有权益和承担义务的可转让凭证，它可以作为买卖对象和抵押品，是企业主要的长期筹资工具之一。股票具有两个方面的含义：

（1）股票是有价证券。股票代表着对一定经济利益的分配和支配权，其持有者作为公司的股东拥有法律和公司章程规定的权利和义务。股票的转让实质上是股东权利和义务的转让。

（2）股票是代表股东权益的证券。股东权益是指股东作为公司的投资者，根据其投入的资本数额享有的权利。股票所代表的这种权利，只起到证明的作用，而股东权利并不依赖于股票存在。

2. 股票的类型

根据不同的分类标准，股票有不同的划分方法。

（1）按照股东权利的不同，分为普通股和优先股。普通股是股份公司依法发行的具有表决权、股利不固定的一类股票。它是最基本的股票形式，具有股票的一般特征，每一份股权包含着公司财产享有的平等权利。

优先股是股份公司依法发行的具有一定优先权的股票，它是介于债券和股票之间的一种混合证券。

（2）按股票有无记名，分为记名股和不记名股。记名股票是在股票上载有股东姓名或名称并将其记入公司股东名册的一种股票。记名股票要同时附有股权手册，只有同时具备股票和股权手册，才能领取股息和红利。记名股票的转让和继承都要办理过户手续。

不记名股票是指在股票上不记载股东姓名或名称的股票。凡持有不记名股票，都可成为公司股东。不记名股票的转让、继承无须办理过户手续，只要将股票交给受让人，就可发生转让效力，移交股权。

一般来说，公司向发行人、国家授权投资的机构、法人发行的股票，应当为记名股票。对社会公众发行的股票，可以为记名股票，也可以为不记名股票。

（3）按股票是否标明金额，分为面值股票和无面值股票。面值股票是在票面上标有一定金额的股票。持有这种股票的股东，对公司享有的权利和承担的义务大小，依其所持有的股票的票面金额占公司发行在外的股票总面值的比例而定。

无面值股票是不在票面上标出金额，只载明所占公司股本金额的比例或股份数的股票。无面值股票的价值随公司财产的增减而变动，而股东对公司享有的权利和承担义务的大小，直接依股票标明的比例而定。

目前，我国《公司法》不承认无面值股票，规定股票应记载股票的面额，并且其发行价格不得低于票面金额。

（4）按照发行时间的先后顺序，可分为始发股和增发股。始发股是公司设立时发行的股票。增发股是公司增资时发行的股票。始发股和增发股的发行条件、发行目的、发行价格都不尽相同，但是股东的权利和义务却是一样的。

（5）按发行对象和上市地区的不同，可将股票分为 A 股、B 股、H 股和 N 股等。

A 股是供我国大陆地区个人或法人买卖的，以人民币标明票面金额并以人民币认购和交易的股票。此种股票在上海证券交易所和深圳证券交易所上市。

B 股、H 股、N 股和 S 股是专供外国和我国港、澳、台地区投资者买卖的，以人民币标明票面金额但以外币认购和交易的股票。其中，B 股在上海、深圳两个证券交易所上市；H 股在香港联合交易所上市；N 股在纽约上市；S 股在新加坡上市。

（二）普通股股东的权利

持有普通股股份者就是普通股股东。对于普通股股东来说，持有普通股便可以获得相应的股东权利，并承担责任。《公司法》第四条规定，公司股东依法享有资产收益、参与重大决策和选择管理者等权利。实际上，有关股东权利的内容可参见《公司法》的相关条文，主要有：

1. 表决权

股东通过亲自出席或者委托代理人出席股东（大）会，对会议议决事项有表示同意或者表示不同意的权利；除章程另有规定外，一般事项的决议按简单多数通过为原则，特别事项的决议按绝对多数通过为原则；股东出席股东大会会议，所持每一股份有一票表决权。但是，公司持有的本公司股份没有表决权。

2. 选举权和被选举权

股东有权通过股东（大）会选举公司的董事或者监事，也有权在符合法定任职资格的条件下，被选举为公司的董事或者监事；为了保护中小股东的利益，我国《公司法》在股份有限公司中采用了累积投票制。累积投票制是指公司股东大会选举董事或者监事时，有表决权的每一股份拥有与应选董事或者监事人数相同的表决权，股东拥有的表决权可以集中使用。

3. 依法转让出资额或者股份的权利

法律禁止股东出资获得公司股权后从公司抽逃投入资产，但允许股东为了转移投资风险或者收回投资并获得相应的利益而转让其出资或者股份。

4. 知情权

有限公司股东有权查阅、复制公司章程、股东会会议记录、董事会会议决议、监事会会议决议和财务会计报告；股东可以要求查阅公司会计账簿；股份有限公司股东有权查阅公司章程、股东名册、公司债券存根、股东大会会议记录、董事会会议决议、监事会会议决议、财务会计报告。

5. 建议和质询权

股份有限公司的股东有权对公司的经营提出建议和质询，股东会或者股东大会要求董事、监事、高级管理人员列席会议的，董事、监事、高级管理人员应当列席并接受股东质询。

6. 新股优先认购权

公司发行新股时，股东有权以确定的价格按照持股比例优先购买公司所发行的新股。有限责任公司的全体股东约定不按照出资比例优先认缴出资的除外。

7. 股利分配请求权

股东有权按照出资比例或者股份比例请求分得股利。有限责任公司的全体股东可以约定不按照出资比例分取红利的除外。

8. 提议召开临时股东（大）会的权利

有限责任公司有代表1/10以上表决权的股东，可以提议召开临时股东会议；股份有限公司有单独或者合并持有公司10%以上股份的股东，有权请求召开临时股东大会。

9. 临时提案权

股份有限公司有单独或者合计持有公司3%以上股份的股东，可以在股东大会召开10日前提出临时提案并书面提交董事会；董事会应当在收到提案后2日内通知其他股东，并将该临时提案提交股东大会审议；临时提案的内容应当属于股东大会职权范围，并有明确议题和具体决议事项。

10. 异议股东股份收买请求权

股东（大）会作出对股东利害关系产生实质性影响的决议时，对该决议有异议的股东，有权要求公司以公平价格回购其所持出资额或者股份，从而退出公司。

11. 申请法院解散公司的权利

公司经营管理发生严重困难，继续存续会使股东利益受到重大损失，通过其他途径不能解决的，持有公司全部股东表决权10%以上的股东，可以请求人民法院解散公司。

12. 公司剩余财产的分配请求权

公司终止后，向其全体债权人清偿债务之后尚有剩余财产的，股东有权请求分配。

（三）股票市场

股票市场是指股票发行和交易的场所。一般来说，股票市场可以分为一级股票市场和二级股票市场两类，即发行市场和流通市场。

1. 一级股票市场

股票发行市场又称一级股票市场，是发行新股票的市场。公司通过出售股票、债券来筹集资金，既增加了公司的现金数量，又扩大了公众持有股票和债券的规模。这类证券的发行就是所谓的一级发行，其发行的市场也叫一级发行市场。在我国，公司为筹集资金，经过审批发行股票，发行场所则为一级股票市场。股票发行人通过发行市场将已获准发行的股票第一次销售给投资者，以获得资金。

2. 二级股票市场

股票流通市场又称二级股票市场，是对已发行的股票进行买卖、转让交易的市场。

二级股票市场（股票流通市场）的构成要素主要有：①股票持有人，在此为卖方；②投资者，在此为买方；③为股票交易提供流通、转让便利条件的信用中介操作机构，如证券公司或股票交易所（习惯上称为证券交易所）。

金融市场除了帮助公司筹集新的资金外，还可以使投资者互相交易股票或债券。例如，股民李先生可以出售手里持有的某企业发行的 A 股票，以换取所需资金，而同时股民张先生也可以将现金投资于 A 股票，这样，他们之间就形成了一笔交易，也就是说该股票的所有权从李先生手里转移到张先生手里，对发行该股票的企业的现金、资产及经营等并不产生影响。这类证券的购买与销售就是二级交易，其交易发生的场所就叫作二级市场。

在我国，股民在上海证券交易所或深圳证券交易所购买或出售股票则是二级股票交易，上海证券交易所或深圳证券交易所则是二级股票市场。

目前，股市主要有四个不同层次的市场，分别是主板市场（深沪两市都有）、中小企业板（深市）、创业板、三板市场（代办股份转让系统、深市创业板）。

主板市场也称为一板市场，指传统意义上的证券市场（通常指股票市场），是一个国家或地区证券发行、上市及交易的主要场所。主板市场对发行人的营业期限、股本大小、盈利水平、最低市值等方面的要求标准较高，上市企业多为大型成熟企业，具有较大的资本规模以及稳定的盈利能力。中国大陆主板市场的公司在上交所和深交所两个市场上市。

中小企业板市场，海外又称为创业板市场或二板市场，是相对于具有大型成熟公司的主板市场而言的，服务的对象主要是中小型企业和高科技企业。深圳证券交易所为了鼓励自主创新，专门设置了中小型公司聚集板块。板块内公司普遍具有收入增长快、盈利能力强、科技含量高的特点，而且股票流动性好，交易活跃，被视为中国未来的“纳斯达克”。

创业板市场是为了适应创业和创新的需要而设立的新市场。与主板市场只接纳成熟的、已形成足够规模的上市企业不同，创业板以成长型创业企业为服务对象，重点支持具有自主创新能力的企业上市，具有上市门槛相对较低、信息披露监管严格等特点，它的市场风险要高于主板。我国深圳证券交易所设有创业板市场。

三板市场的官方名称是“代办股份转让系统”，是指经中国证券业协会批准，由具有代办非上市公司股份转让业务资格的证券公司采用电子交易方式，为非上市公司提供的股份转让服务，其服务对象为中小型高新技术企业。

"新三板"市场特指中关村科技园区非上市股份有限公司进入代办股份系统进行转让试点，因为挂牌企业均为高科技企业而不同于原转让系统内的退市企业及原 STAQ、NET 系统挂牌公司，故形象地称为"新三板"。

【拓展阅读】

美国股票市场

美国股票市场的形成晚于债券市场（主要是国债市场）。随着工业革命的进行，美国工业迅速发展，股份公司尤其是铁路股份公司的数量急剧增加，并且开始在纽约证券交易所（New York Stock Exchange，NYSE）上市，改变了最初证券市场上仅有公债发行和流通的状况。到了 19 世纪末 20 世纪初，除了公益事业部门，美国其他产业部门也都出现了巨大的股份公司，并且在美国经济中占据了统治地位。由此，股票发行和交易规模日益扩大，股票市场迅速发展，证券集资成为美国公司资本来源的主要方式。到了 2000 年，在美国上市的美国及世界各国公司已经达到 7000 余家。

经过 200 多年的发展，美国的股票市场已经成为世界上最大的股票市场，其在国内乃至全球经济中的地位也不断上升。1999 年，美国股市总市值占 GDP 的比重已经超过了 150%（这一数值在 1988 年是 50%），而其占全球股市市值的比重也从 1988 年的 29%上升到 53%。美国证券市场实际上已经成为一个国际性的证券市场，到 2002 年 7 月，约有 50 多个国家的证券（主要是股票）在美国挂牌上市交易。世界各国的投资机构与个人也大量购买美国的国债和股票。因此，从经济上和心理上讲，美国股市对世界股市和世界经济发展的影响都是非常巨大的，美国的股市下跌，世界各国股市往往也随之下跌，从而引起世界多数国家的熊市。目前，全球股票市场主要包括美国、英国、德国、日本等发达国家的股票市场和韩国、新加坡及中国香港、中国台湾等国家或地区的新兴股票市场。

（四）股票首次发行

1. 股票发行的条件

公司在主板和中小板上市，首次公开发行股票，除应当符合《公司法》第七十七条的规定外，作为拟上市公司，还应当符合如下条件：

（1）发行人应当是依法设立且合法存续一定期限的股份有限公司。

（2）发行人已合法并真实取得注册资本项下载明的资产。

（3）发行人的生产经营符合法律、行政法规和公司章程的规定，符合国家产业政策。

（4）发行人最近 3 年内主营业务和董事、高级管理人员没有发生重大变化，实际控制人没有发生变更。

（5）发行人的股权清晰，控股股东和受控股股东、实际控制人支配的股东持有的发行人股份不存在重大权属纠纷。

（6）发行人的资产完整，人员、财务、机构和业务独立。

（7）发行人具备健全且运行良好的组织机构。

（8）发行人具有持续盈利能力。

（9）发行人的财务状况良好。

（10）发行人募集资金用途符合规定。

（11）发行人不存在法定的违法行为。

【拓展阅读】

《首发管理办法》对发行人财务指标的规定

发行人发行股票并上市的财务指标应当达到以下要求：第一，最近 3 个会计年度净利润均为正数且累计超过人民币 3000 万元，净利润以扣除非经常性损益前后较低者为计算依据。第二，最近 3 个会计年度经营活动产生的现金流量净额累计超过人民币 5000 万元，或者最近 3 个会计年度营业收入累计超过人民币 3亿元。第三，发行前股本总额不少于人民币 3000 万元。第四，最近一期期末无形资产（扣除土地使用权、水面养殖权和采矿权等后）占净资产的比例不高于20%。第五，最近一期期末不存在未弥补亏损。

2. 股票发行的程序

（1）发行人董事会依法就本次发行股票的具体方案、本次募集资金使用的可行性及其他必须明确的事项作出决议，并提请股东大会批准。

（2）发行人按照中国证监会有关规定制作申请文件，由保荐人保荐并向中国证监会申报。

（3）中国证监会收到申请文件后，在 5 个工作日内作出是否受理的决定。

（4）股票发行申请经核准后，发行人应自中国证监会核准发行之日起 6 个月内发行股票；超过 6 个月未发行的，核准文件失效，须重新经中国证监会核准后方可发行。股票发行申请未获核准的，自中国证监会作出不予核准决定之日起 6 个月后，发行人可再次提出股票发行申请。

（5）发行申请核准后至股票发行结束前，发行人应当及时更新信息，披露文件内容，财务报表过期的，发行人还应当补充财务会计报告等文件；保荐人及证券服务机构应当持续履行尽职调查职责；期间发生重大事项的，发行人应当暂缓或者暂停发行，并及时报告中国证监会，同时履行信息披露义务；出现不符合发行条件事项的，中国证监会撤回核准决定。

（6）中国证监会或者国务院授权的部门对已作出的核准证券发行的决定，发现不符合法定条件或者法定程序，尚未发行证券的，应当予以撤销，停止发行。已经发行尚未上市的，撤销发行核准决定，发行人应当按照发行价并加算银行同期存款利息返还证券持有人；保荐人应当与发行人承担连带责任，但是能够证明自己没有过错的除外；发行人的控股股东、实际控制人有过错的，应当与发行人承担连带责任。

（7）发行股票。发行人股票发行申请经核准后，发行的股票一般由证券公司承销。

（8）股票依法发行后，发行人经营与收益的变化，由发行人自行负责；由此变化引致的投资风险，由投资者自行负责。

3. 股票发行的方式

股票发行方式是指公司发行股票的途径。股票的发行方式一般可分为以下两类：

（1）公开间接发行。我国《证券法》规定有下列情形之一者属于公开发行：向不特定对象发行证券；向累计超过200人的特定对象发行证券；法律、行政法规规定的其他发行行为。

也就是说，通过中介机构，公开向社会公众发行股票称为公开间接发行。例如：我国股份有限公司采用募集设立方式向社会公开发行新股时，须由证券经营机构承销的做法，就属于股票的公开间接发行。这种发行方式的优点是：发行范围广、发行对象多，易于足额募集资本；股票的变相性强，流通性好；股票的公开发行还有助于提高发行公司的知名度和扩大其影响力。这种发行方式的缺点是手续繁杂，发行成本高。

（2）不公开直接发行。不公开对外发行股票，只向少数特定的对象直接发行，不须经中介机构承销称为不公开直接发行。例如：我国股份有限公司采用发起设立方式和以不同社会公开募集的方式发行新股的做法，即属于股票的不公开直接发行。这种发行方式的优点是弹性较大，发行成本低，但缺点是发行范围小，股票变现性差。

4. 股票销售的方式

股票的销售方式是指股份有限公司向社会公开发行股票时采取的股票销售方法。股票销售方式分为自行销售和委托中介机构销售两类。

（1）自行销售方式。发行公司自己直接将股票销售给认购者属于自行销售方式。这种销售方式的优点是发行公司可以直接控制发行过程，实现发行意图，并可以节省发行费用；缺点是筹资时间长，发行公司要承担全部发行风险，并需要发行公司有较高的知名度、信誉和实力。

(2) 委托销售方式。发行公司将股票销售业务委托给证券经营机构代理是委托销售方式。这种销售方式是发行股票所普遍采用的。我国《公司法》规定，股份有限公司向社会公开发行股票，必须与依法设立的证券经营机构签订承销协议，由证券经营机构承销。

5. 股票的发行价格

股票的发行价格是指股票发行时所使用的价格，或者说投资者认购股票时所支付的价格。股票发行价格通常由发行公司根据股票面额、股市行情和其他有关因素决定。以募集设立方式设立的公司首次发行股票的价格，由发起人决定；公司增资发行新股股票的价格，由股东大会做出决议。

股票的发行价格可以和股票的面额一致，也可以不一致。股票的发行价格一般有三种：

(1) 等价。等价是以股票的面额为发行价格，也称为平行发行。

(2) 时价。时价是以本公司股票在流通市场上的价格为基准确定发行价格，也称市价发行。

(3) 中间价。中间价是以时价和等价的中间值确定的股票发行价格。

按时价或中间价发行股票，股票发行价格会高于或低于其面额。高于面额发行称为溢价发行，低于面额发行称为折价发行。我国《公司法》规定，股票发行价格可以等于票面金额，也可以超过票面金额，但不得低于票面金额。

(五) 股权再融资

上市公司利用证券市场进行再融资是国际证券市场的通行做法，是其能够持续发展的重要动力源泉之一，也是发挥证券市场资源配置功能的基本方式。再融资包含股权再融资、债权再融资等几种形式，其中股权再融资的方式包括现有股东配股和增发新股融资。

配股是指向原普通股股东按其持股比例、以低于市价的某一特定价格配售一定数量新发行股票的融资行为。增发新股指上市公司为了筹集权益资本而再次发行股票的融资行为，包括面向不特定对象的公开增发和面向特定对象的非公开增发，也称定向增发。其中，配股和公开增发属于公开发行，非公开增发属于非公开发行。

(六) 股票上市

股票上市是指股份有限公司公开发行的股票，符合规定条件，经过申请批准后在证券交易所进行挂牌交易。经批准在证券交易所上市交易的股票，称为上市股票；股票上市的股份有限公司称为上市公司。

1. 上市的目的

股份有限公司申请股票上市，基本目的是增加本公司股票的吸引力，形成稳定的资本来源，能在更大范围内筹措资本。股票上市有如下意义：提高股票的流动性和变现能力，便于投资者认购和交易；有利于公司股权的社会化，避免股权高度集中；有利于提高公司的知名度；有利于确定公司的价值。

股票上市也可能会对公司产生不利，主要表现在：各种信息公开的要求可能会泄露公司的商业秘密；股市的波动可能歪曲公司的实际情况，损害公司的声誉；可能分散公司的控制权。

2. 上市的条件

我国《证券法》第五十条规定，股份有限公司申请其股票上市必须符合下列条件：

（1）股票经国务院证券管理部门批准已向社会公开发行；

（2）公司股本总额不少于人民币 3000 万元；

（3）持有股票面值达人民币 1000 元以上的股东人数不少于 1000 人，公开发行的股份达公司股份总数的 25%以上，公司股本总数超过人民币 4 亿元的，其向社会公开发行股份的比例为 10%以上；

（4）公司最近 3 年内无重大违法行为，财务会计报告无虚假记载；

（5）国务院规定的其他条件。

（七）普通股筹资的特点

1. 优点

与其他筹资方式相比，普通股筹资具有如下优点：

（1）没有固定利息负担。如果公司有盈余，并认为适合分配股利，就可以分配给股东；如果公司盈余较少，或虽有盈余但资金短缺或有更有利的投资机会，就可以少支付或不支付股利。

（2）没有固定到期日。普通股筹集的资金，除非公司清算才需偿还。它对保证企业最低的资金需求有重要意义。

（3）筹资风险小。由于普通股没有固定到期日，不用支付固定的利息，因此风险小。

（4）能增加公司的信誉。普通股本与留存收益构成公司所借入一切债务的基础。有了较多的自有资金，就可为债权人提供较大的损失保障，因而，普通股筹资既可以提高公司的信用价值，同时也为使用更多的债务资金提供了强有力的支持。

（5）筹资限制较少。利用优先股或债券筹资，通常有许多限制，这些限制往往会影响公司经营的灵活性，而利用普通股筹资则没有这种限制。

（6）容易吸收资金。由于普通股的预期收益较高并可在一定程度上抵消通货膨胀的影响（通常在通货膨胀期间，不动产升值时普通股也随之升值），因此普通股筹资容易吸收资金。

2. 缺点

运用普通股筹措资本也有一些缺点：

(1) 资本成本较高。普通股由于风险较高，相应地要求有较高的投资报酬率；普通股股利从净利润中支付，不具有抵税作用；普通股的发行费用一般也较高。

(2) 会分散公司的控制权。以普通股筹资会增加新股东，这可能会分散公司的控制权，削弱原有股东对公司的控制。

(3) 信息披露成本增大。如果公司股票上市，需要履行严格的信息披露制度，接受公众股东的监督，会带来较大的信息披露成本，也增加了公司保护商业秘密的难度。

(4) 会增加公司被收购的风险。公司股票上市后，其经营状况会受到社会的广泛关注，一旦公司经营或财务方面出现问题，可能面临被收购的风险。

(5) 可能引起股价下跌。新股东分享公司未发行新股前积累的盈余，会降低普通股的每股收益，从而可能引起股价的下跌。

第三节 债务性筹资

债务筹资是指企业按约定代价和用途取得且需要按期还本付息的一种筹资方式，主要包括长期借款、长期债券等方式。

一、长期借款筹资

(一) 长期借款的概念和种类

长期借款是指企业向银行或其他非银行金融机构借入的使用期超过一年的借款，主要用于构建固定资产和满足长期流动资金占用的需要。

长期借款的种类有很多，各企业可根据自身的情况和各种借款条件选用。根据不同的标准，长期借款有以下几种类别：

1. 按照用途不同

根据长期借款的用途不同，分为固定资产投资借款、更新改造借款、科技开发和新产品试制借款，等等。

2. 按照提供贷款机构的不同

根据提供长期借款的机构不同，可以分为政策性银行贷款、商业银行贷款等。此外，企业还可从信托投资公司取得信托投资贷款，从财务公司取得各种中长期贷款，等等。

3. 按照有无担保来划分

根据长期借款是否需要抵押品，可以分为信用贷款和抵押贷款。信用贷款指不需要企业提供抵押品，是凭借借款人信用或担保人信誉而向金融机构取得的贷款。抵押贷款是指企业向金融机构借款时，需要以抵押品作为担保的贷款。长期贷款的抵押品可以是房屋、建筑物、机器设备、股票、债券等。

（二）取得长期借款的条件

企业申请贷款一般应具备下列条件：

（1）借款企业实行独立核算，自负盈亏，具有法人资格，有健全的机构和相应的企业管理和技术人才。

（2）借款企业经营方向和业务范围符合国家政策，借款用途属于银行贷款办法规定的范围，并提供有关借款项目的可行性报告。

（3）借款企业具有一定的物资和财产保证，担保单位具有相应的经济实力。

（4）借款企业具有偿还贷款的能力。

（5）借款企业财务管理和经济核算制度健全，资金使用效益及企业经济效益良好。

（6）借款企业在有关银行立有账户，办理结算。

（三）取得长期借款的程序

长期借款一般需要按以下程序申请：

（1）向银行提出借款申请。借款申请应说明借款原因、金额、用款时间与计划、还款期限与计划等。

（2）银行审核申请。银行根据企业的借款申请，主要审核企业的财务状况、信用情况、盈利的稳定性、发展前景、借款用途和期限、借款抵押物、借款投资项目的可行性等。必要时，企业需要向银行提供必要的财务信息及其他信息。

（3）签订借款合同。银行审核同意企业借款后，与企业协商借款的条件，明确贷款的种类、金额、期限、利率、偿还办法、抵押品、限制性条款、违约责任等，并以借款合同的形式将其法律化。

（4）企业取得资金。借款合同生效后，企业可以取得资金。

（四）借款合同的内容

长期借款一般期限较长，因此风险较大，根据国际惯例，银行为了及时收回贷款，在贷款合同中，会与借款企业约定一些条款，以保证贷款按时足额偿还。这些条款通常被称为保护性条款，归纳起来有两类：

1. 一般性保护条款

借款合同通常都含有一般性保护条款，但是根据借款合同的不同，所包含的保护性条款也不同，通常包括以下几个方面：

（1）对借款企业流动资金保持量的规定，其目的在于保持借款企业资金的流动性和偿债能力；

（2）对支付现金股利和再购入股票的限制，其目的在于限制现金外流；

（3）对资本支出规模的限制，其目的在于减少企业日后不得不变卖固定资产以偿还贷款的可能性，仍着眼于保持借款企业资金的流动性；

（4）限制其他长期债务，其目的在于防止其他贷款人取得对企业资产的优先求偿权；

（5）借款企业定期向银行提交财务报表，其目的在于及时掌握企业的财务情况；

（6）不准在正常情况下出售较多资产，以保证企业正常的生产经营能力；

（7）如期清偿缴纳的税金和其他到期债务，以防被罚款而造成现金流失；

（8）不准以任何资产作为其他承诺的担保或抵押，以避免企业过重的负担；

（9）不准贴现应收票据或出售应收账款，以避免或有负债；

（10）限制租赁固定资产的规模，其目的在于防止企业负担巨额租金以致削弱其偿债能力，还在于防止企业以租赁固定资产的办法摆脱对其资本支出或负债的约束。

2. 特殊性保护条款

对于一些特殊情况，银行可能还会在贷款合同中和企业约定一些特殊性保护条款，主要包括：

（1）贷款专款专用；

（2）不准企业投资于短期内不能收回的资金的项目；

（3）限制企业高级职员的薪金和奖金总额；

（4）要求企业主要领导人在合同有效期内担任领导职务；

（5）要求企业主要领导人购买人身保险等。

此外，短期借款融资中的周转信贷协定、补偿性余额等条件，在长期借款融资中也同样适用。

（五）长期借款筹资的特点

1. 优点

相对于其他长期筹资方式，长期借款筹资的优点如下：

（1）借款速度较快、成本较低。一般来说，发行债券、股票需要花费较长的时间，而长期借款属于直接筹资，筹资速度较快；而且筹资费用较少，利率一般低于发行债券筹资，且可以抵减所得税，因此筹资成本较低。

（2）借款弹性较大。如果在借款期间，企业情况发生变化，可以与银行协商修改借款条件。

（3）不分散控制权。一般而言，长期借款的所有者无权参与企业的经营管理，因此不会引起控制权的转移或稀释股东权益。

(4) 可以充分发挥财务杠杆作用。使用长期借款筹资，可以发挥财务杠杆的作用，在企业盈利较多的情况下，促进股东财富最大化。

2. 缺点

长期借款筹资的缺点有以下几点：

(1) 筹资风险较大。长期借款要求企业按时支付利息并定期偿还本金，当企业经营不利时，企业很可能不能及时筹措资金按期还本付息，甚至可能破产。

(2) 限制条件较多。限制性条款由于具有约束性，可能会影响企业的经营活动。

(3) 筹资数额有限。与发行股票或债券筹集到的资金相比，长期借款的筹措金额有限。

二、长期债券筹资

(一) 长期债券筹资的概念和种类

债券是发行人按照程序发行，约定在一定期限内还本付息的有价证券。债券的发行人就是债务人，投资于债券的人就是债权人。本章所说的债券，指的是发行期限超过一年的公司债券，主要是为了建设大型项目筹集大笔长期资金。

债券按不同的标准，可以分为以下几个大类：

1. 按有无记名分类

按债券上有无记载持券人的姓名，可以分为记名债券与无记名债券。记名债券是指在券面上记载持券人的姓名或名称的债券，否则是无记名债券。对于记名债券，公司只对记名人偿付本金，持券人凭印鉴支取利息。记名债券的转让由债券持有人以背书等方式进行，并由发行公司将受让人的姓名或名称载于公司债券存根簿。无记名债券的还本付息以债券为凭，一般实行剪票付息，债券持有人将债券交付给受让人后即发挥转让效力。

2. 按有无抵押担保分类

按有无特定的财产担保，可以分为抵押债券与信用债券。抵押债券又称为有担保债券，是指发行公司以特定财产作为抵押品的债券。抵押品包括不动产抵押债券、动产抵押债券、信托抵押债券。其中信托抵押债券是指公司以其特有的有价证券为担保而发行的债券。信用债券又称无担保债券，是指发行公司没有抵押品作为担保，凭信用发行的债券。这种债券通常是要求发行公司的信誉良好，利率一般略高于抵押债券。

3. 按利率是否变动分类

根据利率是否浮动，可以分为固定利率债券和浮动利率债券。固定利率债券是指利率固定，并明确载于债券票面上的一类债券。浮动利率债券是指债券上记载有利率，但利率数值随某一标准（如政府债券利率、银行存款利率）的变化而相应变化的一类债券。

4. 按是否参与公司盈余分类

根据债权人是否参与公司的盈余分配，可以分为参加公司债券与不参加公司债券。参加公司债券是指债券的持有人不仅可以获得利息，还可以参与发行公司盈余分配，但是其参与利润分配的方式与比例必须事先规定。不参加公司债券的持有人则不能参与发行公司利润分配，只能取得相应的利息。公司债券大多为不参加公司债券。

5. 按债券持有人的特定权益分类

根据债券持有人可享有的特定权益，可以分为收益债券、可转换债券和附认股权债券。收益债券（Income Bond）是指只有当发行公司有税后利润可供分配时才支付利息的一种债券。这种债券对发行公司的好处是不必承担固定的利息费用，但是对于投资者而言，风险较大，收益也可能较高。可转换债券（Convertible Bond）是指在一定的期间，债券持有人可以将其持有的债券转换为普通股的债券。债券持有人有权选择是否将其所持债券转换为股票。附认股权债券（Bond with Warrants）是指企业所发行的债券，附带允许债券持有人可以在某一特定期间以特定价格购买发行公司股票的一种债券。这种认股权通常随债券发放，其票面利率与可转换债券一样，通常低于一般的公司债券。

6. 按能否上市交易分类

按照国际惯例，公司债券与股票一样，也有上市与非上市之分。根据债券能否上市，可以分为上市债券与非上市债券。可以在证券交易所挂牌交易的债券称为上市债券，否则为非上市债券。

（二）发行债券的资格和条件

发行公司债券，应当符合下列条件：

（1）股份有限公司的净资产不低于人民币 3000 万元，有限责任公司的净资产不低于人民币 6000 万元。

（2）本次发行后累计债券余额不超过最近一期期末净资产的 40%；金融类公司的累积公司债券余额按金融企业的有关规定计算。

（3）最近 3 个会计年度实现的年均可分配利润不少于公司债券 1 年的利息。

（4）公司的生产经营符合法律、行政法规和公司章程的规定，募集的资金投向符合国家产业政策。

（5）债券的利率不超过国务院限定的利率水平。

（6）公司的内部控制制度健全，内部控制制度的完整性、合理性、有效性不存在重大缺陷。

（7）经资信评级机构评级，债券信用级别良好。

上市公司存在下列情形的，不得发行公司债券：

(1) 前一次公开发行的公司债券尚未募足;

(2) 对已发行的公司债券或者其他债务有违约或者延迟支付本息的事实，仍处于继续状态;

(3) 违反规定，改变公开发行公司债券所募资金的用途;

(4) 最近36个月内公司财务会计文件存在虚假记载，或公司存在其他重大违法行为;

(5) 本次发行申请文件存在虚假记载、误导性陈述或者重大遗漏;

(6) 严重损害投资者合法权益和社会公共利益的其他情形。

另外，根据《证券法》第十六条的规定，公开发行公司债券募集的资金，必须用于核准的用途，不得用于弥补亏损和非生产性支出。

(三) 发行债券的程序

(1) 公司申请发行公司债券，应当先由公司董事会制定方案，由股东大会做出决议。

(2) 发行公司债券，应当由保荐人保荐，并向中国证监会申报。

(3) 制作申请文件。

1) 保荐人应当按照中国证监会的有关规定编制和报送募集说明书和发行申请文件。

2) 债券募集说明书所引用的审计报告、资产评估报告、资信评级报告，应当由有资格的证券服务机构出具，并由至少2名有从业资格的人员签署。债券募集说明书所引用的法律意见书，应当由律师事务所出具，并由至少2名经办律师签署。

3) 公司全体董事、监事、高级管理人员应当在债券募集说明书上签字，保证不存在虚假记载、误导性陈述或者重大遗漏，并声明承担个别和连带的法律责任。

(4) 核准和发行。

1) 发行公司债券应报经中国证券监督管理委员会核准;发行公司债券，可以申请一次核准，分期发行。

2) 自中国证监会核准发行之日起，公司应在6个月内首期发行，剩余数量应当在24个月内发行完毕。超过核准文件限定的时效未发行的，须重新经中国证监会核准后方可发行。

3) 首期发行数量应当不少于总发行数量的50%，剩余各期发行的数量由公司自行确定，每期发行完毕后5个工作日内报中国证监会备案。

(四) 债券评级

上市公司发行公司债券应当委托经证监会认定、具有从事证券服务业务资格的资信评级机构进行信用评级。公司与资信评级机构应当约定，在债券有效存续期间，资信评级机构每年至少公告一次跟踪评级报告。

【小知识】

债券信用等级

国际上流行的债券等级是三等九级。AAA 级为最高级，AA 级为高级，A 级为上中级，BBB 级为中级，BB 级为中下级，B 级为投机级，CCC 级为完全投机级，CC 级为最大投机级，C 级为最低级。

以下是由美国信用评定机构标准普尔公司和穆迪投资者服务公司（以下简称穆迪公司）所指定的债券信用等级，如表 10-2 所示。

表 10-2　债券信用等级表

标准普尔公司		穆迪公司	
AAA	最高级	Aaa	最高质量
AA	高级	Aa	高质量
A	上中级	A	上中质量
BBB	中级	Baa	下中质量
BB	下中级	Ba	具有投机因素
B	投机级	B	通常不值得正式投资
CCC	完全投机级	Caa	可能违约
CC	最大投机级	Ca	高投机性，经常违约
C	规定盈利付息但未能盈利付息	C	最低级

一般认为，只有前三个级别的债券是值得进行投资的债券。

标准普尔公司和穆迪公司还使用修正符号进一步区别 AAA（或 Aaa）级以下的各级债券，以便更为具体地识别债券的质量。标准普尔公司用“+”、“-”号区别同级债券质量的高低。例如，A+代表质优的 A 级债券，A-表示质量劣的 A 级债券。穆迪公司在表示债券级别的英文字母后再加注 1、2、3，分别代表同级债券质量的优、中、差。

（五）债券的发行价格

债券的发行价格是指投资人购买债券时所支付的价格。一般而言，发行公司可以采用三种价格对债券进行定价（见表 10-3）。

表 10-3　债券的发行价格

债券的发行价格	价格与面值的关系	票面利率与市场利率的一致程度
平价	发行价格 = 面值	票面利率与市场利率一致
溢价	发行价格 > 面值	票面利率高于市场利率
折价	发行价格 < 面值	票面利率低于市场利率

决定债券发行价格的基本因素如下：

(1) 债券面额。债券面值即债券市面上标出的金额，企业可根据不同认购者的需要，使债券面值多样化，既有大额面值，也有小额面值。

(2) 票面利率。票面利率可分为固定利率和浮动利率两种。一般地，企业应根据自身资信情况、公司承受能力、利率变化趋势、债券期限的长短等决定选择何种利率形式与利率的高低。

(3) 市场利率。市场利率是衡量债券票面利率高低的参照系，也是决定债券价格按面值发行还是溢价或折价发行的决定因素。

(4) 债券期限。期限越长，债权人的风险越大，其所要求的利息报酬就越高，其发行价格就可能越低。

（六）长期债券筹资的特点

与其他长期筹资方式相比，长期债券的优缺点主要有：

1. 优点

(1) 筹资规模较大。债券的发行对象广泛，相对银行借款等间接投资来说，可以筹集的资金规模较大。

(2) 不分散控制权。债券持有人一般不能干涉企业的经营管理，不会分散股东的控制权。

(3) 可以发挥财务杠杆的作用。发行债券可以发挥财务杠杆的作用，当企业盈利多时，股东可以获得更大的收益。

(4) 具有长期性和稳定性。债券的发行期限一般比较长，在债券到期之前，通常不能向发行企业索要本金。

2. 缺点

(1) 筹资风险较高。债券有固定的到期日，并定期支付利息，无论企业经营如何都要偿还。

(2) 发行成本较高。公开发行债券的程序复杂，手续繁多，需要花费较大的人力、物力、财力。

(3) 限制条件多。债券发行契约书上的限制条款比优先股和短期债务要严格得多，可能会影响企业以后的发展或筹资能力。

(4) 信息披露成本高。发行债券需要公开披露募集说明书等多种文件，上市后要披露定期报告等，有可能会泄露公司的商业机密。

第四节　其他长期筹资

一、租赁筹资

（一）租赁的概念

租赁是指资产的所有者（出租人）授予另一方（承租人）使用资产的专用权并获取租金报酬的一种经济行为。

（二）租赁的种类

租赁的种类很多，根据不同的标准，可以划分为不同的类别。

1. 按租赁当事人之间的关系

在租赁合约中，当事人一般包括出租人和承租人两方，租赁资产的所有者称为出租人，租赁资产的使用者称为承租人。具体的，可以分为以下三种类型：

（1）直接租赁。这种租赁是指出租方直接将设备等资产出租给承租人的租赁。直接租赁通常只涉及出租人和承租人两方。

（2）杠杆租赁。该种租赁涉及三个方面的参与者：承租人、出租人和贷款人。在这种形式下，出租人本身拿出部分资金，然后加上贷款人提供的资金，购买承租人所需资产；待资产租出后，出租人以收取的租金向债权人还贷。由于出租人只使用了个人少量资金就完成了大额的租赁业务，因此称为杠杆租赁。杠杆租赁中的出租人既是资产的出租者，也是款项的借入者。

（3）售后租回。该种租赁是指承租人先将某资产卖给出租人，再将该资产租回的一种租赁形式。在这种形式下，承租人一方面通过出售资产获得了现金；另一方面又通过租赁满足了对资产的需要，而租金却可以分期支付。

2. 按是否可撤销

根据租赁是否可以随时解除，分为可以撤销租赁和不可撤销租赁。

（1）可以撤销租赁是指在合同中约定，承租人可以随时解除的租赁。如果提前终止合同，承租人一般要向出租人支付相应的赔偿额。

（2）不可撤销租赁是指在合同中约定，如果合同没有到期，任何一方不可以单方面解除的租赁。但是，如果经出租人同意，或者承租人支付一笔足够大的赔款，不可撤销租赁也可以提前终止。

3. 按出租人是否负责租赁资产的维护

根据出租人是否负责租赁资产的维护，可以分为毛租赁和净租赁。

(1) 毛租赁是指租赁资产由出租人负责维护的租赁。

(2) 净租赁是指租赁资产由承租人负责维护的租赁。关于租赁资产的维修事项，租赁双方也可以签订一个独立的维修合同，与租赁合同分开。

4. 按全部租金是否超过资产的成本

根据全部租金是否超过资产的成本，可以分为不完全补偿租赁和完全补偿租赁。

(1) 如果全部租金不足以补偿租赁资产的全部成本，称为不完全补偿租赁。

(2) 如果全部租金超过租赁资产的全部成本，称为完全补偿租赁。

5. 按其性质进行划分

按照租赁性质，可以分为经营租赁和融资租赁。

经营租赁又称营运租赁、服务租赁，指出租人不仅要向承租人提供设备的使用权，还要向承租人提供设备的保养、保险、维修和其他专门性技术服务的一种租赁形式（融资租赁不需要提供这个服务）。经营租赁通常是一种短期租赁，承租人主要是为了满足经营使用上的临时或季节性需要。

经营租赁的主要特点有：

(1) 租赁期较短，不涉及长期而固定的义务。

(2) 在设备租赁期内，如有新设备出现或不需用租入设备时，承租企业可按规定提前解除租赁合同。

(3) 基本租期内，出租人只能从出租中收回设备的部分垫支资本，需通过该项设备以后多次出租给多个承租人使用，方能补足未收回的那部分设备投资外加其应获得利润。

(4) 租赁机构不仅提供融资便利，还提供维修管理等各项专门服务，对出租设备的适用性、技术性能负责，并承担过时风险，负责购买保险。

(5) 租赁期满或合同中止时，租赁设备由出租人收回。

融资租赁又称设备租赁或现代租赁，是指实质上转移与资产所有权有关的全部或绝大部分风险和报酬的租赁。资产的所有权最终可以转移，也可以不转移。

它的具体内容是指出租人根据承租人对租赁物件的特定要求和对供货人的选择，出资向供货人购买租赁物件，并租给承租人使用，承租人则分期向出租人支付租金，在租赁期内租赁物件的所有权属于出租人所有，承租人拥有租赁物件的使用权。租期届满，租金支付完毕并且承租人根据融资租赁合同的规定履行完全部义务后，租赁物件所有权即转归承租人所有。尽管在融资租赁交易中，出租人也有设备购买人的身份，但购买设备的实质性内容如供货人的选择、对设备的特定要求、购买合同条件的谈判等都由承租人享有和行使，承租人是租赁物件实质上的购买人。融资租赁是集融资与融物、贸易与技术更新于一体的新型金融产业。

融资租赁的特征主要有：

(1) 租赁物由承租人决定，出租人出资购买并租赁给承租人使用，并且在租赁期间只能租给一个企业使用。

(2) 承租人负责检查验收制造商所提供的租赁物，对该租赁物的质量与技术条件，出租人不向承租人做出担保。

(3) 出租人保留租赁物的所有权，承租人在租赁期间支付租金而享有使用权，并负责租赁期间租赁物的管理、维修和保养。

(4) 租赁合同一经签订，在租赁期间任何一方均无权单方面撤销合同。只有在租赁物毁坏或被证明为已丧失使用价值的情况下方能中止执行合同，无故毁约则要支付相当重的罚金。这是融资租赁最主要的财务特征。

(5) 租期结束后，承租人一般对租赁物有留购和退租两种选择，若要留购，购买价格可由租赁双方协商确定。

(三) 租赁费用

租赁双方可以对租赁费用的报价形式和支付形式灵活协商和安排，没有统一的标准。租赁费用的经济内容包括出租人的全部出租成本和利润。出租成本包括租赁资产的购置成本、营业成本以及相关的利息。如果出租人收取的租赁费用超过其成本，剩余部分则称为利润。

租赁费用的报价形式有三种：

(1) 合同分别约定租金、利息和手续费。例如，租赁资产购置成本 100 万元，分 10 年偿付，每年租金 10 万元，在租赁开始日首付；尚未偿还的租赁资产购置成本按年利润 6%计算利息，在租赁开始日收入；租赁手续费 10 万元，在租赁开始日一次付清。此时，租金仅指租赁资产的购置成本，利息和手续费用于补偿出租人的营业成本，如果还有剩余则成为利润。

(2) 合同分别约定租金和手续费。如上例，租金 110 万元，分 10 年支付，每年 11 万元，在租赁开始日首付；租赁手续费 10 万元，在租赁开始日一次付清。此时，租金包括租赁资产购置成本以及相关的利息，手续费是出租人的营业成本和取得的利润。

(3) 合同只约定一项综合租金，没有分项的价格。如上例，租金 120 万元，分 10 年支付，每年 12 万元，在租赁开始日首付。此时，租金包括租赁资产的购置成本、相关利息、营业成本及出租人的利润。

(四) 租赁的特点

对于承租企业而言，租赁的优缺点如下：

1. 优点

(1) 租赁开辟了新的融资渠道。承租人可以借助租赁保留银行贷款额度和紧缺的现金资源，增强企业营运资金的灵活运用能力。

（2）可以按固定利率进行全额融资。租赁不要求承租人立即支付现金，有助于缓解处于发展期的新企业的资金紧张问题；此外，租金固定，有助于防止资金成本的增加，避免通货膨胀风险；租金固定便于计算投资报酬率，有助于承租人快速完成投资决策。

（3）租赁资格审核程序简便，申请批准速度快，有助于承租人把握商机。

（4）不用增加资本去购置设备，有利于保持股权分布的稳定性。

2. 缺点

（1）租赁筹资的成本较高，租金总额通常要高出设备价值许多。

（2）承租企业在财务困难时期，支付固定的租金也将成为一项沉重的负担。

二、混合性筹资

（一）优先股

1. 优先股的概念

优先股是相对于普通股来说的，优先股的优先主要表现在以下两个方面：

（1）优先分配股利权。优先股的股利固定，按面值的一定比例计算。优先股股利在税后支付，优先于普通股，也就是说，如果公司未能先行彻底付清过去拖欠的优先股红利，公司普通股股东就将不被派发一分一厘的红利。

（2）优先分配剩余财产权。优先股的持有者在企业清算时对偿付债务后所余净资产有优先要求支付的权利。

优先股股东的管理权限是有严格限制的。拥有优先股所丧失的是投票权（即公司的控制管理权限）以及对公司超额利润分配的权利。如果公司拖欠优先股红利，一般情况下公司会给予优先股股东一定的投票权，与普通股股东共同分享公司的控制权。

2. 优先股的特点

优先股属于混合筹资方式，它有股票和债券的双重特点。首先，优先股股息率固定，且优先股股东不能参与公司剩余利润的分配，这与债券的性质相同；其次，优先股没有到期日，无须还本，这与普通股的性质相同。优先股是介于两者之间的一种筹资方式。

3. 优先股的种类

（1）根据股利是否可积累。按照股利是否可以积累，可以分为累积优先股和非累积优先股。累积优先股是指在任何营业年度内的股利可累积起来，由以后年度的盈利一起支付。通常一个公司支付完全部的优先股股利后才可支付普通股股利。非累积优先股是指股利按年分配，不可累积，若年度盈利不足以支付全部股利时，优先股股东不能要求在以后年度补发。

（2）根据是否可转换成普通股。按照是否可以转换成普通股，可以分为可转换优先股和不可转换优先股。可转换优先股是指可以在规定时期按一定比例转换成普通股的股票。其中，转换的比例是事先确定的，数值大小取决于优先股与普通股的现行市场价格。不可转换优先股是指不能转换为普通股的股票，这种优先股只能获得固定收益，不能获得转换收益。

（3）根据是否有权参加利润分配。按照是否有权参加利润分配，可以分为参加优先股和不参加优先股。参加优先股是指持有该种股票的股东不仅能获得固定股利，还有权与普通股一起参加利润分配的股票。不参加优先股是指股东持有该股票只能获得固定股利，不能参与利润分配。

（4）根据是否在以后的时期收回股票。根据是否在以后的时期收回股票，可以分为可赎回优先股和不可赎回优先股。可赎回优先股指在优先股发行后的一定时期，股份公司可以按一定价格收回的优先股股票。收回是附有收回条件的，收回条件中规定了收回价格。是否收回和何时收回由股份公司决定。不可赎回优先股是指不能收回的优先股股票。由于优先股发行后股利固定，会成为一项永久的财务负担，因此实际工作中公司都发行可赎回优先股。

从上面的分类来看，累积优先股、可转换优先股、参加优先股对股东有利，可赎回优先股对股份公司有利。

4. 优先股筹资的特点

（1）优点。与债券相比，优先股没有到期日，不需要偿还本金，不支付优先股股利不会导致公司破产；与普通股相比，优先股股东一般没有表决权，不会分散公司的控制权，可以保障公司的原有控制权；此外，公司发行优先股，有利于巩固股权资本的基础，维持乃至增强公司的举债能力。

（2）缺点。优先股股利不能抵税，税后成本高于负债筹资；法律上虽然没有约束优先股的股利支付，但是公司倾向于按时期支付股利，这使得优先股与负债筹资一样要承担固定的成本，这会增加公司的财务风险并进而增加普通股的成本。

（二）可转换债券

1. 可转换债券的概念

可转换债券是指债券的持有者在一定时期可以根据约定的条件将其持有的债券转换成普通股的一类特殊债券。

2. 可转换债券的期限、面值和利率

可转换公司债券的期限最短为 1 年，最长为 6 年。可转换公司债券每张面值 100 元。可转换公司债券的利率由发行公司与主承销商协商确定，但必须符合国家的有关规定。

3. 可转换公司债券转为股份

（1）可转换公司债券自发行结束之日起 6 个月后方可转换为公司股票，转股期限由公司根据可转换公司债券的存续期限及公司财务状况确定。

（2）债券持有人对转换股票或者不转换股票有选择权，并于转股的次日成为发行公司的股东。

（3）转股价格应不低于募集说明书公告日前 20 个交易日该公司股票交易均价和前一交易日的均价。这里所说的转股价格，是指募集说明书事先约定的可转换公司债券转换为每股股份所支付的价格。

（4）可转换债券持有人不转换为股票的，上市公司应当在可转换公司债券期满后 5 个工作日内办理完毕偿还债券余额本息的事项。

4. 可转换债券的发行资格与条件

根据《上市公司证券发行管理办法》的规定，上市公司发行可转换债券，除了应当符合增发股票的一般条件之外，还应当符合以下条件：

（1）最近 3 个会计年度加权平均净资产收益率平均不低于 6%。扣除非经常性损益后的净利润与扣除前的净利润相比，以低者作为加权平均净资产收益率的计算依据。

（2）本次发行后累计公司债券余额不超过最近一期末净资产额的 40%。

（3）最近 3 个会计年度实现的年均可分配利润不少于公司债券 1 年的利息。

发行分离交易的可转换公司债券，除符合公开增发股票的一般条件外，还应当符合下列条件：

（1）公司最近一期末经审计的净资产不低于人民币 15 亿元；

（2）最近 3 个会计年度实现的年均可分配利润不少于公司债券 1 年的利息；

（3）最近 3 个会计年度经营活动产生的现金流量净额平均不少于公司债券 1 年的利息，但最近 3 个会计年度加权平均净资产收益率平均不低于 6%（扣除非经常性损益后的净利润与扣除前的净利润相比，以低者作为加权平均净资产收益率的计算依据）除外；

（4）本次发行后累计公司债券余额不超过最近一期末净资产额的 40%，预计所附认股权全部行权后募集的资金总量不超过拟发行公司债券金额。

【小知识】

上交所可转换债券代码表（未到期）

挂牌代码	债券全称	到期日
110009	双良转债	2015/5/4
110011	歌华转债	2016/11/25
110012	海运转债	2016/1/7

续表

挂牌代码	债券全称	到期日
110015	石化转债	2017/2/23
110017	中海转债	2017/8/1
110018	国电转债	2017/8/19
110019	恒丰转债	2017/3/23
110020	南山转债	2018/10/16
110022	同仁转债	2017/12/4
110023	民生转债	2019/3/15
110024	隧道转债	2019/9/13
110025	国金转债	2020/5/13
110027	东方转债	2020/7/10
110028	冠城转债	2020/7/18
110029	浙能转债	2020/10/12
113001	中行转债	2016/6/2
113002	工行转债	2016/8/31
113003	重工转债	2018/6/4
113005	平安转债	2019/11/22
113006	深燃转债	2019/12/13
113007	吉视转债	2020/9/5

5. 可转换债券的特点

（1）优点。①债券成本低。发行可转换债券可以使公司以低于普通债券的利率筹集资金。之所以可以用较低的利率筹集资金，是因为债券持有人未来可以成为公司的股东，分享公司未来的收益。②公司可获得股票溢价收益。当公司发行股票或配股时机不好时，也就是说，如果当前的股价太低，发行股票不能有效筹集资金，可以先发行可转换债券，然后通过转换来实现较高价格的股权筹资。

（2）缺点。①实际筹资成本比普通债券稍高。尽管可转换债券的票面利率低于普通债券的票面利率，但是，如果转换为普通股，总筹资成本要高于普通债券。②股价变动风险。如果转换时，股票市价大涨，而公司只能以较低的约定价格换出股票，就会降低公司的筹资额。如果在转换期，股票价格达不到投资者预期，投资者不转换债券，当公司业绩不佳时，偿债压力较大。

（三）认股权证

1. 认股权证的概念

认股权证是由股份公司发行的，授权持有者能够按照特定的价格，在特定的时间内购买特定数量股票的选择权凭证。认股权证是另一种优先权形式，通常是公司在发行债券或优先股时为了促销而附有的一种权利。优先股或债券都可以附有认股权证，但是认股权证也可以与它们分离。

2. 发行认股权证的用途

（1）弥补新股发行原股东股价被稀释的损失。在公司发行新股时，为避免原有股东每股收益和股价被稀释，给原有股东配发一定数量的认股权证，使其可以按优惠价格认购新股，或直接出售认股权证，这是认股权证最初的功能。

（2）作为奖励发给本公司的管理人员。

（3）作为筹资工具。认股权证如果与公司债券同时发行，因为债券的票面利率较低，可以吸引投资者购买。

3. 认股权证的特点

（1）优点：可以扩大企业的融资渠道，增加企业的资金来源点；发行债券或者股票时，如果附送认股权证，能够有效吸引投资者；发行债券或者股票时附送认股权证能够适当地降低利率，从而获取低成本的资金。

（2）缺点：会分散控制权。认股权的执行会增加市场上流通股份数量，可能分散公司的控制权；此外，发行认股权证具有不确定性，因为认股权证的持有者购买股票的时间不固定。

【本章小结】

筹资分为短期筹资和长期筹资。长期筹资是指企业根据其经营活动、投资活动和调整资本结构等长期需要，通过长期筹资渠道和资本市场，运用长期筹资方式，筹集使用期限在1年以上的资金的筹集活动，主要用于设备、固定资产等的投资。长期筹资是企业筹资的主要内容，短期筹资属于营运资本管理的内容。

企业筹资的动机是多种多样的，归纳起来有扩张性筹资动机、调整性筹资动机和混合性筹资动机三种基本类型。

在各种长期筹资渠道中，属于股权资本的筹资渠道有政府财政资本、其他法人资本、民间资本、企业内部资本、国外和我国港澳台地区资本；属于债务资本的长期筹资渠道有银行信贷资本、非银行金融机构资本、其他法人资本、民间资本、国外和我国港澳台地区资本。

按资本属性的不同，长期筹资可以分为权益资本筹资与债务资本筹资两种类型。权益资本筹资是指企业依法取得并长期拥有、自主调配运用的资本。主要形式有发行股票、吸收直接投资、内部积累等。债务资本筹资是指企业依法取得并按期支付利息，到期偿还本金的资本。主要形式有发行债券、向银行借款、融资租赁等。

股票是指由股份有限公司发行的，表示股东按其持有的股份享有权益和承担义务的可转让凭证，它可以作为买卖对象和抵押品，是企业主要的长期筹资工具之一。股票具有两个方面的含义：①股票是有价证券。②股票是代表股东权益的证券。

股票发行方式是指公司发行股票的途径。股票的发行方式一般可分为不公开直接发行和公开间接发行两大类。

股票的销售方式是指股份有限公司向社会公开发行股票时采取的股票销售方法。股票销售方式分为自行销售和委托中介机构销售两类。

长期借款合同中的保护条款通常分为一般性保护条款和特殊性保护条款两类。

债券是发行人按照程序发行，约定在一定期限还本付息的有价证券。本章所说的债券，指的是发行期限超过一年的公司债券，主要是为建设大型项目筹集大笔长期资金。

租赁是指资产的所有者（出租人）授予另一方（承租人）使用资产的专用权并获取租金报酬的一种合约。

优先股是相对于普通股来说的，优先股的优先主要表现在以下两个方面：①优先分配股利权。②优先分配剩余财产权。

可转换债券是指债券的持有者在一定时期可以根据约定的条件将其持有的债券转换成普通股的一类特殊债券。

认股权证是由股份公司发行的，授权持有者能够按照特定的价格，在特定的时间内购买特定数量股票的选择权凭证。

【思考题】

1. 长期筹资的动机是什么？
2. 直接筹资和间接筹资有哪些区别？
3. 我国股票发行的要求是什么？
4. 如何做出股票上市的决策？
5. 我国发行公司债券的条件是什么？
6. 试说明经营租赁和融资租赁各自的特点。
7. 优先股的特点及发行优先股的动机是什么？

【练习题】

一、单项选择题

1. 为了简化股票的发行手续，降低发行成本，股票发行应该采取（　　）方式。

A. 溢价发行　　　　B. 平价发行

C. 公开间接发行　　　　D. 不公开直接发行

2. 对于发行公司来讲，可及时筹足资本，免于承担发行风险等的股票销售方式是（　　）。

A. 自销　　　　B. 承销

C. 包销　　　　D. 代销

3. 从筹资的角度，下列筹资方式中筹资风险较小的是（　　）。

A. 债券　　　　B. 长期借款

C. 融资租赁　　　　D. 普通股

4. 某债券面值为 10000 元，票面年利率为 5%，期限 5 年，每半年支付一次利息。若市场有效年利率为 5%，则其发行时的价格将（　　）。

A. 高于 10000 元　　　　B. 低于 10000 元

C. 等于 10000 元　　　　D. 无法计算

5. 因企业目前财务风险过高，将债权资金转为股权资金的筹资动机属于（　　）。

A. 设立性动机　　　　B. 调整性动机

C. 扩张性动机　　　　D. 混合性动机

6. 按照筹集资金的属性不同可将筹资分为（　　）。

A. 内源筹资和外源筹资　　　　B. 直接筹资和间接筹资

C. 权益筹资和负债筹资　　　　D. 表内筹资和表外筹资

7. 属于企业内部筹资方式的是（　　）。

A. 发行股票　　　　B. 融资租赁

C. 留存收益　　　　D. 商业信用

8. 属于企业间接筹资方式的是（　　）。

A. 发行股票　　　　B. 融资租赁

C. 发行债券　　　　D. 商业信用

9. 我国《公司法》规定，股票不能（　　）发行。

A. 折价　　　　B. 溢价

C. 平价　　　　D. 按票面金额

10. 下列各项中，不属于融资租赁特点的是（　　）。

A. 租赁期较长

B. 租金较高

C. 不得任意中止租赁合同

D. 出租人与承租人之间并未形成债权债务关系

11. 出租人既出租某项资产，又以该项资产为担保借入资金的租赁方式是（　　）。

A. 直接租赁　　　　B. 售后回租

C. 杠杆租赁　　　　D. 经营租赁

12. 下列各项中属于商业信用的是（　　）。

A. 商业银行贷款　　　　B. 应付账款

C. 应付工资　　　　D. 融资租赁信用

13. 在以下各项中，不能增强企业融资弹性的是（　　）。

A. 短期借款　　　　B. 发行可转换债券

C. 发行可提前收回债券　　　　D. 发行可转换优先股

14. 可转换债券持有人行使转换权，主要是因为转换时普通股市价（　　）。

A. 高于转换价值　　　　B. 低于转换价值

C. 高于转换价格　　　　D. 低于转换价格

15. 认股权证的特点不包括（　　）。

A. 在认股之前持有人对发行公司拥有股权

B. 它是一种促销手段

C. 在认股之前持有人对发行公司拥有股票认购权

D. 认股权证具有价值和市场价格

二、多项选择题

1. 长期借款筹资与普通股筹资相比的特点表现在（　　）。

A. 筹资风险较高　　　　B. 借款成本较高

C. 限制条件较多　　　　D. 筹资数量有限

2. 与债券筹资方式相比，银行借款筹资的优点包括（　　）。

A. 筹资速度快　　　　B. 借款弹性大

C. 使用限制多　　　　D. 筹资费用低

3. 属于权益资金的筹资方式（　　）。

A. 利用商业信用　　　　B. 发行债券

C. 融资租赁　　　　D. 发行股票

E. 吸收投入资本

4. 属于长期债权资金的筹资方式（　　）。

A. 短期银行借款　　　　B. 长期银行借款

C. 融资租赁　　D. 发行股票

E. 发行债券

5. 下列属于企业债权资本来源的是（　　）。

A. 银行信贷资本　　B. 其他法人资本

C. 民间资本　　D. 政府财政资本

E. 非银行金融机构资本

6. 属于企业直接筹资方式的是（　　）。

A. 发行股票　　B. 融资租赁

C. 吸收投入资本　　D. 银行借款

E. 发行债券

7. 下列属于直接筹资特点的是（　　）。

A. 以股票或债券为媒介　　B. 筹资范围较窄

C. 筹资费用较高　　D. 筹资程序较繁杂

E. 筹资费用较低

8. 优先股的优先权主要表现在（　　）。

A. 优先认购新股　　B. 优先取得股息

C. 优先分配剩余财产　　D. 优先行使投票权

9. 发行优先股的动机包括（　　）。

A. 防止公司股权分散化　　B. 调剂现金余额

C. 改善公司资本结构　　D. 维持举债能力

10. 股票上市的好处包括（　　）。

A. 便于确定公司价值

B. 提高公司股票的流动性和变现性

C. 提高公司知名度

D. 可能分散公司控制权

E. 促进股权社会化，防止股权过于集中

三、判断题

1. 直接筹资效率较高，筹资费用较低。（　　）

2. 普通股具有双重性质，它既属于自有资金又兼有债券性质。（　　）

3. 在售后回租方式中，出租人既出租某项资产，又以该项资产为担保借入资金。（　　）

4. 与流动负债融资相比，长期负债融资的期限长、成本高，其偿债风险也相对较大。（　　）

5. 在债券面值与票面利率一定的情况下，市场利率越高，则债券的发行价格越高。（　　）

6. 对公司而言，发行债券的风险高，对投资者而言，购买股票的风险高。（　）

7. 发行优先股成本虽然低于普通股，但高于债券。（　）

8. 可转换债券的利率一般低于普通债券。（　）

9. 可转换债券的持有人在转换之前既不拥有债权也不拥有股权，在转换之后拥有企业的股权。（　）

10. 认股权证持有人在认购股份之前，对发行公司拥有债权。（　）

【案例分析】

跃进汽车制造公司筹集资金案例

跃进汽车制造公司是一个多种经济成分并存，具有法人资格的大型企业集团。公司现有58个生产厂家，还有物资、销售、进出口、汽车配件4个专业公司，一个轻型汽车研究所和一所汽车工学院。公司现在急需1亿元的资金用于轿车技术改造项目。为此，总经理赵广斌于2004年5月10日召开由生产副总经理张望、财务副总经理王朝、销售副总经理林立、某信托投资公司金融专家周民、某经济研究中心经济学家武教授、某大学财务学者郑教授组成的专家研讨会，讨论该公司筹资问题。现摘录他们的发言和有关资料如下：

总经理赵广斌首先发言："公司轿车技术改造项目经专家、学者的反复论证，已于2003年被国家正式批准立项。这个项目的投资额预计为4亿元，生产能力为4万辆。项目改造完成后，公司的两个系列产品的各项性能可达到国际同类产品的先进水平。现在项目正在积极实施中，但目前资金不足，准备在2004年7月前筹措1亿元资金，请大家发表自己的意见，谈谈如何筹措这笔资金。"

生产副总经理张望说："目前筹集的1亿元资金，主要是用于投资少、效益高的技术改进项目。这些项目在两年内均能完成建设并正式投产，届时将大大提高公司的生产能力和产品质量，估计这笔投资在改造投产后三年内可完全收回。所以应发行五年期的债券筹集资金。"

财务副总经理王朝提出了不同意见，他说："目前公司全部资金总额为10亿元，其中自有资金4亿元，借入资金6亿元，自有资金比率为40%。负债比率为60%，这种负债比率在我国处于中等水平，与世界发达国家如美国、英国等相比，负债比率已经比较高了，如果再利用债券筹集1亿元资金，负债比率将达到64%，显然负债比率过高，财务风险太大。所以，不能利用债券筹资，只能靠发行普通股或优先股筹集资金。"

但金融专家周民却认为：目前我国资本市场还不够完善，证券一级市场和二级市场尚处于发展初期，许多方面还很不规范，投资者对股票投资还没有充分的认识，再加之今年股市的“扩容”速度过快，因此，在目前条件下要发行1亿元普通股是很困难的。发行优先股还可以考虑，但根据目前的利率水平和生产情况，发行时年股息不能低于16.5%，否则也无法发行。如果发行债券，因要定期付息还本，投资者的风险较小，估计以12%的利率便可顺利发行债券。

来自某经济研究中心的武教授认为：“目前我国经济建设正处于改革开放的大好时期，我国已经加入世界贸易组织，汽车行业可能会受到冲击，销售量会受到影响。在进行筹资和投资时应考虑这一因素，不然盲目上马，后果将是不够理想的。”

公司的销售副总经理林立认为：“将来一段时期销售量不成问题。这是因为公司生产的中档轿车和微型车，这几年来销售情况一直很好，畅销全国29个省、市、自治区，2002年受进口汽车的影响，全国汽车滞销，但公司的销售状况仍创历史最好水平，居全国领先地位。在近几年全国汽车行业质量评比中，连续获奖。至于我国‘入关’后，关税将大幅度下降，确实会给我国汽车行业带来冲击，但这种冲击已通过国家近期来的逐步降低关税得以逐步地消化，外加在‘入关’初期，国家对轿车行业还准备采取一定的保护措施，所以，‘入关’不会产生大的影响。”

财务副总经理王朝说：“公司属于股份制试点企业，目前所得税税率为33%，税后资金利润率为16%，若这项技术改造项目上马，由于采用了先进设备，投产后预计税后资金利润率将达到18%。”所以，他认为这一技术改造项目应付诸实施。

来自某大学的财务学者郑教授听了大家的发言后指出：“以16.5%的股息率发行优先股不可行，因为发行优先股所花费的筹资费用较多，把筹资费用加上以后，预计利用优先股筹集资金的资金成本将达到19%，这已高于公司税后资金利润率1%，所以不可行。但若发行债券，由于利息可以在税前支付，实际成本大约在9%。”他还认为，目前我国正处于通货膨胀时期，利息率比较高，这时不宜发行较长时期的负担较高的利息或股息。所以，郑教授认为，应首先向银行筹措1亿元的技术改造贷款，期限为一年，一年以后，再以较低的股息率发行优先股股票来替换技术改造贷款。

财务副总经理王朝听了郑教授的分析后，也认为按16.5%的利息率发行优先股，的确会给公司带来沉重的财务负担。但他不同意郑教授后面的建议，他认为，在目前条件下向银行筹措1亿元技术改造贷款几乎不可能；另外，通货膨胀在近一年内不会消除，要想消除通货膨胀，使利息率有所下降，至少需要两年时间。金融学家周民也同意王朝的看法，他认为一年后利息率可能还要上升，两年后利息率才会保持稳定或有所下降。

资料来源：王化成. 财务管理教学案例［M］. 北京：中国人民大学出版社，2001：148–149.

思考：

1. 归纳一下这次筹资研讨会上提出的几种筹资方案。
2. 对会上的几种筹资方案进行评价。
3. 你若在场，听了与会人员的发言后，应该如何做出决策。

第十一章　股利政策

【学习目标】

1. 掌握公司利润的分配程序；
2. 掌握股利种类，了解股利支付的程序；
3. 理解股利理论的主要内容；
4. 掌握股利政策的类型及优缺点，能够灵活运用股利政策。

【关键概念】

股利宣告日　股权登记日　除息日　股利支付日　股利无关论　股利相关论　剩余股利政策　固定或持续增长股利政策　固定股利支付率政策　低正常股利加额外股利政策

【引例】

福耀玻璃的股利分配政策

福耀集团，1987 年在中国福州注册成立，是一家专门生产汽车安全玻璃和工业技术玻璃的中外合资企业。1993 年在上海证券交易所挂牌，成为中国同行业首家上市公司。股票简称：福耀玻璃，股票代码：600660。福耀集团现有员工1 万多人，目前已在福清、长春、上海、重庆、北京、广州建立了汽车玻璃生产基地。福耀集团总资产由 1987 年注册时的 627 万元增长至目前的 80 多亿元人民币，还设立了中国香港、美国子公司，并在日本、韩国、澳大利亚、俄罗斯及西欧、东欧等国家设立了商务机构，成为名副其实的跨国公司。

福耀集团是国内最具规模、技术水平最高、出口量最大的汽车玻璃生产供应商，产品“FY”商标是中国汽车玻璃行业迄今为止唯一的“中国驰名商标”。福耀集团多年来一直是最具成长性的 50 家蓝筹 A 股上市公司，同时还是“中国最佳企业公民”。

2009 年 3 月 4 日，福耀玻璃发布公告确认董事长曹德旺先生将把自己及其家族名下 60%的股票捐赠出来，成立以其父子名字命名的“河仁慈善基金会”，用于在全国范围内进行助学、救灾、救困、救急、宗教等慈善公益事业。但是，就在6天之后，即2009年3月10日，福耀玻璃发布了2008年度股利分配预案：既不进行利润分配，也不进行资本公积金转增资本。第六届董事局第五次会议决议公告宣称，实行不分配的理由是为了降低资产负债率，补充生产经营所需流动资金，实现公司长期、持续、稳健、高效发展。方案一出就引起投资者强烈反响，外界对福耀玻璃的“抠门”行为提出质疑。为什么大行慈善的福耀玻璃对股民却变成了一毛不拔的铁公鸡？这样的股利政策是否侵害了股东的利益？通过本章的学习，我们将对福耀玻璃的股利政策有更深刻的理解。

第一节　股利支付的程序和方式

一、利润分配的程序

利润分配就是企业按照《公司法》等法律法规的规定，依照一定的程序，对企业所实现的净利润在所有者之间、企业内部的有关项目之间进行分割与派发的活动。利润分配对股东回报、资本结构、筹资活动和投资活动都将产生重要影响。根据《公司法》的规定，企业在依法缴纳企业所得税后，应当按照下列基本程序对净利润进行分配。

（一）弥补以前年度亏损

根据现行法律法规的规定，公司发生年度亏损，可以用下一年度的税前利润弥补，下一年度的税前利润弥补不足时，可以在5年内延续弥补，5年内仍然未弥补完的亏损，可用税后利润弥补。因此，将年初的净利润（或亏损）与本年的净利润（或亏损）合并，如果是负数，则不能进行后续分配，如果是正数，表明有可供分配的利润，就可以进行下一步分配。

（二）提取法定公积金

公司在弥补以前的年度亏损后，如果还有净利润，应当按税后利润的10%提取法定公积金，但当法定公积金累计额达到公司注册资本的50%时，可以不再提取。

（三）提取任意公积金

公司从税后利润中提取法定公积金后，经股东大会决议，还可以从税后利润中提取任意公积金。

法定盈余公积和任意盈余公积的区别在于：法定盈余公积的计提是按照国家有关法律、法规进行的，计提的标准也要符合有关的规定；但任意盈余公积是否计提、计提多少完全取决于公司股东会的决定。

公司的公积金用于弥补公司的亏损、扩大公司生产经营或者转为增加公司资本。但是，资本公积金不得用于弥补公司的亏损。法定公积金转为资本时，所留存的该项公积金不得少于转增前公司注册资本的 25%。

（四）向股东支付股利

公司在弥补亏损、提取法定公积金和任意公积金之后，公司可根据管理层制定的股利政策，向股东分配股利。

表 11-1　美国公司 1958~1998 年股利支付占盈利比例

年份	1958~1962	1963~1967	1968~1972	1973~1977
支付率（%）	43.27	50.71	47.29	33.95
年份	1978~1982	1983~1987	1988~1992	1993~1998
支付率（%）	34.86	40.73	56.86	39.31

二、股利支付的程序

（一）制定分配方案，提交股东大会审议

公司董事会根据公司的盈利水平和股利政策，制定股利分派方案，提交股东大会审议，审议通过后，才能生效；然后，董事会将股利分配方案向股东宣布；最后，规定股利发放日和股利支付方式，向投资者发放股利。经过上述决策程序，公司应当对外发布股利分配公告和具体实施分配方案。在我国，股东大会拥有股利分配的决策权，股利分配一般按年度进行，也可以进行中期分配。

（二）股利分配的信息披露

根据有关规定，股份有限公司利润分配方案、公积金转增股本方案须经股东大会批准，董事会应当在股东大会召开后两个月内完成股利派发或股份转增事项。在此期间，董事会必须对外发布股利分配公告，以确定分配的具体程序与时间安排。

股利分配公告一般在股权登记前 3 个工作日发布。如果公司股东较少，股票交易又不活跃，公告日可以与股利支付日在同一天。公告内容包括：

（1）利润分配方案；

（2）股利分配对象，为股权登记日当日登记在册的全体股东；

（3）股利发放方法，我国上市公司的股利分配程序应当按登记的证券交易所的具体规定进行。

此外，为提高上市公司现金分红的透明度，《关于修改上市公司现金分红若干规定的决定》要求上市公司在年度报告、半年度报告中分别披露利润分配预案，在报告期实施的利润分配方案执行情况的基础上，还要求在年度报告、半年度报告以及季度报告中分别披露现金分红政策在本报告期的执行情况。同时，要求上市公司以列表方式明确披露前三年现金分红的数额与净利润的比率。如果本报告期内盈利但公司年度报告中未提出现金利润分配预案，应详细说明未分红的原因、未用于分红的资金留存于公司的用途。

（三）分配程序

以深圳证券交易所的规定为例：对于流通股份，其现金股利由上市公司于股权登记日前划入深交所账户，再由深交所于登记日后第 3 个工作日划入各托管证券经营机构账户，托管证券经营机构于登记后第 5 个工作日划入股东资金账户。红股则于股权登记日后第 3 个工作日直接记入股东的证券账户，并自即日起开始上市交易。

（四）股利支付过程中的重要日期

（1）股利宣告日（Announcement Date），即公司董事会将股东大会通过本年度利润分配方案的情况以及股利支付情况予以公告的日期。公告中将宣布每股派发股利、股权登记日、除息日、股利支付日以及派发对象等事项。

（2）股权登记日（Record Date），即有权领取本期股利的股东资格登记截止日期。只有在股权登记日这一天登记在册的股东（即在此日及之前持有或买入股票的股东）才有资格领取本期股利，而在这一天之后登记在册的股东，即使是在股利支付日之前买入的股票，也无权领取本期分配的股利。此外，我国部分上市公司在进行利润分配时除了分派现金股利以外，还伴随着送股或转增股，在股权登记日这一天仍持有或买进该公司的股票的投资者是可以享有此次分红、送股或转增股的股东，这部分股东名册由证券登记公司统计在案，届时将所应支付的现金红利、应送的红股或转增股划到这部分股东的账上。

（3）除息日（Ex-dividend Date），也称除权日，是指股利所有权与股票本身分离的日期，将股票中含有的股利分配权利予以解除，即在除息日当日及以后买入的股票不再享有本次股利分配的权利。我国上市公司的除息日通常是在登记日的下一个交易日。由于在除息日之前的股票价格中包含了本次派发的股利，而自除息日起的股票价格中则不包含本次派发的股利，通常经过除权调整上市公司每股股票对应的价值，以便投资者对股价进行对比分析。

（4）股利支付日（Payable Date），也称股利发放日，是公司确定的向股东正式发放股利的日期。公司通过资金清算系统或其他方式将股利支付给股东。

【阅读材料】

武汉三镇实业控股股份有限公司股利分配方案

武汉三镇实业控股股份有限公司（以下简称“武汉控股”）于2014年4月8日发布《2013年分红派息实施公告》，公告称：2013年度利润分配方案已经于2014年2月19日召开的2013年度股东大会审议通过。2004年度派息方案为，向2014年4月11日登记在册的全体股东派发股利如下：每股派发现金股利0.053元（含税），共计37607193.68元。公告还宣布了股权登记日、除息日及现金红利发放日。股权登记日为2014年4月11日，除息日为2014年4月14日，红利发放日为2014年4月18日。

武汉控股的股利支付程序如图11-1所示。

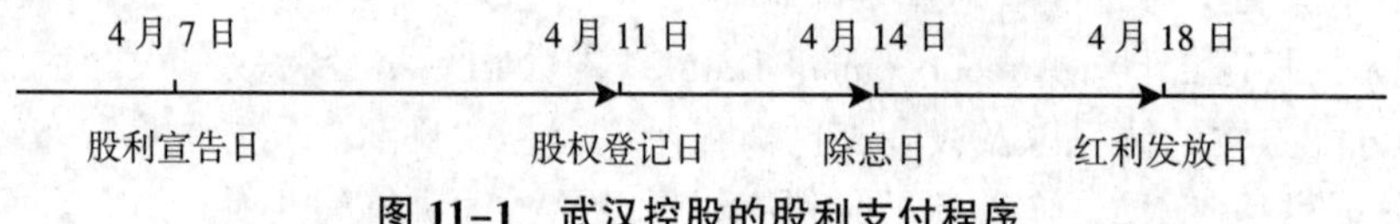

图11-1　武汉控股的股利支付程序

1. 股权宣告日。武汉控股在2014年4月7日发布年度分红派息实施公告，这一天就是股权宣告日。公告内容包括股利的形式和数量、股权登记日、除息日、股利支付日等信息。

2. 股权登记日。在2014年4月11日当日股票停止交易之后，武汉控股停止股权转让手续的办理，同时公司将得到当天为止交易公司股票的股票持有人名单，名单上的股东就是股利的派发对象。

3. 除息日。2014年4月14日这天，武汉控股股票的所有权和领取股息的权利分离，也就是说在这一天购买武汉控股股票的股东就不能享受最近一期宣告的股利。

4. 股利支付日。2014年4月18日为股利支付日，这一天公司支付所宣告的股利。

三、股利支付的方式

股利支付方式主要有以下四种：

第一，现金股利。是以货币形式支付的股利，也称“红利”或“股息”。它是最常见的股利支付方式。如每股派息多少元，就是现金股利。

第二，股票股利。是公司以增发的股票作为股利的支付方式，也就是通常所说的送红股。

第三，财产股利。是以非现金资产支付的股利，主要是以公司所拥有的其他企业的有价证券，如债券、股票等，作为股利支付给股东。

第四，负债股利。也称票据股利，是公司以负债形式支付的股利，通常以公司的应付票据支付给股东，在不得已的情况下也有发行公司债券抵付股利的。

在我国的上市公司实践中，一般采用现金股利、股票股利或者是两种方式兼有的股利支付方式。目前，财产股利和负债股利这两种股利支付方式很少使用，但并非我国法律所禁止的。

【小知识】

票据股利（Scrip Dividends）就是公司签发票据向股东分配的股利。有的公司已经宣布分配现金股利了，但是缺乏可用来分配的现金，同时又不能从银行或者公开金融市场获得资金。在这样无奈的窘况下，为了顾全发放现金股利的信誉，公司只能签发票据，增加负债来分配股利。实质上，票据估计就是权宜之计，其功能是递延了公司本该支付的现金股利。用于股利分配的票据可以带息或者不带息，有的规定到期日，有的不规定到期日。

在我国，只有在非常不得已的情况下，才会在征得股东大会的同意并经国务院证券监督管理机构批准后发行债券，用长期负债来抵付股利。

资料来源：肖作平.财务管理［M］.北京：科学出版社，2011：234-273.

第二节　股利理论

企业的目标是股东价值最大化，因此，股利政策的制定也应当以此为前提，目前，股利理论主要是围绕着公司的股利政策是否会影响公司价值这一问题展开的，具体分为两大类：股利无关论和股利相关论。

一、股利无关论

股利无关论认为股利分配对公司的市场价值（或股票价格）不会产生影响。这一理论是美国财务学家米勒（Miller）与经济学家莫迪格利亚尼（Modigliani）于 1961 年在以下假设下提出的：公司的投资政策已确定并且已经为投资者所理解；不存在股票的发行和交易费用；不存在个人或公司所得税；不存在信息不对称；经理与外部投资者之间不存在代理成本。上述假设描述的是一种完美资本市场，因而股利无关论又被称为完全市场理论。股利无关论认为：

（一）投资者并不关心公司股利的分配

若公司留存较多的利润用于再投资，会导致公司股票价格上升；此时尽管股利较低，但需用现金的投资者可以出售股票换取现金。若公司发放较多的股利，投资者又可以用现金再买入一些股票以扩大投资。也就是说，投资者对股利和资本利得并无偏好。

（二）股利的支付比率不影响公司的价值

既然投资者不关心股利的分配，公司的价值就完全由其投资政策及其获利能力所决定，公司的盈余在股利和保留盈余之间的分配并不影响公司的价值，既不会使公司价值增加，也不会使公司价值降低（即使公司有理想的投资机会而又支付了高额股利，也可以募集新股，新投资者会认可公司的投资机会）。

【拓展阅读】

美国财务学家米勒

米勒教授是世界知名的财务学家，在财务理论方面卓有建树，出版了八部著作。他早期一直致力于财务理论的研究，后期因工作关系，其研究范围还涉及证券及期权交易的监管问题，不过他最突出的贡献是在资本结构理论方面。他与另一位财务专家莫迪格利亚尼（Franco Modigliani）通过大量的分析研究，于1956年在美国计量经济学会年会上发表了著名论文《资本成本、公司财务及投资理论》（The Cost of Capital，Corporation Finance and the Theory of Investment），此文经修改后发表于《美国经济评论》1958年6月期上，该文提出：公司价值取决于投资组合，而与资本结构和股息政策无关（称之为“MM理论”），1961年又与莫迪格利亚尼合作发表了《股利政策、增长及股份估价》（Dividend Policy，Growth and the Valuation of Shares）一文，进一步阐述并发展了这一理论，并因此而获得了1990年的诺贝尔经济学奖。

二、股利相关论

股利无关论的假设描述的是一种完美的资本市场，在现实生活中，不存在无关论提出的假定前提，股利支付不是可有可无的，而是非常必要的，并且具有策略性。因为股利支付政策的选择对股票市价、公司的资本结构与公司价值，以及股东财富的实现等都有重要影响，股利政策与公司价值是密切相关的。因此股利政策不是被动的，而是一种主动的理财计划与策略。

（一）税收差别理论

股利无关理论的一个重要假设是现金股利和资本利得没有所得税的差异。然而事实上，两者的所得税税率经常是不同的。通常，资本利得的所得税税率要低于股利收入的所得税税率，例如，这两种税率的差异在美国就非常明显。

由于不对称税率的存在，股利政策会影响公司价值和股票价格。研究税率差异对公司价值及股利政策影响的股利理论被称为税收差别理论，其代表人物主要有利森伯格尔（Lizenberger）和拉马斯瓦米（Ramaswamy）。

税收差别理论认为，由于股利收入的所得税税率通常都高于资本利得的所得税税率，这种差异会对股东财富产生不同影响。①出于避税的考虑，如果不考虑股票交易成本，分配股利的比率高，股东的股利收益纳税负担会明显高于资本利得纳税负担，企业应采取低现金股利比率的分配政策。②如果存在股票的交易成本，甚至当资本利得税与交易成本之和大于股利收益税时，偏好定期取得股利收益的股东自然会倾向于企业采用高现金股利支付率政策。

税差理论并没有明确提出应采用高现金股利政策还是低现金股利政策，主要强调了在“资本利得”和“股利收益”之间进行权衡。

【拓展阅读】

我国关于股息红利的税收政策

《财政部、国家税务总局、证监会关于实施上市公司股息红利差别化个人所得税政策有关问题的通知》（财税〔2012〕85号）规定，自2013年1月1日起，上市公司派发股息红利，股权登记日在2013年1月1日之后的，个人从公开发行和转让市场取得的上市公司股票，持股期限在1个月以内（含1个月）的，其股息红利所得全额计入应纳税所得额；持股期限在1个月以上至1年（含1年）的，暂减按50%计入应纳税所得额；持股期限超过1年的，暂减按25%计入应纳税所得额。上述所得统一适用20%的税率计征个人所得税。

但是，目前股东出售股票获得的资本利得收益，只需支付交易费用和印花费，不必缴纳个人所得税。

（二）客户效应理论

客户效应理论是对税差效应理论的进一步扩展，研究不同税收等级的投资者对待股利分配态度的差异，认为投资者不仅是对资本利得和股利收益有偏好，即使是投资者本身，因其所处不同等级的边际税率，对企业股利政策的偏好也是不同的。①收入高的投资者因其拥有较高的税率表现出偏好低股利支付率的股票，希望少分现金股利或部分现金股利，以更多的留存收益进行再投资，从而提高所持有的股票价格。②收入低的投资者以及享有税收优惠的养老基金投资者表现出偏好高股利支付率的股票，希望支付较高而且稳定的现金股利。

因此，客户效应理论认为，公司在制定或调整股利政策时，不应该忽视股东对股利政策的需求；公司应该根据投资者的不同需求，对投资者分门别类地制定股利政策：对于低收入阶层和风险厌恶投资者，由于其税负低，并且偏好现金股利，他们希望公司多发放现金股利，所以公司应该实施高现金分红比例的股利政策；对于高收入阶层和风险偏好投资者，由于其税负高，并且偏好资本增长，他们希望公司多发现金股利，并希望通过获得资本利得适当避税，因此，公司应实施低现金分红比例，甚至不分红的股利政策。

（三）“在手之鸟”理论

“在手之鸟”理论（Bird in the Hand Theroy）的代表人物是戈登（Gordon）。戈登对 MM 股利政策无关论定理中假定投资者对资产收益和股利收入要求相同的报酬率提出了质疑，进而对股利政策无关论进行了批评。他认为，在投资者看来，经由留存收益投资而获得的资本利得的不确定性要高于估计支付的不确定性，所以投资者偏好于股利而不是资本利得。这是因为现实中的市场是不完备的，由于各种不确定因素的存在，股票行情经常波动，这就使得某些投资者不满足于按照经常波动的价格出售股票去取得收益，或将具有不确定感的资本投资，取得收益。事实上，投资者更看重 1 美元的预期股利，而不是 1 美元的预期资本利得，也就是说，投资者更注重眼前收益，就如同其宁可只要手中的一只鸟，也不要树上的两只鸟。因为，根据风险和收益对等原则，投资者的这种偏好会产生以下结果：当公司降低股利支付率时，股票的必要收益率 K_s 随之上升，以补偿额外风险，即在股票预期报酬率公式（$K_s = D/P_0 + g$）中，预期股利收益（D/P_0）的风险要比成长率 g 部分的风险小。于是，投资者所要求的收益率将随着股利支付水平的上升（留存收益率的下降）而上升，从而增加公司价值。这种理论强调高红利增加股票价值，认为“一鸟在手胜于双鸟在林”，所以称为“在手之鸟”理论。

戈登的模型表明，如果假定资本成本变动，公司股票价值就随之变动，并与分红有关，所以当资本成本变动时，股利政策会影响公司股票价值。根据戈登的“在手之鸟”理论，投资者对股利的偏好胜于资本利得。当公司提高股利支付水平时，投资者投资的必要报酬率降低，公司的权益资本成本降低，从而导致公司价值上升，即股利支付水平与公司价值正相关。

（四）信号传递理论

MM 股利无关理论假设投资者可以自由、免费地获取各种信息，并且投资者和公司管理层之间是信息对称的。但在现实生活中，投资者与公司管理层之间存在信息不对称，公司管理层拥有更多的关于公司发展前景方面的内部信息，相对来说，投资者处于信息劣势，他们对公司未来发展前景、经营状况和风险情况等方面的信息知道的较少。

信息传递理论认为，信息在各个市场参与者之间的概率分布不同，即信息不对称。在信息不对称的情况下，公司可以通过股利政策向市场传递有关公司未来盈利能力的信息。股利政策包含了公司经营状况和未来发展前景的信息，投资者通过对这些信息的分析来判断公司未来盈利能力的变化趋势，以决定是否购买其股票，从而引起股票价格的变化。①如果公司提高股利支付水平，等于向市场传递了利好信息，投资者会认为公司的未来盈利水平将提高，管理层对公司的未来发展前景有信心，从而购买股票，引起股票价格上涨；②如果公司以往的股利支付水平一直比较稳定，现在突然降低股利支付水平，就等于向市场传递了利空信息，投资者会对公司做出悲观的判断，从而出售股票，导致股票价格下跌。根据信号传递理论，稳定的股利政策向外界传递了公司经营状况稳定的信息，有利于公司股票价格的稳定，因此，公司在制定股利政策时，应当考虑市场的反应，避免传递易于被投资者误解的信息。

（五）代理理论

企业中的股东、债权人、经理人员等诸多利益相关者的目标并非完全一致，在追求自身利益最大化的过程中有可能会以牺牲另一方的利益为代价，这种利益冲突反映在公司股利分配决策过程中表现为不同形式的代理成本：反映两类投资者之间利益冲突的是股东与债权人之间的代理关系；反映股权分散情形下内部经理人员和外部分散投资者之间利益冲突的经理人员与股东之间的代理关系；反映股权集中情形下控制性大股东与外部小股东之间利益冲突的是控股股东与中小股东之间的代理关系。

（1）股东与债权人之间的代理冲突。企业股东在进行投资与融资决策时，有可能为增加自身的财富而选择加大债权人风险的政策，如股东通过发行债务支付股利或为发放股利而拒绝净现值为正的投资项目。在股东与债权人之间存在代理冲突时，债权人为保护自身利益，希望企业采取低股利支付率，通过多留存少分配的股利政策以保证有较为充裕的现金留在企业以防发生债务支付困难。因此，债权人在与企业签订借款合同时，习惯制定约束性条款，对企业发放股利的水平进行制约。

（2）经理人员与股东之间的代理冲突。当企业拥有较多的自由现金流时，企业经理人员有可能把资金投资于低回报项目，或为了取得个人私利而追求额外报酬或在职消费等，因此，实施高股利支付的股利政策有利于降低因经理人员与股东之间的代理冲突而引发的这种自由现金流的代理成本。实施多分配少留存的股利政策，既有利于控制经理人员随意支配自由现金流的代理成本，也有利于满足股东取得股利收益的愿望。

（3）控股股东与中小股东之间的代理冲突。现代企业股权结构的一个显著特征是所有权与控制权集中于一个或少数大股东手中，企业管理层通常由大股东直接出任或直接指派，管理层与大股东的利益趋于一致。由于所有权集中使控股股东有可能也有能力通过各种手段侵害中小股东的利益，控股股东为取得控制权私利而产生的与中小股东之间的代理理论冲突使企业股利政策也呈现出明显的特征。当法律制度较为完善，外部投资者保护受到重视时，有效地降低了大股东的代理成本，可以促使企业实施较为合理的股利分配政策。反之，法律制度建设滞后，外部投资者保护程度较低时，如果控股股东通过利益侵占取得控制权私利的机会较多，会使其忽视基于所有权的正常股利收益分配，甚至因过多的利益侵占而缺乏可供分配的现金。因此，对处于外部投资者保护程度较弱环境中的中小股东希望企业采用多分配少留存的股利政策，以防控股股东的利益侵害。正因如此，有些企业为了向外部中小投资者表明自身盈利前景与企业治理良好的状况，则通过多分配少留存的股利政策向外界传递声誉信息。

代理理论的分析视角为研究与解释处于特定治理环境中的企业股利分配行为提供了一个基本分析逻辑。如果在企业进行股利分配决策过程中，同时伴随着其他公司财务决策，并处于不同的公司治理机制条件下（如所有权结构、经理人员持股、董事会结构特征等），基于代理理论对股利分配政策选择的分析将是多种因素权衡的复杂过程。

第三节 股利分配政策

企业当年的利润，如果给股东分配的红利多，那么留给企业的利润就少，同样的，如果企业决定留在企业较多的利润，则可供分配给股东的红利就少。因此，支付给股东的盈余与留在企业的保留盈余，是此消彼长的关系。股利分配既决定了红利的规模，也决定了保留盈余的规模。如果保留盈余较多，不仅可以增加企业的投资规模，也可以减少对外筹资的需求，因此股利分配政策还影响企业的投资政策和筹资政策。

企业的股利分配政策一般包括以下几个方面：

（1）股利支付方式。就是考虑以现金股利还是股票股利等方式支付股利。

（2）股利支付率。也称股息发放率，是指股利与净利润的比率。它反映公司的股利分配政策和股利支付能力。

（3）股利政策类型。即公司采用何种股利政策类型，常见的股利政策类型有剩余股利政策、固定或持续增长股利政策、固定股利支付率政策和低正常股利加额外股利政策。

（4）股利支付程序。确定股利宣告日、股权登记日、除息日和股利支付日等具体事宜。

一、剩余股利政策

（一）分配方案的决定

剩余股利政策的原理是：目标资本结构决定了企业的筹资水平，出于价值最大化的原则，企业会首先使用留存收益来筹集资金，其次是长期借款，最后才是股票增发。因此，在这种政策下，企业会根据目标资本结构来确定保留盈余的数量，如果还有剩余，才进行股利分配。

具体来说，剩余股利政策就是在公司拥有良好投资机会时，根据目标资本结构，测算出投资所需的权益资本，先从净利润当中留用，然后将剩余的净利润作为股利予以分配。

采用剩余股利政策应遵循两个步骤：①设定目标资本结构，即确定权益资本与长期债务资本的比率，进而确定投资所需的权益资本数额。这里不考虑短期负债问题，因为短期负债属于营运资本管理的问题。②尽可能使用保留盈余来满足权益资本数额，若满足后仍有剩余盈余，再将其作为股利发放给股东。

【例 11-1】 亨利钢铁公司上年税后利润为 800 万元，今年年初公司预计本年度需要增加投资资本 1000 万元。经测算，公司的目标资本结构是权益资本占 65%，债务资本占 35%。按法律规定，至少要提取 10%的公积金。如果公司采用剩余股利政策，应分配多少股利？

利润留存 = 1000 × 65% = 650（万元）

股利分配 = 800 − 650 = 150（万元）

（二）评价

剩余股利政策的优点在于：能使企业保持目标资本结构，加权平均成本最低。此外，由于先将盈余留存于企业，对于发展前景较好的公司而言，其股票溢价的可能性较大，对股东有一定的吸引力。该政策的缺点是：由于仅将满足目标资本结构后的剩余盈余发放股利，投资者获得的每期股利极不稳定，波动性大。

二、固定或持续增长股利政策

（一）分配方案的决定

固定或持续增长股利政策是指公司每年发放的股利，在长时间内维持一个稳定的水平，只有当公司认为未来盈余将会显著地、不可逆转地增长时，才会提高年度的股利发放额。如图 11-2 所示。

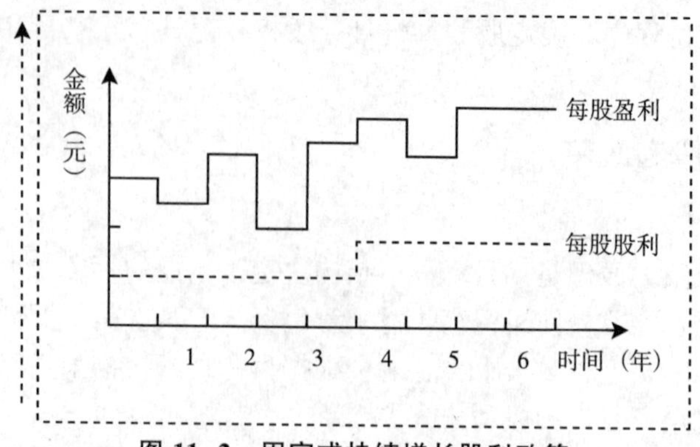

图 11-2　固定或持续增长股利政策

（二）评价

固定或持续增长股利政策的优点在于：①稳定的股利向证券市场传递着公司稳定发展的信息，能够增强投资者信心，不会导致股价的剧烈波动；②股东能获得稳定的收入，有利于安排股利的收入和支出，对于那些以获得股利收入为目的的股东有较强的吸引力；③从心理学的角度讲，尽管采用本政策可能会导致公司暂时偏离目标资本结构，但可能会比股利波动股利政策更受投资者欢迎。

该政策的缺点在于：股利的支付额与盈利不成正比，当公司出现短暂困难时，固定的股利支付会给公司造成较大的财务压力，影响公司的正常经营，此外，该政策不能保持较低的资金成本。

三、固定股利支付率政策

（一）分配方案的决定

固定股利支付率政策是一种变动的股利政策，公司设定一个比率，每年都从净利润中按固定的比率向投资者发放现金股利。这种股利政策使公司的股利支付与盈利状况密切相关，公司盈利状况好时，每股股利额同比例增加；盈利状况不好时，每股股利额同比例下降。如图 11-3 所示。

（二）评价

固定股利支付率政策的优点在于：股利与公司盈余紧密地配合，体现多盈多分、少盈少分、无盈无分的原则，基本上能够做到公平地对待每一位股东。

该政策的缺点在于：由于股利按固定比例支付，有可能使股利水平忽高忽低，给投资者造成公司经营状况不稳定的印象，容易使股票价格产生较大的波动，不利于树立良好的公司形象。

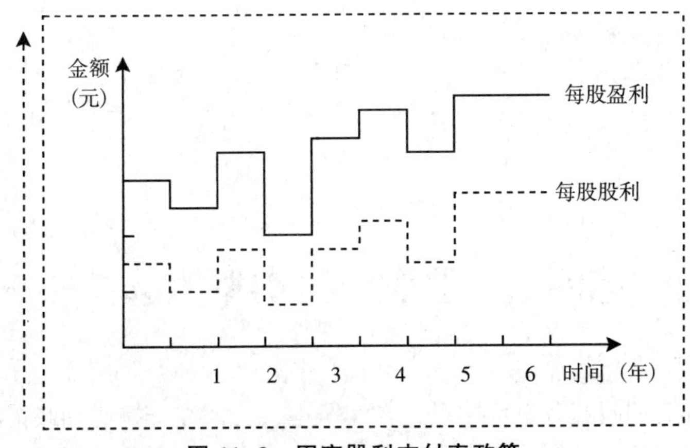

图 11-3 固定股利支付率政策

四、低正常股利加额外股利政策

(一) 分配方案的决定

低正常股利加额外股利政策，公司预先设定一个数额较低的固定性股利，正常情况下，公司每期都按此金额支付股利，只有当盈利较多时，企业才会根据实际情况发放额外股利。但额外股利并不固定化，不意味着公司永久地提高了股利。如图 11-4 所示。

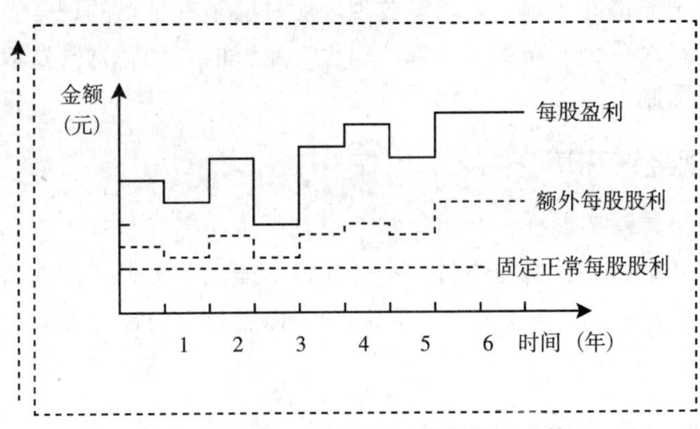

图 11-4 低正常股利加额外股利政策

(二) 评价

低正常股利加额外股利政策的优点在于：①吸收了固定性股利的优点，同时又摒弃了其不足，当公司盈余较少或需要资金时，可以设定较低的股利，从而使公司在股利发放上具有较大的弹性；②对于股东来说，股利虽然较低，但是稳定，能够吸引希望获得稳定股利的这部分股东。

该政策的缺点在于：如果公司在长时间内一直发放额外股利，股东有可能误认为是正常股利，一旦取消额外股利，容易产生企业财务状况恶化的错误印象，造成股价下跌。

第四节　股利政策类型的选择

以上四种股利政策各有优缺点，在实践中，公司在安排股利政策时，必须充分考虑股利政策的各种影响因素，以便制定出适合本公司的股利政策，能使公司的收益分配合理化。影响公司股利分配政策的主要因素有各种限制条件、宏观经济环境、公司自身因素、股东因素等。

一、各种限制条件

一是法律法规限制。为维护有关各方的利益，各国的法律法规对公司的利润分配顺序、留存盈利、资本的充足性、债务偿付、现金积累等方面都有规范，股利政策必须符合这些法律规范。二是债务契约限制。公司在借入长期债务时，债务合同对公司发放现金股利通常都有一定的限制，股利政策必须满足这类契约的限制。三是现金充裕性限制。公司发放现金股利必须有足够的现金，能满足公司正常的经营活动对现金的需求。如果公司没有足够的现金，则其发放现金股利的数额必然受到限制。

二、宏观经济环境

经济的发展具有周期性，公司在制定股利政策时同样受到宏观经济环境的影响。当发生通货膨胀时，折旧储备的资金往往不能满足重置资产的需要，公司为了维持其原有生产能力，需要从留存利润中予以补足，可能导致股利支付水平的下降。

三、公司自身因素

公司自身因素的影响是指公司内部的各种因素及其面临的各种环境、机会对股利政策的影响。主要包括投资机会、融资能力、现金流量、资本成本、所处生命周期的阶段、偿债能力、变现能力、管理层偏好、信号传递等。

四、股东因素

公司每个投资者的投资目的和对公司股利分配的态度不完全一致，有的是公司的永久性股东，关注公司长期稳定发展，不大注重现期收益，他们希望公司暂时少分股利以进一步增强公司长期发展能力；有的股东投资目的在于获取高额股利，十分偏爱定期支付高股息的政策；而有的投资者偏爱投机，投资目的在于短期持股期间股价大幅度波动，通过炒股获取价差。股利政策必须兼顾这三类投资者对股利的不同态度，以平衡公司和各类股东的关系。

【本章小结】

利润分配的顺序依次是：弥补以前年度亏损、提取法定公积金、提取任意公积金、向股东支付股利。

股利支付方式主要有以下四种：现金股利、股票股利、财产股利、负债股利。

剩余股利政策就是在公司拥有良好投资机会时，根据目标资本结构，测算出投资所需的权益资本，先从净利润当中留用，然后将剩余的净利润作为股利予以分配。

固定或持续增长股利政策是指公司每年发放的股利，在长时间内维持一个稳定的水平，只有当公司认为未来盈余将会显著地、不可逆转地增长时，才会提高年度的股利发放额。

固定股利支付率政策是一种变动的股利政策，公司设定一个比率，每年都从净利润中按固定的比率向投资者发放现金股利。这种股利政策使公司的股利支付与盈利状况密切相关，公司盈利状况好时，每股股利额同比例增加；盈利状况不好时，每股股利额同比例下降。

低正常股利加额外股利政策，公司预先设定一个数额较低的固定性股利，正常情况下，公司每期都按此金额支付股利，只有当盈利较多时，企业才会根据实际情况发放额外股利。

公司在安排股利政策时，必须充分考虑影响股利政策的各种因素，包括各种限制条件、宏观经济环境、公司自身因素、股东因素等。

【思考题】

1. 公司利润分配的程序具体是什么？股利的发放程序是什么？
2. 股利无关理论的基本内容是什么？
3. 什么是股利政策？股利政策主要包括哪些内容？
4. “在手之鸟”理论的基本内容是什么？
5. 信号传递理论的基本内容是什么？

【练习题】

一、单项选择题

1. 下列股利分配政策中，最有利于股价稳定的是（　　）。

A. 剩余股利政策　　B. 固定或持续增长的股利政策

C. 固定股利支付率政策　　D. 低正常股利加额外股利政策

2. 造成股利波动较大，给投资者公司不稳定的感觉，对稳定股票价格不利的股利分配政策是（　　）。

A. 剩余股利政策　　B. 固定股利政策

C. 固定股利支付率政策　　D. 低正常股利加额外股利政策

3. 有利于投资者安排股利收入和支出的股利政策是（　　）。

A. 固定股利支付率政策　　B. 固定或持续增长股利政策

C. 剩余股利政策　　D. 低正常股利加额外股利政策

4. 在下列股利分配政策中，能保持股利与利润之间一定的比例关系，并体现风险投资与风险收益对等原则的是（　　）。

A. 剩余股利政策　　B. 固定股利政策

C. 固定股利支付率政策　　D. 低正常股利加额外股利政策

5. 使公司在股利发放上具有较大的灵活性的股利政策是（　　）。

A. 低正常股利加额外股利政策　　B. 剩余股利政策

C. 固定股利支付率政策　　D. 固定或持续增长股利政策

6. 如果上市公司以其应付票据作为股利支付给股东，则这种股利支付方式称为（　　）。

A. 现金股利　　B. 股票股利

C. 财产股利　　D. 负债股利

7. 下列各项中，有可能导致企业采取低股利政策的是（　　）。

A. 股东出于稳定收入考虑　　B. 处于成长中的公司

C. 处于经营收缩中的公司　　D. 企业的投资机会较少

8. 公司以股票形式发放股利，可能带来的结果是（　　）。

A. 引起公司资产的减少　　B. 引起股东权益内部结构变化

C. 引起公司负债的减少　　D. 引起股东权益与负债同时变化

9. 不会引起公司资产流出或负债增加的股利支付形式是（　　）。

A. 股票股利形式　　B. 财产股利形式

C. 现金股利形式　　D. 证券股利形式

10. 盈利比较稳定或正处于成长期、信誉一般的企业一般采用的是（　　）。

A. 剩余股利政策　　B. 低正常股利加额外股利政策

C. 固定股利政策　　D. 固定股利支付率政策

11. 能够保持理想的资金结构，使综合资金成本最低的收益分配政策是（ ）。

A. 固定股利政策　　B. 固定股利支付率政策

C. 低正常股利加额外股利政策　　D. 剩余股利政策

12. 股份公司采用剩余政策，假定其目标资金结构为 4∶3（权益资本：负债资本），计划其第二年投资 700 万元，则应从税后净利中保留（ ）元用于投资，再将剩余利润用于股利发放。

A. 300 万　　B. 400 万

C. 100 万　　D. 700 万

13.（ ）认为用留存收益再投资带给投资者的收益具有很大的不确定性，并且投资风险随着时间的推移将进一步增大，所以投资者更喜欢现金股利。

A. "在手之鸟"理论　　B. 信号传递理论

C. 代理理论　　D. 股利无关论

14. 某公司 2005 年度净利润为 4000 万元，预计 2006 年投资所需的资金为 2000 万元，假设目标资金结构是负债资金占 60%，企业按照 15%的比例计提盈余公积金，公司采用剩余股利政策发放股利，则 2005 年度企业可向投资者支付的股利为（ ）万元。

A. 2600　　B. 3200

C. 2800　　D. 2200

15.（ ）是领取股利的权利与股票相互分离的日期。

A. 股利宣告日　　B. 股权登记日

C. 除息日　　D. 股利支付日

二、多项选择题

1. 某公司目前的普通股 100 万股（每股面值 1 元，市价 25 元），资本公积 400 万元，未分配利润 500 万元。如果公司发放 10%的股票股利，并且以市价计算股票股利价格，则下列说法正确的有（ ）。

A. 未分配利润减少 250 万元　　B. 股本增加 250 万元

C. 股本增加 10 万元　　D. 资本公积增加 240 万元

2. 下列关于剩余股利分配政策的表述中，不正确的有（ ）。

A. 采用剩余股利政策的根本理由是为了使加权平均资本成本最低

B. 采用剩余股利政策时，公司的资产负债率要保持不变

C. 采用剩余股利政策时，要考虑公司的现金是否充足

D. 采用剩余股利政策时，公司不能动用以前年度的未分配利润满足投资要求

3. 股份有限公司向股东分配股利所涉及的重大日期是（ ）。

A. 股利宣告日　　B. 股权登记日

C. 除息日　　　　　　　　　　D. 股利支付日

4. 剩余股利政策应遵循的步骤包括（　　）。

A. 最大限度使用净利润来满足投资方案所需的权益资本数额

B. 设定目标资金结构

C. 投资方案所需权益资本已经满足后如有盈余，则作为股利发放给股东

D. 确定目标资金结构下投资所需的股东权益数额

5. 在下列收益分配政策中，企业普遍采用并为广大投资者所认可的基本政策有（　　）。

A. 剩余股利政策　　　　　　　B. 固定股利政策

C. 固定股利支付率政策　　　　D. 低正常股利加额外股利政策

6. 采用固定股利政策的理由包括（　　）。

A. 有利于投资者安排收入与支出　　B. 有利于公司树立良好的形象

C. 有利于稳定股票价格　　　　D. 有利于保持理想的资金结构

7. 企业选择股利政策类型时通常需要考虑的因素包括（　　）。

A. 企业所处的成长与发展阶段　　B. 股利信号传递功能

C. 目前的投资机会　　　　　　D. 企业的信誉状况

8. 股利无关论是建立在完全市场理论之上的，假定条件包括（　　）。

A. 市场具有强式效率　　　　　B. 存在任何公司或个人所得税

C. 不存在任何筹资费用　　　　D. 公司的股利政策不影响投资决策

9. 股利相关理论认为，企业的股利政策会影响到股票价格。主要观点包括（　　）。

A. 股利重要论　　　　　　　　B. 信号传递理论

C. 代理理论　　　　　　　　　D. 所得税差异理论

10. 下列关于固定股利支付率政策的说法正确的有（　　）。

A. 体现了多盈多分、少盈少分、无盈不分的股利分配原则

B. 从企业支付能力的角度看，这是一种不稳定的股利政策

C. 比较适用于那些处于稳定发展期且财务状况也较稳定的公司

D. 该政策下，公司丧失了利用股利政策的财务方法，缺乏财务弹性

三、判断题

1. 固定股利支付率政策下，各年股利额随公司经营好坏而上下波动，容易造成公司不稳定感觉，影响公司股价。（　　）

2. 采用现金股利形式的企业必须具备两个条件：一是企业要有足够的现金，二是企业要有足够的留存收益。（　　）

3. 公司奉行剩余股利政策的目的是保持理想的资金结构；采用固定股利政策主要是为了维持股利；固定股利支付率政策将股利支付与公司当年经营业绩紧密

相连，以缓解股利支付压力；而低正常股利加额外股利政策使公司在支付中较具灵活性。（　）

4. 在除息前，股利权从属于股票；从除息开始，股利权与股票分离。（　）

5. 企业以前年度未分配的利润，不得并入本年度的利润内向投资者分配，以免企业过度分利。（　）

6. 较多地支付现金股利，会提高企业资产的流动性，增加现金流量。（　）

7. 与其他收益分配政策相比，剩余股利政策能使公司在股利支付上具有较大的灵活性。（　）

8. 负债资金较多、资金结构不健全的企业在选择筹资渠道时，往往将其净利润作为首选，以降低筹资的外在成本。（　）

四、计算题

1. 海虹股份公司 2007 年的税后利润为 1500 万元，确定的目标资本结构为：债务资本占 60%，股权资本占 40%。如果 2008 年该公司有较好的投资项目，需要投资 800 万元，该公司采取剩余股利政策。

要求：计算该公司应当如何筹资和分配股利。

2. 某公司 2008 年的税后利润为 1200 万元，分配的现金股利为 420 万元。2009 年的税后利润为 900 万元。预计 2010 年该公司的投资计划需要资金 500 万元。该公司的目标资本结构为自有资金占 60%，债务资金占 40%。

要求：

（1）如果采取剩余股利政策，计算该公司 2009 年应分配的现金股利额；

（2）如果采取固定股利政策，计算该公司 2009 年应分配的现金股利额；

（3）如果采取固定股利支付率政策，计算该公司 2009 年应分配的现金股利额；

（4）如果采取低正常股利加额外股利政策，该公司 2008 年的现金股利为正常股利额，计算该公司 2009 年应分配的现金股利额。

3. 天时股份有限公司发行在外的普通股股数为 120 万股，该公司 2006 年的税后利润为 3600 万元，共发放现金股利 1200 万元，该公司 2007 年实现税后利润为 4000 万元，预计该公司在 2008 年有良好的投资机会，需要追加投资 5000 万元。该公司的资本结构为：资产权益率 60%，目前的资金结构为企业最佳资金结构。

要求：

（1）如果该公司采用剩余股利政策，则 2007 年将发放的现金股利是多少？如果追加投资需要 10000 万元，则 2007 年将发放的现金股利为多少？

（2）如果该公司采用低正常股利加额外股利政策，低正常股利为每股 1 元，额外股利以2006年税后利润为基数，按照税后净利润每增长1元，股利增长0.5元的原则发放，则该公司2007年应发放的股利为多少？

【案例分析】

IBM为何调整股利政策？

1989年以前，IBM公司的股利每年以7%的速度增长。1989~1991年，IBM公司的每股股利稳定在4.89美元/年股，即平均每季度1.22美元/股。1992年1月26日上午9时2分，《财务新闻直线》公布了IBM公司新的股利政策，季度每股股利从1.21美元调整为0.54美元，下降超过50%。维持多年的稳定的股利政策终于发生了变化。

IBM公司董事会指出：这个决定是在慎重考虑IBM的盈利和公司未来的长期发展的基础上做出的，同时也考虑到了给广大股东一个合适的回报率。这是一个为了维护股东和公司未来最好的长期利益，维持公司稳健的财务状况，综合考虑多种影响因素之后做出的决定。1993年，IBM的问题累积成堆，股利不得不从2.16美元再次削减到1.00美元。

在此之前，许多投资者和分析人士已经预计到IBM将削减其股利，因为它没有充分估计到微型计算机的巨大市场，没有尽快从大型计算机市场转向微型计算机市场。IBM的大量资源被套在销路不好的产品上。同时，在20世纪80年代，IBM将一些有利可图的项目，如软件开发、芯片等拱手让给微软和英特尔，使得它们后来获得丰厚的、创纪录的利润。结果是：IBM公司在1992年创造了美国企业历史上最大的年度亏损，股票价格下跌60%，股利削减53%。

面对IBM的问题，老的管理层不得不辞职。到了1994年，新的管理层推行的改革开始奏效，公司从1993年的亏损转为盈利，1994年的EPS达到4.92美元，1995年EPS则高达11美元。因为IBM公司恢复了盈利，股利政策又重新提到议事日程上来……最后，IBM董事会批准了一个庞大的股票回购计划——回购50亿美元，使得股东的股利达到1.4美元/股。1993年是IBM股价最为低迷的时候，最低价格是40.75美元；最高价格是1987年，176美元/股。股利政策调整后，IBM的股价上升到128美元。

资料来源：http://zhidao.baidu.com/link?url=WDXs1vF0G9bs5U5zoAWDrPQ2nob5odI5kM1UFBTrxOk-Itv5elbqQA69Gnz0MmB_RC6q499JE5dKNqVvymnfljK.

思考：

1. IBM分别采用了哪几种类型的股利政策？
2. 谈谈你对股票回购的认识。

第五篇

营运资本管理

第十二章　营运资本投资

【学习目标】

1. 理解营运资本的概念和特征；

2. 掌握现金持有的动机，掌握最佳现金持有量决策的方法，熟悉现金日常管理；

3. 掌握应收账款的功能、成本，掌握信用政策的制定；

4. 掌握存货的功能和成本，掌握存货控制的经济批量的确定。

【关键概念】

营运资本　流动资产投资政策　成本分析模式　存货模式　随机模式　信用政策　收账政策　经济订货量 ABC 分类管理法　适时制管理

【引例】

戴尔电脑的“零库存”管理

在库存的数量管理上，戴尔公司以物料的低库存与成品的零库存而声名远播，其平均物料库存只有约 5 天。在 IT 业界，与戴尔最接近的竞争对手也有 10 天以上的库存，联想的库存管理是中国厂商的最高管理水平，有 22 天，业内的其他企业平均库存更是达到了 50 天左右。由于材料成本每周就会有 1%的贬值，因此库存天数对产品的成本影响很大，仅低库存一项就使戴尔的产品比许多竞争对手拥有了 8%左右的价格优势。

高效率的物流配送使戴尔的过期零部件比例保持在材料开支总额的 0.05%~0.1%，2000 年戴尔全年在这方面的损失为 2100 万美元。而这一比例在戴尔的对手企业都高达 2%~3%，在其他工业部门更是高达 4%~5%。

与此同时，戴尔的库存管理并不仅仅着眼于“低”，通过双向管理其供应链，通盘考虑用户的需求与供应商的供应能力，使二者的配合达到最佳平衡点，实现“永久性库存平衡”，这才是戴尔库存管理的最终目的。

采用符合行业标准的、模块化的产品，是戴尔库存管理的另一个重要内容。戴尔很少在一个新技术或新产品刚刚出现时把它“推”向市场，而是要等到技术已经标准化、产品已经成熟时，才大规模进入市场，并力争在进入后马上成为市场的领导者。正因如此，戴尔大量采用符合行业标准的、开放的技术，而不是独家、封闭的技术。这一点反映在库存物料的管理上，就使得戴尔特别强调库存本身的标准化，要求它们符合行业的标准，并尽可能地实现模块化与可互换化，以最大限度地降低重复开发的成本。

需要注意的是，当我们为戴尔“物料的低库存与成品的零库存”给予喝彩和掌声的同时，应该看到：戴尔没有仓库，但是供应商在它周围有仓库。

事实上，戴尔的工厂外边有很多配套厂家。戴尔在网上或电话里接到订单，收了钱之后会告诉你要多长时间货可以到。在这段时间里它就有时间去对订单进行整合，对既有的原材料进行分拣，需要什么原材料就下订单给供应商，下单之后，货到了生产线上才进行产权交易，之前的库存都是供应商的。

无须讳言，戴尔把库存的压力转移给了供应商。这是加入戴尔供应链的代价，也是一件两相情愿的事情。因为戴尔需要货物的量很大，加入戴尔的供应链就意味着拥有不断扩大的市场和随之而来的利润。

第一节　营运资本概述

一、营运资本的概念和特征

（一）营运资本的概念

“营运资本”的概念有狭义和广义的解释。广义的营运资本又称总营运资本，指企业流动资产占用的资金。由于广义的营运资本和流动资产数额相等，有时它们作为同义词使用。狭义的营运资本又称为净营运资本，指流动资产减去流动负债后的余额。狭义的营运资本是判断和分析企业资金运作状况和财务风险程度的重要依据。一般所说的营运资本多指狭义的营运资本。

（二）营运资本的特征

营运资本的特征体现在流动资产和流动负债的特征上。

1. 流动资产的特征

流动资产与固定资产相比，有如下特征：

(1) 周转速度快。投资于流动资产的资金通常能够在一年或者长于一年的一个营业周期内收回，周转速度较快，对企业影响的时间比较短。

（2）流动性强。相对于固定资产等长期资产来说，流动资产比较容易变现。如果有需要，企业可以变卖这些资产获取现金，这对于满足财务上临时性资金需求具有重要意义。

（3）数量具有波动性。流动资产的数量会随着企业销售、成本等内外条件的变化而变化，资金占用量的波动性很大。企业应有效地预测和控制这种波动，以防止其影响正常的经营活动。

2. 流动负债的特征

与长期负债筹资相比，流动负债筹资具有如下特征：

（1）筹资速度快。流动负债在较短时间内即可偿还，债权人面临的风险较小，故债权人顾虑较少，往往不需要进行全面的财务调查，因而筹资所需时间一般较短，容易取得。

（2）资金使用弹性大。长期负债的债权人或其他利益相关者经常会对债务人的资金使用提出很多限制；而短期负债的限制则相对宽松些，筹资企业的资金使用较为灵活、富有弹性。

（3）筹资成本较低。一般情况下，短期负债的利率低于长期负债，筹资费用也较低。

（4）风险高。流动负债需在短期内偿还，要求企业在短期内拿出足够的资金用于偿还债务，如果企业安排不当，就会陷入财务危机。

（三）营运资本投资管理

营运资本是流动资产减去流动负债后的余额。营运资本管理分为流动资产管理和流动负债管理，前者是对营运资本投资的管理，后者是对营运资本筹资的管理。

营运资本投资管理包括流动资产投资政策管理和流动资产投资日常管理两部分。

二、营运资本管理的基本原则

营运资本管理既要保证有充足的资金满足企业日常经营的需要，又要保证企业能按时偿还到期债务。企业对营运资本进行管理应遵循以下基本原则：

（一）合理确定营运资本的需求量

企业营运资本的需求量取决于流动资产周转水平、销售额和成本水平等因素，还受生产、经营规模等多种因素的影响。财务人员应认真分析生产经营状况，综合考虑各种因素，合理确定营运资本的需求量。

（二）在保证日常营业活动的前提下，节约使用资金

营运资本的流动性强，但这也意味着其收益性较低。如果企业持有过多的营运

资本，将降低企业的收益。企业要在保证生产经营需要的前提下，控制流动资金的占用，挖掘资金潜力，既要满足经营活动的需求，又不能安排过多而降低盈余。

（三）加速营运资本周转，提高资金使用效率

营运资本周转是指营运资本从现金投入生产经营开始，到最终收回现金的过程。在其他因素不变的情况下，加速营运资本的周转就相应提高了资金的使用效率，降低了对资金的需求量。因此，企业应尽快加速存货、应收账款等的周转，减少营运资本的投资量，提高资金的利用效率。

（四）确保有足够的流动负债偿还能力

流动负债主要是用流动资产来偿还。流动资产、流动负债两者之间的关系能较好地反映企业流动负债的偿还能力。如果企业的流动资产较多，流动负债较少，说明偿债能力较强；反之，则说明偿债能力较弱。但是，如果流动资产太多，有可能是流动资产闲置或流动负债利用不足引起的。因此，企业要合理安排二者的比例关系，做到既节约使用资金，又确保有足够的偿债能力。

三、流动资产投资政策

企业流动资产按其功能可以分为两部分：一是正常需要量，即为满足正常的经营活动而持有的流动资产；二是保险储备量，即为应付意外情况而在正常需要量以外储备的流动资产。

流动资产投资政策，即确定流动资产的投资规模，通常用流动资产占总收入的比率来衡量，该比率的变化，可以反映流动资金投资政策的变化。企业在制定流动资产投资政策时，要在获利能力和短期偿债风险之间进行权衡。在实践中，行业、经营规模、筹资环境、利率水平等各种因素都可能影响企业的投资决策。一般认为，依据流动资产和销售收入之间的数量关系，企业流动资产投资政策可以分为三种，如图 12–1 所示。

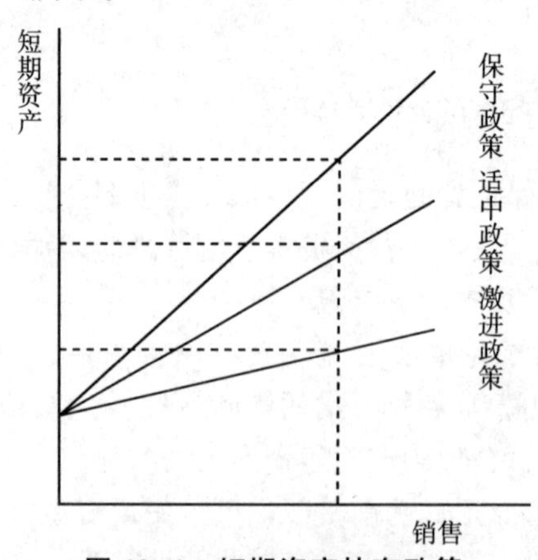

图 12–1　短期资产持有政策

（一）保守型流动资产投资政策

该政策也称宽松或稳健的流动资产投资政策，这种政策要求企业在一定的销售水平上持有较多的流动资产，即在正常需要量和正常保险储备量的基础上，再增加一部分额外的储备量，表现为安排较高的流动资产/收入比率。这种政策需要较多的流动资产投资，由于流动资产的营利性低，从而降低了企业的盈利水平。但是，较多的流动资产使企业中断经营的风险很小。因此，这种政策的特点是报酬低、风险小。

（二）适中型流动资产投资政策

该政策也称折中的流动资产投资政策，这种政策要求在一定的销售水平上持有适中的流动资产，即在保证正常需要的情况下，适当持有一定的保险储备，以应对突发情况。企业按照预期的流动资产周转率、销售收入及其增长，成本和通货膨胀等因素确定最优投资规模，安排流动资产投资。这种政策的特点是风险和报酬平衡。

（三）激进型流动资产投资政策

该政策也称冒险或紧缩的流动资产投资政策，这种政策要求企业在一定的销售水平上持有较少的流动资产，即只安排正常经营所需的水平，而不安排或很少安排保险储备量，表现为较低的流动资产/收入比率。这种政策可以减少流动资产的持有成本，从而提高企业的盈利水平，但是企业要承担较大的风险。因此，这种政策的特点是报酬高、风险大。

由于在现实中影响流动资产投资的各种因素是不确定的，流动资产的需要量也是不稳定的。在财务管理实践中，企业必须根据自己的具体情况和经营环境，对未来进行合理预测，综合考虑各种政策的风险与收益以及管理层的风险态度，确定一个较为适当的流动资产投资政策。

第二节　现金及有价证券管理

流动资产投资的日常管理是流动资产投资政策的执行过程，主要内容包括对现金和有价证券、应收账款和存货的管理，有时还包括预付账款的管理。

现金是可以随时投入流通的交换媒介，是流动性最强的资产，具有普遍的可接受性。但是，现金的收益性最弱。现金包括库存现金、各种形式的银行存款和银行本票、银行汇票。有价证券是现金的一种转换形式。有价证券变现能力强，可以随时兑换成现金。企业有多余现金时，常用现金购买有价证券；现金余额不足需要补充现金时，则出售有价证券换回现金。因此，本书将有价证券视为现金的替代品。

一、现金管理的目标

（一）持有现金的动机

企业持有现金的目的，主要是满足交易性需要、预防性需要和投机性需要。

1. 交易性动机

交易性动机又称支付动机，是指为满足企业日常经营活动而使用现金的需要，如购买原材料、支付职工薪酬、偿还债务、交纳税款等。企业日常经营活动有现金流入，也有现金流出，一般两者很难做到同步同量。现金流入大于现金流出，形成现金置存；反之则现金不足，需要补充现金。企业必须维持适当的现金余额，才能使企业正常运转。

2. 预防性动机

预防性动机是指企业持有现金以应对意外的现金支付。企业有时发生一些意料之外的事件而引起意外的现金需求，如生产事故、自然灾害、坏账等。企业为预防性动机置存现金的数量取决于以下四个方面：一是企业现金流量的可预测性，二是企业的借款能力，三是其他流动资产的变现能力，四是管理者愿意承担风险的程度。

3. 投机性动机

投机性动机是指置存现金用于市场上出现的较有利的购买机会，例如遇有廉价原材料或其他资产的购买机会，便可大量购入；又如在适当时机购入价格有利的有价证券，在价格反弹时卖出以获得高额的利得等。投机性动机只是企业确定现金持有量时考虑的次要因素之一，一般来讲，除金融和投资公司外，其他企业为投机性需要而额外置存的现金不多，遇到有利的购买机会，会设法筹集临时资金来满足需要。

（二）现金管理的目标

如果企业缺乏必要的现金，将无法应付日常业务开支，使企业蒙受损失。由此而造成的损失，称为现金短缺成本。现金短缺成本不考虑其他资产的变现能力，仅就不能以足够的现金支付购买费用而言，大致包括：丧失购买机会（甚至会因缺乏现金不能及时购买原材料，导致生产中断造成停工损失）、违约而造成信用损失、不能得到折扣的好处。其中，失去信用造成的损失无法准确计量，但其影响往往很大，甚至导致供应商拖延或拒绝供货、债权人要求清算等。但是，如果企业置存过量的现金，又会由于这些资金闲置而造成浪费。因此，企业应尽可能地少置存现金，避免资金闲置或投资于低收益资产而成的损失。这样，企业便面临着现金不足和现金过量的双重威胁。企业现金管理的目标，就是要在现金的流动性和营利性之间进行权衡，既要保证企业日常经营活动的现金需要，又要尽可能降低闲置的现金数量，提高企业盈利能力。

二、最佳现金持有量的确定

现金管理的核心在于控制现金持有规模，确定适当的现金持有量。最佳现金持有量又称为最佳现金余额，是指现金满足生产经营的需要，又使现金使用的效率和效益最高时的现金最低持有量。下面是常用的几种确定最佳现金持有量的方法。

（一）成本分析模式

成本分析模式是通过分析持有现金的成本来确定最佳的现金持有量。企业持有现金需要承担一定的成本，在此模式下，企业持有的现金包括三种成本。

（1）机会成本。是指企业因持有现金而失去用于其他投资机会而获得的期望收益。机会成本随着现金持有量的增大而增大，即机会成本与现金持有量成正比。

机会成本 = 现金持有量 × 企业资本收益率

（2）管理成本。是指企业持有现金而发生的管理费用，如管理人员工资、安全措施费用等。管理费用是一种相对固定的成本，与现金持有量之间不存在明显的比例关系。但是，如果现金持有量超过一定的范围，管理成本也会相应发生变化。

（3）短缺成本。是指由于缺乏必要的现金而不能应付日常开支所需，而使企业蒙受损失或为此付出的代价，包括直接损失和间接损失。短缺成本随着现金持有量的增加而减少，当货币资金持有量增加到一定量时，短缺成本将不存在。

最佳现金持有量是上述三项成本之和最小的现金持有量。如果把三种成本线放在同一张图上，如图 12-2 所示，就能找出总成本最低的现金持有量。机会成本线向右上方倾斜，管理成本线为平行于横轴的平行线，短缺成本线向右下方倾斜。总成本线由各成本线纵坐标相加后得到，它是一条上凹的抛物线，最低点处即为最低总成本点，这一点横轴上的量，就是最佳现金持有量。

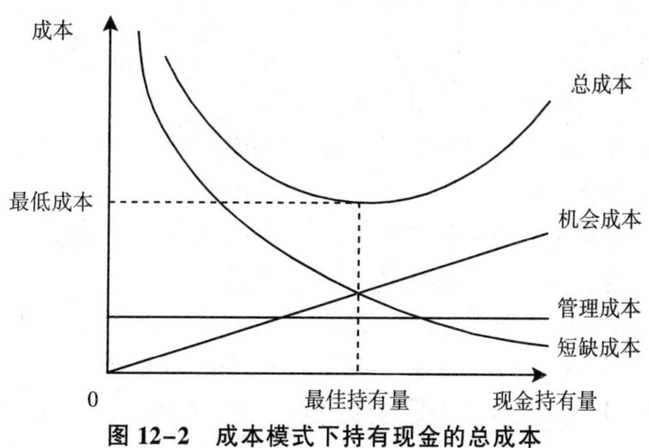

图 12-2 成本模式下持有现金的总成本

成本分析模式下最佳现金持有量的计算方法，是先分别将各种备选方案的机会成本、管理成本、短缺成本求和，总成本最小的现金持有量即为最佳现金持有量。

【例 12–1】 麦尔百货公司有 A、B、C 和 D 四种现金持有方案，有关成本费用资料如表 12–1 所示。

表 12–1 现金持有量备选方案

单位：元、%

项目 \ 方案	A	B	C	D
现金持有量	20000	40000	60000	80000
机会成本率（报酬率）	10	10	10	10
管理成本	5000	5000	5000	5000
短缺成本	10000	6000	1500	0

测算不同方案下的现金持有总成本，其结果见表 12–2。

表 12–2 最佳现金持有量测算表

单位：元

项目 \ 方案	现金持有量	机会成本	管理成本	短缺成本	总成本
A	20000	2000	5000	10000	17000
B	40000	4000	5000	6000	15000
C	60000	6000	5000	1500	12500
D	80000	8000	5000	0	13000

显然，方案 C 的现金持有总成本最低，则最佳现金持有量为 60000 元。

（二）存货模式

该模式又称鲍曼模型，是由经济学家威廉·鲍曼（William J.Baumol）于 1952 年提出的用以确定目标现金持有量的模型。

存货模式的基本原理是将企业现金持有量和短期有价证券联系起来，以求得总成本最低时的现金持有额方案。这一模式有如下假设前提：

（1）企业一定时期内的现金流量比较稳定，波动较小，每当现金余额降至零时，可以通过变现有价证券得以补足（不允许短缺）；

（2）企业预算期内现金需要量是相对固定的，可以预测；

（3）有价证券的利率或报酬率以及每次固定性交易费用已知。

存货模式假设企业现金收入是每隔一段时间发生的，而现金支出则是在一定时期内均匀发生的。在此期间，企业可通过销售有价证券补充现金。具体见图 12–3。

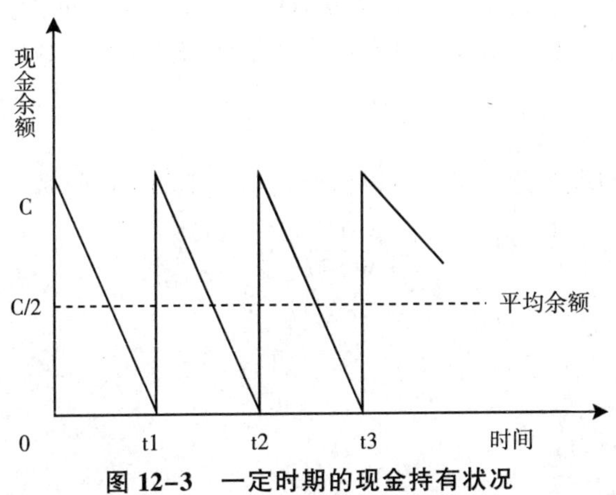

图 12–3　一定时期的现金持有状况

假设 0 时点时持有现金 C，由于现金流入的速度小于流出的速度，到 t1 时点时现金余额为零；此时，企业通过出售价值 C 的有价证券补充现金；当这笔现金到 t2 时点时又使用完，再次出售价值 C 的有价证券补充现金，不断重复。由于现金短缺时可以通过有价证券及时补足，因此在这种模式下不存在现金的短缺成本。

有价证券转换回现金是要付出代价的（如支付经纪费用），这被称为现金的交易成本，也称转换成本。交易成本与现金转换次数、每次的转换量有关。

存货模式中持有现金的成本包括机会成本和交易成本。两种成本之和最低时的现金余额即为最佳现金持有量。如图 12–4 所示。

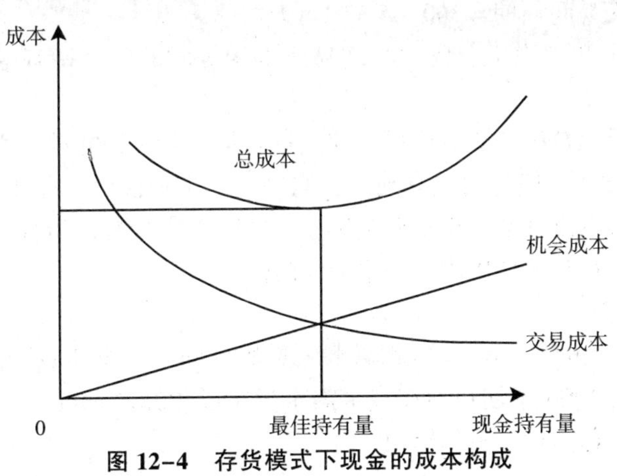

图 12–4　存货模式下现金的成本构成

假设：TC 表示总成本；C 表示各循环期期初的现金持有量，以 C/2 表示各循环期内的现金平均持有量；C^* 表示最佳现金持有量；K 表示持有现金的机会成本率；F 表示每次出售有价证券的交易成本；T 表示一定时期内的现金需求量；K 表示企业持有现金的机会成本。则存货模式下所持现金的总成本计算公式为：

$$TC = \frac{C}{2} \times K + \frac{T}{C} \times F$$

总成本最小的现金持有量，可以对此式求成本的一阶导数。即：

$$TC' = \left(\frac{C}{2} \times K + \frac{T}{C} \times F\right)' = \frac{K}{C} + \frac{TF}{C^2} = 0$$

整理得：

$$C^{*2} = \frac{2T \times F}{K}$$

最佳现金余额为：

$$C^* = \sqrt{\frac{2T \times F}{K}}$$

最佳现金管理总成本 $TC = \sqrt{2TFK}$

【例 12-2】 麦尔百货公司现金收支状况比较稳定，预计全年现金需求量为 400000 元，现金与有价证券每次转换成本为 80 元，有价证券的年利率为 1%，则：

最佳现金持有量 $= \sqrt{\frac{2 \times 400000 \times 80}{1\%}} = 80000$（元）

机会成本 $= 80000 \div 2 \times 1\% = 400$（元）

有价证券交易次数 $= \frac{400000}{80000} = 5$（次）

交易成本 $= 400000 \div 80000 \times 80 = 400$（元）

有价证券交易间隔期 $= 360 \div 5 = 72$（天）

通过计算可知，当机会成本与交易成本相等时的现金持有量为最佳现金持有量。

存货模式可以精确地测算出最佳现金持有量，是一种简单、直观的确定最佳现金持有量的方法。但是它也有缺点，它是一个主观模式，存在一系列的假设，其中最重要的假设是现金流出量稳定不变，实际上很少有；而且该模式未考虑安全库存。因此，在具体使用中有一定的局限性。

（三）随机模式

随机模式是由美国经济学家默顿·米勒（Merton Miller）和丹尼尔·奥尔（Daniel Orr）于 1996 年创建的在现金需求量难以预知的情况下进行现金持有量控制的方法，又称米勒—奥尔模型。

图 12-5 描述了随机模式对现金持有量的控制。对企业来讲，现金需求量常常波动大且无法预知，但企业可以根据历史经验和现在的经营情况，预测出一个现金持有量的控制范围，即制定出现金持有量的上限（H）和下限（L），将现金持有量控制在上下限之内。当现金持有量达到控制上限时，用现金购入有价证券，使现金持有量回落到现金返回线（R 线）的水平；当现金持有量降到控制下限时，则出售有价证券换回现金，使其存量回升至现金返回线的水平。若现金持有量在控制的上下限之内，则维持不变。

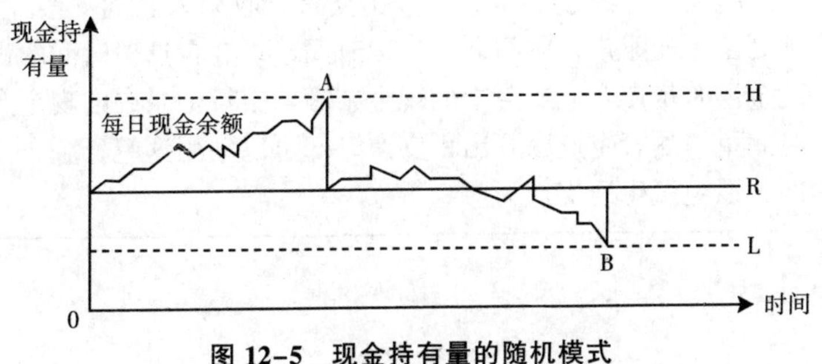

图 12-5　现金持有量的随机模式

以上关系中的上限 H、现金返回线 R 可按下列公式计算：

$$R = \sqrt[3]{\frac{3b\sigma^2}{4i}} + L$$

$$H = 3R - 2L$$

式中，b——每次有价证券的固定转换成本；I——有价证券的日利息率；σ——预期每日现金余额变化的标准差（可根据历史资料测算）。

而下限 L 的确定要受到企业每日的最低现金需要量、管理人员的风险承受倾向等因素的影响。

【例 12-3】　假定某公司有价证券的年利率为 18%，每次固定转换成本为 50 元，公司认为任何时候其银行活期存款及现金余额均不能低于 1200 元，又根据以往经验预算出现金余额波动的标准差为 800 元。最优现金返回线 R、现金控制上限 H 的计算为：

有价证券日利率 = 18% ÷ 360 = 0.05%

$$R = \sqrt[3]{\frac{3b\sigma^2}{4i}} + L = \sqrt[3]{\frac{3 \times 50 \times 800^2}{4 \times 0.05\%}} + 1200 = 4834.24（元）$$

$$H = 3R - 2L = 3 \times 4834.24 - 2 \times 1200 = 12102.72（元）$$

随机模式建立在企业的现金未来需求总量和收支不可预测的前提下，因此计算出来的现金持有量比较保守。

三、现金日常管理

企业在确定了最佳现金持有量后，还应采取各种措施加强现金的日常管理，使现金得到最有效的利用。为达到这一目的，应当注意做好以下几个方面的工作：

（1）力争现金流量同步。由于企业的现金流入和流出的时间不一致，企业需要保留交易性余额。如果企业能使现金流入与现金流出发生的时间趋于一致，就可以将持有的交易性现金余额降到最低水平。这就是所谓现金流量同步。

（2）充分使用现金浮游量。从企业开出支票，收票人收到支票并存入银行，至银行将款项划出企业账户，中间需要一段时间，现金在这段时间的占用称为现金浮游量。现金浮游量使企业账簿中的现金余额与银行记录中的现金余额存在差额。在这段时间里，尽管企业已开出了支票，却可以动用这笔资金，不过要控制好使用的时间，以免发生透支行为。

【小知识】

浮差游戏

假设A公司2009年5月8日的银行存款余额约为500000000元，其在购买了一些原材料后，用一张5月9日开具的2000000元支票向供货方付款，此时企业的账目上立刻显示现金余额为498000000元。但是A公司的开户银行要等到供货方将支票存入其开户银行，假设是在5月16日，并由此银行通知自己进行支付。那么在这段时间里A公司在其开户银行的账户上仍然显示500000000元的余额。也就是说，A公司在支票进行清算前还可以利用这2000000元的额外的资金取得收益，这两个账户上的2000000元就称为支付浮差。

只需要开张支票便可以享受支付浮差，看起来是很吸引人的，但是世界上没有免费的午餐，同样由支票带来的浮差就不那么受欢迎了。假设2009年5月8日A公司又从客户那里收到了一张1000000元的支票，并在5月9日把其存入了银行，此时公司和银行的账户上都增加了1000000元的现金余额。但是这个钱要等到A的开户银行把它交给开票的客户的开户银行并从那里收到货款以后才可以使用，这个过程也许还需要2~3个工作日。

从上面的例子我们可以看出公司受益于支付浮差，而因可用浮差而受损。两者之差称为“净浮差”。净浮差的增加会增加银行账户上的可用余额，这就涉及浮差的管理，主要包括现金回收控制和现金支付控制，简单说就是早收晚支。

（3）加快应收账款的收回。应收账款会增加企业资金的占用，但它又是必须的，因为它可以扩大销售规模，增加销售收入。为提高资金的使用效率，企业应在利用应收账款吸引顾客和缩短收款时间两者之间找到适当的平衡点，在不影响销售的情况下尽可能加快现金的回收，并需实施妥善的收账策略。

（4）延缓应付账款的支付。企业在不影响自己信誉的前提下，尽可能地推迟应付款的支付，充分运用债权人所提供的信用优惠。如遇企业急需现金，可以放弃信用优惠，应在信用期的最后一天支付款项。当然，这要对折扣优惠和急需现金之间的利弊进行权衡。

第三节　应收账款管理

应收账款是企业因对外销售商品、提供劳务等而应向购货或接受劳务的单位收取的款项。应收账款的产生，可以扩大企业的产品销量、提高企业的竞争能力，但同时也会增加管理应收款项的直接成本和间接成本。因此，应收账款管理的基本目标是在应收账款强化竞争、扩大销售功能的同时，尽可能降低应收账款投资的成本，使其产生的收益大于增加的成本。

一、企业持有应收账款的成本

企业持有一定数量的应收账款包括占用成本和短缺成本两个方面。应收账款的占用成本主要由三个方面构成。

（1）机会成本。这是企业由于把资金投放在应收账款上而放弃的投资于其他方面的收益，如可以投资于有价证券以获取利息收益。同持有现金的机会成本一样，这种机会成本一般按有价证券的市场利率计算。

应收账款的机会成本 = 应收账款平均占用额 × 资金成本率

式中，资金成本率一般按有价证券的市场利率计算。应收账款平均占用额可按下式计算：

$$应收账款平均占用额（投资额）= \frac{年赊销额}{360} \times 平均收现期$$

$$= 平均每日赊销额 \times 平均收现期$$

$$应收账款平均收现期 = \frac{\sum 回收期 \times 收款额}{\sum 收款额}$$

式中，平均收现期也称平均收账期或平均收款期。应收账款占用资金的总额由以下因素决定：销售规模、赊销比重、信用政策。

（2）管理成本。这是企业对应收账款进行管理而耗费的开支，是应收账款成本的重要组成部分。主要包括对客户的资信调查费用、应收账款的核算费用、应收账款的收账费用以及其他管理费用。

(3) 坏账损失成本。由于各种原因，应收账款可能有一部分不能收回，这就是坏账损失成本。它一般与应收账款的数量成正比，即应收账款越多，可能的坏账损失也会越多。可按下式计算：

坏账成本 = 赊销收入 × 坏账损失率

企业应收账款在一定程度上越多，所带来的销售收入也越多，但是，如果应收账款占用大量资金，又会造成资金的浪费和闲置。因此，应收账款管理的目的就是在应收账款所增加的收益和产生的成本之间作出权衡，使应收账款的总成本最低。

二、企业的信用政策

制定合理的信用政策是加强应收账款管理、提高应收账款投资效益的重要前提。信用政策即应收账款的管理政策，是企业对应收账款投资进行规划与控制而确立的基本原则与行为规范，一般包括信用标准、信用条件和收账政策三部分内容。

信用政策决策的基本原理是：企业制定信用政策时，应对不同的信用政策进行分析，以选择使企业在现金流和收益率上实现最大化的政策。在进行分析时可以采用的方法有总量法和增量法两种。总量法是计算不同信用政策可能产生的净收益，并在比较净收益的基础上进行决策，选择净收益大的信用政策。增量法是计算不同信用政策所产生的增量收益来得出结论。

(一) 信用标准

信用标准是企业同意向顾客提供商业信用的最低条件，通常以坏账损失率表示，它是公司评价客户信用质量的基本准则。具备了信用标准，管理人员才能判断是否给予客户信用和给予多大程度的信用。

如果信用标准较宽，虽然能够增加销售，但是，相应会增加应收账款占用额，机会成本、管理成本、坏账损失等会上升；反之，如果信用标准较严，则不利于扩大销售，甚至会使销售降低，但是会减少应收账款占用额，降低机会成本、管理成本、坏账损失。

(二) 信用条件

信用条件是指授予信用的期限、现金折扣和信用工具种类等。例如，如果某客户被授予信用的条件是“1/20，N/45”，表明该客户从开具发票日起，有 45 天的付款期。此外，如果客户是在 20 天内付款，则能享受销售价格 1%的现金折扣。如果指明的销售条件是“N/60”，则客户可在从开票日起的 60 天内付款，但是，提前付款却没有现金折扣。

【例 12–4】　如果某公司提供“3/10，N/60”的信用条件，并注明日期为 5 月 1 日，则有效的开票日是 5 月 1 日。无论销售何时完成，客户都必须在 6 月 30 日之前支付指定金额。若在 5 月 10 日之前支付，则能享受到 3%的现金折扣。

1. 信用期限

在不同的行业中，信用期限不同。例如，一家珠宝店销售翡翠的信用条件也许是“6/60，90/N”。一家食品批发公司售卖新鲜水果和农产品的信用条件也许就是“N/5”。一般地，公司在设置信用期限时必须考虑如下三个因素：

（1）客户不付款的概率。如果公司的客户处于高风险行业，那么，公司可能会要求较严苛的信用条件。

（2）金额大小。如果交易金额较小，则给予的信用期限一般较短。这是因为较小金额的应收账款管理费用较高，而且相对于大客户来说，小客户也相对不重要。

（3）商品容易腐坏的程度。如果货品不能长时间保存，公司应当授予比较严格的信用。

一般来说，延长信用期限实际上降低了客户的买入价格，因此，这通常会导致销售额上升。

【例 12–5】　麦尔公司目前采用 30 天按发票金额付款的信用政策，现在拟将信用期放宽至 60 天，其他条件不变。假设风险投资的必要报酬率为 15%，其他有关的数据如表 12–3 所示。

表 12–3　麦尔公司信用期放宽的有关资料表

单位：元

信用期项目	A 方案（30 天）	B 方案（60 天）
销售量（件）	100000	120000
销售额（元）（单价 6 元）	600000	720000
变动成本（每件 4 元）	400000	480000
固定成本（元）	50000	50000
毛利（元）	150000	190000
预计发生收账费用（元）	5000	7000
预计发生坏账损失（元）	1000	2000

在分析时，先计算改变信用期增加的收益，然后计算增加的成本，最后计算净收益。

（1）收益的增加：

收益的增加 = 销售量的增加 × 单位边际贡献

$$= (120000 - 100000) \times (6 - 4) = 40000(\text{元})$$

（2）应收账款占用资金的机会成本增加：

机会成本 = 应收账款占用资金 × 有价证券利息率

= 应收账款平均余额 × 变动成本率 × 有价证券利息率

= 日销售额 × 平均收现期 × 变动成本率 × 有价证券利息率

= 销售收入/360 × 应收账款周转天数 × 变动成本率 × 有价证券利息率

A 方案机会成本 = $\frac{600000}{360} \times 30 \times \frac{400000}{600000} \times 15\% = 5000$（元）

B 方案机会成本 = $\frac{720000}{360} \times 60 \times \frac{480000}{720000} \times 15\% = 12000$（元）

应计利息增加 = 12000 − 5000 = 7000（元）

（3）收账费用：

收账费用增加 = 7000 − 5000 = 2000（元）

（4）坏账损失增加：

坏账损失增加 = 2000 − 1000 = 1000（元）

（5）增加的收益与成本的比较：

收益增加 − 成本费用增加 = 40000 −（7000 + 2000 + 1000）= 30000（元）

由于净收益为 30000 元，所以应该采用 60 天的信用期。

2. 现金折扣

企业在制定应收账款信用政策时，一般是将信用期限和现金折扣联合考虑，下面举例来说明考虑现金折扣政策的情况下，应收账款政策的选择。

【例 12-6】 麦克斯公司想要改变应收账款的信用条件，可供选择的 A、B 两种方案及原方案详见表 12-4，假设资本成本率为 15%。

表 12-4 麦克斯公司各方案信用条件下的有关资料

单位：元

项目	原方案	A 方案	B 方案
销售收入	100000 元	减少 10000 元	增加 15000 元
收现期	45 天	销售收入减少部分的平均收现期为 90 天，剩余 90000 元的平均收现期降为 40 天	销售收入增加部分的平均收现期为 75 天，原 100000 元的平均收现期仍为 45 天
坏账损失率	6%	销售收入减少部分的坏账损失率为 8.7%，剩余 90000 元的平均坏账损失率降为 5.7%	销售收入增加部分的坏账损失率为 12%，原 100000 元的平均坏账损失率仍为 6%

根据表 12-4 的有关资料，分别测算各方案对销售利润和各种成本的影响，如表 12-5 所示。从表 12-5 的计算中可以看出，采用 B 方案带来的收益比较多，故应采用 B 方案。

表 12-5　麦克斯公司各方案信用条件下的收益计算

单位：元

项目	A 方案	B 方案	原方案
销售利润	(100000−10000) × 20% =18000	(100000 + 15000) × 20% = 23000	100000 × 20% = 20000
应收账款机会成本	(100000−10000)× 15% ×40/360 = 1500	(100000 × 45/360 + 15000 × 75/360) × 15% =2344	100000/360 × 45 × 15% = 1875
坏账损失	(100000−10000)× 5.7% = 5130	100000 × 6% + 15000 ×12% = 7800	100000 × 6% = 6000
净收益	18000 − 1500 − 5130 =11370	23000 − 2344 − 7800 =12856	20000 − 1875 − 6000 = 12125

3. 信用工具

信用工具也称融资工具，是指在资金融通时所签发的、具有法律效用的证明债权和所有权的凭证。如商业汇票、银行承兑汇票等。

（三）企业的收账政策

收账政策是当客户违反信用条件，延期或者拒付货款时，企业采取的收账措施。企业如果采取较严苛的收账政策，可能会减少坏账损失，但相应地收账成本增加；如果采取较宽松的收账政策，则可能会增加坏账损失，但收账费用会减少。因此，企业需要对此进行权衡。一般来说，收账政策包括三方面的内容，即应收账款回收情况的监督、应收账款回收的措施和坏账损失的准备。

1. 应收账款回收情况的监督

企业应关注自身应收账款的回收情况。一般而言，如果应收账款拖欠时间越长，收回款项的可能性就越小，发生坏账的可能性就越大。因此，企业应积极监督应收账款的回收情况，随时掌握与应收账款有关的信息。使用账龄分析法，编制账龄分析表可以帮助企业了解应收账款的回收情况。

账龄分析表是一张能显示应收账款在企业时间长短（“账龄”）的报告，账龄分析法的应用见【例 12-7】。

【例 12-7】　表 12-6 是麦尔百货公司 2014 年第四季度的应收账款明细表，现在公司要编制账龄分析表，以了解公司应收账款的回收情况。

表 12-6　麦尔百货公司 2014 年第四季度的应收账款明细列表

单位：元

10 月		11 月		12 月	
销售日期	金额	销售日期	金额	销售日期	金额
10 月 12 日	1900	11 月 2 日	1500	12 月 3 日	1200
10 月 21 日	600	11 月 10 日	1200	12 月 5 日	2100
10 月 28 日	2000	11 月 16 日	1300	12 月 8 日	1300

续表

10月		11月		12月	
销售日期	金额	销售日期	金额	销售日期	金额
10月29日	800	11月19日	900	12月9日	1500
		11月20日	2100	12月12日	2200
		11月22日	1800	12月13日	800
		11月25日	1800	12月15日	2900
		11月28日	2600	12月20日	600
				12月26日	2000
				12月28日	1500

表12-7 2014年第四季度账龄分析表

应收账款账龄	金额（元）	百分率（%）
账龄在1~30天	16100	46.53
账龄在31~60天	13200	38.15
账龄在61~90天	5300	15.32
合计	34600	100

利用账龄分析表，企业就可以了解应收账款的回收和挂账情况，如麦尔百货公司，账龄在1~30天的应收账款占全部应收账款的46.53%，账龄在31~60天的应收账款占全部应收账款的38.15%，账龄在61~90天的应收账款占全部应收账款的15.32%，进一步地，企业还可以了解有多少应收账款已经超过了信用期等。

2. *应收账款回收的措施*

对于客户拖欠企业的货款，企业应及时催收。催收账款的程序一般是：信函通告，电话、电报、传真催收，派人上门催讨，法律行动。对于不同的客户，应采取不同的收账程序。比如，如果对于刚刚过期的客户，不要过多地打扰，以免失去客户；如果已经过期一段时间，可以委婉地写信催收；如果过期时间较长，可以经常打电话催收；如果逾期久且拒不付款，可以付诸法律程序。

3. *坏账损失的准备*

由于在市场经济条件下，企业因商业信用会出现一些无法收回的应收账款，因此企业不可避免地必须提前对坏账损失做好准备。根据企业会计准则的规定，企业应当定期于每年年度终了，对应收账款进行全面检查，预计各项应收款项可能发生的坏账，对预计不能收回的应收款项，应当计提坏账准备。

（四）信用分析

企业在制定信用政策时，往往需要对顾客进行信用分析。

1. 信用信息

公司在评价客户信用时，通常用到的信息包括：

（1）财务报表。客户应提供资产负债表、利润表和现金流量表等财务报表，公司计算相应的财务比率，判断客户的财务状况。

（2）客户与其他的公司间历史付款情况的信用报告。公司在与客户交易时，应该了解该客户与其他公司间以往的交易状况，如付款是否及时，是否存在拒付货款等行为。

（3）银行。公司可以请求银行提供关于客户借款及还款情况的信息。

（4）客户与本公司间的历史付款情况。公司与该客户的过往交易中，以前的账单是否已经付清、是否存在延期付款等行为。

2. 客户信用状况分析

企业在给予特定的客户信用优惠时，首先必须对客户的信用状况进行分析，要仔细分析客户企业的财务报表、信用报告、银行证明等资料，在此基础上再进一步确定给予多大程度的信用优惠。进行企业信用评估的方法很多，常用的有以下三种：

（1）5C 评估法。这种方法主要分析影响企业信用的五个方面：客户的品德（Character）、偿付能力（Capacity）、资本（Capital）、抵押品（Colateral）和经济环境（Condition）。通过以上五个方面的分析，便基本上可以判断客户的信用状况，为是否给予客户信用优惠的决策提供参考。

（2）信用评级法。这种方法是直接使用信用评估机构所发布的信用等级结论，进而对客户进行信用评估的方法。如美国的标准普尔公司和穆迪公司，都是世界著名的信用评级机构。大公国际资信评估有限公司、中诚信国际信用评级有限公司、联合资信评估有限公司是国内三大评级机构。信用评级法是一种对客户信用评估的较为简捷的方法。

在评估等级方面，目前主要采用两种标准：第一种是三等九级制，即把企业的信用状况分成 A、B、C 三个等级，每个等级下又分为三个等级，即 AAA、AA、A、BBB、BB、B、CCC、CC、C 九级，其中，AAA 为最优等级，C 为最差等级；第二种是三级制，即把企业的信用状况分为 AAA、AA、A 三个等级，通常 AAA 为信用状况良好，AA 为信用状况一般，A 为信用状况较差或很差。

（3）信用评分法。该方法对客户的信用状况作出一个定量的分析。常用的是加权评分法，首先选出一系列对客户信誉情况有影响的财务比率和信用指标，分别进行评分，然后对各指标按照权重进行加权平均，得出客户的综合信用分数。信用评分法的基本公式为：

$$Y = a_1x_1 + a_2x_2 + a_3x_3 + \cdots + a_nx_n = \sum_{i=1}^{n} a_ix_i$$

式中，Y 表示某企业的综合信用评分，x 表示第 i 种财务比率和信用品质的评分，a 表示事先拟定的对第 i 种财务比率和信用品质进行加权的权数（$\sum_{i=1}^{n} a_1 = 1$）。一般来说，如果信用评分值在 80 分以上，表明顾客信用状况良好；评分值在 60~80 分时，可以认为顾客的信用状况一般；分值低于 60 分时，说明该顾客的信用状况较差。

【例 12–8】 现以向日葵卫浴公司为例来说明这种方法，具体情况如表 12–8 所示。

表 12–8　向日葵卫浴公司的信誉情况评分表

项目	财务比率和信用品质（1）	评分 0~100（2）	权数（3）	加权平均（4）＝（2）×（3）
流动比例	2.1	90	0.15	13.5
资产负债率	60%	80	0.15	12
净资产收益率	15%	90	0.2	18
信誉评估等级	AA	85	0.2	17
信用记录	一般	70	0.2	14
未来发展预计	一般	75	0.05	3.75
其他因素	好	90	0.05	4.5
合计	—	—	1.00	82.75

注：第（1）栏是通过搜集来的资料分析计算确定的；第（2）栏是根据第一栏的资料进行的评分，评分值在 0 到 100 之间；第（3）栏是根据各指标的重要程度确定的权重，主要通过管理层以往的经验并结合公司的情况进行判断。

第四节　存货管理

存货是企业在生产经营过程中为销售或耗用而储备的物资，包括原材料、在产品、产成品、低值易耗品、包装物、商品等。在企业中，一般存货占流动资产的比重比较大，占 40%~60%。存货利用的好坏，对企业财务状况的影响极大。

一、企业持有存货的原因

（一）保证生产、经营活动的正常进行

生产过程中所需要的原材料，是生产中必需的物质资料。为了保证生产的顺利进行，企业必须时刻保持充足的物资供应量。实际上，企业在生产和销售中很少能随时购入所需要的各种物资，即使是在市场供应量充足的条件下，一旦生产或销售所需物资短缺，生产经营活动将被迫中止，造成损失。为了避免或减少出现停工待料等事故，企业就必须保持一定的物资储备量。

（二）出于价格的考虑

零售物资的价格往往较高，而成批大量购买在价格上往往有一定的折扣，而且在运输费用、差旅费用上也会得到一定程度的节约。基于以上考虑，企业往往会整批购入物资，分期分批使用，存货也就不可避免。另外，对一些紧缺物资的储备，有助于降低市场价格上涨所带来的影响。

（三）便于组织均衡生产，降低产品成本

有的企业生产的产品属于季节性产品，有的企业产品需求很不稳定。如果根据需求状况时高时低进行生产，有时生产能力可能得不到充分利用，有时又会出现超负荷生产，这些情况都会使生产成本提高，不利于组织生产和保证产品质量。为了降低生产成本，实现均衡生产，必然会造成一定数量的产成品存货。

（四）防止意外事故所带来的影响

在采购、运输、生产和销售环节中，都有可能发生一些意料之外的事故，保持必要的保险储备存货，可以避免或减少损失。

二、企业持有存货的成本

企业持有存货的成本，包括以下三种：

（一）取得成本

取得成本指企业为了购买存货而发生的成本，一般用 TCa 来表示。取得成本包括订货成本和购置成本。

1. 订货成本

订货成本也称进货费用，是指企业为取得订单所支付的成本，如办公费、差旅费、邮资、电报电话等费用。订货成本包含固定成本和变动成本，固定成本与订货次数无关，如常设采购机构的基本开支、采购人员的工资等，用 F_1 表示；变动成本与订货次数有关，如差旅费、邮资、检验费等，每次订货的变动成本用 K 表示；订货次数等于存货年需要量 D 与每次进货量 Q 之商。订货成本的计算公式为：

订货成本 $= F_1 + \frac{D}{Q}K$

2. 购置成本

购置成本指商品本身的价格，一般用数量与单价的乘积来计算。假设年存货需要量为 D，单价是 U，那么，购买成本的公式为：

购置成本 $= D \times U$

将订货成本和购置成本合并，存货的取得成本公式为：

取得成本 = 订货成本 + 购置成本

= 订货固定成本 + 订货变动成本 + 购置成本

$$TC = F_1 + \frac{D}{Q}K + DU$$

（二）储存成本

储存成本指企业为保持存货而发生的各项费用支出，一般用 TC_C 来表示。储存成本分为固定成本和变动成本。固定成本与存货数量无关，如折旧费、仓库工人的固定工资等，一般用 F_2 来表示。变动成本与存货数量成正比，如存货占用资金的应计利息、存货的破损和变质损失、保险费等，单位成本用 K_C 来表示。储存成本的公式为：

储存成本 = 储存固定成本 + 储存变动成本

$$TC_C = F_2 + K_C\frac{Q}{2}$$

（三）缺货成本

缺货成本指由于存货供应中断而造成的损失，包括材料供应中断造成的停工损失、产成品库存缺货造成的拖欠发货损失和丧失销售机会的损失（还应包括需要主观估计的商誉损失）；如果生产企业以紧急采购代用材料解决库存材料中断之急，那么缺货成本表现为紧急额外购入成本（紧急额外购入的开支大于正常采购的开支）。缺货成本用 TC_S 表示。

一般而言，存货的取得成本和储存成本随着存货数量的增加而增加，短缺成本却随着存货数量的增加而减少。因此，存货管理的目标就是要寻找一个最佳存货水平，使得企业存货的总成本达到最小。

三、企业存货的管理方法

存货管理所要解决的主要问题是企业如何采购存货？包括应当订购多少存货，应当在何时开始订货。本书主要介绍的是企业原材料采购规划。

（一）经济订货量模型

影响存货总成本的因素有很多，为了简化问题，我们从经济订货量模型出发来考虑存货的总成本，所谓经济订货量（Economic Order Quantity，EOQ），又称经济批量，就是使一定时期存货总成本最低的最优存货采购批量。

这一模型建立在一系列的假设之上：

（1）外部对库存系统的需求率已知，需求率均匀且为常量；

（2）一次订货量无最大最小限制；

（3）采购、运输均无价格折扣；

（4）订货提前期已知，且为常量；

（5）订货费与订货批量无关；

（6）维持库存费是库存量的线性函数；

（7）不允许缺货；

（8）补充率为无限大，全部订货一次交付；

（9）采用固定订购量系统。

（10）企业现金充足，不会因为现金短缺而影响进货。

为了求得经济订货量，需建立一系列等式：

订购次数 $= \frac{D}{Q}$

平均库存量 $= \frac{Q}{2}$

变动订货成本 $= K \times \frac{D}{Q}$

变动储存成本 $= K_C \times \frac{Q}{2}$

总成本（TC）$= F_1 + \frac{D}{Q} \times K + DU + F_2 + K_C \times \frac{Q}{2}$

令上式等于 0，并对 Q 求一阶导数，得：$T' = \frac{Kc}{2} - \frac{DK}{Q^2} = 0$

整理得：经济订货量（Q）$= \sqrt{\frac{2KD}{K_C}}$

从存货成本的公式可以得出，变动储存成本与经济订货量 Q 成正比，变动订货成本与经济订货量 Q 成反比。经济订货量越大，变动储存成本就越多，反之，变动储存成本就越小；经济订货量越大，变动订货成本越小，反之，变动订货成本越大。图 12-6 描述了以上两种成本与经济订货量之间的关系。从图 12-6 也可以直观地看出，经济订货量就是使这两种成本之和最小的订购批量，即图中 Q^* 点。

从经济订货量的公式，还可以推导出与订货量有关的总成本的公式：

总成本（TC）$= \sqrt{2KDK_C}$

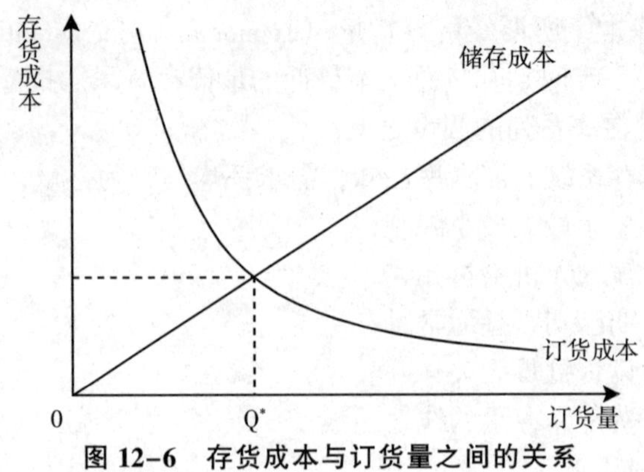

图 12-6　存货成本与订货量之间的关系

注意：在全年存货需要量一定的前提下，F_1、F_2和 DU 保持不变，对决策没有影响。在没有特别说明的情况下，存货的订货成本和储存成本均特指变动成本。

【例 12-9】　邦德瑞汽车公司全年需要某汽车零件 1200 件，每次订货的成本为 400 元，每件存货的年储存成本为 6 元。计算邦德瑞汽车公司的经济批量。

经济订货量(Q) $= \sqrt{\frac{2KD}{Kc}} = \sqrt{\frac{2 \times 1200 \times 400}{6}} = 400$（件）

经济批数$\left(\frac{D}{Q}\right) = \sqrt{\frac{DKc}{2K}} = \sqrt{\frac{1200 \times 6}{2 \times 400}} = 3$（批）

总成本(T) $= \sqrt{2AFC} = \sqrt{2 \times 1200 \times 400 \times 6} = 2400$（元）

（二）经济订货批量模型的扩展

经济订货量的基本模型是建立在前述多个假设条件之上的。在现实生活中，这些假设条件很难全部满足。因此，需要放宽假设，改进模型，使之具有更高的实用价值。

1. 再订货点

一般来说，企业无法做到存货随时用完随时补充，因此，为了保证生产和销售的正常进行，企业必须在存货用完之前提前订货。那么，应该在存货还剩多少时订货呢？这就是再订货点（或者是订货提前期）的控制问题。

再订货点，就是企业再次发出订货单时，尚有存货的库存量。见图 12-7。

假设每日平均需用量为 d，交货的时间为 L。再订货点 R 可用下式计算：

$R = L \times D$

【例 12-10】　邦德瑞汽车公司每天耗用甲零件为 20 件，订货日至到货期为 10 天。计算其再订货点。

再订货点 $R = L \times d = 10 \times 20 = 200$(件)

因此，当邦德瑞汽车公司的存货储备量降到 200 件时，应当开始订货。

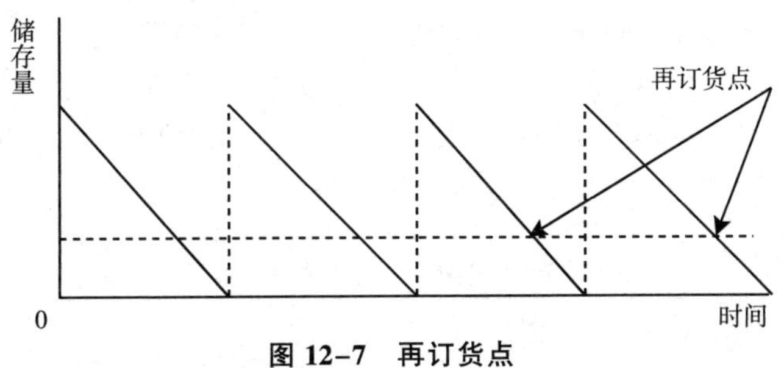

图 12-7　再订货点

2. 保险储备

之前，我们假定存货需用量在整个期间稳定不变（即每日需求量不变）和交货期固定不变。现实中，这些条件很难满足。因为企业的每日存货需求量可能发生变化，交货时间也会改变。按照既定的经济批量及再订货点发出订单后，如果需求增大或送货延迟，就会发生缺货，中断供应。为了防止由此而造成的损失，需要多储备一些存货以备不时之需，称为保险储备。

由于存在保险储备，再订货点会相应改变。如果平均存货日需要量和交货期确定，调整后的再订货点，等于原再订货点存货量加上保险储备。

R = 交货期 × 平均日需求量 + 保险储备 = L × d + B

【例 12-11】　续【例 12-10】，假设企业维持保险储备 100 千克，邦德瑞公司的再订货点为：

R = 交货期 × 平均日需求量 + 保险储备 = L × d + B = 10 × 20 + 100

= 300（千克）

四、存货控制

存货控制是指在日常生产经营过程中，按照存货管理的要求，对存货的使用和周转情况进行的组织、调整和监督。

（一）ABC 分类管理法

ABC 分类管理法是 19 世纪意大利经济学家帕累托提出的，主要是指将存货按照价值、重要性以及资金占用情况进行区别和分类，利用不同的管理方法进行控制。

ABC 分类管理法依据存货的重要性，分为 A、B、C 三类，实行不同的控制方法，这种方法有利于抓住重点，将精力集中在占用资金较大的存货上。其中，A 类存货是特别重要的库存，其品种、数量通常占全部存货的 5%~30%，但是资金占全部存货资金的比例为 60%~80%，应当实施重点管理，应详细、科学、准确地确定该类存货的经济订货量和订货点，并且为存货设置永续盘存卡，加强日常控制；B 类为一般重要的存货，存货的品种、数量占全部存货的 20%~30%，资金比例为 15%~30%，应当实施常规管理，对其实施定期概括性检查即可；C 类存货为不重要的库存，其品种、数量占全部存货的 60%~70%，资金比例仅为 5%~15%，一般实施经验管理，无须花费太多精力，比如集中采购，增加保险储备等。

ABC 分类管理法的具体内容见表 12–9。

表 12–9　ABC 分类管理法简明表

项目	A 类	B 类	C 类
控制程度	严密控制	一般控制	粗犷控制
定额制定方法	详细计算	经验数据	不足即进货
储备记录情况	详细记录	有记录	无明细记录
保险储备量	低	较多	灵活
库存监督方法	经常检查	定期检查	抽查

（二）适时制管理

适时存货控制系统［Just In Time System，JIT System（Just in Time 又称为及时或准时，也有译为精练管理）］也称为零存货管理，最早应用于日本丰田公司。它的核心思想是降低库存，甚至实现零库存，以节约存货储存、质量检验等非增值成本，提高生产效率，增加企业效益。这种方法的具体要求是企业要有高效的采购、非常可靠的供应商以及一个有效的存货处理系统，使企业的材料物资供给与生产经营同步，从而达到零库存。计算机技术可以帮助企业实现这一目标。JIT 的最终目标是“三个必要”，即“必要时生产必要数量的必要产品”，防止生产过度，节约储存成本。例如，在机床车间，使用计算机等辅助制造手段，几分钟之内即可完成生产流程的准备工作，不仅降低了存货的订货成本，而且节约了存货的储存成本。此外，企业还可以通过筛选信誉可靠的原材料供应商，降低原材料库存。对于产成品来说，存货的适时供应可以提高生产速度，降低库存短缺成本。

存货为零只是一种理想水平，但是 JIT 的理念却得到广泛应用，因为公司通过 JIT 控制存货，可以帮助公司达到节约存货管理成本这一有价值的目标。

【本章小结】

营运资本又称营运资金，是指投入企业日常经营活动（营业活动）的资金。一般所说的营运资本多指狭义的营运资本，指流动资产减去流动负债后的余额。

营运资本管理分为流动资产管理和流动负债管理，前者对是营运资本投资的管理，后者是对营运资本筹资的管理。营运资本投资管理又包括流动资产投资政策和流动资产投资日常管理两部分。

依据流动资产和销售收入之间的数量关系，企业流动资产投资政策可以分为三种：保守型流动资产投资政策、适中型流动资产投资政策和激进型流动资产投资政策。

企业持有现金的目的，主要是满足交易性需要、预防性需要和投机性需要。企业现金管理的目标，就是要在现金的流动性和营利性之间进行权衡，既要保证企业日常经营活动的现金需要，又要尽可能降低闲置的现金数量，提高企业盈利能力。

最佳现金持有量的确定方法主要有三种：成本分析模式、存货模式和随机模式。

应收账款的占用成本主要由三个方面构成：机会成本、管理成本和坏账损失成本。应收账款管理的基本目标是在应收账款强化竞争、扩大销售功能的同时，尽可能降低应收账款投资的成本，使其产生的收益大于增加的成本。

应收账款信用政策即应收账款的管理政策，是企业对应收账款投资进行规划与控制而确立的基本原则与行为规范，一般包括销售条件、信用分析和收账政策三部分内容。

存货管理的目标就是要寻找一个最佳存货水平，使得企业存货的总成本达到最小。

【思考题】

1. 简述营运资本管理的原则。
2. 企业在权衡确定短期资本的最优持有水平时，应考虑的因素有哪些？
3. 简述现金管理的目标和内容。
4. 简述现金日常管理控制的主要方法。
5. 简述应收账款的成本。
6. 什么是 5C 评估法？
7. 简述存货 ABC 分类管理的步骤。

【练习题】

一、单项选择题

1. 某企业现金收支状况比较稳定，全年的现金需要量为 50000 元；每次转换有价证券的交易成本为 400 元，有价证券的年利率为 10%。达到最佳现金持有量的全年交易成本是（　　）元。

A. 1000　　B. 2000

C. 3000　　D. 4000

2. 下列各项中，与再订货点无关的因素是（　　）。

A. 经济订货量　　B. 日耗用量

C. 平均交货时间　　D. 保险储备量

3. 企业信用政策的内容不包括（　　）。

A. 信用期间　　　　B. 信用标准

C. 现金折扣政策　　D. 收账方法

4. 某公司根据现金持有量的存货模式确定的最佳现金持有量为 100000 元，有价证券的年利率为 10%。则与现金持有量相关的最低总成本为（　　）元。

A. 40　　B. 60

C. 30　　D. 70

5. 在“5C”信用评估系统中，评价顾客信用的首要因素是（　　）。

A. 能力　　B. 品质

C. 抵押　　D. 条件

6. 与现金持有量没有明显比例关系的成本是（　　）。

A. 机会成本　　B. 资金成本

C. 管理成本　　D. 短缺成本

7. 企业在进行现金支出管理时，可利用的现金浮游量是指（　　）。

A. 企业账户所记存款余额

B. 银行账户所记企业存款余额

C. 企业账户与银行账户所记存款余额之差

D. 企业实际现金余额超过最佳现金持有量之差

8. 某公司每年（360 天）现金需求额为 400 万元，每次转换的交易成本为 20 万元，银行的存款利率为 10%，则该公司目标现金持有量为（　　）。

A. 200 万元　　B. 300 万元

C. 400 万元　　D. 500 万元

9. 信用条件为“2/10，N/30”时，预计有 40%的客户选择现金折扣优惠，则平均收账期的天数是（　　）。

A. 16 天　　B. 28 天

C. 26 天　　D. 22 天

10. 对信用期限的叙述，正确的是（　　）。

A. 信用期限越长，企业坏账风险越小

B. 延长信用期限，不利于销售收入的扩大

C. 信用期限越长，应收账款的机会成本越低

D. 信用期限越长，表明客户享受的信用条件越优越

11. 下列各项中，属于应收账款机会成本的是（　　）。

A. 收账费用　　B. 坏账损失

C. 客户资信调查费　　D. 应收账款占用资金的应计利息

12. 下列属于缺货成本的是（　　）。

A. 存货的保险费用

B. 存货残损霉变损失

C. 储存存货发生的仓储费用

D. 产品供应中断导致延误发货的信誉损失

13. 在确定经济进货批量基本模式下的进货批量时，应考虑的成本是（　　）。

A. 进货成本　　B. 订货成本

C. 储存成本　　D. 进货费用和储存成本

14. 采用 ABC 控制法时，A 类存货应符合的条件是（　　）。

A. 品种数占总品种数的 10%，价值占总价值的 70%

B. 品种数占总品种数的 70%，价值占总价值的 10%

C. 品种数占总品种数的 70%，价值占总价值的 30%

D. 品种数占总品种数的 30%，价值占总价值的 70%

15. 采用 ABC 法对存货进行控制时，应当重点控制的是（　　）。

A. 数量较多的存货　　B. 品种较多的存货

C. 占用资金较多的存货　　D. 库存时间较长的存货

16. 持有过量现金可能导致的不利后果是（　　）。

A. 财务风险加大　　B. 收益水平下降

C. 偿债能力下降　　D. 资产流动性下降

17. 现金作为一种资产，它的（　　）。

A. 流动性强，营利性差　　B. 流动性强，营利性也强

C. 流动性差，营利性强　　D. 流动性差，营利性也差

18. 利用存货模型确定最佳现金持有量时，不予考虑的因素是（　　）。

A. 现金的机会成本　　B. 现金的管理成本

C. 现金的交易成本　　D. 现金的平均持有量

19. 以下现金成本与现金持有量呈正比例关系的是（　　）。

A. 现金置存成本　　B. 现金交易成本

C. 现金管理成本　　D. 现金短缺成本

二、多项选择题

1. 现金收支管理的目的在于提高现金使用效率，下列各项中可以提高现金使用效率的有（　　）。

A. 推迟应付账款的支付　　B. 不得坐支现金

C. 力争现金流量同步　　D. 使用现金浮游量

2. 存货存在的原因主要有（　　）。

A. 保证生产或销售的经营需要　　B. 充分利用闲置资金

C. 吸引投资者　　D. 出自价格的考虑

3. 下列有关信用期限的表述中，正确的有（　　）。

A. 延长信用期限会增加坏账损失

B. 延长信用期限会扩大销售

C. 延长信用期限不利于销售额的增加

D. 延长信用期限将增加应收账款的机会成本

4. 企业持有现金的动机有（　　）。

A. 交易动机　　B. 预防动机

C. 投机动机　　D. 为在银行维持补偿性余额

5. 为了确定最佳现金持有量，企业可以采用的方法有（　　）。

A. 存货模式　　B. 邮政信箱模式

C. 成本分析模式　　D. 银行业务集中模式

6. 用存货模式分析确定最佳现金持有量时，要考虑的成本费用项目有（　　）。

A. 现金管理费用　　B. 现金短缺成本

C. 持有现金的机会成本　　D. 现金与有价证券的转换成本

7. 应收账款的成本包括（　　）。

A. 机会成本　　B. 坏账成本

C. 财务成本　　D. 管理成本

8. 不适当地延长信用期限会给企业带来的不良后果有（　　）。

A. 机会成本增加　　B. 坏账损失增加

C. 收账费用增加　　D. 平均收账期延长

9. 信用标准过高的可能结果有（　　）。

A. 降低坏账费用　　B. 降低违约风险

C. 不利于销售收入的扩大　　D. 不利于企业市场竞争力的提高

10. 经济订货批量（　　）。

A. 与存货的年度总需求量成正比　　B. 与每次订货的变动成本成反比

C. 与单位存货的年储存成本成反比　　D. 与存货的购置成本成正比

11. 下列关于存货管理的 ABC 分析法描述正确的是（　　）。

A. A 类存货金额巨大，但品种数量较少

B. C 类存货金额巨大，但品种数量较少

C. 对 A 类存货应重点控制

D. 对 C 类存货应重点控制

三、判断题

1. 营运资金就是流动资产。（　　）

2. 所谓现金浮游量是指企业账户上现金余额与银行账户上所示的存款余额之间的差额。（　　）

3. 信用风险是指公司不能收回赊销商品的货款而发生坏账损失的可能性。
（　）

4. 如果企业放宽信用标准，对坏账损失率较高的客户给予赊销，则会增加销售量，减少企业的坏账损失和应收账款的机会成本。（　）

5. 信用标准是指公司决定授予客户信用所要求的最低标准，如果客户达不到该项信用标准，就不能享受公司按商业信用赋予的各种优惠，或只能享受较低的信用优惠。（　）

6. 企业花费的收账费用越多，坏账损失就越少，并且平均收账期也越短。
（　）

7. 在计算经济订货批量时，如果考虑订货提前期，则应在按经济订货量基本模型计算出订货批量的基础上，再加上订货提前天数与每日存货消耗量的乘积，才能求出符合实际的最佳订货批量。（　）

8. 用存货模式分析确定最佳现金持有量时，应予考虑的成本费用项目包括现金与有价证券的持有成本和管理成本。（　）

9. 流动资金在企业正常经营中是必需的，企业的流动资金，特别是其中的货币资金越多越好。（　）

10. 存货 ABC 控制法中，C 类物资是指数量少、价值低的物质。（　）

四、计算题

1. 某公司有 A、B 两种备选的现金持有方案。A 方案现金持有量为 2000 元，机会成本率为 12%，短缺成本 300 元；B 方案现金持有量为 3000 元，机会成本率为 12%，短缺成本为 100 元。

要求：确定该公司应采用哪种方案。

2. 某公司预计全年需要现金 8000 元，现金与有价证券的转换成本为每次400元，有价证券的利息率为 25%。

要求：计算该公司的最佳现金余额。

3. 某公司有价证券的年利率为 10.8%，每次证券交易的成本为 5000 元，公司认为任何时候其银行活期存款及现金余额不能低于 2000 元，又根据以往经验测算出现金余额波动的标准差为 100 元。

要求：计算该公司的最佳现金持有量和现金持有量的最高上限。

4. 某公司的销售全部为赊销，销售毛利率保持不变，应收账款机会成本率为 15%，当前信用政策以及建议的信用政策相关情况分别如下：

当前信用政策	建议信用政策
信用条件：30 天付清	信用条件：2/10，N/30
销售收入：20 万元	销售收入：25 万元

续表

当前信用政策	建议信用政策
销售毛利：4 万元	享受现金折扣的比例：60%
平均坏账损失率：8%	平均坏账损失率：6%
平均收现期：50 天	平均收现期：25 天

要求：试判断建议的信用政策是否可行。

5. 某公司现金收支平稳，预计全年（按 360 天计算）现金需要量为 156250 元，现金与有价证券的交易成本为每次 400 元，有价证券年利率为 5%。

要求：

(1) 计算最佳现金持有量；

(2) 计算达到最佳现金持有量的全年现金管理总成本、全年现金交易成本和全年现金持有机会成本；

(3) 计算达到最佳现金持有量的全年有价证券交易次数和有价证券交易间隔期；

(4) 若企业全年现金管理的相关总成本想控制在 2000 元以上，想通过控制现金与有价证券的转换成本达到此目标，则每次转换成本的限额为多少？

6. 某公司每年需要某种原材料 600 吨，每次订货的固定成本为 8000 元，每吨原材料年储存保管费用为 6000 元。每吨原材料的价格为 800 元，但如果一次订购超过 50 吨，可得到 2%的批量折扣。

要求：计算该公司应以多大批量订货。

7. 某企业平均每天消耗甲材料 30 千克，预计每天最大消耗量为 50 千克。甲材料从发出订单到货物验收完毕平均需要 10 天，预计最长需要 13 天。

要求：计算甲材料的再订货点。

8. 某企业全年需用 A 材料 36000 吨，每次订货成本为 400 元，每吨材料年储存成本为 20 元。

要求：计算该企业的每年最佳订货次数。

9. 某企业的原材料保险储备量为 500 件，交货期为 20 天，每天原材料的耗用量为 10 件。

要求：计算该企业的再订货点。

【案例分析】

家乐福存货管理案例

目前，在我国制造业的物料管理中，尚存在着许多有待解决的问题。但同时大型流通零售企业在近年的发展中都形成了很好的物流经验，特别是沃尔玛、家乐福等国际零售企业在发展中形成了良好的存货控制、仓储管理、信息管理的系统。这些经验为我国制造业物料管理提供了良好的借鉴。物料管理分为需求估算、购料订货、仓储作业以及账务处理四个阶段，本研究就从上述这四个阶段出发，结合零售业家乐福的做法进行具体的阐述。

一、需求估算阶段

第一个环节是计划环节（Plan）。预先制定周全的计划，可以防止各种可能的缺失，也可以使人力、设备、资金、时机等各项资源得到有效充分的运用，又可以规避各类可能发生的大风险。制订一个良好的库存计划可以减少公司不良库存的产生，又能最大效率地保证生产的顺利进行。

1. 家乐福的库存计划模式

在库存商品的管理模式上，家乐福实行品类管理（Category Management），优化商品结构。一个商品进入之后，会有 POS 机实时收集库存、销售等数据进行统一的汇总和分析，根据汇总分析的结果对库存的商品进行分类。然后，根据不同的商品分类拟定相应适合的库存计划模式，对于各类型的不同商品，根据分类制定不同的订货公式的参数。根据安全库存量的方法，当可得到的仓库存储水平下降到确定的安全库存量或以下的时候，该系统就会启动自动订货程序。

2. 从家乐福获得的启示

（1）运用 ABC 法对物料分类管理。运用 ABC 分类法对所有物料进行分类。家乐福根据流量大、移动快速，流量始终，流量低、转移速度慢三种情况把物料分为 A、B 和 C 三类。这就有助于管理部门为每一个分类的品种确立集中的存货战略。

（2）根据品类管理制订不同的库存计划模式。大致而言，存货的管理模式有7 种：A/R 法（订单直接展开法）、复仓法、安全存量法、定时定购法、定量定购法、MRP 法（用料需求规划法）以及看板法（Just-In-Time）。在同一个企业中，同时可以存在两种甚至以上的库存计划模式，这取决于物料的类型和企业的管理制度。现假设一家制造企业的物料已经按照 ABC 分类的概念并结合自身的情况进行了品种分类，分别为 A 类物料、B 类物料和 C 类物料。A 类的特性为：流量大、移动快速，在企业物料中最为重要；管理方式就会采取严密的管理方式和预测准确的库存计划，即使预测的成本较高，也要尽可能使无效库存数为零；管理模式可以是采用 MRP 方式。B 类的特征为：流量始终的物料，仅次于 A类的重要物料品种；管理方式为采用管理中度的管理方式，原则上，同时容许少量风险的无效库存的存在；管理模式可以是采取安全存量的管理方式。C 类的特征为：流量低或转移缓慢，相对重要性也较低；管理方式为采用宽松的管制即可，简化仓储出库、入库手续；管理模式是复仓法。

二、购料订货阶段

计划层面（Plan）的下一个层面即为实施层面（Do），也就是购料订货阶段。在选用合理的存货管理模式后，就根据需求估算的结果来实施订货的工作。以确保购入的货物能够按时、按量到达，保证以后生产或销售的顺利进行。

1. 家乐福的购料订货模式

在家乐福有一个特有的部门——OP（Order Pool），也就是订货部门，是整个家乐福的物流系统核心，控制了整个企业的物流运转。在家乐福，采购与订货是分开的。由专门的采购部门选择供应商，议定合约和订购价格。OP则负责对仓库库存量的控制；生成正常订单与临时订单，保证所有的订单发送给供应商；同时进行库存异动的分析。作为一个核心控制部门，其控制工作是将它的资料提供给其他各个部门。对于仓储部门，它控制实际的和系统中所显示的库存量，并控制存货的异动情况；对于财务部门，它提供相关的入账资料和信息；对于各个营业部门，它提供存量信息给各个部门，提醒各部门根据销售情况及时更改订货参数，或增加临时订量。

2. 从家乐福获得的启示

(1) 在公司内部形成一个控制中心。在公司内部形成一个类似OP的专门的控制部门，以它为中心，成射线状对企业其他各个部门形成控制，对财务提供资料，同时对各个营运部门形成互动的联系。可以形容为“牵一发而动全身”。在制造企业的内部，我们同样需要一个得力的控制中心的存在。

(2) 明确各个部门的职责。在订货这个流程中，如果各个部门的职责没有分清的话，订货的效率会显然降低，或者说订货出错的概率会增加。在制造业中，我们需要让采购、仓库、财务、生产各个部门的职责明白清晰，物料管理的效率才能够提高。

(3) 优化进货流程。比较家乐福的订货流程，可以拟出制造业的一个进货流程：第一，电脑根据订货公式，计算自动订单；第二，由业务员人工审核确认后，由计算机输出，发给供应商；第三，供应商凭借计算机订单及订单号送货；第四，收货员下载订单到收货终端，持收货终端验收商品，未订货商品无法收货（严格控制未订货商品）；第五，上传终端数据至电脑系统，生成电脑验收单（超出订货数量商品，作为赠品验收或退还供应商）；第六，将电脑验收单加盖收货章后交给供应商作为结算凭证；第七，进行业务每日查验《超期未到货订单汇总表》，确保供应商准时送货。通过上述流程，可以达到优化进货流程的目的。

三、仓储作业阶段

1. 家乐福的仓储作业

家乐福的做法是将仓库、财务、OP、营业部门的功能和供应商的数据整合在一起。从统一的视角来考虑订货、收货、销售过程中的各种影响因素。因此，看家乐福仓储作业的管理就必须联系它的OP、财务、营业部门，这是一个严密的有机体。仓库在每日的收货、发货之外会根据每日存货异动的资料，将存量资料的数据传输给OP部门，OP则根据累计和新传输的资料生成各类分析报表。同时，家乐福已逐步用周期盘点（Cycle Count）代替传统一年两次的“实地盘点”。在实行了周期盘点后，家乐福发现，最大的功效是节省一定的人力、物力、财力，没有必要在两次实地盘点的时候大规模地兴师动众了；同时，盘点的效率得到了提高。

2. 从家乐福所获得的启示

（1）加强仓库的控制作用。根据“战略储存”的观念，仓库在单纯的存储功能以外还有更重要的管理控制的功能。第一，加强成品管理，有效维护库存各物料的品质与数量。第二，强化料账管理，依据永续盘存的会计理念进行登账管理。第三，要及时提供库存资讯情报。要具备稽核功能（统计功能），以料、账和盘点的数据为基准，制订出有关资讯报表。第四，注重呆废料管理。通过制订呆废料分析表，利用检查及分析等手段使仓库中的呆废料凸显出来，并及早活用，最大限度地减少损失。

（2）推行周期盘点。家乐福利用周期盘点（Cycle Count）代替一年两次实地盘点的做法在一定程度上也是值得制造业企业学习的。“周期盘点”以一个月或几个星期为一个周期，根据品类管理对物料进行分类，同样也对所储存的物料进行盘点周期的分类。每一次盘点若干个储位或料项，根据盘点的结果进行调整，并生成周期盘点的相关报表。采用“周期盘点”可以达到缩短盘点周期，及早发现“人”的问题以及仓储中存在的问题的目标。但周期盘点的实施需要企业财务、采购、仓库各个部门有更强的控制能力和相互间联系反应的能力。

四、账务管理阶段

账务管理是物料管理循环的最后一个环节，但同时也是下一个循环的开始。包含两部分的内容：一是指仓储管理人员的收发料账；二是指财务部门的材料账。对于这两类账的日常登记、定期的检查汇总，称为物料的账务管理。账务管理最主要的目标是保证料、账准确，真实反映库存物料的情况。

1. 家乐福的账务管理

家乐福的做法是从整体的角度出发，考虑仓库、财务、采购各个部门的职责和功能，减少不必要的流程，最大限度地提高效率和减少工作周期。在家乐福，账务管理的基本结构包括三个部分：一是库存管制，由仓管制定；二是异动管理，由OP部门负责入库、出库，物料增减情况的登录；三是库存资讯，包括库存量查询在内，OP提供有关管理需求的账面报表，财务提供有关财务需求的报表。

2. 从家乐福所获得的启示

（1）利用计算机构建财务的结算流程。流程管理无处不在，无处不需。上面提到的进货流程是商品进出结算流程中的一环。同理，管理系统应具有一个完善的结算流程，即生成订单、依照订单验收商品并制验收单、依照验收单生成日期由电脑计算出应结算日期、供应商交结算对账单、财务录入供应商结算单并在电脑系统中完成自动对账、在结算日用计算机做结算并有财务开支票。在物料管理中账务阶段的最后环节就要以计算机作为流程管制的要点，环环相扣，让计算机真正成为管理过程的控制工具，从而保证料账管理的有效。

（2）财务人员参加周期盘点。周期盘点可以是仓库人员自动自发的，但这样的话，周期盘点就完全成为一个部门的内部作业了。在家乐福，盘点的计划是由OP部门制定和控制，由财务部门组织，与仓管部门共同负责实施的，每一次的周盘都与大盘一样，必须有财务人员的到场。由财务人员来组织参加周期盘点，一方面可以监督周期盘点的正确实施，保持盘点结果的准确性；另一方面也可以在部门与部门之间形成相互牵制、相互监督的关系。

思考：

1. 存货管理在营运资金中处于什么地位？
2. 世界上先进的存货管理技术的发展过程是怎样的？
3. 从家乐福存货管理启示中你学到了哪些具体的管理方法？
4. 我国企业在存货管理中存在的主要问题有哪些？
5. 如何提高存货管理水平？

第十三章 营运资本筹资

【学习目标】

1. 了解短期筹资的概念、内容，商业信用的概念、分类，短期借款的概念、分类、信用条件，短期筹资方式的优缺点；
2. 熟悉营运资本筹资政策的内容；
3. 理解应付账款成本的计算；
4. 掌握短期借款成本的计算。

【关键概念】

配合型筹资政策　激进型筹资政策　保守型筹资政策　商业信用　免费信用　有代价信用　展期信用　短期借款　信贷限额　周转信贷协定　补偿性余额

【引例】

沃尔玛的成功经营之道

经营成功的企业，各有不同的战略和秘密，但经营失败的企业，都有共同的问题和征兆，其中的重要表现之一是现金链条断裂。发达国家的统计数据显示，每五家破产倒闭的企业中，有四家是盈利的，只有一家是亏损的。可见，企业的倒闭主要是因为缺乏现金，而并非因为盈利不足。如何使企业保持充裕的现金，需要充分考虑营运资本管理中的 OPM（Other People's Money）战略。

所谓 OPM 战略是指企业充分利用做大规模的优势，增强与供应商的讨价还价能力，将占用在存货和应收账款的资金及其资金成本转嫁给供应商的营运资本管理战略。沃尔玛的 OPM 战略运用得比较成功。也正因如此，沃尔玛不断遭受供应商的非议，被指责利用其全球最大连锁超市的地位不断挤压供应商的价格空间，而且一再延长货款支付期限。但沃尔玛将这些指责解释为其经营战略，并声称从这些低成本战略中得到的好处并没有独享，而是通过“天天平价”的促销战略，将这些好处回馈给广大顾客。

如何运用 OPM 战略？通过本章对营运资本筹资的学习，我们将对这一战略有进一步的认识。

资料来源：黄世忠.OPM 战略对财务弹性和现金流量的影响［J］. 财务与会计，2006（12）：15-18.

第一节　营运资本筹资政策

营运资本筹集政策，是指在总体上如何为流动资产筹资，采用短期资金来源还是长期资金来源，或者兼而有之。

短期筹资按照短期负债的形成情况，可以分为自发性短期负债和临时性短期负债。自发性短期负债伴随着公司的持续经营活动而产生，无须正式安排，是由于结算程序等原因而自然形成的短期负债，如应付账款、应交税费、应付工资等。临时性短期负债是财务人员根据公司对资金的需求而临时安排的负债，需要人为安排产生，如短期借款等。

按照投资需求的时间长短，流动资产可以分为两部分：稳定性流动资产和流动性流动资产。为了满足企业长期稳定发展营运的需要，在生产经营的淡季，企业仍然必须保留的那部分流动资产称为稳定性流动资产，也称永久性流动资产。受季节性、周期性波动的影响，企业需要储备额外的流动性资产以应对市场的变化，这部分流动资产称为流动性流动资产，也称临时性流动资产，如季节性存货、销售旺季的应收账款都属于波动性流动资产。

流动资产的资金来源，一部分是短期来源，另一部分是长期来源，后者是长期资金来源购买固定资产后的剩余部分。流动资产的筹资结构，可以用流动资产中长期筹资来源的比重来衡量，该比率称为易变现率。

$$易变现率=\frac{（权益+长期债务+经营性流动负债）-长期资产}{流动资产}$$

易变现率高，资金来源的持续性强，偿债压力小，管理起来比较容易，称为宽松的筹资政策。易变现率低，资金来源的持续性弱，偿债压力大，称为严格的筹资政策。

制定营运资本筹资政策，就是解决流动资产的资金来源问题，即确定流动资产所需资金中短期资本和长期资本的比例。从最宽松的筹资政策到最严格的筹资政策之间，分布着一系列宽严程度不同的筹资政策。根据风险和收益的不同，它们大体上分为三类：配合型筹资政策、激进型筹资政策和保守型筹资政策。

一、配合型筹资政策

从投资需求上看，在理想状态下，稳定性流动资产属于长期性、永久性需求，适合用长期资金筹集。波动性流动资产是季节性变化引起的资金需求，属于真正的短期需求，适合用短期资金来源筹集。因此，配合型筹资政策的思路是：长期占用的资金（包括稳定性流动资产）应由长期资金筹集，短期占用的资金（流动性流动资产，属于流动资产的一部分）应由短期资金筹集。配合型筹资政策如图 13-1 所示。

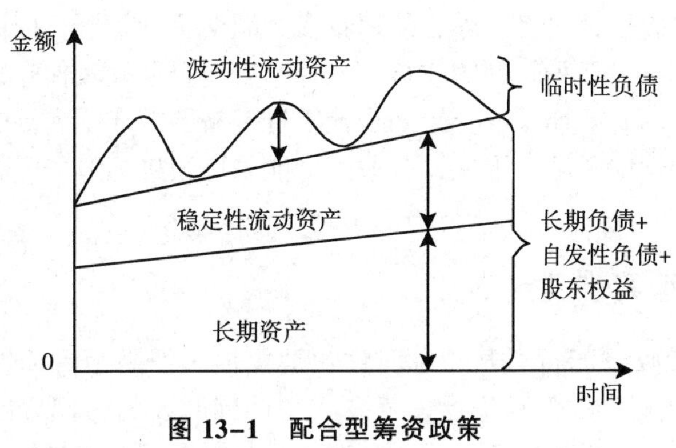

图 13-1　配合型筹资政策

> **【小知识】**
>
> **为什么稳定性流动资产属于长期占用的资金？**
>
> 流动资产是不断周转的，一些流动资产被出售并形成现金，与此同时，企业用现金购入另一些流动资产。流动资产的实物形态不断更新，投资在流动资产上的资金却被长期占用。

配合型筹资政策的特点是：流动性流动资产用临时性短期负债筹集，也就是利用短期借款等筹集资金；稳定性流动资产和长期资产，用自发性短期负债、长期负债和股东权益筹集。该政策可以用以下公式表示：

流动性流动资产 = 临时性短期负债

稳定性流动资产 + 长期资产 = 自发性短期负债 + 长期负债 + 股东权益

配合型筹资政策要求企业的短期筹资计划非常严密，实际现金流动应与预期安排保持一致。当企业处于经营淡季时，除了自发性短期负债，企业没有其他短期负债；当企业处于经营旺季时，才会举借临时性短期负债。

【例 13-1】　信南雨伞公司在每年 10 月至次年 3 月属于生产经营的淡季，需占用300万元的流动资产和500万元的长期资产；在每年的4月至9月，是雨季，属于生产经营的高峰期，会额外增加200万元的季节性存货需求。如果该公司800万元长期性资产（300万元稳定性流动资产加500万元长期资产）均由自发性短期负债、长期负债和股东权益筹集，则该公司采用的是配合型筹资政策。

实际上，企业很难做到资产和负债的完全匹配。比如，企业预计的销售计划没有完成，不能按原计划及时归还短期借款，导致匹配失衡。

此外，配合型筹资政策是一种风险和收益都适中的策略，但有时并非是最佳筹资策略。例如，由于短期负债的利率比长期负债的利率低，一些企业愿意承担较高的利率风险和偿债风险，就会使用较多的短期负债筹资，但同时企业可以享受较低的利率成本，获得较高的收益。另外，有些企业比较保守，宁愿让贷款的有效期超过资产的有效期，放弃短期负债筹资带来的低成本和高收益的优势，以降低利率风险和偿债风险。因此，企业还可能采用激进型筹资政策或保守型筹资政策。

二、激进型筹资政策

激进型筹资政策的特点是：临时性短期负债不但满足流动性流动资产的需要，还解决部分稳定性流动资产的需要。与此同时，另一部分的稳定性流动资产、长期资产则由自发性短期负债、长期负债和股东权益来筹集。极端的激进型筹资政策是流动性流动资产和稳定性流动资产全都由临时性短期负债来筹集。该政策可以用下列公式表示：

流动性流动资产 < 临时性短期负债

稳定性流动资产,+ 长期资产 > 自发性短期负债 + 长期负债 + 股东权益

激进型筹资政策如图13-2所示。

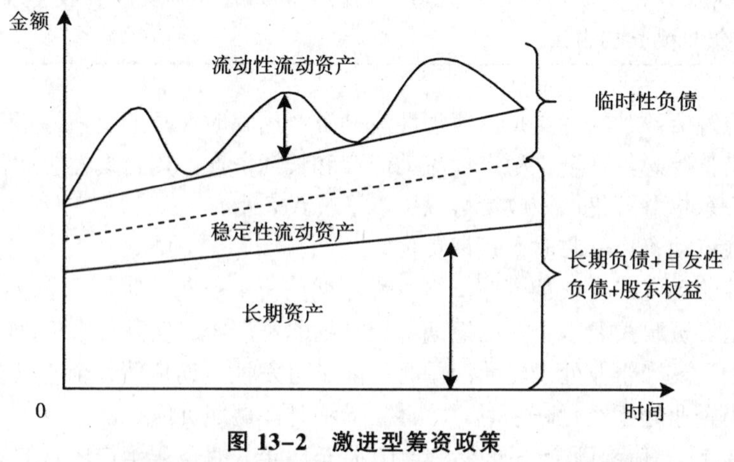

图13-2　激进型筹资政策

从图 13–2 可以看到，激进型筹资政策下临时性短期负债在企业全部负债中所占比重大于配合型筹资政策。

【例 13–2】 沿用【例 13–1】的资料，在非雨季，信南雨伞公司占用 300 万元的流动资产和 500 万元的长期资产。在雨季，会额外增加 200 万元的季节性存货需求。假设在雨季，企业的自发性短期负债、长期负债和股东权益只有 700 万元，那么，企业就会筹集 300 万元的临时性短期负债来满足 100 万元的稳定性流动资产和 200 万元的流动性流动资产的资金需要。这种情况表明，企业实行的是激进型筹资政策。

由于短期借款等短期负债筹资的成本一般低于长期负债和股东权益的成本，在激进型筹资政策下，临时性短期负债所占比重较大，因此该政策下的企业筹资成本低于配合型筹资政策，收益高于配合型筹资政策。但是，使用短期筹资满足长期性资金的需要，需要频繁地还款和借款，会增大筹资困难和风险；利率的变动也会增加企业的筹资风险。所以，激进型筹资政策是一种收益和风险均较高的营运资本筹集政策。

三、保守型筹资政策

保守型筹资政策的特点是：临时性短期负债只满足部分流动性流动资产的需要，另一部分流动性流动资产、稳定性流动资产和长期资产，则由自发性短期负债、长期负债和股东权益筹集。在极端的保守型筹资政策中，完全不使用短期借款，所有的波动性流动资产全部由长期资金筹集。该政策可以用下列公式表示：

流动性流动资产 > 临时性短期负债

稳定性流动资产 + 长期资产 < 自发性短期负债 + 长期负债 + 股东权益

该筹资政策如图 13–3 所示。

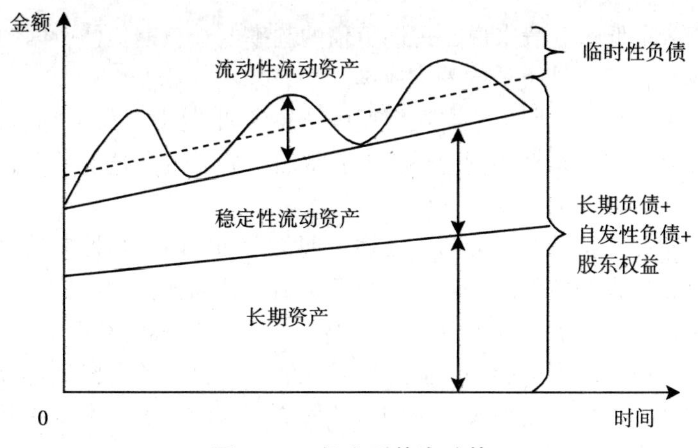

图 13–3 保守型筹资政策

从图 13-3 可以看到，与配合型筹资政策相比，保守型筹资政策下的临时性短期负债占企业全部负债的比例低于配合型筹资政策。

【例 13-3】 沿用【例 13-1】的资料。信南雨伞公司只在雨季借入 100 万元的临时性短期负债。而无论何时，公司的自然性短期负债、长期负债和股东权益之和为 900 万元。那么，在雨季，额外增加的 200 万元季节性存货所需资金只有一部分（100 万元）由临时性短期负债解决，另一部分的季节性存货需求（100 万元）、稳定性流动资产（300 万元）和长期资产（500 万元）则由自然性短期负债、长期负债和股东权益（共 900 万元）提供支持。这种情况表明，公司实行的是保守型筹资政策。

此种筹资政策下，临时性短期负债所占全部负债的比重较小，企业无法及时偿还到期债务的风险较低，同时受短期利率变动的影响也较小。但是，由于长期负债的筹资成本高于短期负债的筹资成本，在生产经营的淡季，企业仍须为多余的长期负债支付利息，从而会降低企业的收益。因此，保守型筹资政策是一种风险和收益均较低的营运资本筹资政策。

第二节 商业信用

负债是企业资金的重要来源之一。短期负债筹资所筹资金的可使用时间较短，需要在 1 年内或者超过 1 年的一个营业周期内进行偿还。其特点如下：

（1）筹资速度快，富有弹性。短期负债筹资与长期筹资相比，由于借款期限较短，债权人顾虑较少，审查程序和限制性条款较少，因此，筹资速度较快，资金使用灵活，容易取得。

（2）筹资成本低。一般来说，短期负债的利率低于长期负债，因此，短期负债的筹资成本也低于长期负债的筹资成本。

（3）筹资风险高。短期负债需在短期内偿还，如果到期时，企业资金安排不当，无法在短期内拿出足够的资金还债，企业就会陷入财务危机。并且短期负债利率的波动较大，筹资成本受利率的影响较大。

短期筹资按照形成情况，分为自发性短期负债和临时性短期负债。临时性短期负债主要是指短期银行借款。自发性短期负债包括商业信用和应付费用。应付费用随着企业生产经营活动而产生，不需要支付利息，其筹资水平主要受法律、行业管理和其他经济因素的影响，企业通常无法根据自己的意愿决定应付费用的筹资水平。因此，应付费用不属于短期负债筹资管理的重点，本章主要介绍商业信用和短期银行借款管理。

商业信用来源于一般商业贸易，是指在企业的日常交易活动中由于延期付款或预收账款而形成的借贷关系。在交易活动中，企业作为购买者，往往在到货一段时间后才付款；或者作为销售者，在商品发出去之前，先收一部分货款，那么，企业在到货后付款前可以使用的这部分资金，或者在发货前预先取得的这部分资金，属于商业信用筹资。商业信用筹资运用广泛，在企业短期筹资中占有相当大的比重，主要包括应付账款、应付票据、预收账款等。

一、应付账款

应付账款是企业购买货物暂未付款而欠对方的账款，即卖方允许买方在购货后一定时期内支付货款的一种形式。对于卖方企业来说，是利用应付账款的方式促销，对于买方企业来说，则相当于向卖方企业借款购进商品。

由于应付账款存在付款期、折扣等信用条件，相应地，应付账款可以分为免费信用、有代价信用和展期信用三种类型。

（一）免费信用

免费信用是指买方企业在规定的折扣期内享受折扣而获得的信用。在这种情况下，买方企业在折扣期内付款，获得相应折扣，同时享受免费信用。

【例 13-4】 高登公司拟采购一批零件，价值为 10000 元，供应商规定的付款条件为：2/10，N/30。如果企业在 10 天内付款，可获得 200 元折扣（10000 × 2%），免费信用额为 9800（10000 - 2000）元，免费信用期最长为 10 天。

（二）有代价信用

有代价信用是指买方企业放弃折扣而取得的信用。在有现金折扣的销售方式下，买方为了取得商业信用，所放弃的现金折扣就是获得此种信用的代价。

【例 13-5】 在信用政策“2/10，N/30”下，高登公司购进零件 10000 元。公司决定在第 10 天付款，从而享受 2%的优惠，则免费信用额为 10000 ×（1 - 2%）= 9800 元，免费信用期为 10 天。如果公司决定放弃该现金折扣，在第 30 天付款，可以看作是公司在第 10 天借入一笔为期 20 天的金额 9800 元的贷款（见图 13-4），借款利息为 200 元。假设年利率为 X，从而可以估计出该项贷款的近似年利率：

$$200 = 9800 \times X \times \frac{20\text{天}}{360\text{天}}$$

将等式变形，可以得出：$X = \frac{200}{9800} \times \frac{360\text{天}}{20\text{天}} = 36.73\%$

因此，企业放弃现金折扣的成本可以用下面的公式进行计算：

$$\text{放弃现金折扣的成本} = \frac{\text{现金折扣百分比}}{1-\text{现金折扣百分比}} \times \frac{360\text{天}}{\text{信用期}-\text{折扣期}}$$

【例 13-6】 【例 13-5】中的信用条件改为“2/10，N/60”，则放弃现金折扣的成本为：

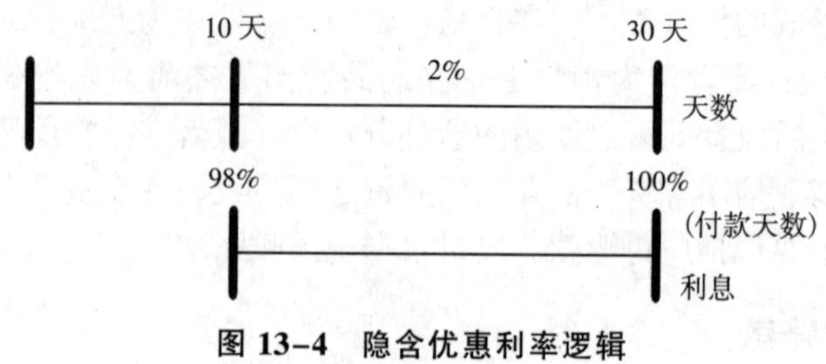

图 13-4　隐含优惠利率逻辑

$$放弃现金折扣成本 = \frac{200}{9800} \times \frac{360天}{50天} = 14.70\%$$

因此，可以看出，延长信用期可以降低信用成本。

（三）展期信用

展期信用是指买方企业在卖方提供的信用期限届满后推迟付款而强制取得的信用。从上面的分析可知，展期可以降低信用成本，也会给企业带来损失，包括信誉损失、利息罚金、丧失供应商，甚至是法律追索。

如果企业因缺乏资金而欲展延付款期（如【例 13-6】中将付款日推迟到第 60 天），则需在降低了的放弃折扣成本与展延付款带来的损失之间做出选择。

二、应付票据

应付票据，是指企业在商品购销活动中进行结算，因采用商业汇票结算方式而发生的，由出票人出票，委托付款人在指定日期无条件支付确定的金额给收款人或者票据的持票人，它包括商业承兑汇票和银行承兑汇票。对于购货方来讲，应付票据类似于应付账款，不同之处主要在于它将所欠货款以票据形式确定下来。应付票据支付期最长不超过 6 个月。应付票据按是否带息分为带息应付票据和不带息应付票据两种。一般来说，应付票据的利率低于银行借款，没有补偿性余额和协议费的要求，筹资成本较低，但是，如果没有到期归还，则要支付罚金，因而风险较大。

三、预收账款

企业根据合同规定，预先向购货方收取的定金或部分货款就是预收账款。预收账款是一项负债。

采用预收账款这种信用形式，销售方预先向购货方收取一部分或全部货款，而将商品推迟到以后某个时间交付。销售方利用预收账款购买材料和支付各项开支，实际上是购货方为销货方提供的一笔借款。对于生产周期长或资金需要量大的货物，预收货款的交易方式十分普遍。

四、商业信用融资的优缺点

企业在采用商业信用进行筹资时需要权衡其优点和缺点。商业信用作为短期融资方式的优点主要有：①容易获得。大多数企业的商业信用都表现出一定的连续性，不需要办理正式的筹资手续。②弹性大。其他类型的短期融资，贷款方出于对贷款安全的考虑，需要制定限制性条款或者留有补偿性余额。由于商业信用筹资是随着企业的交易活动产生的，限制条件很少。

商业信用筹资的缺点就是放弃现金折扣的成本高。特别是当企业展期推延付款时，会造成自身的信誉恶化，或者销售方日后提高商品售价。

【拓展阅读】

霍英东始创“卖楼花”，靠商业信用巧融资本

霍英东始创“卖楼花”筹集资金，创下了中国商业融资的第一个经典案例。霍英东原籍广东省番禺县，是香港知名的富商之一。第二次世界大战结束后，香港人口激增，住房严重不足，加上工商业日渐兴旺，形成对土地和楼宇的庞大需求。霍英东审时度势，认定香港房地产业势必大有发展。在1953年初，他拿出自己的120万港元，另向银行贷款160万港元，开始经营房产业，成立“立信置业有限公司”。

那个年代，英国、美国、加拿大及香港地产商都是整幢房屋出售的，由一个公司拥有整幢地产楼宇，除非有巨额资金，一般很难购买到房屋，因而房屋不易脱手。刚开始，霍英东也和别人一样，自己花钱买旧楼，拆了后建成新楼逐层出售，从买地、规划、建楼，以至收租，资金周转期很长。这样当然可以稳妥地赚钱，可是由于资金少，发展就比较慢。他苦苦地思索改革房地产经营的方法，却没有结果。霍英东当时是向银行贷款建楼的，要付一分多利息，如果建成了才卖，人家不买，利息承担不起，自己只好“跳楼”。

有一天，一位老邻居到工地上找他，说是要买楼。霍英东抱歉地告诉他，盖好的楼已经卖完了。邻居指着工地上正在盖的楼说：“就这一幢，你卖一层给我好不好？”霍英东灵机一动，说：“你能不能先付定金？”邻居笑着说：“行，我先付定金，盖好后你把我指定的楼层给我，我就把钱交齐。”两人就这样成交了。这个偶然的事件，却使霍英东得到了启发。他立刻想到，他完全可以采取房产预售的方法，利用想购房者的定金来盖新房！这个办法不但能为他积累资金，更重要的是还能大大推动销售！

房产的价格是非常昂贵的，要想买一幢楼，就得准备好几万元的现金，

一手交钱，一手接屋，少不得一角一分，拖不得一时一刻。当时只有少数有钱人才能买得起房产，所以房地产的经营也就不可能太兴旺。现在霍英东采取的房产预售的新办法，只要先交付 10%的定金，就可以购得即将破土动工兴建的新楼。也就是说，要买一幢价值 10 万港元的新楼，只要付 1 万港元，就可以买到所有权，以后分期付款。这对于房地产商人来说，好处是显而易见的：可以利用购房者交付的定金，去盖房屋，原来只够盖 1 幢楼的钱，现在就可以同时动手盖 10 幢楼，发展的速度大大加快。对于购买房产的人来说，也是有利的。先付一小笔钱，就可以取得所有权，待到楼房建成时，很可能地价、房价都已上涨，而已付定金的买方只要把房产卖掉，就有可能赚一大笔钱！因此，很快就有一批人变成了专门买卖楼房所有权的商人，这就是后来香港盛行的“炒楼花”。

霍英东把这叫作“房地产业的工业化”。这一创举使霍英东的房地产生意顿时大大兴隆起来，一举打破了香港房地产生意的最高纪录。当别的建筑商也学着实行这个办法时，霍英东已经赚到了巨大的财富。

资料来源：http：//wenku.baidu.com/link?url =WmOjTd80apWvbNhLAg1vApZ1yblk2mdx9shxFv2Q47YhNXN_f_gDivhETj-uPv279QFVVSth5nA7h6QlvMxgwYqXvDNtqhPOKY2wIoL44eS.

第三节　短期借款

短期借款是指企业向银行和其他非银行金融机构借入的期限在 1 年以内的借款。短期借款是短期负债筹资的重要方式之一。

一、短期借款的种类

（一）按目的和用途划分

短期借款按照目的和用途划分，主要有生产周转借款、临时借款、结算借款等。

（1）生产周转借款是企业为满足生产周转的需要，在确定的流动资金计划占用额范围内，为弥补自有资金不足而向银行和其他金融机构取得的借款。

（2）临时借款是企业在生产经营过程中由于临时性或季节性原因形成超计划物资储备，为解决资金周转困难而取得的借款。

（3）结算借款是企业采用托收承付方式向异地发出商品，在委托银行收款期间为解决在途结算资金占用的需要，以托收承付结算凭证为保证向银行取得的借款。

（二）按照有无担保划分

短期借款按照有无担保，可以分为担保借款和信用借款。

（1）担保借款是指有一定的担保人作保证或利用一定的财产作抵押或质押而取得的借款。担保借款又分为以下三类：

①保证借款。保证借款是指按《中华人民共和国担保法》规定的保证方式以第三人承诺在借款人不能偿还借款时，按约定承担一般保证责任或连带责任而取得的借款。

②抵押借款。抵押借款是指按《中华人民共和国担保法》规定的抵押方式以借款人或第三人的财产作为抵押物而取得的借款。

③质押借款。质押借款是指按《中华人民共和国担保法》规定的质押方式以第三人或借款人的动产或权利作为质押物而取得的借款。

担保借款需要借贷双方签订担保借款合同，在合同中必须注明担保的名称及有关说明。借款公司可以用自己拥有的股票、债券、应收账款、存货、固定资产或其他资产作为担保品。

（2）信用借款又称无担保借款，是指公司凭借自身的信誉从银行取得的贷款。公司申请信用借款时，需要将公司近期的财务报表、现金预算和预测报表送交银行。银行根据这些资料对公司的风险、收益进行分析后，决定是否向公司贷款，并拟定具体的贷款条件。

【相关链接】

默多克公司报业集团筹资

世界新闻巨头默多克出生于澳洲，后加入美国国籍，其公司遍布全球，总部设在澳大利亚。默多克的公司是一个每年有60亿美元营业收入的报业王国。它控制了澳大利亚70%的新闻业，英国45%的报业及美国的部分电视网络。默多克和其他商业巨头一样从资金市场大量筹资，各种债务高达24亿元。其债务遍布全世界，包括美国、英国、瑞士、荷兰、印度，以及中国香港等地。因为其公司的规模和业绩，各家银行也乐于给予放贷，在默多克的财务机构里共有146家债主。因为负债高，债主多，公司的财务风险很高，只要有管理上的失误或者遭遇意外，就可能使整个企业陷入困境。1990年西方经济衰退时，默多克的企业就因为一笔1000万美元的小债务，发生了危机，虽然最后化险为夷，但是负债所带来的风险还是不可忽视的。

美国的一家小银行贷给默多克公司1000万元的短期贷款，默多克认为凭借公司的信誉及实力完全可以到期付息转期，延长贷款期限。但是这家银行因为一些传言认为默多克公司的支付能力出现问题，不愿继续放贷，通知默多克这笔贷款到期必须收回，而且必须全额偿付现金。接到消息后默多克并不在意，对于他的公司而言，筹集1000万美元现金并不是难事。他在澳洲资金市场上享有短期筹资的特权，金额高达上亿美元。但是出乎意料的事发生了，澳洲资金市场因为日本资金的抽回，默多克的筹资特权已经被冻结了。默多克又到美国去贷款，却遭到拒绝。1000万美元贷款的还贷期已经临近，若到期还不了这笔贷款，势必会引起连锁反应，各家银行都会来讨债。企业不可能承受所有的债权人同时讨债，这样一来，企业就会面临危机，被24亿美元的债务压垮。

默多克决定去找花旗银行，花旗银行是默多克报业集团的最大债主，投入资金最多，如果默多克破产，花旗银行的损失最高。花旗银行权衡利弊后，同意在对其资产负债状况作出全面评估后，决定是否继续对其贷款。花旗银行对一百多家默多克公司旗下企业逐个进行评估，最后得出结论，默多克企业业绩良好，有发展前景，花旗银行愿意帮其渡过难关。具体的方案是：由花旗银行牵头，所有贷款银行都不许退出贷款团，以免因为一家银行的退出引起连锁反应，由花旗银行出面对美国的那家小银行施加压力，使它到期续贷，不要收回贷款。

默多克虽然渡过了难关。但其真实的支付能力已经暴露，由于得到了146家银行不退出贷款团的保证，才有了充分的时间调整与改善报业集团的支付能力，半年后，企业终于摆脱了财务困境。

资料来源：杨冬云.财务管理案例教程（第一版）[M].北京：科学出版社，2012：146-147.

二、借款的信用条件

银行在发放短期借款时，往往带有一些信用条件，主要有：

（一）信贷限额

信贷限额是借款企业与银行在协议中规定无担保贷款的最高限额。信贷额度的有效期限通常为1年，但根据情况可短于1年。一般情况下，在信贷额度内，企业可以随时按需要支用借款。但是，银行并不承担必须贷款的义务。如果企业的信誉恶化，即使在信贷限额内，企业也可能得不到借款。此时，银行不必承担法律责任。

（二）周转信贷协定

周转信贷协定是银行具有法律义务承诺提供不超过某一最高限额的贷款协定。在协定的有效期内，只要企业的借款总额没有超过最高贷款限额，当企业提出借款要求时，银行必须满足。在最高限额内，企业可以借款、还款，再借款、再还款，不停地周转使用。由于银行在最高贷款限额内负有必须付款的义务，因此，企业通常要就贷款限额的未使用部分，付给银行一笔承诺费。

周转信贷协定的有效期通常超过1年，但实际上贷款每几个月发放一次，所以这种信贷具有短期借款和长期借款的双重特点。

【例 13-7】 ABC 公司与银行约定，周转信贷额为 1000 万元，承诺费率为 0.5%，年度内，ABC 公司使用了 800 万元，还有 200 万元没有使用。因此，ABC 公司在该年度要向银行支付承诺费 1（200 × 0.5%）万元。

（三）补偿性余额

补偿性余额是银行要求借款企业在银行中保持按贷款限额或实际借用额一定百分比（一般为 10%~20%）的最低存款余额。对于银行来说，补偿性余额有助于降低贷款风险，补偿其可能遭受的贷款损失。对于借款企业来说，补偿性余额则提高了企业借款的利率。

【例 13-8】 ABC 公司按年利率 8%向银行借款 20 万元，银行要求补偿性余额为贷款限额的 10%，该项借款的实际利率为：

$$\text{实际利率} = \frac{20 \times 8\%}{20 \times (1 - 10\%)} = 8.89\%$$

（四）借款抵押

银行为了保护贷款安全，在向财务风险较大，或者对信誉不高的企业发放贷款时，要求企业提供抵押品担保，以减少可能遭受的损失。借款的抵押品可以是借款企业的股票、债券和房屋等。银行接受抵押品后，一般根据抵押品面值的 30%~90%来决定贷款金额。具体比例的高低，根据抵押品的变现能力、银行的风险偏好来综合判定。由于银行主要向信誉好的企业提供非抵押贷款，而把抵押贷款看作风险投资，通常情况下，抵押借款的成本高于非抵押借款；同时，银行管理抵押贷款的手续繁杂，还要另外向贷款企业收取手续费。

（五）偿还条件

企业偿还贷款有到期一次偿还和定期等额偿还两种方式。一般来讲，企业倾向于选择到期一次偿还贷款方式，因为这种方式的贷款实际利率较低；而银行倾向于企业采用定期等额偿还方式，因为这种方式会提高企业的实际贷款利率，减少企业的拒付风险。

（六）其他承诺

除了以上条件外，银行可能会要求企业作出其他承诺，比如及时提供财务报表、保持适当的财务水平（如特定的流动比率）等。如果企业违背承诺，银行可要求企业立即偿还全部贷款。

三、短期借款的成本

短期借款的成本也就是短期借款的实际利率，它受借款人类型、贷款数额、支付利息的方式和期间等因素的影响。短期借款成本根据利息支付方式不同，主要有简单利率、贴现利率及附加利率三种。

（一）简单利率

收款法是指企业在贷款到期时向银行支付利息。采用收款法计算的利率称为简单利率，这是最为常见的付息方式。

$$简单利率 = \frac{每年的利息费用}{借款人收到的贷款额}$$

（二）贴现利率

贴现法是指银行向企业贷款时，预先从本金中扣除利息，在贷款到期时，企业只需要偿还全部本金，不用再支付利息。在这种情况下，企业实际取得的贷款是本金扣除利息的差额，却要按本金来支付利息，因此企业的实际借款利率（贴现利率）要高于名义利率。

$$贴现利率 = \frac{利息费用}{借款面值 - 利息费用} = \frac{名义利率}{1 - 名义利率}$$

【例 13–9】 ABC 公司向银行贷款 200000 元，名义利率为 10%，贷款种类为一年后到期的贴现利率贷款。

$$贴现利率 = \frac{200000 \times 10\%}{200000 - 200000 \times 10\%} = 11.11\%$$

在这种方式下，借款的实际成本（11.11%）高于名义利率（10%）。

（三）附加利率

加息法是指企业采用分期等额偿还方式，向银行借入借款，支付利息的一种方法。在这种借款方式下，由于借款要分期等额偿还，企业实际上只平均使用了借款本金的半数，却要按照全部本金支付利息，从而加重了企业的负担。在加息法下计算的实际利率称为附加利率。

$$附加利率 = \frac{利息费用}{借款人收到的贷款余额/2}$$

【例 13–10】 ABC 公司按照附加利率的方式借到一笔名义利率为 10%的资金 100000 元，分 12 个月等额偿还，则实际利率为：

$$附加利率 = \frac{100000 \times 10\%}{100000/2} = 20\%$$

虽然 ABC 公司实际上只平均使用了 50000 元，却按 100000 元本金支付了全部的利息，因此，公司实际负担的利率是名义利率的 2 倍。

四、短期借款筹资的优缺点

短期借款筹资的优点是：①筹资方便。短期借款可以根据企业的需要随时进行安排，筹资速度快，比长期借款手续简便。②筹资灵活。在资金需求增加时，企业可以增加借款数额，在资金需求减少时，企业可以还款来降低债务。

短期借款筹资的缺点是：①资本成本高。短期借款不仅要偿还利息，还有一些其他条款，如补偿性存款、贴息等，与商业信用相比，成本较高。②筹资风险高。短期借款与长期借款相比，需要在短时间内偿还，增大了企业的偿债风险。

【相关链接】

短期融资券

短期融资券是指具有法人资格的企业，依照规定的条件和程序在银行间债券市场发行并约定在一定期限内还本付息的有价证券。短期融资券是由企业发行的无担保短期本票。在中国，短期融资券是指企业依照《银行间债券市场非金融企业债务融资工具管理办法》的条件和程序在银行间债券市场发行和交易并约定在一定期限内还本付息的有价证券，是企业筹措短期（1年以内）资金的直接融资方式。

短期融资券有不同的分类方法：①按发行方式分类，可将短期融资券分为经纪人代销的融资券和直接销售的融资券。②按发行人的不同，可将短期融资券分为金融企业的融资券和非金融企业的融资券。③按融资券的发行和流通范围，可将短期融资券分为国内融资券和国际融资券。

短期融资券的发行程序：①公司做出发行短期融资券的决策；②办理发行短期融资券的信用评级；③向有关审批机构提出发行申请；④审批机关对企业提出的申请进行审查和批准；⑤正式发行短期融资券，取得资金。

申请短期融资券必须满足下列条件：①中华人民共和国境内依法设立的企业法人；②稳定的偿债资金来源，最近一个会计年度盈利；③流动性良好，具有较强的到期偿债能力；④发行融资券募集的资金用于该企业生产经营；⑤近三年没有违法和重大违规行为；⑥近三年发行的融资券没有延迟支付本息的情形；⑦具有健全的内部管理体系和募集资金的使用偿付管理制度；⑧中国人民银行规定的其他条件。

【本章小结】

短期筹资按照短期负债的形成情况，可以分为自发性短期负债和临时性短期负债。自发性短期负债伴随着公司的持续经营活动而产生，无须正式安排，是由于结算程序等原因而自然形成的短期负债。临时性短期负债是财务人员根据公司对资金的需求而临时安排的负债，需要人为安排产生。

营运资本筹资政策，就是解决流动资产的资金来源问题，即如何安排筹资的来源结构。根据风险和收益的不同，主要有三种类型：配合型筹资政策、激进型筹资政策和保守型筹资政策。

商业信用筹资运用广泛，在企业短期筹资中占有相当大的比重，主要包括应付账款、应付票据和预收账款等。

短期借款是指企业向银行和其他非银行金融机构借入的期限在 1 年以内的借款。按照目的和用途划分，主要有生产周转借款、临时借款、结算借款等；按照有无担保，可以分为抵押借款和信用借款。

银行在发放短期借款时，往往会带有一些信用条件，主要有：信贷限额，周转信贷协定，补偿性余额，借款抵押，偿还条件和其他承诺。

短期借款的成本也就是短期借款的实际利率，它受借款人类型、贷款数额、支付利息的方式和期间等因素的影响。短期借款成本根据利息支付方式不同，主要有简单利率、贴现利率及附加利率三种。

【思考题】

1. 短期负债筹资的特点是什么？

2. 商业信用筹资的优缺点是什么？

3. 银行短期借款的优缺点是什么？

4. 营运资本筹集政策的三种类型是什么？分别有什么特点？

【练习题】

一、单项选择题

1. 如果企业经营在季节性低谷时除了自发性负债外不再使用短期借款，其所采用的营运资本筹资政策属于（ ）。

A. 配合型筹资政策　　B. 激进型筹资政策

C. 保守型筹资政策　　D. 配合型或稳健型筹资政策

2. 某企业固定资产为 800 万元，稳定性流动资产为 200 万元，流动性流动资产为 200 万元。已知长期负债、自发性负债和权益资本可提供的资金为 900 万元，则该企业采取的是（ ）。

A. 配合型筹资政策　　B. 激进型筹资政策

C. 保守型筹资政策　　D. 以上均是

3. 如果一个企业为了能够正常运转，不论在生产经营的旺季或淡季，都需要保持一定的临时性借款，则有理由推测该企业所采用的营运资本筹资政策是（ ）。

A. 保守型筹资政策　　B. 配合型筹资政策

C. 激进型筹资政策　　D. 适中型或保守型筹资政策

4. 某企业采用保守型的营运资本筹资政策，则在经营低谷其易变现率（ ）。

A. 等于 1　　B. 大于 1

C. 小于 1　　D. 可能大于 1，也可能小于 1

5. M 公司拟从某银行获得贷款，该银行要求的补偿性余额为 10%，贷款的年利率为 12%，且银行要求采用贴现法付息，计算贷款的有效年利率为（　）。

A. 15.38%　　B. 14.29%

C. 12%　　D. 10.8%

6. 某企业年初从银行贷款 500 万元，期限 1 年，年利率为 10%，按照贴现法付息，则年末应偿还的金额为（　）。

A. 490 万元　　B. 450 万元

C. 500 万元　　D. 550 万元

7. 下列筹资方式中，常用来筹措短期资金的是（　）。

A. 商业信用　　B. 发行股票

C. 发行债券　　D. 融资租赁

8. 下列各项中，不属于商业信用融资内容的是（　）。

A. 赊购商品　　B. 预收货款

C. 用商业汇票购货　　D. 办理应收票据贴现

9. 企业按 4.5%年利率向银行借款 200 万元，银行要求保留 10%的补偿性余额，则该项借款的实际利率为（　）。

A. 4.95%　　B. 5%

C. 5.5%　　D. 9.5%

10. 丧失现金折扣的机会成本的大小与（　）。

A. 折扣百分比的大小呈反向变化

B. 信用期的长短呈同向变化

C. 折扣百分比的大小、信用期的长短均呈同向变化

D. 折扣期的长短呈同向变化

11. 营运资本筹集政策中，临时性负债占全部资金来源比重最大的是（　）。

A. 配合型筹资政策　　B. 激进型筹资政策

C. 稳健型筹资政策　　D. 紧缩型筹资政策

12. 某周转信贷额为 1000 万元，年承诺费率为 0.5%，借款企业年度内使用了 600 万元（使用期为半年），借款年利率为 6%，则该企业当年应向银行支付利息和承诺费共计（　）万元。

A. 20　　B. 21.5

C. 38　　D. 39.5

13. 某企业向银行取得一年期贷款 4000 万元，按 6%利率计算全年利息，银行要求贷款本息分 12 个月等额偿还，则该项借款的有效年利率大约为（　）。

A. 6%　　B. 10%

C. 12%　　D. 18%

14. 下列关于利用现金折扣决策的表述中，不正确的是（　）。

A. 如果能以低于放弃折扣的成本的利率借入资金，则应在现金折扣期内用借入的资金支付货款，享受现金折扣

B. 如果折扣期内将应付账款用于短期投资，所得的投资收益率高于放弃折扣的成本，则应放弃折扣而去追求更高的收益

C. 如果企业因缺乏资金而欲展延付款期，则由于展期之后何时付款的数额都一致，所以可以尽量拖延付款

D. 如果面对两家以上提供不同信用条件的卖方，应通过衡量放弃折扣成本的大小，选择信用成本最小（或所获利益最大）的一家

15. 某企业以“2/20，N/40”的信用条件购进一批原料，购进之后第50天付款，则企业放弃现金折扣的机会成本为（　）。

A. 24.49%　　B. 36.73%

C. 18%　　D. 36%

二、多项选择题

1. 在保守型筹资政策下，流动性流动资产的资金来源可以有（　）。

A. 临时性负债　　B. 长期负债

C. 自发性负债　　D. 股东权益

2. 在激进型筹资政策下，流动性流动资产的资金来源不能有（　）。

A. 临时性负债　　B. 长期负债

C. 自发性负债　　D. 股东权益

3. 下列属于流动性流动资产的有（　）。

A. 季节性存货　　B. 最佳现金余额

C. 保险储备存货量　　D. 销售旺季的应收账款

4. 对于借款企业来说，补偿性余额会给企业带来的影响有（　）。

A. 降低借款风险　　B. 减少了实际可用的资金

C. 加重了企业的利息负担　　D. 提高了借款的实际利率

5. 商业信用筹资的优点主要表现在（　）。

A. 筹资风险小　　B. 筹资较方便

C. 限制条件少　　D. 筹资成本低

6. 关于营运资本筹集政策的表述中，正确的有（　）。

A. 采用激进型筹资政策时，企业的风险和收益均较高

B. 如果企业在季节性低谷，除了自发性负债没有其他流动负债，则其所采用的政策是配合型筹资政策

C. 采用配合型筹资政策最符合股东财富最大化的目标

D. 采用稳健型筹资政策时，企业的易变现率最高

7. 某企业的主营业务是生产和销售食品，目前正处于生产经营活动的旺季。该企业的资产总额6000万元，其中长期资产3000万元，流动资产3000万元，永久性流动资产约占流动资产的40%；负债总额3600万元，其中流动负债2600万元，流动负债的65%为自发性负债，由此可得出结论（ ）。

A. 该企业奉行的是稳健型营运资本筹资策略

B. 该企业奉行的是激进型营运资本筹资策略

C. 该企业奉行的是配合型营运资本筹资策略

D. 无法得出企业采用哪种政策

8. 下列属于企业利用商业信用筹资形式的有（ ）。

A. 应付账款　　B. 应收账款

C. 预收货款　　D. 预付账款

9. 短期负债筹资的特点包括（ ）。

A. 筹资成本较低　　B. 筹资富有弹性

C. 筹资风险较低　　D. 筹资速度快

三、判断题

1. 补偿性余额的约束有助于降低银行贷款风险，但同时也减少了企业实际可用借款额，提高了借款的实际利率。（ ）

2. 商业信用筹资的优点是使用方便、成本低、限制少，缺点是时间短。（ ）

3. 商业信用所筹集的资金不用支付任何代价，是一项免费的短期资金来源，因此可以无限制地加以利用。（ ）

4. 银行短期借款的优点是具有较好的弹性，缺点是资本成本较高，限制较多。（ ）

5. 由于放弃现金折扣的机会成本很高，因此购买单位应该尽量争取获得此项折扣。（ ）

6. 利用商业信用筹资的限制较多，而利用银行信用筹资的限制较少。（ ）

7. 配合型筹资政策的特点是：临时性短期负债只满足部分流动性流动资产的需要，另一部分流动性流动资产、稳定性流动资产和长期资产，则由自发性短期负债、长期负债和股东权益筹集。（ ）

8. 激进型筹资政策的特点是：临时性短期负债不但满足流动性流动资产的需要，还解决部分稳定性流动资产的需要。（ ）

9. 预收账款是企业购买货物暂未付款而欠对方的账款，即卖方允许买方在购

货后一定时期内支付货款的一种形式。（ ）

10. 收款法是指银行向企业贷款时，预先从本金中扣除利息，在贷款到期时，企业只需要偿还全部本金，不用再支付利息。（ ）

四、计算题

1. 某周转信贷协议额度为200万元，承诺费率为0.5%，借款企业年度内使用100万元，因此必须向银行支付多少承诺费?

2. 万泉公司最近从宝达公司购进一批原材料，合同规定的信用条件是“2/10，N/40”。如果万泉公司由于流动资金紧张，不准备取得现金折扣，在第40天按时付款。

要求：计算万泉公司放弃现金折扣的资本成本率。

3. 某公司拟采购一批零件，供应商报价如下：(1) 立即付款，价格为9630元；(2) 30天内付款，价格为9750元；(3) 31天至60天内付款，价格为9870元；(4) 61天至90天内付款，价格为10000元。

要求：对以下两个问题进行回答：

(1) 假设银行短期贷款利率为15%，每年按360天计算，计算放弃现金折扣的成本（比率），并确定对该公司最有利的付款日期和价格。

(2) 若目前有一短期投资机会，报酬率为20%，确定对该公司最有利的付款日期和价格。

【案例分析】

中国通信信用融资

位于广州市内商业闹区、开业近两年的某理发店，吸引了附近一大批稳定的客户，每天店内生意不断，理发师傅难得休息，加上店老板经营有方，每月收入颇丰，利润可观。但由于经营场所限制，始终无法扩大经营，该店老板很想增开一家分店，但由于本店开张不久，投入的资金较多，手头的资金还不够另开一间分店。

平时，有不少熟客都询问理发店能否打折、优惠，该店老板都很爽快地打了9折优惠。

该店老板苦思开分店的启动资金时，灵机一动：不如推出10次卡和20次卡，一次性预收客户10次理发的钱，对购买10次卡的客户给予8折优惠；一次性预收客户20次的钱，给予7折优惠，对于客户来讲，如果不购理发卡，一次剪发要40元，如果购买10次卡（一次性支付320元，即10次×40元/次×0.8=320元），平均每次只要32元，10次剪发可以省下80元；如果购买20次卡（一次性支付 560 元，即 20 次 × 40 元/次 × 0.7 = 560 元），平均每次理发只要 28 元，20 次剪发可以省下 240 元。

该店通过这种优惠让利活动，吸引了许多新、老客户购买理发卡，结果大获成功，两个月内该店共收到理发预付款达 7 万元，解决了开办分店的资金缺口，同时稳定了一批固定的客源。

通过这种办法，该理发店先后开办了 5 家理发分店，2 家美容分店。

也许有人觉得小小理发店的融资不足挂齿，那么我们就举一个大一点的例子，它们融资的核心方式是相似的。

2003 年，中国移动通信公司广州分公司实行了一项话费优惠活动，具体是：若该公司的手机用户在 2002 年 12 月底前向该公司预存 2003 年全年话费 4800 元，可以获赠价值 2000 元的缴费卡，若预存 3600 元，可以获赠 1200 元的缴费卡，若预存 1200 元，可以获赠 300 元的缴费卡。

资料来源：杨冬云. 财务管理案例教程（第一版）[M]. 北京：科学出版社，2012：153-154.

思考：

1. 假设有 1 万个客户参与这项优惠活动，该公司至少可以筹资多少万元？假设有 10 万个客户参与，则可以筹资多少万元？

2. 该通信公司通过话费让利，得到了什么好处？对其他企业有什么启示？

第六篇

趋势

第十四章　财务管理发展趋势

【学习目标】

1. 了解信息技术对财务管理的影响；
2. 了解财务管理发展的新趋势；
3. 熟悉云计算概念、云经济时代的财务管理；
4. 理解精益财务管理。

【关键概念】

信息技术　云计算　精益财务管理　全面预算　网络会计

第一节　信息技术对财务管理的影响

一、信息技术的概念

从广义上讲，凡是能扩展人类信息功能的技术，都是信息技术（Information Technology，IT）。具体而言，信息技术是指利用电子计算机和现代通信手段实现获取信息、传递信息、存储信息、处理信息、显示信息、分配信息等的相关技术。

现代信息技术是指20世纪70年代以来，随着微电子技术、计算机技术和通信技术的发展，围绕信息的产生、收集、存储、处理、检索和传递，形成的一个全新的、用以开发和利用信息资源的高技术群，包括微电子技术、新型元器件技术、通信技术、计算机技术、各类软件及系统集成技术、光盘技术、传感技术、机器人技术、高清晰度电视技术等，其中微电子技术、计算机技术、软件技术、通信技术是现代信息技术的核心。

一般认为，信息技术具有两个明显的特点：一是将微电子技术、光电子技术、计算机技术、网络技术、软件开发技术和通信技术紧密地结合在一起。二是把分处异地的许多用户之间的信息传递通过一个转接网，控制在一个系统内，形成互联网络，从而为高效能、大容量地收集、处理、存贮信息，为系统、全面、准确地提供和反馈信息，为对大量信息开展综合分析和预测，进而为制定与优选决策方案、检查决策执行情况提供有效的技术保障。

二、信息技术对财务管理的影响①

（一）对企业财务管理基础理论的影响

随着信息化进程的加快，财务管理基础理论受到了一定程度的影响，这些影响主要表现在：

（1）影响企业财务管理的目标。在信息化环境下，以企业价值最大化作为企业财务管理的目标是必然选择。在信息技术的推动下，电子商务普及，各方的联系日益紧密，企业作为密切联系的价值链上的一个节点，单纯追求个体企业的利润最大化或股东权益最大化，并不能提升整个价值链的价值，从而影响企业的长期发展和获利。因此企业要对财务管理目标进行调整，以确保企业各利益群体能够共同发展。

（2）影响财务管理的对象。财务管理的对象是企业的资金和流转情况。信息技术环境下，财务管理的对象并没有发生本质变化，仅仅是扩充了其现实范畴。主要表现在：第一，现金概念的扩展。信息技术催生了网上银行，特别是电子货币的出现，极大地扩展了现金的概念。此外网络无形资产、虚拟资产的出现，也扩展了现金的转化形式。第二，现金流转高速运行。网络环境下，现金及相关的资产流转速度加快，面临的风险加剧，必须有合理的控制系统保证企业现金资产的安全和合理配置。

（3）影响财务管理的职能。财务管理的基本职能包括财务决策职能和财务控制职能。在信息技术环境下，企业战术层面、战略层面的各项决策活动实现了由感性决策向科学化决策的转变；借助信息化平台，财务控制职能实现从事后向事前、事中的转移。同时，信息技术的广泛应用衍生出财务管理的派生职能，例如：财务协调职能和财务沟通职能，信息化技术手段可以将一个决策过程中涉及的多个部门、多个领域进行整体部署，实现部门间、各业务流程间相互协调和沟通的能力，财务管理将更多地承担起这方面的职能。

（二）对企业财务管理方法的影响

（1）财务管理决策向系统化方向发展。财务管理是一种支持和辅助决策的系统。企业在财务管理中所使用的各种技术和手段就是企业财务管理的方法，目前主要有财务预测方法、财务决策方法、财务分析方法、财务控制方法等。传统的

---

① 这部分根据陈丽（2013）、李双秀（2013）、成开玉（2013）、胡晓群（2014）等的论文资料整理。

财务管理方法面向独立的财务管理过程，缺乏系统性。在信息化的背景下，企业在做每一个决策时，不仅要考虑单项决策最优，还要更多地考虑系统最优；而且还要按照系统管理的要求，从企业的财务管理目标出发，进行层层分解。

（2）财务管理定性分析向定量分析的转变。在长期实践发展中，由于计算工具比较落后以及缺乏相应的数据基础，使得定量分析没有在传统的财务管理中得到普遍应用。但是，在信息化环境下，数据库管理系统的广泛建立，特别是相关业务处理信息系统的成熟，使企业能够以较低的成本从内部或外部获得财务管理定量分析所需的大量的基础数据；同时，借助工具软件也可以由非专业人员轻松地完成各种统计、计算等定量分析工作。

（3）决策模型日趋复杂化。由于受到手工计算影响，传统的财务预测、决策、控制和分析方法往往只能采用简单的数学计算方法。在信息化环境下，更多、更先进的方法被引入到财务管理活动中来。例如运筹学方法、多元统计学方法，甚至包括图论、人工智能的一些方法被广泛使用。网络技术的不断发展，极大地丰富了财务管理内容，同时又为财务管理提供了更多先进的处理手段。例如：借助网络技术能够实现集中控制与实时控制。此外，又广泛引入了分布式计算技术，从而为企业决策者进行财务决策提供了更多有效的解决方案。随着大量的先进方法在财务管理中的应用，决策模型建立日趋复杂化。

（三）对企业财务管理实务的影响

财务管理实务指的是应用财务管理理论，实现财务决策与财务控制的全过程。信息技术对财务管理实务的影响主要体现在以下三个方面：

（1）信息技术影响财务管理的内容。企业财务管理的内容主要包括：筹资活动、投资活动、营运资本管理和利润分配。信息技术环境下，这些仍然是财务管理的主要内容，但信息技术同时也扩展了财务管理的内容。信息技术的发展促进了集团企业全面预算管理、资金集中管理、价值链企业、物流管理等新的管理内容产生。信息技术促进了企业与相关利益者如银行、税务部门、金融市场之间的信息沟通，财务管理的范围也从企业扩展到相关的利益群体。信息技术使得资本形式日趋丰富化，知识资本越来越多，导致企业面临各种风险。有效防范财务风险成为财务管理的重要内容之一。信息技术的发展，可以不断创新管理内容。

（2）信息技术影响企业的财务决策。财务决策可以分为搜集信息、方案设计、选择方案、方案实施、方案审查五个阶段。由于信息技术参与，搜集信息活动不再是单纯的搜集决策所需的数据，而是要经历“风险的评估—约束条件的评估—数据的获取”三个阶段。借助于信息化平台，可以获取有价值的支持决策的数据；方案设计也转变为依靠工具软件或财务管理信息系统建立决策模型的过程；可以利用计算机强大的计算能力，模拟方案的执行情况，从而实现最优化决策，决策的科学性大大提高；在决策执行过程中，可以同时完成对执行情况的跟踪、记录和反馈。

(3) 影响财务控制职能的实施。在传统的财务管理中，要经历“记录—汇总—分析—评价—反馈—修正”这样一个较长的过程，在科层制组织中，控制过程远远滞后于业务过程，难以发挥真正的作用。在信息化环境下，控制程序实现了与业务处理程序的集成，实时控制成为财务控制的主流手段。

综上所述，随着信息化环境的日趋成熟，企业财务管理也必将接受信息技术的冲击，建立系统化的、面向企业决策的、具有控制职能的财务管理信息系统将成为未来财务管理信息化的发展趋势。

第二节　云经济时代的财务管理

一、云计算概述

自云计算（Cloud Computing）于2006年作为一个明确概念被首次提出以来，迅速发展成为电子信息技术产业最为热门的领域之一。云计算的概念广为流行，正如Gartner公司的高级分析师Ben Pring所评价：“它正在成为一个大众化的词语。”云计算服务逐步在工业、交通、能源、医疗、市政等各个领域得到运用。“云计算”这一新生事物正在以其极大的便捷性和低廉的成本迅速获得企业和用户的青睐，并逐渐向社会生活的各个领域渗透。

（一）云计算的概念

对于云计算这一概念，业界尚未形成广泛认可的统一定义，一般认为有狭义和广义的概念。

狭义的云计算是指IT基础设施的交付和使用模式，指通过网络以按需、易扩展的方式获得所需的资源（硬件、平台、软件）。提供资源的网络被称为“云”。“云”中的资源在使用者看来是可以无限扩展的，并且可以随时获取，按需使用，随时扩展，按使用付费。这种特性经常被称为像使用水电一样使用IT基础设施。广义的云计算是指服务的交付和使用模式，指通过网络以按需、易扩展的方式获得所需的服务。这种服务可以是与IT和软件、互联网相关的，也可以是任意其他的服务。所有这些网络服务我们可以理解为网络资源，众多资源形成所谓“资源池”。这种资源池我们通常称为“云”。①

① 云创存储. 云计算是什么意思　什么是云计算［EB/OL］. http://www.cstor.cn/textdetail_4819.html, 2012-08-9.

美国商务部国家技术标准委员会（2011）给出了云计算的定义："云计算是一种对IT资源的使用模式，对共享的可配置资源（如网络、服务器、存储、应用和服务等）提供普适的、方便的、按需的网络访问。资源的使用和释放可以快速进行，不需要很大的管理代价。"

云计算是并行计算、分布式计算及网格计算的发展，或者说是这些计算科学概念的商业实现。常见的云服务包括公有云（Public Cloud）、私有云（Private Cloud）、混合云三种。公有云还可细分为基础设施即服务（IaaS）、平台即服务（PaaS）、软件即服务（SaaS）等。

（二）云计算的特点

一般认为，云计算具有如下特征：

（1）按需自助服务。消费者无须同服务提供商交互就可以自动地得到自助的计算资源，如服务器的时间、网络存储等（资源的自助服务）。

（2）无所不在的网络访问。借助于不同的客户端来通过标准的应用对网络访问的可用能力。

（3）划分独立资源池。根据消费者的需求来动态地划分或释放不同的物理和虚拟资源，这些池化的供应商计算资源以多租户的模式来提供服务。用户经常并不控制或了解这些资源池的准确划分，但可以知道这些资源池在哪个行政区域或数据中心。例如存储、计算处理、内存、网络带宽以及虚拟机个数等。

（4）快速弹性。云计算具有对资源快速和弹性提供、快速和弹性释放的能力。对消费者来讲，所提供的这种能力是无限的（随需的、大规模的计算机资源），并且在任何时间以任何量化方式均可购买。

（5）服务可计量。云系统对服务类型通过计量的方法来自动控制和优化资源使用（例如存储、处理、带宽以及活动用户数）。资源的使用可被监测、控制以及对供应商和用户提供透明的报告（即付即用的模式）。

（6）超大规模。"云"具有相当的规模，Google云计算已经拥有100多万台服务器，亚马逊、IBM、微软和YAHOO等公司的"云"均拥有几十万台服务器等。"云"能赋予用户前所未有的计算能力。

（7）弹性服务。云计算对于非恒定需求，如对需求波动很大、阶段性需求等，具有非常好的应用效果。在云计算环境中，既可以对规律性需求通过事先预测进行事先分配，也可根据事先设定的规则进行实时公告调整。弹性的云服务可帮助用户在任意时间得到满足需求的计算资源。

（8）极其廉价。"云"的特殊容错措施使得可以采用极其低价的节点来构成"云"；"云"的自动化管理使数据中心管理成本大大降低；"云"的公用性和通用性使资源的利用率大幅提升；"云"设施可以构建在电力资源丰富的地区，从而大大降低能源成本，因此"云"具有前所未有的性价比。

【阅读材料】

云计算产业发展现状

自云计算的概念在2006年被首次提出以来，全球云计算市场得到迅速发展。据Gartner公司2014年发布的调查结果显示，2013年全球广义云服务市场高达1317亿美元，年增长率为18%，继续成为全球ICT产业增长最快的领域之一；2017年的预计更会达到2442亿美元，未来几年内会继续保持15%以上的增长。市场研究公司IDC在2013年12月发表的报告显示，2014年全球数据中心数量将大幅增加，数据全球化将为云市场提供广阔的发展空间。云技术及服务在2014年将增长25%，投资将超过1000亿美元。IDC预计2015年云计算将创造1400万个工作岗位，到2020年欧盟的云计算将对GDP贡献超过1600亿欧元。毫无疑问，云计算将是未来的一大主流趋势。

我国累计已有30多个省市发布了云计算战略规划、行动方案或实施工程，产业链正在逐步完善当中。中研普华的《2014~2018年云计算行业竞争格局与投资战略研究咨询报告》显示，2012年国内公有云市场规模达35亿元左右，较2011年增长70%，远高于同期国际市场25%的增速水平；刘多在2014年中国通信行业云计算峰会上指出，2013年中国公共云服务的市场规模达到了47.6亿元人民币，预计2014年将达到62.8亿元人民币。在工信部的调查中显示，8%受访企业已经开始了云计算应用，其中公有云服务占29.1%，私有云占2.9%，混合云占6%；更有76.8%的受访者表示会将更多的业务迁移至云环境。工信部的数据显示，到2013年年底，包括中国电信、中国联通、中国移动在内蒙古的云计算投入将达到200亿元。

清科研究中心认为，随着中国云计算产业发展，市场规模将以年均50%的速度增长，预计到2015年将达到13.69亿美元，年复合增长率50%，同时在全球的市场份额也将持续上升。赛迪报告预测，2014年我国云计算将从发展培育阶段步入快速成长阶段，新的产业格局将会形成。

二、云经济时代的财务管理

（一）财务管理应用云计算的优势①

云计算技术作为一种新兴的IT技术，在运用到企业集团财务管理的过程中，有其不可替代的优势。

① 张建红. 基于云计算技术的企业集团财务管理［J］. 商业会计，2012（10）：109-110.

（1）成本节约。云计算技术是按需使用并且按照使用量收费的。财务管理应用云计算技术，可以降低在硬件系统、软件系统、售后服务等投入大量的资金，提高资源的利用效率，减少资源的浪费，起到了节约成本的作用。

（2）便利。"云"资源是随时可以获取的。这一优势满足了用户随时办公、处理日常财务管理实务的需求。

（3）协同办公。云计算技术的使用使得协同办公成为可能。企业内部各部门虽然地域上通常相隔很远，但应用技术能够使企业实现协同办公，使身处千里之外的也可以实现协同办公。

（二）云经济时代的财务管理理论的创新①

1. 财务管理目标走向多元化

企业财务管理的目标与社会经济发展有着密切联系。西方市场经济发达国家的企业财务管理目标先后经历了"利润最大化"、"股东财富最大化"、"企业价值最大化"的相继转换。随着网络经济时代的到来，各种无形资产，如专有技术、专利、商标、商誉、信息资产等在企业发展中起着更大的作用，从而拓展了资本范围，使资本结构发生改变。另外，基于在线信息的共享性和可转移性，其流动性可以不受时间和空间的限制，克服了物质资源的稀缺性和排他性，这使得企业和社会有紧密的联系，相应地要求企业更加重视社会责任，从而社会责任目标也成为企业财务管理的重要目标。

2. 风险管理重心转移

随着网络经济的发展，企业正逐渐实现信息化管理。企业很多业务都在网上进行，由于财务信息涉及资金、货物及商业秘密，从而成为在线信息中最为重要同时也最具有风险的信息。另外，随着知识经济的发展，以高新技术为内容的风险投资在企业投资总额中的比重日趋上升，而高新技术产业的高风险性，使企业的投资风险不断增加，因而财务管理的重心也应随着在线财务管理模式转变，由财务风险管理变为财务信息风险管理。

3. 财务协同理念

传统财务管理模式下，由于缺乏计算机网络的支持，很难实现财务与业务协同处理，在线财务管理不仅使这种协同成为可能，同时还扩展了企业财务协同范围。财务协同不仅包括企业内部协同、供应链协同，还包括企业与社会部门的协同（网上审计、网上报税、网上银行）。这要求财务人员及时将企业内部各部门、各分支机构以及与客户、供应商之间每一节点上发生的供、产、销、控制、预测等业务信息活动进行处理并反馈给业务处理系统，同时，企业财务人员要正确处理和协调本企业与其他企业之间的财务关系，保证财务与业务的协同处理。

---

① 根据刘翠翠（2011）、葛保武和王磊（2011）、彭惠莲（2013）等的成果整理。

【阅读材料】

金蝶在线会计

金蝶友商网是全球领先的中小企业在线管理服务平台，它是金蝶国际软件集团旗下网站，其通过网络技术和 SaaS（Software as a Service，软件即服务）交付模式，实现企业内部管理及企业间商务流程的有效协同。同时，通过开放式平台，广泛联盟政府、银行、中介组织等各类社会公共服务机构，共建企业信用服务体系，形成可信赖的企业电子商务服务社区，为广大中小企业提供全程、全方位、一站式的在线管理及电子商务综合服务。

金蝶友商在线进销存服务，是一项基于互联网应用模式的进销存管理服务，它集购、销、存和应收应付款管理于一体，帮助企业处理日常的业务经营管理事项及成本、毛利核算，协调购销存业务流转过程，节省成本，提高效率，进而提升企业的竞争力。产品有如下特点：

1. 进销存与财务记账一体化管理

进销存与财务记账一体化管理，按职责分配角色，分工协作：财务业务一体化，业务信息随时传递到财务系统，无须人工做账；财务、业务按职责分配角色，各角色独立处理业务而又能紧密相关；财务信息实时全面反映业务情况，反馈更及时更准确。

2. 随时随地看账目

各地分店，统一管理，即时查看库存信息；自动结转成本，随时随地查看公司盈利情况；业务报表丰富，一目了然，协助高效决策。

3. 异地协同分工协作

进销存与财务记账一体化管理，灵活的权限分配机制，通过数据授权，让员工只能操作自己负责的客户数据和仓库，有效实现数据分离。

4. 低成本免安装免维护

通过存货可用量分析，自动计算待采购数量，避免库存不足；套打工具可以设计出任何您想要的单据格式，满足企业对业务单据打印格式的个性化需求，同时还支持多语言和多币别，实现个性业务轻松管理。

资料来源：http：//www.youshang.com/.

第三节　精益财务管理[①]

一、精益财务管理概述

精益财务管理或称精益化财务管理，是以“精益管理”的思想为出发点，在企业的筹资、投资、营运资金、成本管理等过程中，把精益管理思想与企业财务管理思想相结合，设计的一套现代化的财务管理模式。

要理解精益财务的管理思想体系，首先我们需要溯源到风靡全球制造业的精益生产（Lean Production，LP）。从业内普遍认可的定义上看，所谓精益生产是专指以丰田汽车公司为代表的新型生产方式。其主要特征是对市场变化的快速反应能力、同一条流水线可以生产不同的产品、适时供应、多技能和具有团队精神的劳动力、对生产过程不断改进的动力与能力。由于20世纪60年代后期以来丰田汽车的异军突起，美国麻省理工学院耗巨资专项研究，最终提出一整套精益生产的理论框架体系。

如果我们追溯精益生产方式的起源，就不难看出以其为思想根基的“精益财务”管理体系之于当下中国经济的重要性。精益生产是第二次世界大战后日本汽车工业遭到的“资源稀缺”和“多品种、少批量”市场制约的产物。中国经济此刻同样面临着“资源稀缺”和单一产品大众市场的消失。

TCL集团首席财务官黄旭斌先生在2013年7月18日由高顿财经和中国会计报联合主办的“全球CFO领袖论坛”上表示，基于当前商业环境的更迭速率和未来科技的发展方向，未来的财务将迎来更多的挑战和发展趋势。时间观念将被进一步加强，财务领域的科技含量也会越来越高，并逐渐通过以下三个比较明显的趋势表现出来：加速和简化决策、审批过程；会计职业或将消失；小时利率和精细化时代即将到来。因此，精益财务与管理会计是未来财务管理的必然趋势。

二、精益财务管理原理

精益财务管理就是在企业财务管理活动中，消除和减少无价值的活动，以最小成本取得最大价值。即在筹资管理活动中，首先消除不必要的资金需求量，在适当的风险条件下，以企业目标和财务管理目标为指导，最优化筹集企业所必需

---

① 本部分内容根据《精益财务管理》（360百科，http：//baike.so.com/doc/7128012.html）、《走进精益财务时代》（新浪财经，http：//finance.sina.com.cn/leadership/20120514/225712062123.shtml）等资料整理。

的资金；在投资管理活动中，根据企业发展战略和不同时期的企业目标进行合理的投资规划，优化投资组合，以最小投资获得最大价值；在流动资产管理活动中，根据企业生产经营活动的需要，适当保有合理的现金额度和库存数量，优化管理应收账款；在成本管理活动中，追求最小供应链成本，在供应链的各个环节中不断地消除不为客户增值的作业，杜绝浪费，从而达到降低供应链成本，提高供应链效率的目的，最大限度地满足客户特殊化、多样化的需求，使企业的竞争力不断增强。

三、精益财务管理的内容

精益财务管理的基本目标是，在进行财务管理活动中，充分挖掘和利用企业现有的可利用资源，排除一切不能创造价值的作业和行动，有效地组织和配置资源，以求成本的不断降低和利润的不断提高，最终达到提高企业价值的目的。

（一）精益筹资管理

精益筹资管理是指企业根据自身资金的需求量，通过适当的途径，在适当的风险条件下，以恰当的资本结构和最低的成本筹集企业经营发展所需的资金。

采用不同的筹资渠道与方式筹集资金的成本是不相同的，企业面对多种筹资渠道和方式筹集资金时，需要综合权衡各种筹资渠道与方式的利弊。如果筹集渠道与方式选择不当，可能出现筹资成本高、筹资风险大、失去对企业的控制权等后果。因此，筹资渠道与方式选择是否得当，对企业筹资活动非常重要。

精益筹资管理的方法具体包括：正确预测企业资金需求量、选择恰当的筹资渠道与方式、对筹资风险进行恰当的衡量和控制、选择合理的筹资结构。

（二）精益投资管理

精益投资管理就是运用精益思想把企业的资金投放到收益高、回收快、风险小的投资活动中去，以获取最大限度的利润，提升企业的价值。精益投资管理就是要将企业的投资目标和企业价值最大化这一根本目标结合起来，选择合适的投资方式和渠道投资适当的项目；根据精益管理的思想重新设计评价投资方案的指标体系、评价标准和计算方法，从更多的方面和更细的层次分析投资项目的可行性。其实质就是保证投资最少，资金增值效率更高、资金利用最充分、投资者获得的回报最大，企业价值提升最快。

精益投资管理的方法具体包括：明确企业的目标和财务目标、选择合适的投资方式和投资渠道、选择适当的投资项目、选择合理的投资规模、运用合理的投资评价指标体系和评价方法。

（三）精益流动资产管理

精益流动资产管理是指企业根据自身生产经营活动的需要，适当持有合理的现金额度、运用适当的理财方法控制和管理应收账款，保持适当的存货规模和数量。精益流动资产管理是运用精益思想，在流动资产管理活动中消除和减少无价值的活动的具体体现。

通过加强现金的精益管理、应收账款的精益管理及存货的精益管理实现流动资产的精益管理。就是合理确定现金的持有额度、保证现金收支平衡、强化现金日常控制；控制应收账款的规模，加强应收账款的回收管理；以拉动需求、及时采购等精益方法管理存货的质量和数量。通过精益流动资产管理使流动资产在不断的流动过程中，使企业实现价值的补偿和增值。

精益流动资产管理的方法具体包括：对风险和收益进行适当的权衡、合理确定流动资产的规模和数量、合理配置流动资产、动态管理流动资产。

（四）精益成本管理

精益成本管理是指企业通过以整个产品供应链为对象，通过精益采购、精益设计、精益生产、精益物流、精益服务等精益措施使整个供应链成本最小化，为客户创造价值。

精益成本管理思想的精髓就在于追求最小供应链成本。在供应链的各个环节中不断地消除不为客户增值的作业，杜绝浪费，从而达到降低供应链成本，提高供应链效率的目的，最大限度地满足客户特殊化、多样化的需求，使企业的竞争力不断增强。

精益成本管理以客户价值增值为导向，融合精益采购、精益设计、精益生产、精益物流和精益服务技术，把精益管理思想与成本管理思想相结合，形成了全新的成本管理理念——精益成本管理。它从采购、设计、生产和服务上全方位控制企业供应链成本，以达到企业供应链成本最小，从而使企业获得较强的竞争优势。

精益成本管理的内容具体包括：精益采购成本管理、精益设计成本管理、精益生产成本管理、精益物流成本管理、精益服务成本管理。

四、精益财务管理体系的建立①

（一）建立全方位的预算管理体系，实现对生产经营业务的实时监控

统一规范预算报表格式，设计预算编制的动因参数指标体系，建立预算编制与评价模型，实现预算编制的科学化、规范化和自动化，为生产经营部门编制科学、合理的预算创造条件。借助信息化手段将预算的编制从过去的年度预算，发展成为季度预算、月度预算；从过去的固定预算发展成为滚动预算；从过去的局部预算发展成为全员预算，从而建立一套科学合理的预算体系。通过从商业计划到预算编制、从预算审核到预算执行情况反馈分析，实现对企业经营成果的事前

① 引自 http：//blog.ceconlinebbs.com/BLOG_ARTICLE_207019.HTM.

预测与实时监控。生产预算或业务预算重点是成本费用预算，需要财务人员不断拓宽预算内涵，形成全面预算体系。

（二）实行集中资金管理，合理统一调度资金，保障企业生产经营的有效运转

资金是企业的血液，保证企业的资金安全、有效地运转，控制经营质量，是企业财务管理的工作重点。集中资金管理要求对各项现金流采用预算管理和定额考核，实行动态监控，统一使用。对企业银行账户进行全面清理，严格制定资金使用、审批程序，各银行账户应严格按用途存放和使用资金。

（三）推行目标成本管理，实施精益成本费用控制

目标成本是指企业及相关各环节、层次为适应市场经济的需要，实现目标利润而预先设定并力求达到的成本指标值。成本控制是企业财务控制的重要手段和基本内容。精益成本费用控制应当以“细”为出发点，尽量对每一岗位、每一业务环节的具体成本费用支出，均建立一套相应的业务规范和目标成本考核标准，将财务管理的触角延伸到企业的各个生产经营领域。具体来说，就是要结合各部门的特点将各项成本，特别是可控成本，分门别类细化到最末端，然后在总量控制的基础上，将各成本项目考核指标落实到人或物上，对责任人或单位进行考核。

（四）加快财务信息化建设进程

财务信息化是促进公司财务管理规范化、科学化的科技手段，以信息化建设促进财务现代化工作，为财务管理工作搭建良好的信息平台，提升财务基础工作质量。引入精益管理，就是要财务人员将更多的精力投入到财务数据分析中，为成本管理、预算管理做好更多的准备工作。为此，应加大对财务信息化硬件的投资，不断进行培训，按模块完成整个企业的财务信息化进程。

第四节　财务管理发展的其他趋势

一、会计核算与财务管理一体化①

将会计核算工作和财务管理有机结合，将财务管理资金支付程序转化为会计核算工作内容，减少重复工作程序，提高工作效率。目前一些企业实现了将电子审批单据转化为财务核算软件的会计凭证，已经可行，但仅此而已。财务管理信息化建设应当更进一步，应用于财务管理的其他方面，不单单是应用于资金支付电子审批，还要应用于预算管理、制度管理、业绩考核评价等多个方面，有效发

① 曾宪芝.财务管理信息化发展趋势［J］. 科技创新导报，2013（3）：206-207.

挥利用网络技术实时反映的迅捷优势，充分利用现代技术提高企业运营效果。

二、财务管理与业务管理一体化①

财务管理和业务管理的一体化，财务和业务管理密切结合，实时反映业务计划实施进度结果，使业务的财务信息更加透明化、共享性，按级别按权限使用财务管理信息，强化财务管理和业务管理，在预算执行程序阶段完成预算执行偏差的矫正工作，加强企业管理制度的执行实施能力。企业管理财务信息有限制共享性，在某种程度上是压缩了管理层次、缩短了管理链条，使得管理目标清晰可见，管理制度全员掌握，管理程序规范调理，总结分析更加及时，管理决策更加正确可行，更易更快实现企业愿景。

三、全面预算管理是现代企业财务管理的必然选择②

预算管理是企业利用价值和价值形式在科学的市场预测基础上，对企业未来的内部生产经营活动所进行的规划、控制与协调。全面预算管理是在市场背景下企业内部的财务管理，是计划与市场两种机制在企业层面上结合的体系。推行全面预算管理是发达国家成功企业多年积累的经验之一，对企业了解家底、有效调动和分配资源、把握机遇、争取主动等具有十分重要的意义。企业的预算管理和会计核算系统必须密切配合，会计核算过程同时也就是预算的执行过程，预算执行过程中的任何异常现象都应该通过会计核算系统地体现出来，通过预算的预警制度，及时发现和解决预算执行过程中出现的经营问题或预算目标问题，并通过预算的考核和评价制度，有效地激励经营活动按照预期的计划顺利进行。

四、以电子商务为主体的网络会计理论是财务管理变革的主旋律③

电子商务的出现，带来了巨大的变化。现代企业财务管理，在现代信息技术的催化下，全球网络经济已初具规模，网络不仅是信息传递的媒介，它为企业的生产经营活动带来了新空间，创造了一种新的经济组织和经营方式，从而改变了传统的管理模式和交易模式。现代信息技术，特别是在会计领域的网络技术的发展和应用，目前已经是会计技术在会计信息化阶段。会计信息是会计与现代信息技术有机结合的目标，创新的基本理论和方法，会计核算和会计人力资源以及会计培训体系统一结合建立适应现代企业的管理会计信息系统的要求。

---

① 曾宪芝. 财务管理信息化发展趋势［J］. 科技创新导报，2013（3）：206-207.

② 王欣兰，钟凯琳. 现代企业财务管理变革趋势分析［J］. 北方经贸，2013（5）：81-82.

③ 李雯婷，王欣兰. 现代企业财务管理变革趋势分析［J］. 商业经济，2013（5）：19-20.

附 录

复利终值系数表

n/i	1%	2%	3%	4%	5%	6%	7%	8%	9%	10%	11%	12%	13%	14%	15%	16%	17%	18%	19%	20%	25%
1	1.01	1.02	1.03	1.04	1.05	1.06	1.07	1.08	1.09	1.1	1.11	1.12	1.13	1.14	1.15	1.16	1.17	1.18	1.19	1.2	1.25
2	1.02	1.04	1.061	1.082	1.103	1.124	1.145	1.166	1.188	1.21	1.232	1.254	1.277	1.3	1.323	1.346	1.369	1.392	1.416	1.44	1.563
3	1.03	1.061	1.093	1.125	1.158	1.191	1.225	1.26	1.295	1.331	1.368	1.405	1.443	1.482	1.521	1.561	1.602	1.643	1.685	1.728	1.953
4	1.041	1.082	1.126	1.17	1.216	1.262	1.311	1.36	1.412	1.464	1.518	1.574	1.63	1.689	1.749	1.811	1.874	1.939	2.005	2.074	2.441
5	1.051	1.104	1.159	1.217	1.276	1.338	1.403	1.469	1.539	1.611	1.685	1.762	1.842	1.925	2.011	2.1	2.192	2.288	2.386	2.488	3.052
6	1.062	1.126	1.194	1.265	1.34	1.419	1.501	1.587	1.677	1.772	1.87	1.974	2.082	2.195	2.313	2.436	2.565	2.7	2.84	2.986	3.815
7	1.072	1.149	1.23	1.316	1.407	1.504	1.606	1.714	1.828	1.949	2.076	2.211	2.353	2.502	2.66	2.826	3.001	3.185	3.379	3.583	4.768
8	1.083	1.172	1.267	1.369	1.477	1.594	1.718	1.851	1.993	2.144	2.305	2.476	2.658	2.853	3.059	3.278	3.511	3.759	4.021	4.3	5.96
9	1.094	1.195	1.305	1.423	1.551	1.689	1.838	1.999	2.172	2.358	2.558	2.773	3.004	3.252	3.518	3.803	4.108	4.435	4.785	5.16	7.451
10	1.105	1.219	1.344	1.48	1.629	1.791	1.967	2.159	2.367	2.594	2.839	3.106	3.395	3.707	4.046	4.411	4.807	5.234	5.695	6.192	9.313
11	1.116	1.243	1.384	1.539	1.71	1.898	2.105	2.332	2.58	2.853	3.152	3.479	3.836	4.226	4.652	5.117	5.624	6.176	6.777	7.43	11.642
12	1.127	1.268	1.426	1.601	1.796	2.012	2.252	2.518	2.813	3.138	3.498	3.896	4.335	4.818	5.35	5.936	6.58	7.288	8.064	8.916	14.552
13	1.138	1.294	1.469	1.665	1.886	2.133	2.41	2.72	3.066	3.452	3.883	4.363	4.898	5.492	6.153	6.886	7.699	8.599	9.596	10.699	18.19
14	1.149	1.319	1.513	1.732	1.98	2.261	2.579	2.937	3.342	3.797	4.31	4.887	5.535	6.261	7.076	7.988	9.007	10.147	11.42	12.839	22.737
15	1.161	1.346	1.558	1.801	2.079	2.397	2.759	3.172	3.642	4.177	4.785	5.474	6.254	7.138	8.137	9.266	10.539	11.974	13.59	15.407	28.422
16	1.173	1.373	1.605	1.873	2.183	2.54	2.952	3.426	3.97	4.595	5.311	6.13	7.067	8.137	9.358	10.748	12.33	14.129	16.172	18.488	35.527
17	1.184	1.4	1.653	1.948	2.292	2.693	3.159	3.7	4.328	5.054	5.895	6.866	7.986	9.276	10.761	12.468	14.426	16.672	19.244	22.186	44.409
18	1.196	1.428	1.702	2.026	2.407	2.854	3.38	3.996	4.717	5.56	6.544	7.69	9.024	10.575	12.375	14.463	16.879	19.673	22.901	26.623	55.511
19	1.208	1.457	1.754	2.107	2.527	3.026	3.617	4.316	5.142	6.116	7.263	8.613	10.197	12.056	14.232	16.777	19.748	23.214	27.252	31.948	69.389
20	1.22	1.486	1.806	2.191	2.653	3.207	3.87	4.661	5.604	6.727	8.062	9.646	11.523	13.743	16.367	19.461	23.106	27.393	32.429	38.338	86.736
25	1.282	1.641	2.094	2.666	3.386	4.292	5.427	6.848	8.623	10.835	13.585	17	21.231	26.462	32.919	40.874	50.658	62.669	77.388	95.396	264.7
30	1.348	1.811	2.427	3.243	4.322	5.743	7.612	10.063	13.268	17.449	22.892	29.96	39.116	50.95	66.212	85.85	111.07	143.37	184.68	237.38	807.79

复利现值系数表

n/i	1%	2%	3%	4%	5%	6%	7%	8%	9%	10%	11%	12%	13%	14%	15%	16%	17%	18%	19%	20%	25%	30%
1	0.990	0.980	0.971	0.962	0.952	0.943	0.935	0.926	0.917	0.909	0.901	0.893	0.885	0.877	0.870	0.862	0.855	0.848	0.840	0.833	0.800	0.769
2	0.980	0.961	0.943	0.925	0.907	0.890	0.873	0.857	0.842	0.826	0.812	0.797	0.783	0.770	0.756	0.743	0.731	0.718	0.706	0.694	0.640	0.592
3	0.971	0.942	0.915	0.889	0.864	0.840	0.816	0.794	0.772	0.751	0.731	0.712	0.693	0.675	0.658	0.641	0.624	0.609	0.593	0.579	0.512	0.455
4	0.961	0.924	0.889	0.855	0.823	0.792	0.763	0.735	0.708	0.683	0.659	0.636	0.613	0.592	0.572	0.552	0.534	0.516	0.499	0.482	0.410	0.350
5	0.952	0.906	0.863	0.822	0.784	0.747	0.713	0.681	0.650	0.621	0.594	0.567	0.543	0.519	0.497	0.476	0.456	0.437	0.419	0.402	0.328	0.269
6	0.942	0.888	0.838	0.790	0.746	0.705	0.666	0.630	0.596	0.565	0.535	0.507	0.480	0.456	0.432	0.410	0.390	0.370	0.352	0.335	0.262	0.207
7	0.933	0.871	0.813	0.760	0.711	0.665	0.623	0.584	0.547	0.513	0.482	0.452	0.425	0.400	0.376	0.354	0.333	0.314	0.296	0.279	0.210	0.159
8	0.924	0.854	0.789	0.731	0.677	0.627	0.582	0.540	0.502	0.467	0.434	0.404	0.376	0.351	0.327	0.305	0.285	0.266	0.249	0.233	0.168	0.123
9	0.914	0.837	0.766	0.703	0.645	0.592	0.544	0.500	0.460	0.424	0.391	0.361	0.333	0.308	0.284	0.263	0.243	0.226	0.209	0.194	0.134	0.094
10	0.905	0.820	0.744	0.676	0.614	0.558	0.508	0.463	0.422	0.386	0.352	0.322	0.295	0.270	0.247	0.227	0.208	0.191	0.176	0.162	0.107	0.073
11	0.896	0.804	0.722	0.650	0.585	0.527	0.475	0.429	0.388	0.351	0.317	0.288	0.261	0.237	0.215	0.195	0.178	0.162	0.148	0.135	0.086	0.056
12	0.887	0.789	0.701	0.625	0.557	0.497	0.444	0.397	0.356	0.319	0.286	0.257	0.231	0.208	0.187	0.169	0.152	0.137	0.124	0.112	0.069	0.043
13	0.879	0.773	0.681	0.601	0.530	0.469	0.415	0.368	0.326	0.290	0.258	0.229	0.204	0.182	0.163	0.145	0.130	0.116	0.104	0.094	0.055	0.033
14	0.870	0.758	0.661	0.578	0.505	0.442	0.388	0.341	0.299	0.263	0.232	0.205	0.181	0.160	0.141	0.125	0.111	0.099	0.088	0.078	0.044	0.025
15	0.861	0.743	0.642	0.555	0.481	0.417	0.362	0.315	0.275	0.239	0.209	0.183	0.160	0.140	0.123	0.108	0.095	0.084	0.074	0.065	0.035	0.020
16	0.853	0.728	0.623	0.534	0.458	0.394	0.339	0.292	0.252	0.218	0.188	0.163	0.142	0.123	0.107	0.093	0.081	0.071	0.062	0.054	0.028	0.015
17	0.844	0.714	0.605	0.513	0.436	0.371	0.317	0.270	0.231	0.198	0.170	0.146	0.125	0.108	0.093	0.080	0.069	0.060	0.052	0.045	0.023	0.012
18	0.836	0.700	0.587	0.494	0.416	0.350	0.296	0.250	0.212	0.180	0.153	0.130	0.111	0.095	0.081	0.069	0.059	0.051	0.044	0.038	0.018	0.009
19	0.828	0.686	0.570	0.475	0.396	0.331	0.277	0.232	0.195	0.164	0.138	0.116	0.098	0.083	0.070	0.060	0.051	0.043	0.037	0.031	0.014	0.007
20	0.820	0.673	0.554	0.456	0.377	0.312	0.258	0.215	0.178	0.149	0.124	0.104	0.087	0.073	0.061	0.051	0.043	0.037	0.031	0.026	0.012	0.005
25	0.780	0.610	0.478	0.375	0.295	0.233	0.184	0.146	0.116	0.092	0.074	0.059	0.047	0.038	0.030	0.025	0.020	0.016	0.013	0.011	0.004	0.001
30	0.742	0.552	0.412	0.308	0.231	0.174	0.131	0.099	0.075	0.057	0.044	0.033	0.026	0.020	0.015	0.012	0.009	0.007	0.005	0.004	0.001	0.000

年金终值系数表

n/i	1%	2%	3%	4%	5%	6%	7%	8%	9%	10%	11%	12%	13%	14%	15%	16%	17%	18%	19%	20%	25%	30%
1	1	1	1	1	1	1	1	1	1	1	1	1	1	1	1	1	1	1	1	1	1	1
2	2.01	2.02	2.03	2.04	2.05	2.06	2.07	2.08	2.09	2.1	2.11	2.12	2.13	2.14	2.15	2.16	2.17	2.18	2.19	2.2	2.25	2.3
3	3.03	3.06	3.091	3.122	3.153	3.184	3.215	3.246	3.278	3.31	3.342	3.374	3.407	3.44	3.473	3.506	3.539	3.572	3.606	3.64	3.813	3.99
4	4.06	4.122	4.184	4.246	4.31	4.375	4.44	4.506	4.573	4.641	4.71	4.779	4.85	4.921	4.993	5.066	5.141	5.215	5.291	5.368	5.766	6.187
5	5.101	5.204	5.309	5.416	5.526	5.637	5.751	5.867	5.985	6.105	6.228	6.353	6.48	6.61	6.742	6.877	7.014	7.154	7.297	7.442	8.207	9.043
6	6.152	6.308	6.468	6.633	6.802	6.975	7.153	7.336	7.523	7.716	7.913	8.115	8.323	8.536	8.754	8.977	9.207	9.442	9.683	9.93	11.259	12.756
7	7.214	7.434	7.662	7.898	8.142	8.394	8.654	8.923	9.2	9.487	9.783	10.089	10.405	10.73	11.067	11.414	11.772	12.142	12.523	12.916	15.073	17.583
8	8.286	8.583	8.892	9.214	9.549	9.879	10.26	10.637	11.028	11.436	11.859	12.3	12.757	13.233	13.727	14.24	14.773	15.327	15.902	16.499	19.842	23.858
9	9.369	9.755	10.159	10.583	11.027	11.491	11.978	12.488	13.021	13.579	14.164	14.776	15.416	16.085	16.786	17.519	18.285	19.086	19.923	20.799	25.802	32.015
10	10.462	10.95	11.464	12.006	12.578	13.181	13.816	14.487	15.913	15.937	16.722	17.549	18.42	19.337	20.304	21.321	22.393	23.521	24.701	25.959	33.253	42.619
11	11.567	12.169	12.808	13.486	14.207	14.972	15.784	16.645	17.56	18.531	19.561	20.655	21.814	23.045	24.349	25.733	27.2	28.755	30.404	32.15	42.566	56.405
12	12.683	13.412	14.192	15.026	16.917	16.87	17.888	18.977	20.141	21.384	22.713	24.133	25.65	27.271	29.002	30.85	32.824	34.931	37.18	39.581	54.208	74.327
13	13.809	14.68	15.618	16.627	17.713	18.882	20.141	21.495	22.953	24.523	26.212	28.029	29.985	32.089	34.352	36.786	39.404	42.219	45.244	48.497	68.76	97.625
14	14.947	15.974	17.086	18.292	19.599	21.015	22.55	24.215	26.019	27.975	30.095	32.393	34.883	37.581	40.505	43.672	47.103	50.818	54.841	54.196	86.949	127.91
15	16.097	17.293	18.599	20.024	21.579	23.276	25.129	27.152	29.361	31.772	34.405	37.28	40.417	43.842	47.58	51.66	56.11	6.965	66.261	72.035	109.69	167.29
16	17.258	18.639	20.157	21.825	23.657	25.673	27.888	30.324	33.003	35.95	39.19	42.753	46.672	50.98	55.717	60.925	66.649	72.939	79.85	87.442	138.11	218.47
17	18.43	20.012	21.762	23.698	25.84	28.213	30.84	33.75	36.974	40.545	44.501	48.884	53.739	59.118	65.075	71.673	78.979	87.068	96.022	105.93	173.64	285.01
18	19.615	21.412	23.414	25.645	28.132	30.906	33.999	37.45	41.301	45.599	50.396	55.75	61.725	68.394	75.836	84.141	93.406	103.74	115.27	128.12	218.05	371.52
19	20.811	22.841	25.117	27.671	30.539	33.76	37.379	41.446	46.018	51.159	56.939	63.44	70.749	79.969	88.212	98.603	110.29	123.41	138.17	154.74	273.56	483.97
20	22.019	24.297	26.87	29.778	33.066	36.786	40.995	45.762	51.16	57.275	64.203	72.052	80.947	91.025	120.44	115.38	130.03	146.63	165.42	186.69	342.95	630.17
25	28.243	32.03	36.459	41.646	47.727	54.865	63.249	73.106	84.701	98.347	114.41	133.33	155.62	181.87	212.79	249.21	292.11	342.6	402.04	471.98	1054.8	2348.8
30	34.785	40.588	47.575	56.085	66.439	79.058	94.461	113.28	136.31	164.49	199.02	241.33	293.2	356.79	434.75	530.31	647.44	790.95	966.7	1181.9	3227.2	8730
40	48.886	60.402	75.401	95.026	120.8	154.76	199.64	259.06	337.89	442.59	581.83	767.09	1013.7	1342	1779.1	2360.8	3134.5	4163.2	5519.8	7343.9	30089	120393
50	64.463	84.579	112.8	152.67	209.35	290.34	406.53	573.77	815.08	1163.9	1668.8	24000	3459.5	4991.5	7217.7	10436	15090	21813	31515	45497	280256	165976

年金现值系数表

n/i	1%	2%	3%	4%	5%	6%	8%	10%	12%	14%	15%	16%	18%	20%	22%	24%	25%	30%	35%	40%	45%	50%
1	0.990	0.980	0.970	0.961	0.952	0.943	0.925	0.909	0.892	0.877	0.869	0.862	0.847	0.833	0.819	0.806	0.799	0.769	0.740	0.714	0.689	0.666
2	1.970	1.941	1.913	1.886	1.859	1.833	1.783	1.735	1.690	1.646	1.625	1.605	1.565	1.527	1.491	1.456	1.440	1.360	1.289	1.224	1.165	1.111
3	2.940	2.883	2.828	2.775	2.723	2.673	2.577	2.486	2.401	2.321	2.283	2.245	2.174	2.106	2.042	1.981	1.952	1.816	1.695	1.588	1.493	1.407
4	3.901	3.807	3.717	3.629	3.545	3.465	3.312	3.169	3.037	2.913	2.854	2.798	2.690	2.588	2.493	2.404	2.361	2.166	1.996	1.849	1.719	1.604
5	4.853	4.713	4.579	4.451	4.329	4.212	3.992	3.790	3.604	3.433	3.352	3.274	3.127	2.990	2.863	2.745	2.689	2.435	2.219	2.035	1.875	1.736
6	5.795	5.601	5.417	5.242	5.075	4.917	4.622	4.355	4.111	3.888	3.784	3.684	3.497	3.325	3.166	3.020	2.951	2.642	2.385	2.167	1.983	1.824
7	6.728	6.471	6.230	6.002	5.786	5.582	5.206	4.868	4.563	4.288	4.160	4.038	3.811	3.604	3.415	3.242	3.161	2.802	2.507	2.262	2.057	1.882
8	7.651	7.325	7.019	6.732	6.463	6.209	5.746	5.334	4.967	4.638	4.487	4.343	4.077	3.837	3.619	3.421	3.328	2.924	2.598	2.330	2.108	1.921
9	8.566	8.162	7.786	7.435	7.107	6.801	6.246	5.759	5.328	4.946	4.771	4.606	4.303	4.030	3.786	3.565	3.463	3.019	2.665	2.378	2.143	1.947
10	9.471	8.982	8.530	8.110	7.721	7.360	6.710	6.144	5.650	5.216	5.018	4.833	4.494	4.192	3.923	3.681	3.570	3.091	2.715	2.413	2.168	1.965
11	10.367	9.786	9.252	8.760	8.306	7.886	7.138	6.495	5.937	5.452	5.233	5.028	4.656	4.327	4.035	3.775	3.656	3.147	2.751	2.438	2.184	1.976
12	11.255	10.575	9.954	9.385	8.863	8.383	7.536	6.813	6.194	5.660	5.420	5.197	4.793	4.439	4.127	3.851	3.725	3.190	2.779	2.455	2.196	1.984
13	12.133	11.348	10.634	9.985	9.393	8.852	7.903	7.103	6.423	5.842	5.583	5.342	4.909	4.532	4.202	3.912	3.780	3.223	2.799	2.468	2.204	1.989
14	13.003	12.106	11.296	10.563	9.898	9.294	8.244	7.366	6.628	6.002	5.724	5.467	5.008	4.610	4.264	3.961	3.824	3.248	2.814	2.477	2.209	1.993
15	13.865	12.849	11.937	11.118	10.379	9.712	8.559	7.606	6.810	6.142	5.847	5.575	5.091	4.675	4.315	4.001	3.859	3.268	2.825	2.483	2.213	1.995
16	14.717	13.577	12.561	11.652	10.837	10.105	8.851	7.823	6.973	6.265	5.954	5.668	5.162	4.729	4.356	4.033	3.887	3.283	2.833	2.488	2.216	1.996
17	15.562	14.291	13.166	12.165	11.274	10.477	9.121	8.021	7.119	6.372	6.047	5.748	5.222	4.774	4.390	4.059	3.909	3.294	2.839	2.491	2.218	1.997
18	16.398	14.992	13.753	12.659	11.689	10.827	9.371	8.201	7.249	6.467	6.127	5.817	5.273	4.812	4.418	4.079	3.927	3.303	2.844	2.494	2.219	1.998
19	17.226	15.678	14.323	13.133	12.085	11.158	9.603	8.364	7.365	6.550	6.198	5.877	5.316	4.843	4.441	4.096	3.942	3.310	2.847	2.495	2.220	1.999
20	18.045	16.351	14.877	13.590	12.462	11.469	9.818	8.513	7.469	6.623	6.259	5.928	5.352	4.869	4.460	4.110	3.953	3.315	2.850	2.497	2.220	1.999
25	22.023	19.523	17.413	15.622	14.093	12.783	10.674	9.077	7.843	6.872	6.464	6.097	5.466	4.947	4.513	4.147	3.984	3.328	2.855	2.499	2.222	1.999
30	25.807	22.396	19.600	17.292	15.372	13.764	11.257	9.426	8.055	7.002	6.565	6.177	5.516	4.978	4.533	4.160	3.995	3.332	2.856	2.499	2.222	1.999
40	32.834	27.355	23.114	19.792	17.159	15.046	11.924	9.779	8.243	7.105	6.641	6.233	5.548	4.996	4.543	4.165	3.999	3.333	2.857	2.499	2.222	1.999
50	39.196	31.423	25.729	21.482	18.255	15.761	12.233	9.914	8.304	7.132	6.660	6.246	5.554	4.999	4.545	4.166	3.999	3.333	2.857	2.499	2.222	1.999

参考文献

[1] 陈国嘉，何瑞丰. 财务管理 [M]. 上海：华东师范大学出版社，2010.

[2] 陈华亭，王新平. 财务成本管理经典题解 [M]. 北京：人民出版社，2014.

[3] 荆新，王化成，刘俊彦.《财务管理学》学习指导书 [M]. 北京：中国人民大学出版社，2012.

[4] 荆新，王化成，刘俊彦. 财务管理学 [M]. 北京：中国人民大学出版社，2013.

[5] 雷万云. 云计算——技术、平台及应用案例 [M]. 北京：清华大学出版社，2011.

[6] 李红霞. 财务管理案例 [M]. 北京：中国海关出版社，2011.

[7] 李洁明，祁新娥. 统计学原理（第四版）[M]. 上海：复旦大学出版社，2009.

[8] 李金兰. 财务管理 [M]. 北京：北京大学出版社，2012.

[9] 刘星. 财务管理学 [M]. 北京：北京大学出版社，2011.

[10] 斯蒂芬·A.罗斯，伦道夫·W.威斯特菲尔德，杰弗利·F.杰富. 公司理财（第 9 版）[M]. 吴世农，沈艺峰，王志强等译. 北京：机械工业出版社，2014.

[11] 王斌. 财务管理 [M]. 北京：高等教育出版社，2007.

[12] 王积田，温薇. 财务管理学 [M]. 北京：人民邮电出版社，2013.

[13] 王琴，蒋萍. 财务管理 [M]. 上海：立信会计出版社，2013.

[14] 肖作平. 财务管理 [M]. 北京：科学出版社，2011.

[15] 闫华红. 财务成本管理应试指导及全真模拟测试 [M]. 北京：北京大学出版社，2014.

[16] 杨春甫，李光富主编. 财务管理（第三版）[M]. 武汉：华中科技大学出版社，2013.

[17] 杨冬云. 财务管理案例教程 [M]. 北京：科学出版社，2013.

[18] 张学英主编. 财务管理 [M]. 北京：人民邮电出版社，2011.

[19] 中国注册会计师协会. 财务成本管理 [M]. 北京：中国财政经济出版社，2013.

[20] 中国注册会计师协会. 财务成本管理 [M]. 北京：中国财政经济出版社，2014.

[21] 中国注册会计师协会. 经济法 [M]. 北京：中国财政经济出版社，2013.

[22] 左和平，龚志文，孙万欣. 财务管理学 [M]. 北京：高等教育出版社，2012.